五华年鉴

WUHUA YEARBOOK

2021

《五华年鉴》编纂委员会 编

方志出版社
Publishing House of Local Records
·北 京·

图书在版编目（CIP）数据

五华年鉴．2021/《五华年鉴》编纂委员会编．--北京：方志出版社，2021.12
ISBN 978-7-5144-5141-2

Ⅰ．①五…　Ⅱ．①五…　Ⅲ．①五华县－2021－年鉴
Ⅳ．①Z526.54

中国版本图书馆CIP数据核字（2021）第275614号

责任编辑：罗滔
责任校对：刘玉霞
责任印制：赵楚
出 版 者：方志出版社
地　　址：北京市朝阳区潘家园东里9号（国家方志馆4层）
邮　　编：100021
网　　址：http://www.zgfzcb.cn
发　　行：方志出版社图书营销中心（010-67110500）
印　　刷：梅州程江彩色印刷厂有限公司
开　　本：787毫米×1092毫米　1/16
印　　张：23.5
字　　数：531千字
版　　次：2021年12月第1版
印　　次：2021年12月第1次印刷
定　　价：200.00元

《五华年鉴》编纂委员会

顾　　问：朱少辉

主　　任：丘　炀

副 主 任：罗丽思

成　　员：谢瑞狮　陈群添　张云中　周洪杰　李文高

温定基　李文伟　张伟雄　郑遂方　田爱平

刘晓宇　李定华　赖伟胜　陈宗书

《五华年鉴》编辑部

主　　编：陈宗书

副 主 编：黄培邦　钟定云

编　　务：李惠霞　李志权　曾莉娴

编辑说明

一、《五华年鉴（2021）》（以下简称本年鉴）以马克思列宁主义、毛泽东思想、邓小平理论、“三个代表”重要思想、科学发展观、习近平新时代中国特色社会主义思想为指导，坚持辩证唯物主义和历史唯物主义的立场、观点和方法，全面、系统、准确地记述五华县2020年度自然、政治、经济、文化和社会等方面的基本情况。

二、本年鉴采用分类编辑法，在类目下设分目，分目下设条目，以条目为表现内容的基本形式。类目与分目标题使用不同字体、字号，条目标题一律以黑体字加【 】号。正文设特辑、大事记、县情概览、中国共产党五华县委员会、五华县人民代表大会、五华县人民政府、政协五华县委员会、五华县纪委监委、群众团体、法治、军事、综合经济管理、城乡建设·环境保护、工业、交通运输、邮政·通信、农业·农村、商贸、财政·税务、金融、教育、社会科学、文化·旅游·体育、卫生、社会民生、各镇概况、名录、文献选编28个类目，约53万字，彩插10页。

三、本年鉴采用的文稿均由五华县各有关单位专人撰写或提供资料，并经单位主要领导审定。而后由年鉴编辑部人员编纂，主编负责总纂，修改后形成征求意见稿，反馈给各单位修改、补充。

四、本年鉴中数字、标点符号运用等，一律按国家有关规定执行。统计数据采用法定计量单位，主要统计数据经供稿单位与统计部门核对。有些对应指标数据在上年出版后做了调整的，本书不再说明，且由于统计口径不一，个别数据可能不一致，使用时应以五华县统计局《五华县统计年鉴（2020）》为准。

2020 数字五华

SHUZI WUHUA

土地面积3237.8平方千米

年末户籍总人口152.42万人

常住人口91.68万人

地区生产总值163.14亿元

第一产业增加值42.12亿元

第二产业增加值36.05亿元

第三产业增加值84.79亿元

人均地区生产总值17601元

农业总产值68.64亿元

工业总产值52.69亿元

社会消费品零售总额81.69亿元

外贸出口总额15463.15万美元

实际利用外资1447万美元

地方财政一般预算收入10.55亿元

地方财政一般预算支出83.64亿元

城乡居民储蓄存款257.26亿元

城镇居民人均可支配收入22872元

农村居民人均可支配收入14123元

卫生医技人员3509人

卫生机构床位4685张

10月26日，省政协主席王荣（中）到五华县调研五华美食

12月16日，副省长许瑞生（前中）到五华县调研

10月18日，梅州市委书记陈敏（左三）到五华县调研足球事业发展情况

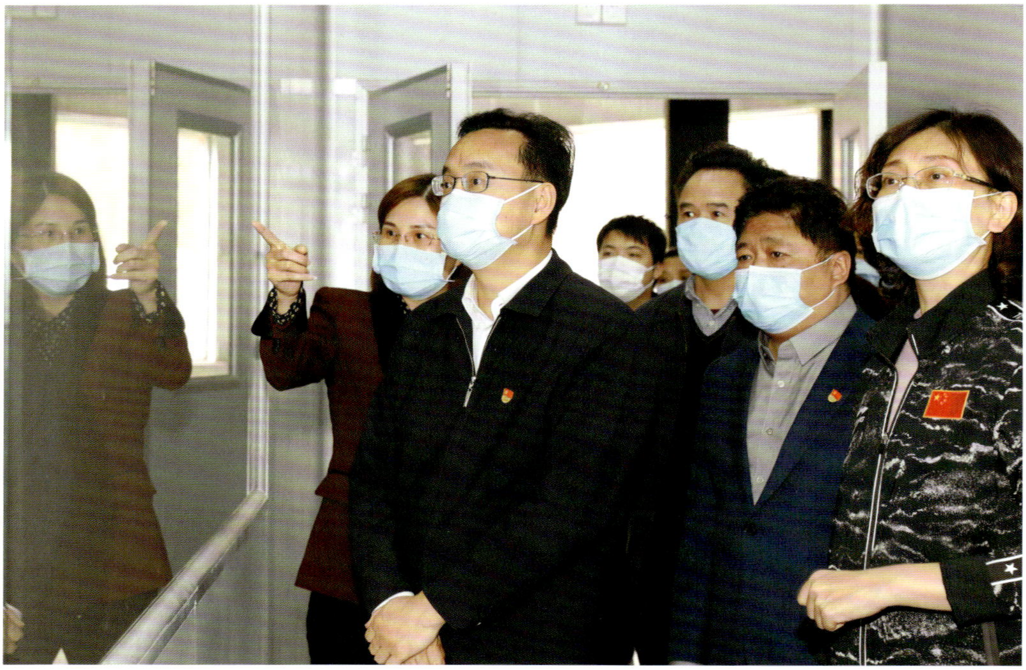

2月22日，市长张爱军（左二）到五华县检查疫情防控工作

1月24日，县委书记吴晖（右二）检查疫情防控物资储备情况

10月9日，乡村振兴现场会（华城镇齐乐村）

4月3日，县领导班子到梅林南丰山义务植树

曾国华故居一角

黄国梁故居

足球精英学校

足球小镇一角

郭田蕉州河

横陂镇华阁村

华城齐乐村

水寨镇澄湖村白蟮卷湖

元坑足球遗址公园

梅林镇梅东村一角

（以上彩照摄影：张炳锋）

目　录

特　辑

大　事　记

县 情 概 览

中国共产党五华县委员会

五华县人民代表大会

五华县人民政府

政协五华县委员会

五华县纪委监委

群 众 团 体

法　治

军　　事

综合经济管理

城乡建设·环境保护

工　　业

交 通 运 输

邮政·通信

农业·农村

商　　贸

财政·税务

金　　融

教　　育

社会科学

文化·旅游·体育

卫　生

社会民生

各镇概况

名　　录

文献选编

特　辑

感恩奋进　接续奋斗
推动五华在新征程上创新局谱新篇

——在县委十三届十三次全会第一次全体会议上的报告

（2021 年 1 月 25 日）

中共五华县委书记　吴　晖

这次全会的主要任务是，坚持以习近平新时代中国特色社会主义思想为指导，深入贯彻落实习近平总书记出席深圳经济特区建立 40 周年庆祝大会和视察广东重要讲话、重要指示精神，深入学习贯彻党的十九届五中全会、中央经济工作会议精神，认真贯彻省委十二届十一次、十二次、十三次全会和省委李希书记来梅调研讲话、市委七届十次全会精神，总结我县 2020 年和“十三五”工作，研究谋划“十四五”发展，审议《中共五华县委关于制定国民经济和社会发展第十四个五年规划和二〇三五年远景目标的建议》，部署 2021 年工作，动员全县上下感恩奋进、接续奋斗，推动五华在新征程上创新局谱新篇，为广东在全面建设社会主义现代化国家新征程中走在全国前列、创造新的辉煌做出应有贡献！

一、攻坚克难、奋力拼搏的 2020 年

2020 年是新中国历史上极不平凡的一年，我们坚持以习近平新时代中国特色社会主义思想统领五华一切工作，认真落实习近平总书记、党中央决策部署和省委、市委工作要求，统筹推进疫情防控和经济社会发展，推动“六稳”工作，落实“六保”任务，各项事业取得新成效。全年实现地区生产总值 162.97 亿元、比增 2.3%；一般公共预算收入10.55亿元、比增5.1%；规上工业增加值5.66亿元、比增4.8%。金融机构存贷比达60.2%，再创新高。

（一）理论武装更加自觉。坚持把学习贯彻习近平新时代中国特色社会主义思想作为第一议题，推进主题教育常态化制度化，抓好《习近平谈治国理政》系统学习，深入学习习近平总书记出席深圳经济特区建立40周年庆祝大会和视察广东重要讲话、重要指示精神和党的十九届五中全会精神，用党的创新理论“铸魂”。深入开展新一轮“大学习、深调研、真落实”活动，开展13个重大课题调研，举办专题培训班、研讨班38期共培训4500多人次，形成以上率下、示范带动的浓厚学习氛围，党员干部“四个意识”明显增强，“四个自信”更加坚定，“两个维护”更加坚决。

（二）疫情防控有力有效。坚持人民至上、生命至上，落实“四方责任”，外防输入、内防反弹，科学防控、精准施策，在全市率先建立统一指挥体系、“一人一户一车一档”、重点区域“四个一律”、购买药品实名登记、动员医药企业复工复产、构建立体宣传网络等机制，疫情防控取得重大阶段性胜利。在抗疫斗争中，全县各级党组织充分发挥战斗堡垒作用，让党旗在抗疫一线高高飘扬，社会各界和广大乡贤踊跃捐款捐物，广大医务工作者、公安民警、干部群众和志愿者奋战一线，凝聚起众志成城、共克时艰的强大力量，涌现出一批坚守岗位、冲锋在前、无私奉献的先进典型和可歌可泣的感人事迹。

（三）发展基础日益坚实。省、市重点项目超额完成年度投资计划。景田矿泉水、500千伏输变电工程、五华县循环经济产业园、热矿泥温泉旅游区等一批重点项目集中动工竣工。特别是景田百岁山矿泉水项目实现当年签约、当年动工，循环经济产业园实现当年动工、当年竣工，跑出了“五华速度”。梅蓄项目（一期）完成总投资61.5%，513户2288名移民顺利入住安置区。华陆高速建成通车、丰华高速加快推进，梅龙高铁（五华段）征地拆迁完成年度任务，“四横两纵”的“两高”架构加速形成。G355、G238等一批交通公路项目扎实推进。一批水利、电力、通信工程建成投运。创建“中国建筑之乡”初见成效，建筑业连续多年税收贡献居全县行业税收首位，突破6.78亿元，一级建筑企业达到8家。中柚健康等一批项目落户五华，新签约落户企业18家，计划总投资70.94亿元、比增28.2%。技改投资2.46亿元、比增137.0%。梅州客家队、梅州五华队分别在中甲、女超全国联赛中创历史佳绩，足球小镇（一期）、元坑遗址景区等一批文体项目建成开放，圆满承办客家杯足球邀请赛、中甲联赛、中冠总决赛等一系列高水平足球赛事活动。

（四）深化改革蹄疾步稳。机构改革、县管校聘、融媒体改革顺利完成。华城镇行政管理体制改革试点工作走在全市前列。双华镇医保普通门诊“镇村一体化”试点工作深受百姓好评。全面完成公共资源交易平台改革任务和数字乡村发展总体规划编制。积极抓好农业综合改革，稳妥推进巡察体制改革。县级政务服务事项网上可办率达90.64%。深入推进医药卫生体制改革。成立梅州市五华龙狮湖管理中心。全市率先推行公办养老服务机构公建民营供给侧改革。华城镇入选城乡融合发展省级试点镇和数字乡村改革试点镇。

（五）城乡发展一体推进。中心城区和琴江新区提质扩容加快，联增大桥动工建设，城市更新和老旧小区改造有序推进，下岗坝老旧小区旧貌换新颜。成功创建“国家卫生县城”，加快创建“全国县级文明城市”。依托数字化城市智慧平台，全面加强城市精细化管理。县城范围内公共机构实现垃圾分类全覆盖。启动创建“县级国家森林城市”工作。各镇圩镇整体形象和管理水平不断提升。转水、华城、潭下、周江、郭田、双华、梅林等7个镇成功创建“广东省卫生镇”。成功创建省级现代农业茶叶产业园、丝苗米产业园，棉洋镇获评全国“一村一品、一镇一业”示范镇，河东镇获评国家级农业产业强镇，42个村入选首批省级“一村一品、一镇一业”专业村。全县85%以上的行政村、省级新农村连片示范村、省定贫困村20户以上自然村基本实现集中供水全覆盖。代表梅州市接受省2019年度乡村振兴考核获得“优秀”等次。

（六）民生保障持续改善。突出抓好脱贫攻坚和“三就一保”。深化教育改革，五华中英文实验学校等一批学校建成使用。建成安流、华城镇中心医院，县人民医院、县中医医院、妇保院升级改造加快，首家民营三级医院一期封顶。“粤菜（客家菜）师傅”“广东技工”“南粤家政”三项工程扎实推进，城镇新增就业5301人，城镇登记失业率控制在3.5%以内。“毒品问题重点关注地区”如期成功“摘帽”。扫黑除恶专项斗争战果明显，积极配合、依法打掉涉黑组织1个，打掉恶势力犯罪集团6个、涉恶犯罪团伙84个。市域社会治理现代化建设和省级“维稳示范点”创建工作深入推进。县检察院荣获“全国先进基层检察院”称号。被国家信访局授予2019年信访工作“三无”县。创建省“双拥模范县”实现“四连冠”，粮食安全责任考核连续3年获得“优秀”等次。

（七）党的建设全面加强。严格执行省委坚决落实“两个维护”十项制度机制，高质量抓好省委巡视整改落实。巩固深化肃清李嘉、万庆良恶劣影响成果，深刻汲取曾志权、李华楠案教训，做到“三个决不允许”。牢牢掌握意识形态工作主动权。完成加强党的基层组织建设三年行动计划任务，推动基层党组织全面进步、全面过硬，坚持政治标准选人用人，激励广大干部担当作为。全面完成村（社区）党组织换届选举工作。党员教育培训和阵地建设更加完善，县委党校迁建完成并投入使用。档案馆建设加快推进。持之以恒正风肃纪反腐，全年立案298件298人，党纪政务处分286人，其中科级干部立案37人，党纪政务处分31人，良好政治生态不断巩固。

过去一年，我们加强和改善党委对人大、政协工作的领导，为人大履行职能、发挥作用创造条件、提供保障，支持政协开展政治协商、民主监督和参政议政。构建“大统战”工作格局，做好民族宗教工作，支持司法机关依法独立行使职权，发挥工会、共青团、妇联等人民团体联系群众的桥梁纽带作用。加强党管武装工作，凝聚形成了共推振兴发展的强大工作合力。

回顾我们所取得的成绩，主要是我们抓住了老区苏区振兴发展等系列重大政策利好，改善了五华的发展条件，激发了全县上下干事创业的内生动力。特别是党的十八大以来，习近平总书记对老区苏区、对广东的厚爱和嘱托，让身在苏区的我们更加切身感受到习近平总书记心系老区苏区的深厚情怀。省委省政府坚决贯彻习近平总书记的指示精神，去年10月19日至20日，省委李希书记到梅州市，深入农村、企业、文化场馆、特色小镇及产业项目建设现场，就认真学习贯彻习近平总书记出席深圳经济特区建立40周年庆祝大会和视察广东重要讲话、重要指示精神进行调研。其中，现场调研了我们的足球小镇、红木家具产业园、精荣科技，并提出了具体工作要求。我们要按照李希书记的要求，感恩奋进，用心用情用功办好自己的事，用担当负责体现对党忠诚、用发展成效体现知恩图报之志。

过去一年，来之不易的好局面，是总书记、党中央坚强领导的结果，是习近平新时代中国特色社会主义思想科学指引的结果，是省委省政府、市委市政府正确领导与关心支持的结果，是我们发扬苏区精神，破难攻坚、奋勇争先的结果，是外出乡亲鼎力支持的结果。各镇各单位、各部门各行业都付出了积极的努力。在此，我代表县委常委会，向全县广大党员干部、人民群众和社会各界朋友，表示衷心的感谢，并致以崇高的敬意！

二、扬帆启航、赛龙夺锦的“十四五”

当前，“十三五”圆满收官，“十四五”开局起步。“十三五”时期，按照省委“1+1+9”工作部署和市委“123456”思路举措，我们围绕“全力加快振兴发展、全面提升基层治理水平”工作主线，加快构建“一核两区三组团”发展格局，打造“工匠之乡·宜居五华”，五华苏区振兴发展迈出了新步伐。

（一）客观总结“十三五”工作

——过去五年，是经济实力不断增强的五年。全县地区生产总值由116.19亿元增至162.97亿元，年均增长6.9%；一般公共预算收入从5.6亿元增至10.55亿元，年均增长13.5%，连续4年排在全市第一，非税收入占比32.6%，收入质量居全市前列，本级财政收入总量从倒数第一跃居全市第二；固定资产投资年均增长7.6%，其中有三年固投达到了百亿元；社会用电量、工业用电量等指标，“十三五”末绝对值比“十二五”末分别增长了78.4%、81.3%。金融机构存贷比提高了28.4个百分点。

——过去五年，是产业结构不断优化的五年。三次产业结构比为22.2∶22.0∶55.8。产业转移园获评省四星级园区，园区建成区面积扩大至10.5平方公里，进园企业达113家。规模以上工业企业达到40家。建筑业总产值年均增长46%。农业增加值年均增长5.4%，粮食总产34.32万吨，比“十二五”末增长11.1%，连续5年实现“一符四无”粮仓县。培育省名牌农产品23个、“三品一标”产品50个、省级“菜篮子”基地11个、粤港澳大湾区“菜篮子”生产基地5个。“粤字号”农业品牌11个。

——过去五年，是发展条件不断改善的五年。全县公路通车里程提高到4054.58公里，境内高速公路通车里程178.13公里，公路密度提高到125.23公里/百平方公里，对比“十二五”末分别增长21.6%、130.9%、21.2%。其中，高速公路通车密度达5.5公里/百平方公里，居全市第一。完成国省县道改造95.76公里，全面完成512.2公里“四好农村路”攻坚任务，获评“四好农村路”省级示范县。完成415公里中小河流治理，4G网络全覆盖，建成5G基站110个。

——过去五年，是城乡差距不断缩小的五年。县城建成区面积从20平方公里扩展到27平方公里，中心城区建成河堤9段约20公里、升级改造市政道路22段约23公里、建成公园9个约60万平方米。县城建成区绿化覆盖率达到40%，公园绿地面积人均19.41平方米。各镇圩镇改造和美丽乡村建设加快推进，40%以上村达到美丽宜居村，82.6%以上村达到整洁村，无害化卫生户厕普及率100%。全市率先实现镇级污水处理设施全覆盖，建成59座县、镇、村生活垃圾中转站，城乡垃圾收运处置保洁率100%。行政村全部实现通客运班车。获评国家级电子商务进农村综合示范县。河东镇获评全国文明镇。

——过去五年，是全面改革不断深化的五年。坚持对标最高最好最优推进改革，优化营商环境。在全市率先建立县级数据共享交换节点平台。建成五华电子政务云数据中心。22项惠民申办事项实现“掌上办”。设立13个原撤并镇片区服务中心，81.8%以上的事项“不用跑”、94.6%的事项“最多跑一次”。扎实推进乡镇体制改革，大力推进职权下放，全面激活镇级活力。行政审批事项承诺时限压缩71.3%。建立工程建设项目联合审批服务专区，实现业务“一窗受理”，企业开办全流程压减到半个工作日。

——过去五年，是文体旅事业不断提质的五年。足球小镇获评国家运动休闲特色小镇，建成奥体中心等一批体育场馆，成功举办马拉松赛、骑跑赛等赛事，建成足球场291块，获评2019年省体育产业示范基地称号。投入4600多万元实施名人故（旧）居和革命遗址保护修缮。古大存故居列为梅州市首批市级党员教育基地，狮雄山秦汉遗址列入第八批全国重点文物保护单位。提线木偶戏名声在外，成立县采茶戏传承保护中心，“非遗”文化发扬光大，《月照城乡》《春来南粤》成功上演。创建国家级AAA级旅游景区5家。旅游接待2840万人次。

——过去五年，是三大攻坚不断突破的五年。突出产业扶贫、就业扶贫、消费扶贫，累计投入产业帮扶资金7.12亿元，实施产业扶贫项目480个，发展50万元以上的资产收益项目177个。全县92个省定贫困村和20242户66561名贫困人口100%达到脱贫退出标准。全面消灭村集体经济收入“空壳村”。完成碳汇造林29.23万亩，森林抚育156.73万亩，森林覆盖率69.1%。河长制考核连续两年获得“优秀”等次，集中式饮用水源地水质达标率100%。省、市考核断面水质优良率100%，县城空气质量优良率99.6%，全面完成各项减排任务。生态环境责任考核均达到“良好”等次以上。有力防范化解各类风险，率先开展地质灾害隐患整治，消除消防安全隐患3500多处。全省农村削坡建房风险点排查整治工作现场培训会在五华召开，得到省住建厅的充分表扬和肯定，为全省提供了样板和示范。安全生产责任制考核连续两年获得“优秀”等次。各类安全生产事故死亡率比“十二五”末下降66.7%。

——过去五年，是民生福祉不断增进的五年。实施振兴山区教育三年行动，顺利通过“全国义务教育发展基本均衡县”国家验收，成功创建“广东省推进教育现代化先进县”，投入资金25亿多元，改善办学条件，高级中学、五华县技工学校、五华中英文实验学校、五华县职业技术学校、足球精英学校投入使用，增加学位10650个。成功创建“全国基层中医药先进县”。投入资金24亿多元，全面改善就医环境，完成22间乡镇卫生院、384间村级卫生站标准化改造建设，建成3间敬老院，县残疾人康复中心、托养中心、县慢病站投入使用。医疗机构床位数4685张，每千常住人口病床数为4.3，比“十二五”末分别增加60.7%、59.3%。全体居民人均可支配收入17223元、比增39.1%；农村居民人均可支配收入增速高于城镇居民0.9个百分点。成功创建“全国法治先进县”“广东省文明城市”，“山乡天使”——关爱五华边远山区留守老人志愿服务项目，荣获第五届中国青年志愿服务项目大赛银奖。县公安局在省厅部署开展的重点打击工作考核中，取得“六连冠”的优异成绩。华城镇西区社区获评“全国民主法治示范村（社区）”。妥善解决了一批信访积案等历史遗留问题。群众获得感、幸福感、安全感明显提升。在推动经济社会加快发展的同时，干部职工、离退休人员待遇逐年提高，村级办公经费、村干部待遇水平大幅提高。我们要保持“十三五”时期的良好发展势头，深刻认识和把握“十四五”时期发展思路，聚焦五华苏区高质量发展的主题不动摇，乘势而上、奋勇前行，一道奋进新征程。

（二）全面分析面临的形势任务

我们要立足大局大势审视自身发展，沿着习近平总书记指引的方向谋划推动改革发展各项工作，观察分析形势问题要从政治上把握，谋划推动经济工作要落实政治要求，处理解决经济问题要防范政治风险，始终胸怀“两个大局”，准确识变、科学应变、主动求变，努力在危机中育先机、于变局中开新局。我们要清醒地看到，五华经济社会欠发达的县情没有根本改变，发展仍然是第一要务，我们要改变发展方式，立足全省、全市一盘棋，坚持走生态优先、绿色发展的道路，实现又好又快的高质量发展。我们要清醒看到，产业基础薄弱、主导产业不突出仍然是突出短板，培育绿色主导产业仍然是推动五华苏区振兴发展的最紧迫任务，我们要抢抓机遇、主动融入“双区”“双城”和“双循环”大局，从更高水平上、更大平台上做好招商引资，优化升级产业体系，在深度融湾中实现发展跃升。我们要清醒看到，民生保障和公共服务水平不高的现状依然存在，坚持以人民为中心的思想始终是我们工作的出发点落脚点，我们要敢于打破思维定式、善于借智借力、盘活有效资源，把工作的着力点从“有没有”向“好不好”转变，更好满足人民群众对优质教育、医疗、文化等方面的需求。我们要清醒地看到，广大农村落后的面貌依然存在，大抓乡村振兴仍然是“三农”工作的主抓手。我们要从民族要复兴、乡村必振兴的战略全局高度来认识，下更大决心、以更大力度，抓重点带全面，积小胜为大胜，推动乡村全面振兴。

（三）准确把握发展的基本思路和目标

党的十九届五中全会对“十四五”规划和二〇三五年的远景目标作出统筹谋划，省委、市委全会对贯彻工作作出了全面部署。我们要从讲政治的高度认真贯彻，落实到五华“十四五”时期的各项工作中。

一要明确发展定位。进入新发展阶段、贯彻新发展理念、构建新发展格局，是我们的行动指南，明确了我国发展的历史方位，明确了我国现代化建设的指导原则，明确了我国经济现代化的路径选择。我们要做到思想认识上主动适应、工作举措上积极谋划、实际行动上认真落实，围绕中国式现代化“五大特征”，对照省、市的安排部署，加强前瞻性思考、全局性谋划，找准自己的发展定位和发展方向，以五华所长、五华所能为工作导向，为广东实现总定位总目标贡献新作为。

二要遵循发展原则。我们在“十四五”时期提出必须遵循的五大原则，即坚持党的全面领导、坚持以人民为中心、坚持深化改革开放、坚持新发展理念、坚持系统观念。同时，对标上级、结合县情，提出坚持“发展第一要务”的原则，这是我们的实践指南，必须在具体工作中牢牢把握，做到方向不偏。

三要把握发展目标。坚持立足当前着眼长远，综合考虑各种因素和自身发展基础条件，整体谋划、有序推进。展望二〇三五年，我县经济实力、绿色发展能力、综合竞争力将大幅提升，经济总量和城乡居民人均收入显著增加，科技创新能力将有较大提升；基本实现新型工业化、信息化、城镇化、农业现代化，实现治理能力现代化，文化软实力显著增强，城乡更加宜居，人的全面发展、共同富裕取得更为明显的实质性进展。按照新发展理论，今后五年，要在经济发展取得新的成效、改革开放迈出坚实步伐、社会文明达到新的高度、生态文明取得全面进步、民生保障更有温度力度、治理效能得到综合提升等六大方面取得突破。

（四）把握“十四五”的重点任务　“十四五”时期，随着省“一核一带一区”发展格局渐次成形，粤港澳大湾区和深圳先行示范区建设全面提速，牵引辐射带动能力日益强劲。梅州生态发展功能区后发优势的凸显，将给五华加快振兴发展带来重大历史机遇。我们要坚持系统观念，统筹兼顾，在全省、全市一盘棋的牵引和“双区”驱动效应中，补短板、扬优势，全方位、整体性跟上建设现代化步伐。

第一，下大力气补短板固底板。

一要补产业发展短板。坚持生态产业化、产业生态化，抓住梅兴华丰产业集聚带建设机遇，深化番禺五华产业共建新空间，以4个工业园区为主阵地，积极承接粤港澳大湾区产业外溢辐射，实施强链延链补链工程，大力开展精准招商，瞄准电子信息、数字经济产业、医疗产业、体育用品、创意产业等战略性新兴产业和电子商务、大数据、物流等现代服务业，大力发展现代农业、文旅体产业，支持建筑业、红木产业做大做强，致力打造百亿级产业集群。

二要补创新发展短板。对接老区苏区振兴、“双区”建设等政策，强化精准服务对接，促进各类创新要素向企业集聚，激发企业技术创新活力。鼓励企业加大技术开发投入，扶持骨干企业实施一批重大科技专项和重大技术攻关。加强引导，强化企业创新主体地位，力促新建一批产学研协同创新平台，提高科技成果转化成效，发挥创新引领发展第一驱动力作用。弘扬科学精神，营造崇尚创新的浓厚社会氛围。

三要补营商环境短板。坚持最高最好最优，优化政务服务，推进政务服务标准化、规范化、便利化，深化政务公开，实施统一的市场准入负面清单制度。对标“双区”“双城”营商环境，进一步提升服务企业的质量，激发市场主体特别是中小微企业和个体工商户的活力，推动要素、商品、服务等循环流转畅通无阻，积极参与构建新发展格局。

四要补城乡发展短板。坚持“城市管理精细化、乡镇管理规范化、乡村建设特色化”，整体优化提升城区文化教育、养老托育、文体休闲、便民消费服务等设施，提升县城辐射带动能力。加快推进以人为核心的新型城镇化。深化“一核两区三组团”格局，以组团发展引领各镇加快发展。顺应“三农”工作重心的历史性转移，巩固拓展脱贫攻坚同乡村振兴有效衔接，坚持“五个振兴”一起抓，实施乡村建设行动，深化农村改革，加快实施“数字农业农村”，促进农业高质高效、乡村宜居宜业、农民富裕富足。

五要补民生保障短板。坚持在发展中保障和改善民生，尽力而为、量力而行，以小切口推动大变化，持续推进就业、就读、就医、住房、社会保障、平安等基本民生改善，着力解决群众“急难愁盼”问题，提供更高质量的民生保障，不断优化资源供给，推进城乡公共服务均等化，扎实推进共同富裕，让全县人民在共建发展中共享发展。

第二，持之以恒锻长板增优势。

一要增创生态文明新优势。坚持点上高效开发、面上全面保护，构建“三线一单”分区管控体系，加强国土空间开发保护、深入开展国土绿化行动，实施生态修复工程，狠抓森林资源管护。坚决打好碧水、蓝天、净土保卫战，提升河长制管护实效，加强重点河库的保护，打造五华绿色生态水系。落实全省碳达峰行动方案，促进经济社会发展绿色转型，把绿水青山变成金山银山。

二要增创平安五华新优势。深入贯彻习近平法治思想，巩固拓展“全国法治先进县”创建成效，全面推进依法治县。深化“平安五华”建设，大力推进创建市域社会治理现代化试点工作，借助智慧新警务等技术手段，加快完善社会治安立体防控体系，严厉打击各类刑事犯罪，维护社会和谐稳定，以稳定大局保障发展良好态势。

三要增创足球等产业新优势。充分发挥足球之乡底蕴，传承球王精神，依托自身优势，强化特色产业发展，大力发展现代足球服务产业，推动足球产业与文旅产业相融合，打造集足球文化、体育用品制造业、文旅体融合发展的足球全产业链发展格局，让足球成为五华最鲜明的城市名片。传承工匠精神，发展口腔、石匠、铁匠、木匠等传统优势产业，打造名副其实的工匠之乡。

四要增创交通基础新优势。以融入湾区“123”交通圈为目标，把高速、高铁等重大交通项目作为融入“双区”建设的主抓手和突破口，争取五华至惠东、五华至东源高速公路和深汕梅延伸线（五华段）高铁建设项目纳入“十四五”规划，凸显五华连接珠三角的门户地位。推进国省道、快速交通干线、“四好农村路”提档升级、畅联畅通，科学布局各类交通站场节点，争取五华县通用机场项目取得实质性进展，以交通优势赢得发展优势。

五要增创干事氛围新优势。通过开展“两学一做”和“不忘初心、牢记使命”主题教育、接受省委巡视、举办柚产业等现场会、参与伟大抗疫斗争等，广大党员干部的精气神明显提升，“绿水青山就是金山银山”的理念深植人心。我们要一以贯之加强党的领导和党的建设，持续转变干部作风，形成崇尚“创闯干”、反对“推脱绕”的干事氛围。

三、乘势而上、开创新局的2021年

2021年是我们党成立100周年，是实施“十四五”规划、全面开启建设社会主义现代化国家新征程的第一年，做好今年工作意义重大。今年工作的总体要求是，坚持以习近平新时代中国特色社会主义思想为指导，全面贯彻党的十九大和十九届二中、三中、四中、五中全会以及中央经济工作会议精神，围绕习近平总书记赋予广东在全面建设社会主义现代化国家新征程中走在全国前列、创造新的辉煌的总定位总目标，认真落实省委十二届十一次、十二次、十三次全会和市委七届十次全会精神，按照省委“1+1+9”工作部署和市委“123456”思路举措，坚持稳中求进工作总基调，立足新发展阶段，贯彻新发展理念，参与新发展格局，以推动高质量发展为主题，以深化供给侧结构性改革为主线，以改革创新为根本动力，以满足人民日益增长的美好生活需要为根本目的，坚持系统观念，巩固拓展疫情防控和经济社会发展成果，更好统筹发展和安全，扎实做好“六稳”工作、全面落实“六保”任务，坚持走生态优先、绿色发展道路，持续推进“一核两区三组团”建设，打造“工匠之乡·宜居五华”，推动五华在新征程上创新局谱新篇，确保“十四五”开好局、起好步，以优异成绩庆祝建党100周年。经过“十三五”的破难攻坚，我们对县情进行了再深化分析，把补齐“五个短板”、增创“五个新优势”作为工作总抓手。经县委常委会研究，今年全县发展主要目标，地区生产总值增长2.5%以上，一般公共预算收入增长5%，全体居民人均可支配收入增速与经济增速基本同步。确定这些工作重点和经济指标，是为了引导和稳定预期，我们要克服困难，有效统筹、努力奋斗，确保全面完成预期目标任务。重点抓好以下工作。

（一）毫不放松抓好疫情防控。坚持把常态化疫情防控作为推动经济社会发展的前提条件，牢固树立“一失万无、万无一失”的理念，坚持外防输入、内防反弹，全面从严加强重点场所、重点人员管控，特别是要加强对社区和农村地区的疫情防控领导，层层压实责任，全面补齐薄弱环节和堵塞风险漏洞。要落实疫情防控政治责任，健全完善突发公共卫生事件监测预警处置机制，加快推进一批医疗机构和疫情防控设施建设，做好物资储备，织密织牢疫情立体防控网。

（二）坚持创新驱动发展。坚持创新第一动力，完善县电子商务创业孵化基地、五华县创业孵化园、五华生态技工教育创业园等平台，促进创新资源有效整合，实施创新型企业培育工程，新增国家高新技术企业1家以上，推动一批企业申报市级企业技术中心和工程技术研究中心，推动2家企业“上云上平台”。加强政校地、产学研合作，鼓励行业骨干企业与高校院所联合组建产业技术创新战略联盟，增强企业核心竞争力。发挥“广东省院士企业专家工作站”作用，支持企业借智引智，建立院士工作站、博士后工作站等研发机构。健全有利于科技人才创新创业的评价、使用、激励措施，加大高层次人才引进力度，通过市场化选聘，实行“揭榜挂帅”制度，促进高端人才向企业集聚。

（三）构建绿色产业体系。坚持把发展经济的着力点放在实体经济，全面提升广州番禺（五华）产业转移工业园管理质效，对低效企业转型升级或淘汰出清。持续完善河东绿色生态工业小镇基础设施和配套服务。主动服务融入“双区”“双城”，鼓励支持辉骏科技、香雪智慧中医药、泰金智能、神牛摄影等企业与大湾区探索建设“产销研”共建新模式，实现共赢互利。加大主导产业和重点税源企业培育力度，深入推进创建“中国建筑之乡”三年行动。加快建成中医药大健康产业园。借力梅州综合保税区等平台优势，创新红木产业经营模式，传承红木文化，积极谋划建设红木博物馆。大力发展先进制造业、战略性新兴产业，筑巢引凤，引进更多总部经济，加快跨境说未来中心粤东总部基地建设。依托粤港澳大湾区“菜篮子”产品梅州配送中心，深化与怡亚通、顺丰速运等企业的合作，加快构建现代物流体系，为大湾区提供更多优质生态产品。大力发展服务经济和文化旅游消费，结合生态资源、五华美食、民俗文化、红色文化等资源，打造一批“红+绿”旅游新业态。

（四）大抓基础设施建设。牢牢抓住省加大基础设施投资力度机遇，按照“谋划一批、动工一批、竣工一批”的思路，千方百计推进一批交通、水利、电力、通信、能源、环保等传统基础设施建设，保障梅龙高铁无障碍施工、丰华高速顺利通车，加快建设梅龙高铁站前广场及配套设施，谋划推进高铁新城。完成丰华高速郭田互通、联岭互通连接线建设工程。加快郭双公路建设，完成G355线华阳至安流段、五华大桥扩建工程、S239线河东至双华段、X960线龙村桥头至洞口段、龙村大坑村至X003线梧溪村公路等一批国省县道建设。梅蓄项目确保今年3月下闸蓄水，启动二期建设，加快建设五华县绿色能源科技中心。积极谋划推进一批市政堤路项目，动工建设7宗病险小型水库除险加固、大都河生态清洁小流域治理工程，完成县城污水处理厂三期扩建工程、五华河华城镇塔岗村至转水镇枫林塘村碧道建设。启动天然气“县县通工程”。加快推进500千伏、110千伏等一批重点输变电工程建设，启动新一轮农网升级改造。加快推进5G基站、数据分析中心、电动汽车充电桩等新型基础设施建设，实现县城、中心镇5G全覆盖，助力数字经济发展。

（五）全面推进乡村振兴。全面总结“3年取得重大进展”经验做法，对“5年见到显著成效、10年实现根本改变”进行系统谋划，加快农业农村现代化。抓好农村人居环境整治、污水垃圾处理、公共基础设施建设、农房管控和风貌提升，创建“无违建村”。围绕实现“五子登科”，发挥省级现代茶叶产业园、丝苗米产业园示范牵引作用，坚定发展“一村一品、一镇一业”，大力实施品种改良、品质提升、品牌打造“三品”工程，推动茶叶、柚果、水稻、高山红薯等特色产业提档升级，加快景田百岁山矿泉水项目建设。抓住种子和耕地两个要害，加强种子繁育和优质柚果、花卉、禽畜、水产等种苗培育推广。实行粮食安全党政同责，严守耕地红线，抓好农业面源污染防治，体现粮食主产区作用。加强农村文明创建，推进移风易俗。深入推进平安乡村建设，创新乡村治理方式。加强农村专业人才队伍建设，吸引更多人才投身基层。健全防止返贫动态监测和帮扶机制，巩固拓展脱贫攻坚成果同乡村振兴有效衔接，确保5年过渡期内帮扶政策总体稳定，深入实施“百企帮百村”行动，加快从驻村帮扶向驻镇帮镇扶村、从帮扶脱贫向帮扶全面振兴、从实现全面小康向迈向现代化转变。持续发展壮大村集体经济收入，逐步消灭“低收益”村。

（六）推进城乡融合发展。大力实施县城品质提升工程，推动中心城区与琴江新区“双区互动”。以安置区和基础设施建设为突破，加快联增大桥建设，逐步拉开琴江新区架构。优化布局水、电、气、通信等管网，启动地下管线普查工作，严厉打击各类“野蛮施工”和违法建设行为。有序实施犁滩片区等城市更新行动和县城老旧小区改造，加快上坝片区排水、县城七都涝区治理工程等一批市政项目升级改造，因地制宜配套建设小公园、停车场，打通“断头路”、疏通“内循环”、畅通“微循环”。河东与水寨要“双城联动”、携手并进，形成更多示范性强、撬动力大、影响面广的经验做法，共同把辐射带动全县发展的影响力充分释放出来。巩固“国卫”成果，启动城区生活垃圾集中转运站、填埋场整改二期工程。拓展创建区域，推进岐岭、长布、横陂、安流、棉洋、华阳、龙村等7个镇创建“广东省卫生镇”，支持华城、转水等镇积极创建“国家卫生镇”。全面推进扩权强镇，支持各镇立足交通区位、产业基础、资源禀赋等比较优势、各扬所长，加快建设美丽城镇、特色小镇、专业小镇，完善各镇圩镇公共服务和配套设施，将河东高速出口至河东圩镇段、横陂高速出口至横陂圩镇段道路纳入市政管理。持之以恒开展“126”专项整治，不断完善城乡基层治理体系。

（七）大力繁荣文旅体事业。深化“三好一正”工程，组织开展庆祝建党100周年宣传教育。锚定目标、下定决心、城乡并进，加快创建“全国县级文明城市”。积极谋划“图文博”等综合性文化场馆建设，创排采茶戏、木偶戏精品大戏。围绕创建“全域旅游示范县”目标，借鉴各地经验做法，积极打造文旅片区新标杆，动工建设长乐工匠小镇文旅景区，加快寨顶巷历史商街文化旅游项目、客天下文化旅游特色综合体、瓒公祠保护性开发等项目建设，加快龙狮湖风景区建设，提升城市文化形象。支持足球小镇承办好2021年中甲赛事，激励梅州客家男女足球队双创佳绩。充分挖掘足球文化的经济效益、社会效益，启动足球小镇（二期）建设，尽快建成开放球王文化产业园，培育发展文化电商、创意设计、网络动漫等文创产业，打造若干拥有自主品牌龙头文化企业，积极推进球王故里文化旅游区创建国家AAAA级旅游景区，让小足球踢出大产业。传承红色基因、弘扬苏区精神，推进五华县革命烈士事迹陈列馆和全县在册的173处革命遗址旧址建设，抓好中山大学农学院办学旧址、名人故（旧）居、传统村落等修缮保护和活化利用。建成开放苏区革命历史博物馆。挖掘历史文化资源纳入系统保护，加大“非遗”文化传承推广力度。做强新型主流媒体，扩大广电网络传播覆盖面，更好满足人民群众精神文化生活新需求。

（八）释放改革发展活力。围绕省推动各项改革朝着打造新发展格局战略支点聚焦发力的部署要求，深化“放管服”改革，加快“数字政府”建设，加大粤省事、粤商通、粤政易推广应用，提供全天候在线政务服务，让群众少跑腿、数据多跑路。实施涉企经营许可事项清单管理，加强事中事后监管，对新产业新业态实行包容审慎监管。高质量、高标准推进华城镇城乡融合发展和数字乡村建设省级试点镇工作，鼓励基层大胆推进微改革、微创新，探索平行分享、经验借鉴，资源成果共享，创造更多五华特色改革经验。加快农村集体产权制度、城乡学校教育管理、规范农村建房改革，扎实推进医药卫生体制改革，稳步有序铺开医保普通门诊“镇村一体化”工作，持续推动医保改革向纵深发展。全面落实各项惠企政策，深入开展精准暖企服务行动，打造“母亲式”服务企业模式，保障企业家安心发展。

（九）持续提升民生保障。坚持办好民生实事，持续深化教育改革，支持民办教育、职业教育，加快推进五华中学运动场、小都中学和横陂第三小学、远恒佳教育城建设项目一期、教师发展中心等一批学校改扩建项目，不断增加优质学位和优质教育资源。深入实施强师兴教工程，加大名校长、名教师评选表彰力度，打造名师和名校长工作室。聚焦课堂改革，对学校要加强质量监督、完善评价办法，提升教育质量。以深入实施“健康五华”为主抓手，加快推进县人民医院创“三甲”综合医院、县中医医院创三级中医医院，打通县人民医院南门“生命通道”，加快民营三级医院项目建设，积极推进与省属部属医疗机构的紧密型医联体合作。全面落实稳就业、保居民就业，提升“粤菜（客家菜）师傅”“广东技工”“南粤家政”三项工程成效，深入开展以母婴、居家、养老、医护服务为重点的家政培训，打造“五华大嫂”家政服务品牌，进一步创建省级南粤家政产业园。技工学校争创省重点技工学校。落实各项社会保障政策。加大对特殊人群的关心关爱。

（十）统筹发展和安全。坚持以大概率思维应对小概率事件，牢固树立总体国家安全观，守牢政治安全、经济安全、生态安全、社会安全等底线，积极稳妥有序化解政府隐性债务，坚守不发生系统性、区域性金融风险的底线。坚定践行“绿水青山就是金山银山”理念，抓好崩岗、水土流失等地质灾害治理，加强固废物、垃圾分类处置，建设“无废城市”，实现美丽与发展共赢。以创建“县级国家森林城市”为抓手，结合林长制，持续开展“绿美五华”三年行动，加快国家储备林项目、森林公园和重点生态工程建设，坚持保育结合，有序分步推进造林绿化和林分改造，提升森林整体质量，提升生态系统的碳汇能力，全面理顺森林防灭火指挥体系，着力在“防”上下功夫，实施最严厉的野外火源管控措施。扎实推进市域社会治理现代化建设，推动扫黑除恶专项斗争常态化，坚持和发展新时代“枫桥经验”，全力创建省级“维稳工作示范点”，维护社会和谐稳定。严格落实安全生产责任制，抓实安全生产工作。更加重视法治建设，发挥党委在推进法治建设中的领导核心作用，全力创建广东法治政府建设示范县，打造更高质量的平安五华、法治五华，增强群众安全感。

四、不忘初心、接续奋斗全面加强党的领导

做好“十四五”和今年的工作，关键在党，关键在人。我们必须一以贯之，以更高要求、更高标准加强党的全面领导和党的建设，把各级党组织锻造得更加坚强有力，为奋进新征程提供坚强政治保证。

（一）旗帜鲜明讲政治抓政治。严格落实政治要件闭环落实机制，严肃政治纪律政治规矩，坚决做好省委巡视整改“后半篇文章”，持续巩固深化肃清李嘉、万庆良恶劣影响成果，深刻汲取曾志权、李华楠案教训，严守“五个必须”、杜绝“七个有之”、做到“三个决不允许”，进一步增强“四个意识”、坚定“四个自信”、做到“两个维护”。巩固“不忘初心、牢记使命”主题教育成果，持续抓好“大学习、深调研、真落实”，坚持把学习贯彻习近平新时代中国特色社会主义思想作为头等大事和首要政治任务。全面加强政治能力建设，提高领导干部特别是“一把手”的政治判断力、政治领悟力、政治执行力，坚决维护党中央权威和集中统一领导，做到不掉队、不走偏。

（二）加强党对经济社会的全面领导。适应新形势新任务，从体制机制上落实党委领导经济社会发展的职责，切实发挥党委把方向、管大局、作决策、保落实作用，定期听取县人大、政府、政协、法院、检察院党组的工作情况，支持人大、政协依法依章程履行职责，保证司法机关依法独立公正行使职权。充分发挥党委全面深化改革委员会等议事协调机构职能作用，及时研究经济社会发展战略、分析经济发展形势，研究重大决策等各项工作，有效盘活各类资源，增强应对风险和自身发展能力。要以省委巡视整改为契机，牢牢掌握党对意识形态工作的领导权、管理权、主动权。要持续巩固壮大爱国统一战线，坚持党管武装，加强对群团工作的领导。要织牢织密上下贯通、执行有力的组织体系，履行好党委“中间段”职责，推动基层党组织贯彻落实好“最后一公里”任务。要建立健全推动高质量发展的考评体系，发挥督查考核的指挥棒作用，确保党的大政方针不折不扣落到实处。

（三）全面加强干部队伍建设。坚持新时期好干部标准，把政治标准摆在首位，统筹谋划、有序推进县、镇、村换届工作，配出结构优功能强的好班子，增强班子的凝聚力、战斗力、执行力。加强干部教育培训和培养力度，有针对性开展精准培训、思想淬炼、政治历练、实践锻炼、专业训练，提高适应新发展阶段、贯彻新发展理念、构建新发展格局的能力，打造具备领导现代化建设能力的干部队伍。要完善考核评价标准和奖惩机制，落实“三个区分开来”，树立重实干、重实绩的用人导向，激励干部敢担当善作为，注重加强与番禺人才结对帮扶，加大两地人才双向交流，丰富“人才新政12条”内容，想尽千方百计、发动各方力量引进人才、留住人才。

（四）加强党的基层组织建设。坚持大抓基层的鲜明导向，全面落实新一轮加强基层党组织建设三年行动计划，以更大力度推进基层党组织建设，打造坚强战斗堡垒。优化提升“头雁”工程和党员“先锋”工程，加强村书记培训，健全村党组织书记监督管理办法，提高发展党员的质量，发挥党员在引领乡村振兴的先锋模范作用。创新完善村（社区）党组织设置，深化“两新”党组织扩面提质工程。深化回乡联村等工作，积极探索更为有效的基层治理模式，推动基层党组织全面进步、全面过硬。

（五）深入推进正风肃纪反腐。坚持把严的主基调贯穿全面从严治党全过程，一刻不停推进党风廉政建设和反腐败斗争，始终把党的纪律和规矩挺在前面，用好巡察利剑，坚持正向明责和反向追责同时发力，盯紧重点领域、重大工程、关键岗位、关键少数，用好监督执纪“七个看”和问责“六字诀”，严肃查处腐败案件。以反复抓、抓反复的韧劲，持续整治群众身边腐败和作风问题。毫不松懈纠治“四风”，坚决反对形式主义、官僚主义，加强党员干部“八小时以外”监督管理，引导党员干部加强党性修养，增强廉洁自律意识，注重加强家教家风家庭教育，构建亲清政商关系。强化制度约束，一体推进不敢腐、不能腐、不想腐，构筑拒腐防变坚固防线。

同志们，奋进新征程，奋斗更精彩。让我们更加紧密地团结在以习近平同志为核心的党中央周围，坚持以习近平新时代中国特色社会主义思想统领五华工作全局，不忘初心、牢记使命、接续奋斗，以一往无前的奋斗姿态、风雨无阻的精神状态，努力为广东在全面建设社会主义现代化国家新征程中走在全国前列、创造新的辉煌做出五华贡献，为庆祝中国共产党建党100周年交出一份优异答卷！

名词解释

1.“六稳”“六保”：“六稳”是指稳就业、稳金融、稳外贸、稳外资、稳投资、稳预期；“六保”是指保居民就业、保基本民生、保市场主体、保粮食能源安全、保产业链供应链稳定、保基层运转。

2.新发展阶段：是指全面建成小康社会、实现第一个百年奋斗目标之后，乘势而上开启全面建设社会主义现代化国家新征程、向第二个百年奋斗目标进军的阶段。

3.新发展理念：创新、协调、绿色、开放、共享。

4.新发展格局：是指加快构建以国内大循环为主体、国内国际双循环相互促进的新发展格局。

5.“四方责任”：是指在疫情期间，全面落实属地、部门、单位、个人的四方责任，建立全社会共同防控体系。

6.中国式现代化：是指我国现代化是人口规模巨大的现代化，是全体人民共同富裕的现代化，是物质文明和精神文明相协调的现代化，是人与自然和谐共生的现代化，是走和平发展道路的现代化。

7.“双区”：粤港澳大湾区和深圳建设中国特色社会主义先行示范区。

8.“三线一单”：生态保护红线、环境质量底线、资源利用上线和生态环境准入清单。

9.“126”专项整治：“1”即是指一项安全生产（一个安全生产底线），“2”是指“两违”专项整治（违法用地和违法建设专项整治），“6”是指“六乱”专项整治（“乱搭建、乱摆卖、乱堆倒、乱拉挂、乱停放、乱贴画”专项整治）。

10.监督执纪“七个看”、问责“六字诀”：“七个看”即看违纪情节、看危害程度、看时间节点、看动机原因、看认错态度、看一贯表现、看群众口碑；“六字诀”即“严、准、适、通、扩、用”，就是态度要严、定性要准、处置要适度、思想要做通、教训要扩展、处理后表现好该用的要用。

政府工作报告

——在五华县第十五届人民代表大会第六次会议上

2021年2月4日

五华县人民政府县长 朱少辉

2020年工作回顾

2020年是极不平凡的一年。一年来，我们坚持以习近平新时代中国特色社会主义思想为指导，认真学习贯彻党的十九大和十九届二中、三中、四中、五中全会精神，深入贯彻落实习近平总书记出席深圳经济特区建立40周年庆祝大会和视察广东重要讲话、重要指示精神以及省委李希书记来梅调研讲话精神，认真落实省委“1+1+9”工作部署、市委“六争六补”“123456”思路举措，抢抓老区苏区振兴发展、粤港澳大湾区建设、深圳建设先行示范区等政策机遇，在县委的正确领导下，在县人大及其常委会和县政协的监督支持下，在广州番禺对口帮扶下，坚持稳中求进工作总基调，扎实做好“六稳”工作，全面落实“六保”任务，统筹抓好疫情防控和经济社会发展各项工作，深入推进“一核两区三组团”建设，全县经济社会实现平稳健康发展。全年实现地区生产总值162.97亿元、比增2.3%，增速排在全市第三；一般公共预算收入10.55亿元、比增5.1%，总量和增速均排在全市第二；社会消费品零售总额81.69亿元、下降7.4%；固定资产投资完成100.61亿元、下降4.2%，其中市重点项目完成投资62亿元、完成年度计划的100.6%，投资总额和进度均排在全市第二；城镇新增就业5301人，年末城镇登记失业率2.35%、低于全市平均水平。一、二、三产业比重为22.2∶22.0∶55.8。

一年来，我们着力做好如下工作：

（一）着力在“双统筹”上下功夫，经济运行企稳向好

疫情防控有力有效。面对突如其来的新冠肺炎疫情，我们坚持人民至上、生命至上，落实属地、部门、单位和个人“四方责任”，建立“一人一户一车一档”“四个一律”工作机制，推动疫情防控取得阶段性胜利。全面落实“省20条”“市18条”复工复产政策，支持解决企业用工需求，各行各业迅速复工复产，主要经济指标在第四季度由负转正。在疫情防控过程中，派出2名医护人员、筹集一大批物资支援湖北抗疫，广大医务工作者、公安民警、各级干部、志愿者和广大人民群众坚持奋战一线，涌现出一批坚守岗

位、冲锋在前、无私奉献的先进典型和感人事迹。

实体经济持续壮大。狠抓招商选资，新签约落户企业18家，计划投资总额70.94亿元、比增28.2%。引进景田矿泉水、跨境说、胜工矿机等一批提升产业层次的项目。循环经济产业园、泰金智能、丝苗米产业园等20个重点项目集中动工、竣工。深入开展暖企活动，落实政企沟通座谈会机制，解决了一批企业融资、用工、用地等难题。大力培育发展科技型中小企业，认定19家科技型中小企业、5家高新技术企业、5家市级工程技术研究中心、1家省众创空间，与省科学院梅州产业技术研究院合作成立全市首家产业创新服务中心。全年规上工业增加值5.66亿元、比增4.8%、增速排在全市第三，外贸进出口总额1.55亿美元、比增42%，实际利用外资1447万美元、比增118.6%、增速排在全市第一。辉骏科技有效克服疫情影响，工业产值比增52.8%，实现逆势上扬。红木产业园效益初显，累计引进企业45家，年产值比增40%。五华产业园在2019年度产业园区（集聚地）提质增效目标评价中排名全市第一。“中国建筑之乡”创建步伐加快，由市属国有建设龙头企业与五华建筑企业共同创建具有四个一级资质的嘉华建设工程公司挂牌成立，奖励总部回迁及资质增项晋级企业13家。全年建筑业总产值实现73.7亿元、创税6.78亿元。

财税金融保持稳健。全年争取特殊转移支付资金2.09亿元，金融机构发放抗疫低息贷款5.05亿元。落实政府债务化解整改工作，暂缓实施、终止实施项目59个，压减未付工程款77.6%。偿还政府性债务本金0.94亿元，化解隐性债务9.27亿元。严格规范“三公”经费支出管理，“三公”经费支出下降19.4%。主动对接中央和省级资金扶持政策，全年向上争取项目资金48.73亿元、同比增加17.64亿元，争取省政府新增债券转贷资金14.6亿元。发放中小微企业信贷风险补偿资金贷款1.33亿元、发放实体经济“应急转贷”资金0.97亿元，有效缓解企业融资难问题。

（二）着力在项目建设上铆足劲，发展动能不断增强

交通网络逐步优化。梅龙高铁五华段完成年度征拆任务。华陆高速五华段建成通车，丰华高速五华段实现无障碍施工。完成G355、G238线等国省道路面升级改造55.7公里，加快推进省道239线枫林塘至罗湖段等8个129.94公里新升级省道路面改造项目，全力推进县道003线梅林优河至黄沙公路等13个121.7公里县乡公路建设项目。完成3个“迎国评”专项工程，全面提升国省道路况水平。

水利能源加快建设。投入5.5亿元加快水利基础设施建设，完成琴江（五华河口段）治理、安流镇长江楼光堤路建设、县城自来水厂扩建和华城水厂至县城供水管网铺设等一批水利工程建设。扎实推进全域自然村集中供水、万里碧道等项目建设，完成3.5公里五华河转水段、琴江安流段碧道建设。启动县城七都涝区治理、岩前水库除险加固工程。梅蓄项目累计完成投资43.34亿元、占一期投资任务的61.5%，项目主体建设征拆全面完成并实现无障碍施工，513户2288名移民入住安置区。

电力通信提档升级。投入1.5亿元，提升全县中低压电网架结构和供电可靠性。190个基建配网项目顺利投产，横陂镇西湖

村“四网融合”示范点顺利建成。500千伏五华输变电工程、110千伏油田输变电工程等项目落地建设。长乐公园公共充电站建成投运，足球文化公园、蒲丽顶森林公园、老河道公园公共充电站基本完工。全年新增光网端口3万个，光网端口容量累计达到48.2万个，实现县域4G网络信号全覆盖、县城5G信号基本覆盖，完成172个5G基站建设项目。

文旅体育亮点纷呈。提线木偶戏《沙家浜·智斗》荣获省艺术节“优秀小型舞台艺术作品”。安流、周江、郭田3个镇级综合文化站被省评定为特级站。“中国内地现代足球发源地”五华·元坑遗址景区建成开放，曾国华、黄国梁等一批名人故居完成陈列布展，南沣山养生养老生态园建设加快推进，热矿泥温泉山庄升级改造、南粤古驿道樟坑段修复等文旅重点项目基本完工。成功承办2020年中甲联赛、中冠联赛、全国青少年足球邀请赛等一批大型赛事，获评“2019年省体育产业示范基地”。奥体中心、新丰寨旅游景区成功获评国家AAA级旅游景区，转水镇成功创建广东省旅游风情小镇。全县接待游客560万人次、旅游总收入46.62亿元。

（三）着力在优化环境上求突破，城乡发展焕发活力

城区品位明显提升。全面完成县城下岗坝老旧小区、华兴南路、城区公厕等升级改造，扎实推进公园片老旧小区改造、县城工业二横路至水寨大道道路建设。有序推进汽车城安置区、琴江安置区、足球文化公园城市更新安置工程建设，完成综合管廊控制服务中心和管廊主体工程建设。天云岭森林公园首期建成开放并启动二期建设，罗湖森林公园建设稳步推进。深入推进“美丽梅州·美好家园”三年行动，以点带面开展垃圾分类工作，成功创建“国家卫生县城”，加快推进创建“全国县级文明城市”。

人居环境逐步改善。完成自然村村庄整治规划编制，1761个自然村完成“三清三拆三整治”任务，82%以上的自然村达到干净整洁村标准，新建整改农村公厕442座、镇级填埋场6个和镇村生活垃圾中转站9座。华城、周江等7个镇成功创建“广东省卫生镇”。大力实施新农村“以奖代补”和提升工程EPC项目，建成农村生活污水处理设施208座。85%以上的行政村基本实现集中供水。大力实施乡村振兴战略，扎实推进92个省定贫困村创建新农村示范村，代表市接受省2019年度乡村振兴考核获得“优秀”等次。河长制工作扎实有效，32宗河湖“四乱”问题得到整改销号，查处非法采砂案件33宗、处罚33人。

土地建管更加规范。抓好卫片执法整改，严厉打击违法用地和违法建设行为，拆除违建67宗6.9万平方米。完成削坡建房风险点整治128户，经验做法得到省住建厅的充分肯定。超额完成“三旧”改造任务，新增改造200.16亩、完成改造120.11亩。建成高标准农田2.83万亩。1066亩拆旧复垦任务通过市级验收。收储土地69宗1859.43亩，出让土地62宗1475.18亩。

（四）着力在绿色发展上做文章，生态红利有效释放

农业产业稳步发展。大力实施“一村一品、一镇一业”项目，推进茶叶和丝苗米省级现代农业产业园、广东金柚优势特色产业集群等项目建设，加快发展茶叶、柚果、高山红薯、花卉等特色农业产业，新增水果种植1.58万亩、茶叶种植0.65万亩。鼓励引导

经营主体开展撂荒复耕和水稻扩种 2.22 万亩，撂荒复耕复种的有效做法得到农业农村部和省市领导的充分肯定。大力推进生猪养殖场标准化建设，全年生猪饲养量 72.2 万头。培育县级以上农业龙头企业 26 家、农民专业合作社 15 家、家庭农场 11 家和“粤字号”农业品牌 11 个，列入省级“菜篮子”基地 11 个、粤港澳大湾区“菜篮子”生产基地 5 个。粤东五华茶博汇建成运营。省级茶叶产业园获评“2020 年粤东粤西粤北省级现代农业产业园发展排头兵”。“五华高山红薯”获评国家地理标志产品，高山红薯产业获省核准建设广东省农业科技园区。棉洋镇获评全国“一村一品、一镇一业”示范镇，42 个村入选首批省级“一村一品、一镇一业”专业村，河东镇入选国家级 2020 年农业产业强镇。

林业生态增绿增效。启动县级“国家森林城市”创建工作，全面完成碳汇造林任务 8000 亩，完成兴华高速公路沿线撂荒地和林中空地带状绿化提升 4540 亩，森林抚育任务 18.05 万亩，打造绿美古树乡村 4 个、绿美红色乡村 2 个。郭田镇成功创建广东省森林小镇。长布镇樟村村、郭田镇龙潭村、双华镇冰塘村和军营村等 4 个村被认定为广东省首批国家森林乡村。实施最严厉的森林资源管护措施，严厉打击野外违规用火和各类破坏森林资源行为。积极探索林业产业发展，培育省级林业龙头企业 3 家、省级家庭林场 1 个。

污染防治得到加强。全力打赢污染防治攻坚战，环保督察交办案件全部办结，省、市考核断面年平均水质优良率为 100%，集中式饮用水源地水质达标率 100%；烟花爆竹禁放范围从 28.4 平方公里扩大至 73.2 平方公里，施工工地、砂石场企业扬尘防治“6 个 100%”措施有效落实，县城空气质量优良率达到 99.7%、对比上升 0.6 个百分点，空气质量明显改善；土壤环境质量总体优良。

（五）着力在群众关切上出实招，民生事业成色更足

脱贫攻坚如期完成。坚持党建引领产业、就业、消费和金融扶贫，教育、医疗、住房、政策兜底“三保障”政策和安全饮水落实率达 100%，10.53 亿元扶贫开发资金使用率达 100%。健全完善扶贫资产项目管理制度，7.12 亿元扶贫资产得到有效管理。全面落实贫困户“8+1”任务，突出抓好危房改造、省定贫困村集中供水工作，全县 92 个相对贫困村、20242 户 66561 名相对贫困人口全部出列和脱贫退出，已脱贫有劳动能力贫困户年人均可支配收入 15680 元，贫困村居民年人均可支配收入 19998 元。

重点民生有力保障。深入推进“粤菜（客家菜）师傅”“广东技工”“南粤家政”三项工程，开展各类技能提升培训 15607 人次，发放技能提升培训补贴 935.77 万元，享受补贴 7491 人次，全县城镇新增就业 5301 人、失业人员再就业 2903 人。获评首批省级人力资源服务产业园，为全省唯一一个由县级创建的人力资源服务产业园。水寨中学百年纪念楼、棉洋中学二校区综合楼等一批学校项目完成建设，五华中英文实验学校建成开学，小都中学和横陂镇第三小学项目、远恒佳创新教育特色小镇等项目加快建设。县人民医院等医疗卫生设施建设项目加快推进，完成县人民医院和县疾控中心核酸检测实验室、县疾控中心疫苗冷库、37 个发热门诊规范化建设和 30 间乡镇卫生院预防接种门诊标准化建设和安流镇中心卫生院升级改

造。全面实施“医联体”“医共体”建设，梅州市人民医院托管华城镇中心卫生院成效明显，医疗总收入3304万元、比增36.2%。启动实施以双华镇卫生院为中心、18间村级卫生站为延伸点的为全市城乡医保普通门诊“镇村一体化”试点工作。落实社保各险种征缴工作和足额发放各项社保待遇，减免社保费1.07亿元，发放失业保险各类待遇506.21万元、惠及4481人次。在全市率先推行养老服务机构公建民营供给侧改革。县残疾人托养中心建成使用。狠抓食品药品和重点工业产品质量安全，抽检食品4401批次，快检食用农产品2.55万批次，建成214间学校食堂“互联网+明厨亮灶”，在市对县质量工作考核中首次获得A级等次。

为民服务便捷高效。深入推进“放管服”改革，政务服务事项“马上办、网上办、就近办、一次办”各项指标明显提升。镇级行政管理体制改革有序实施，下放760个县级权限到镇级，创新推行“县级印章下放”“镇级审批相对集中制改革”。推进政务服务“马上办”和审批服务便民化，全县1553项政务服务事项即办率达70.2%，1404项县级政务服务事项网上可办率达90.4%。全年新登记各类市场主体10792户、比增23%。设立工程建设项目审批“一窗受理”服务专区，全年办理审批项目457件。完成数据共享交换平台五华节点一期建设。推进工程建设项目审批制度改革，实现施工许可不见面办理。

社会治理纵深推进。以圩镇规范化建设为契机，扎实推进“126”专项整治，加快补齐镇域治理短板。发挥华城、安流、龙村等3个中心镇的辐射带动作用，深入推进扩权强镇工作，赋予县级经济社会管理权限，推进治理体系和治理能力现代化。深入打击整治电信网络诈骗等新型犯罪专项行动，破获案件86宗。“毒品问题重点关注地区”如期“摘帽”。全面铺开省“维稳工作示范点”创建工作。市域社会治理现代化工作深入推进。华城镇被列入省“数字乡村”改革试点镇和城乡融合发展省级试点镇。县检察院荣获“全国先进基层检察院”称号。被国家信访局评为信访工作“三无”县。安全生产形势稳中向好，事故数下降25%。安全生产责任制考核获得市“优秀”等次。

与此同时，积极主动配合省委巡视工作，不折不扣抓好省委巡视指出四大项28小项问题整改，制定系列规章制度，从根本上堵塞漏洞，进一步规范政府行为，切实把巡视整改成果转化为推动五华改革发展的强大动力。巩固深化肃清李嘉、万庆良恶劣影响成果，深刻汲取曾志权、李华楠案教训，做到“三个决不允许”。全面加强党的建设，持之以恒推进正风肃纪反腐，全年立案298件298人，党纪政务处分286人。认真执行县委的决策部署，主动接受人大法律监督、政协民主监督，31件县人大建议和52件县政协提案全面办结。

二、“十三五”时期工作回顾

“十三五”时期，面对复杂多变的国内外形势，我们坚持以习近平新时代中国特色社会主义思想为指导，按照省委“1+1+9”工作部署和市委“六争六补”“123456”思路举措，深入实施“一核两区三组团”发展战略，统筹做好改革发展稳定各项工作，推动经济社会高质量发展。

——五年来，我们坚持发展为要，综合实力稳步提高

全县地区生产总值从116.19亿元增加

到162.97亿元，年均增长6.9%；一般公共预算收入从5.6亿元增加到10.55亿元,年均增长13.5%，连续4年排在全市第一；固定资产投资年均增长5.2%。特别是固定资产投资、一般公共预算收入“十三五”末绝对值比“十二五”末分别增长了29.3%、88.2%。社会消费品零售总额从66.65亿元增加到81.69亿元，年均增长4.2%。金融机构存贷比从“十二五”末的31.7%提高到“十三五”末的60.2%，金融服务实体经济发展的能力持续加大。产业转移园获评省四星级园区，园区建成区面积扩大至10.5平方公里，进园企业达到113家，全县规上工业企业达到40家。科技创新能力稳步提升，累计发展高新技术企业14家、省市工程技术研究中心19家。加快建设科技孵化产业园，获批国家级科技企业孵化器培育单位1家、广东省众创空间2家。培育省名牌农产品23个、“三品一标”产品50个、省级“菜篮子”基地11个、粤港澳大湾区“菜篮子”生产基地5个、“粤字号”农业品牌11个。茶叶、丝苗米产业园成功入选省级现代农业产业园。粤港澳大湾区“菜篮子”产品梅州配送中心建成运营。获评国家级电子商务进农村综合示范县、第六批广东省农业科技园区。“十三五”末粮食总产比“十二五”末增长11.1%。农业增加值年均增长5.4%。

——五年来，我们坚持项目为王，发展后劲持续增强

全县公路通车里程提高到4054.58公里、高速公路通车里程178.13公里、公路密度提高到125.23公里/百平方公里，对比“十二五”末分别增长21.6%、130.9%、21.2%。其中，高速公路通车密度达5.5公里/百平方公里，居全市第一。完成100人以上自然村农村公路硬底化1200公里，512.2公里“四好农村路”建设攻坚任务全面完成，荣获省“四好农村路”示范县。成功争取梅龙高铁在五华设站，征地拆迁加快推进。完成32宗415公里山区中小河流治理，建成48宗村村通自来水工程，华城、安流、棉洋三个镇级集中式水厂投入运营，全域自然村集中供水工程全面铺开。建成14座镇级污水处理设施及配套管网，在全市率先实现镇级污水处理全覆盖。梅蓄项目完成一期投资任务的61.5%，今年3月可实现下闸蓄水。奥体中心、长乐游泳中心、足球小镇一期等一批文旅体项目建成开放，建成足球场291块，成功举办马拉松赛、骑跑赛等赛事，足球小镇获评国家运动休闲特色小镇。热矿泥温泉山庄升级改造、李惠堂故居修缮等一批文旅重点项目基本完工，南沣山养生养老生态园、县游客服务中心加快推进。狮雄山遗址列入第八批全国重点文物保护单位。旅游接待2840万人次。河东镇获评全国文明镇。

——五年来，我们坚持实干为先，城乡环境显著改观

城区建成区面积从20平方公里扩展到27平方公里，中心城区建成河堤9段约20公里、升级改造市政道路22段23公里、建成公园9个约60万平方米，新建桥梁1座。县城建成区绿化覆盖率达到40%、公园绿地面积人均达19.41平方米，比“十二五”末分别增加3%、296%。圩镇改造和美丽乡村建设加快推进,40%以上村达到美丽宜居村，82.6%以上村达到整洁村标准，无害化卫生户厕普及率100%。50座生活垃圾中转站建成运营，城乡垃圾收运处置保洁率100%。县环卫所被评为“全国住房城乡建设系统先进集体”。启动县级国家森林城市创建工作，

完成碳汇造林29.23万亩，森林抚育156.73万亩，森林覆盖率69.1%。生态环境保护责任考核均达到“良好”等次以上。

——五年来，我们坚持民生为重，社会事业全面进步

脱贫攻坚目标任务如期完成。每年坚持办好十件民生实事。大力实施振兴山区教育三年行动，投入25亿多元改善办学条件，建成高级中学、技工学校、足球精英学校等一批学校。通过“改、扩、建”和集团化办学模式，增加学位10650个，城区义务教育阶段“大班额”问题得到缓解。顺利通过“全国义务教育发展基本均衡县”国家验收，成功创建“广东省推进教育现代化先进县”。深入推进“健康五华”建设，成功创建“全国基层中医药先进县”。投入24亿多元全面改善就医环境，大力推进县人民医院、县中医医院创三级医院工作，启动民营三级医院建设。完成华城镇中心卫生院、安流镇中心卫生院升级改造和22间乡镇卫生院、384间村级卫生站标准化建设，医疗机构床位数4685张、每千常住人口病床数4.3张，比“十二五”末分别增加60.7%、59.3%。逐年提高低保、特困人员、孤儿、残疾人“两项补贴”对象等供养水平，县残疾人康复中心、托养中心投入使用。干部职工、离退休人员待遇逐年提高，村级办公经费、村干部待遇水平大幅提高。妥善解决了一批信访等历史遗留问题。成功创建“全国法治先进县”。华城镇西区社区获评“全国民主法治示范村（社区）”。安全生产责任制考核连续两年获得“优秀”等次。各类安全生产事故死亡率比“十二五”末下降66.7%。县公安局在重点打击工作考核中取得“六连冠”的优异成绩。扫黑除恶专项斗争深入推进，打掉涉恶犯罪团伙84个、协助打掉涉黑犯罪组织1个。圆满完成“七五”普法工作。国防动员、兵役征集、国防教育等工作有效落实，实现创建“省双拥模范县”四连冠。稳妥应对强台风、强降雨等自然灾害，有效防范非洲猪瘟等动物疫情，三级应急体系基本建成。与此同时，统战、档案、气象、统计、烟草、供销、方志、工青妇等工作取得新成绩。

——五年来，我们坚持服务为本，政务效能不断提升

坚持对标最高最好最优推进改革，在全市率先建立县级数据共享交换节点平台。22项惠民申办事项实现“掌上办”。设立13个原撤并镇片区服务中心，81.8%以上的事项办事“不用跑”、94.6%的事项“最多跑一次”。行政审批事项承诺时限压缩71.3%。建立工程建设项目联合审批服务专区，实现业务“一窗受理”，企业开办全流程压减到0.5个工作日。新一轮县级机构改革和镇级体制改革顺利完成，事业单位分类改革扎实推进。新组建4家县属国企集团。完成“两权”抵押贷款、土地承包经营权确权改革。

各位代表！过去的五年，是我县不断深化县情认识，进一步明晰发展定位和思路，精准聚焦的五年；是我县加快结构调整、夯实基础、积蓄动能、苦练内功的五年；是我县经济工作和项目建设环境进一步优化，干事创业精气神进一步凝聚的五年。这五年的发展经验弥足珍贵，在实践上有力证明了中央和省、市、县委一系列决策部署的科学性、系统性、前瞻性，有力证明了我们深入实施“一核两区三组团”发展战略，加快建设“工匠之乡·宜居五华”的发展思路切合五华实际，我们必须坚定信心、攻坚克难、接续奋

斗，以更有力的举措和更坚定的决心推动各项工作向前发展。

各位代表！我县“十三五”时期改革发展成绩来之不易，这是习近平新时代中国特色社会主义思想科学指引的结果，是省委省政府、市委市政府和县委正确领导，全县人民奋力拼搏及各方大力支持的结果。在此，我代表五华县人民政府，向全县人民，向人大代表、政协委员、各人民团体、无党派人士，向中央和省、市属驻五华单位、驻五华部队、武警官兵，向关心支持五华发展的港澳台同胞、海外侨胞和社会各界朋友，表示衷心的感谢并致以崇高的敬意！

同时，我们要清醒地认识到我县经济社会发展存在不少短板和问题：一是县域经济总量小。产业结构不合理，特别是工业占比低，财政收支矛盾突出，居民人均可支配收入长期处于全市末位。二是支撑发展的内生动力不足。产业基础薄弱、规模不大，产品技术含量不高、附加值低，且缺乏大型高新技术企业和龙头主导产业支撑，县内无百亿产业，无在主板上市的企业。缺乏重大项目投资，项目储备特别是产业项目储备不足，固投增长乏力。三是乡村振兴任重道远。广大农村道路、环境卫生等基础设施薄弱，村庄缺少规划，有新房无新村问题仍然突出。村集体经济缺少产业支撑，收入低于 5 万元的仍有 237 个，村级自主发展能力有限。四是民生短板亟须补齐。教育、医疗保障、文化等民生社会事业投入相对不足，历史欠账较大，民生保障能力与群众的期望仍存在不小差距。五是干部作风建设仍需加强。一些部门和干部担当作为、履职尽责意识不强，推诿扯皮和“中梗阻”现象仍有发生。对这些问题，我们将采取有力措施加以解决。

三、“十四五”时期主要目标任务

“十四五”时期，是我们开启全面建设社会主义现代化国家新征程、向第二个百年奋斗目标进军的第一个五年。为科学制定全县“十四五”规划，县委提出了《关于制定国民经济和社会发展第十四个五年规划和二〇三五年远景目标的建议》，我们据此编制了《五华县国民经济和社会发展第十四个五年规划和二〇三五年远景目标纲要（草案）》，提请本次大会审议通过后实施。

“十四五”时期经济社会发展的指导思想是：坚持以习近平新时代中国特色社会主义思想为指导，坚持稳中求进工作总基调，立足新发展阶段，贯彻新发展理念，打造新发展格局战略支点，以推动高质量发展为主题，以深化供给侧结构性改革为主线，以改革创新为根本动力，以满足人民日益增长的美好生活需要为根本目的，坚持系统观念，巩固拓展疫情防控和经济社会发展成果，更好统筹发展和安全，紧抓“双区”建设和省加大对北部生态发展区生态补偿和产业引导的政策机遇，深入贯彻省委“1+1+9”工作部署、市委“123456”思路举措和县委“一核两区三组团”发展战略，统筹稳增长、促改革、调结构、惠民生、防风险、保稳定各项工作，加快建设“工匠之乡 · 宜居五华”，增创生态经济发展新优势，谱写生态发展区建设五华新篇章，实现经济行稳致远、社会安定和谐，为开启第二个百年奋斗目标开好局、起好步。

“十四五”时期经济社会发展的主要目标是：夯实高质量发展基础，加快补齐产业发展、创新驱动、营商环境、城乡协调和民生保障方面的短板，力争经济发展取得新的成效、改革开放迈出坚实步伐、社会文明达到新的高度、生态文明取得全面进步、民生保障更有温度力度、治理效能得到综合提升等六大方面取得新突破，在全面建成小康社会的基础上，与全国全省全市一道顺利开启社会主义现代化建设新征程，为广东实现总定位总目标做出五华努力和贡献。

——持续增强综合实力。今后五年，我县经济要实现中高速增长，争取发展速度高于全国、全省、全市平均水平，缩小人均主要经济指标与全国、全省、全市平均水平的差距。至2025年，力争地区生产总值突破210亿元大关、“十四五”期间年均增长保持在6%以上；一般公共预算收入达到15亿元以上、“十四五”期间年均增长7%左右。坚持将着力点放在发展实体经济上，深化番禺五华两地产业共建，以四个工业园区为主阵地，完善基础设施和配套设施，精准招商选资，立足培育发展电子信息、五金机电和智能家电、制酒制药、红木家具、农产品加工、智慧物流、建筑产业等“5+1+1”主导产业，致力打造百亿级产业集群。至2025年，园区建成投产企业达150家以上，规上工业企业达到65家以上、增加值达14亿元以上。

——全力推进扩大内需。加快供给侧结构性改革和需求侧管理，优化投资结构，加大实体经济投资，持续扩大民间投资。统筹推进交通、能源、通信、水利、环保等基础设施建设，梅蓄项目一期建成投产并启动二期建设，保障梅龙高铁五华段无障碍施工、建成通车，大力推动高铁新城建设，积极争取深汕梅高铁延伸线在五华设站，谋划争取五华至惠东、五华至东源高速公路项目，逐步实现国省县道、快速交通干线、“四好农村路”提档升级、畅联畅通。“十四五”期间，社会消费品零售总额年均增长9%左右。积极扶持和培育外贸新业态，促进对外贸易创新发展。“十四五”时期，力争外贸进出口总额年均增长3%左右。

——全面提升城镇品位。扎实推进县城扩容提质，推动中心城区和琴江新城“双区互动”、河东与水寨“双城联动”。大力实施县城品质提升工程，有序推进老旧小区微改造，推动县城公共服务设施提标扩面、市政服务设施提档升级，持续优化城区水、电、路、气、通信和地下管廊，打通“外循环”，疏通“内循环”，畅通“微循环”，提升城市精准化管理水平。巩固拓展“国家卫生县城”创建成果，争获“全国县级文明城市”提名资格。推进城乡基础设施一体化规划建设和运营管护，优化城乡互联互通的基础设施网络，推动公共服务向农村延伸、社会事业向农村覆盖。至2025年，全县城镇化率提高到45%以上。

——强力实施乡村振兴战略。狠抓“三农”工作，巩固和拓展脱贫攻坚成果，建立农村低收入人口帮扶机制，举全县之力全面推动乡村振兴，促进农业高质高效、乡村宜居宜业、农民富裕富足。大力发展“一村一品、一镇一业”，建设一批“米袋子”“菜篮子”“果盘子”“水缸子”“茶罐子”生产基地，提升农业质量效益和竞争力。加快补齐农村基础设施短板，全域推进生活垃圾、改厕和污水处理整治，加强农房和农村风貌管控，连片推进新农村建设。持续推进县镇村公共服务一体化，推进农村移风易俗。到2025年，农村居民年人均可支配收入达到2.3万元以上。严守耕地保护红线，到2025年，全县耕地保有量保持在56.74万亩以上。实行最严格的森林管护措施，力争

2025年全县森林覆盖率达到70%以上。

——深入推进改革开放。着力在营商环境、乡村振兴、城乡融合发展、数字乡村建设、城乡教育体制、医疗卫生体制等重点领域改革上先行先试，形成一批可借鉴推广的改革创新成果。加快“数字政府”建设，推动一批信息技术应用创新产业、一体化大数据平台、社会治理智慧化平台、智慧政务指挥中心、智能化政务服务大厅等项目落地建设，不断提升政府服务和管理能力。优化政务服务，全面推行“不见面”审批，让数据多跑路、群众少跑腿。持续推进崇商重企，支持民营经济发展。主动接受“双区”辐射带动，努力与“双区”在工业、交通、农业、文旅体、康养等领域和人才、技术等方面实现合作共赢。

——不断改善人民生活品质。持续加大民生投入，不断健全基本公共服务体系。深入实施更加积极的就业优先战略，登记失业率控制在3%以内，每年实现城镇新增就业4500人以上。加大“三项工程”推进力度，多渠道开发公益岗位，加强劳动力技能培训，“十四五”期间，力争县技工学校升格为技师学院。推进山区教育振兴，深化教育综合改革，提升教育教学质量。至2025年，加快创建全国青少年校园足球试点县，创建全国青少年校园篮球体育传统特色学校5所以上，所有幼儿园达到省定基本办园条件标准，义务教育巩固率达98.3%。高标准推进“健康五华”建设，加强县人民医院人才队伍、专科能力、重大疾病诊疗能力及信息化建设，重点建设2至3个疑难杂症收治能力较强的专科，推动县人民医院成功创建“三甲”医院。整合县、镇、村医疗卫生服务资源，杜绝村卫生站乡村医生“空白村”现象。

——加快建设平安法治五华。统筹发展和安全，防范化解各种风险挑战，营造安全稳定、公平公正、法治向善的良好环境。加强法治政府建设，政府带头尊法学法守法用法。坚持干群结合、群防群治，加强社会治安防控体系建设，严厉打击黄赌毒、黑拐骗等违法犯罪，坚决防范和打击暴力恐怖、黑恶势力、新型网络犯罪，建立常态化扫黑除恶机制，保持社会和谐稳定。创新社会治理，加快创建市域社会治理现代化试点县。重点打击非法集资、P2P网络借贷，坚决守住系统性、区域性金融风险底线。完善和落实安全生产责任制，加强安全生产监管执法，有效遏制交通、矿山、建筑施工、危险化学品等重特大安全事故发生。

四、2021年工作安排

2021年，是实施“十四五”规划的开局之年，做好今年的政府工作意义重大。今年经济社会发展的主要预期目标是：地区生产总值增长2.5%以上，一般公共预算收入增长5%左右，固定资产投资增长与上年持平，社会消费品零售总额增长7%左右，居民人均可支配收入增速与经济增速持平，城镇新增就业0.4万人，城镇登记失业率控制在3.5%以内，完成省下达能耗双控指标。

为实现上述目标要求，我们重点抓好五大方面工作：

（一）聚焦产业转型升级，做大绿色经济总量

加快工业平台建设。广州番禺（五华）产业转移工业园重点围绕红木板块、总部经济板块，加快推进红木文化产业园、跨境说等重点项目征地拆迁，全年征拆平整土地800亩以上。打通兴业一横路、工业六路等一批“断头路”。继续完善罗湖等7个安置

区、总部经济板块等基础设施。河东绿色生态工业小镇重点围绕电子信息、先进装备制造、医疗用品制药、农副产品深加工四大产业布局，完成征拆平整土地900亩以上。华城工业园围绕梅龙高铁五华站建设和高铁新城谋划建设，重点引进电子商务、商贸物流、电力器材等产业，打造成为集居住、商业及综合服务的复合型现代化园区。安流工业园围绕新材料、新能源、农产品精深加工等产业，加快推进规划建设、征地拆迁、项目引进等工作，逐步拉开基本框架。继续推进油田大道、河东绿色生态工业小镇起步区首期道路、华兴东路、长乐大道等“三横一纵”的主干道路以及供水、供电设施建设。全力推进综合服务中心职工宿舍、绿色能源科技中心、华兴公园、标准化厂房以及水质净化中心及排污管网的建设，尽快实现园区“七通一平”，保障入园项目建设需求，提升产业承载力。

做大做强实体经济。围绕培育发展“5+1+1”主导产业，以扶持精荣科技做大做强为重点，推动数据中心落户，聚焦电子信息产业发展；以香雪制药、康奇力、长乐烧酒业、客属酒业为龙头，加快制酒制药产业转型升级，全力推进中医药产业园建设；以加快推进辉骏科技增资扩产、晶铠科技五华总部建设为抓手，推动五金机电和智能家电产业发展；以东成红木文化馆建成为契机，突破红木家具产业发展瓶颈；以加快丝苗米产业园、高山红薯深加工产业园落地建设为新起点，做精农产品加工产业；通过整合产业转移园企业资源，扎实推进工业物流城建设，扩展培育发展配套服务产业，打造智慧物流产业；大力鼓励建筑企业总部回迁、资质增项晋级、创新创优，引进产业配套上下游企业，全面提升建筑行业整体水平和综合竞争力，助推创建“中国建筑之乡”。实施创新型企业培育工程，力争新增国家高新技术企业1家、新认定市级以上企业技术中心1家、市级工程技术研究中心1家，推动2家企业“上云上平台”。

狠抓招商引资。借力广州市番禺区对口帮扶，推动梅州五华（番禺）大湾区经贸发展中心和梅州五华大湾区招商中心尽快挂牌并正式运营，积极畅通与投资客商的沟通渠道，抢抓粤港澳大湾区、深圳先行示范区“双区”建设机遇，积极谋划与广州市番禺区举行联合招商推介会，聚焦“5+1+1”主导产业，进一步承接产业转移，切实提高招商的针对性和实效性。结合“乡贤回乡投资兴业”工程，积极推动观山雅院家具、蜀伦欣电子落户建设。力争全年新签约合同项目计划投资65亿元以上。

擦亮文旅体品牌。大力传承发展提线木偶戏“非遗”项目。全力推进中山大学农学院办学旧址保护修缮和活化利用，建成开放中国现代足球博物馆和热矿泥温泉度假村。全力加快南沣山养生养老生态园、客天下文化旅游特色小镇、寨顶巷历史商街等文旅项目建设和瓏公祠保护性开发。积极推进图文博综合性文化场馆、长乐工匠小镇建设。加快狮雄山考古遗址公园规划设计和龙狮湖景区建设。推进创建省级全域旅游示范县。支持“中国内地现代足球发源地”五华·元坑遗址景区创建AAA级景区、球王故里文化旅游区创建AAAA级景区。启动横陂足球小镇二期建设，规划建设体育用品产业园。筹备超百公里骑跑活动、马拉松等体育赛事。支持职业足球发展，承办好中甲足球联赛。做好笼式足球代表广东参加第十届全运会备战工作。

科学有效管财理财。规范税收征管，积极盘活处置国有资源资产，支持国有企业做大做强。牢固树立长期过“紧日子”的思想，大力压减一般性支出和“三公”经费，严格控制新增支出事项，严禁超预算或无预算安排支出。积极挖掘和培育地方财源税源，大力发展绿色经济，着力扶持绿色主导产业发展，完善园区产业发展平台，支持招商引资，培育新兴产业、电子信息产业、高端制造业，夯实税源基础。加强政府债务与隐性债务监测预警，加大力度稳妥化解存量隐性债务，筹集财力消化暂付挂账。深化各项财政领域改革工作，健全完善财政治理体系，提升财政治理能力。

（二）聚焦项目有效投资，增强绿色发展后劲

优化综合交通体系。全面完成梅龙高铁五华段征地拆迁，加快推进高铁新城规划建设，谋划推进华城高速出口至高铁站快速通道建设。重点谋划五华至惠东、五华至东源、五华水寨至龙川佗城高速公路项目建设，积极推进五华通用机场建设。全面完成国道355线华阳至安流段改建、省道228线五华大桥扩建工程等续建项目和丰华高速郭田坪上互通至郭田圩镇、河东联岭互通至平南圩镇道路等新建工程。继续推进龙村镇塘湖至棉洋双璜公路等项目建设，推进国道238线县城段、省道223线水寨大坝段、省道238线龙村镇金龙至梧溪段、龙村东外环和西外环道路等新建改建工程。

加大水电能源投资强度。力争投入6.5亿元，全面完成华城水厂至县城供水管网铺设、县城污水处理厂三期扩建及配套管网铺设、县城污水管网河东片区铺设等续建重点水利项目，启动实施大都河生态小流域治理和7宗病险小型水库除险加固工程，扎实推进全域自然村集中供水工程、五华河碧道工程。启动实施镇级污水处理设施二期工程、县水土保持科技园升级改造工程，谋划实施韩江五华段治理工程、琴江水世界、中小河流治理二期工程建设。围绕做大水产业、做活水文章，加快推进景田矿泉水项目建设，推动水瓶制造、包装、运输、水质检测、旅游等全产业链发展。加快推动500千伏五华输变电工程、110千伏油田等输变电工程建成投运。加快推进5G基站、电动汽车充电桩等新型基础设施建设。全力协调配合做好梅蓄项目工程建设各项工作，确保梅蓄项目3月下闸蓄水。

加快城市提质扩容步伐。扎实推进黄井、协和等安置区建设和足球文化公园周边旧村庄更新改造，启动河尾安置区一期、琴江安置区一期建设。启动建设城区生活垃圾分类转运站、垃圾填埋场整治二期、上坝生活排污等工程，完成县城七都涝区治理工程。全面完成琴江新城污水管网、综合管廊等基础设施建设，加快推进联增大桥、安琴横路、新城东路等道路桥梁建设，谋划建设联增大道，全面拉开琴江新城建设框架。加快县城迎福片区、华兴南片、华兴北片、华新村小区等老旧小区改造。加强县城交通秩序、市场监督、环境卫生管理，推进生活垃圾分类处理，巩固提升“国家卫生县城”创建成果，大力推进“全国县级文明城市”创建工作。

对接融入“双区”建设。尽快建立粤港澳大湾区“菜篮子”产品梅州配送中心流通服务体系，充分利用丝苗米、茶叶产业园和16个“菜篮子”基地、124家农业龙头企业等产业平台，进一步完善粤东农批冷链配送

中心、汉光超顺农产品加工冷链仓储物流园区、茶博汇、跨境说等项目设施，着力发展特色农业和数字农业，高水平打造“双区”菜篮子、果盘子、米袋子、茶罐子、水缸子。持续优化商事制度改革，完善园区基础设施建设，加大扶持奖励，承接更多“双区”产业转移。认真落实市县加快人才发展的实施意见，实行“揭榜挂帅”制度，促进优秀人才集聚。

全力管护土地资源。以圩镇规范化建设为契机，扎实推进“126”专项整治，持续做好国土空间规划编制工作，全力推进土地收储出让、城乡更新“三旧”改造、闲置土地处置、“房地一体”农村不动产登记发证等工作，进一步优化用地空间布局。大力推进拆旧复垦。完成4.6万亩高标准基本农田建设。加强违法用地整治，继续加大卫片整改力度，开展“无违建村”创建工作，大力遏制违法违规用地。持续抓好殡葬改革和违规建坟、“住宅式”墓地专项整治。

（三）聚焦乡村振兴发展，构建绿色宜居家园

巩固拓展脱贫攻坚成果。保持帮扶政策总体稳定，严格落实“四个不摘”要求，继续对脱贫村、脱贫人口开展监测，让贫困人口真正“脱得出、稳得住、能致富”。加强7.12亿元的扶贫资金资产项目管理，确保扶贫资金资产发挥效益。规划建设一批扶贫产业基地、扶贫产业园以及旅游扶贫、电商扶贫、光伏扶贫等特色产业扶贫示范村，确保各镇有1个扶贫产业基地，逐步消除集体经济年收入5万元以下村，推动巩固拓展脱贫攻坚与乡村振兴有效衔接。

全力促进产业兴旺。紧扣农业供给侧结构性改革主线，通过“集一、接二、连三”的发展模式，着力构建“1+X”农业产业发展体系。加快推进华城联塑花卉园为龙头的花卉产业发展。培育发展畜禽、水产、粮食、林木等种业。持续推进撂荒水田复耕复种，完成粮食播种面积84.2万亩。以培育农村新产业新业态为抓手，推动茶叶省级现代农业产业园效益提升，建成丝苗米省级现代农业产业园，加快推进中草药产业园、省级农业科技园建设，争创省级蔬菜产业园。实施“一村一品、一镇一业”项目村25个以上，新增柚果种植2万亩以上、茶叶5000亩以上，加强南药生产基地建设，推广“龙头企业+基地+农户”“合作社+农户”等生产经营模式，建立完善契约型、股权型利益联结机制。培育创建农业特色优质品牌3个以上，新增县级以上农业龙头企业6家、农民专业合作社9家、示范家庭农场6家以上。发挥粤港澳大湾区“菜篮子”产品梅州配送中心和粤东农批市场的集散配送作用，推动农产品方便快捷对接大市场，实现联农带农富农。

大力提升农村人居环境。以建设美丽宜居村庄为导向，扎实推进村庄规划整治、农房管控和风貌提升、农村削坡建房风险整治三年行动、生活垃圾和污水处理、村道硬底化、集中供水、“厕所革命”工作。加快推进14个镇级污水处理厂配套管网扩建工程和1776个自然村庄污水处理设施等项目建设，全县90%自然村达到干净整洁村标准，集中力量打造美丽宜居村50个。启动华城、转水、周江、郭田4个镇创建“国家卫生镇”，力争安流、横陂、棉洋、龙村、华阳、岐岭、长布7个镇成功创建“广东省卫生镇”。

全面加强生态环境管护。以创建县级国家森林城市为抓手，扎实推进“绿美五华三年行动”，提升梅龙高铁五华段沿线森林景观，营造1.06万亩高质量水源涵养林，抚育中幼林16.66万亩，新建生物防护林带80公里以上，实施6000亩的大径材培育工程。全力推进天云岭森林公园二期、罗湖森林公园建设，积极谋划建设彩旗岭公园、伯公岭公园。全面推行“林长制”，实行最严厉的森林资源管护措施，严厉打击野外违规用火，常态化抓好森林防灭火工作，推进创建“无山火镇村”，坚决守护好青山绿水。强化桉树林砍伐监管，加快林分改造，有力有序全面退出桉树林种植。大力发展森林康养旅游、油茶及珍贵树木经济林木种植业，培育省级林业龙头企业2家、省级家庭林场1个。扎实推进大气污染、水污染、土壤污染防治工作，完成市下达的减排任务。深入落实“河长制”，健全“河长+检察长”“河长+警长”机制，严厉打击非法采砂、涉河违建、占河填土、倾倒垃圾等行为，全面提升河库管护水平。加大集中式饮用水源保护力度，重点推进益塘水库饮用水源及周边水环境综合整治工程，确保饮水安全。抓好禁放区烟花爆竹禁放、露天禁烧秸秆、施工工地及道路扬尘管控、柴油车尾气排放污染整治、工业固废监管、生活垃圾分类回收等工作，持续抓好中央、省环保督察反馈意见整改落实，推动生态环境质量持续改善。

（四）聚焦民生改善，共享绿色发展成果

促进稳定就业。鼓励引导支持全县务工人员就地就近就业，加大力度推进实施“粤菜（客家菜）师傅”“广东技工”“南粤家政”三项工程，建成五华县月子中心，筹建黄狮新村美食示范街和五华县高技能实训竞赛基地二期。加快创建省重点技工学校和省级南粤家政产业园。培养“粤菜（客家菜）师傅”300人次以上、“广东技工”技能培训1万人次以上、开展家政服务培训2000人次以上，促进4000人以上新增就业创业。继续开展“百店扶千户”活动，实行餐饮企业挂钩农村贫困户用人制度，加大公益性岗位对困难群众的倾斜力度。充分依托县技工学校、职业学校，实施“南粤家政”工程，对接“双区”家政服务综合平台，深入开展以母婴、居家、养老、医护服务为重点的家政培训，打造“五华大嫂”家政服务品牌，促进转移就业。

加快建设健康五华。深化县级医院综合改革，推动省部属医院托管县人民医院和梅州谷城医院，提升县域医疗卫生总体水平。完善卫生健康系统人事薪酬制度改革，推进县域医疗卫生共同体建设，建立县、镇、村三级整合型医疗卫生服务新体系。完成县人民医院门急诊医技住院综合大楼、深圳大楼、县妇幼保健计生服务中心大楼、县中医医院升级改造等项目，打通县人民医院南门“生命通道”，加快推进县人民医院创建“三甲”综合医院、县中医医院创建三级中医医院。全面提升华城、安流中心卫生院服务管理水平。发挥卫生健康事业发展顾问作用，为我县卫生健康事业发展提供参谋。逐步铺开城乡医保普通门诊“镇村一体化”工作，方便群众就近享受医保报销待遇，实现“小病、轻病”不出村目标。完善“基本保险+大病保险+保尚保”多层次医疗保障体系，落实养老、失业、工伤等各类保险制度，及时调整各项社保待遇，切实提高参保人的综合保障水平。

常态化抓好疫情防控。全面落实属地、部门、单位、个人“四方责任”，完善统筹协调、联防联控、应急响应、物资配备等机制。围绕“外防输入、内防反弹”，严把“境外输入”“市外输入”“冷链输入”三个关口，补齐农村疫情防控等短板，严防死守重点地区、重点场所、重点行业、重点人群，实现境外和高风险地区来（返）五华人员闭环转运、核酸检测、集中隔离医学观察全覆盖。发挥基层医疗机构、药店等“哨点”作用，做到早发现、早处置。扎实推进新冠疫苗接种工作。

推进教育振兴发展。加快推进华城镇禾岭小学扩建、田家炳中学宿舍楼、五华中学运动场、河东镇第五小学综合楼、安流镇万塘小学教学楼、岐岭镇中心幼儿园综合楼等20个教育项目建设，不断增加优质学位和优质教育资源供给，持续解决大班额问题。加快建设县教师发展中心。推进城乡学校教育管理体制改革，实施集团化办学、强师和名校长培育工程，加快教育信息化建设，进一步完善镇村教育基金会。探索聘请教育发展顾问，指导破解教育发展难题。深入开展“我为教育尽份力，教育助我发展好”系列活动，携手推进五华山区教育振兴发展。

提升社会保障水平。强化社会政策兜底保障，落实社会救助、社会福利和拥军优抚安置政策，加强特困人员、孤儿、残疾人和留守老年人的关心关爱。加快敬老院改造，推进县救助服务站和县未成年人保护中心建设工作，提高底线民生补助标准，加强流浪乞讨人员的救助服务。全面完成村（社区）“两委”换届工作。完善低保家庭经济状况核查机制，做好残疾人“两项补贴”发放管理，落实0—6岁残疾儿童应救尽救。加快推进革命烈士事迹陈列馆、公益性生态公墓等项目建设，筹建县第二、第三残疾人综合服务中心。深化民兵调整改革，落实一年两征兵役征集政策，推动国防动员、人民防空和后备力量建设融合发展。

办好十件民生实事。根据省、市政府十件民生实事初步安排，结合五华民生实际需要，拟定了2021年县政府十件民生实事候选项目，今年首次实行人大代表票决制。候选项目已形成草案提交会议审议。我们将顺应人民群众新期待，完善“小切口大变化”民生实事办理制度，把更多财力用于保障民生、保障基本公共服务，既量力而行、又尽力而为，把群众关心的事、操心的事、烦心的事办好，努力让人民群众的获得感成色更足、幸福感更可持续、安全感更有保障。

（五）聚焦深化改革，打造人民满意政府

抓治理提效能。推进“数字政府”和“数字乡村”建设，开拓“三农”数据库和信息化应用建设，推动乡村治理能力提升、乡村产业发展和乡村生态文明振兴。完善数据共享交换平台五华节点功能建设，持续开展政务数据整合，促进跨部门、跨层级数据共享和业务系统互联互通，实现政务服务少提交材料、少填表单内容、少到办事现场、快速办理。建成数字档案馆信息应用平台。建立完善乡镇审批机制，加强乡镇公共服务中心业务整合和培训。做好“八五”普法工作，健全完善政府法律顾问制度，扎实推进“法治政府”建设示范县创建工作。加强社区矫正专业化建设，做好“智慧矫正中心”建设。升级完善立体化、信息化社会治安防控体系，构建“大防控”体系。加快平安五华建设，建立扫黑除恶专项斗争长效机制，加强严重精神障碍患者救治救助和服务管理，巩固提升禁毒重点整治工作成效，严厉打击电信诈骗、“套路贷”等新型违法犯罪行为。探索实行跨领域跨部门综合行政执法，深化乡镇体制改革，推进乡镇综合行政执法工作，完善基层治理体系。深入推进华城镇“数字乡村”改革试点镇和城乡融合发展省级试点镇工作。进一步理顺应急管理与森林消防、水务“三防”和消防救援等的关系，着力构建以应急管理部门为牵头抓总，相关部门协同作战的应急管理组织架构。

抓廉政树新风。结合省委第四巡视组反馈意见的整改落实，切实转变工作作风，严格执行中央八项规定精神，持之以恒纠正“四风”问题。完善县镇村评价考核体系和激励机制，推动干部职工作风转变，全力打造想干事、能干事、干成事的干部队伍，发扬“马上就办、办就办成”作风和“钉钉子”精神，强化责任担当，提升政府执行力。严格落实党风廉政建设主体责任和“一岗双责”，力戒形式主义和官僚主义，坚决纠正不正之风，持之以恒正风肃纪，做到从严执政、依法执政，树立廉洁勤政、务实高效的政府形象。

抓监督促落实。坚持把政治建设摆在首位，严守政治纪律和政治规矩，自觉把党的领导落实到政府工作各领域各方面。自觉接受县人大、县政协的监督，坚持重大事项、重大支出集体决策，增强决策透明度。重点加强对涉农领域资金、重点项目和民生工程的审计监督和公开，深入开展基层违法违纪线索集中排查，坚决查处涉农领域和扶贫领域腐败。进一步发挥督查部门的作用，明确职责分工，强化督办通报，全面加强对重点民生、中心工作、重点项目的督促落实。

同志们，担当成就梦想，实干创造未来。让我们更加紧密地团结在以习近平同志为核心的党中央周围，不忘初心、牢记使命、接续奋斗，以一往无前的奋斗姿态、风雨无阻的精神状态，奋力推动五华经济社会高质量发展，以优异成绩庆祝建党100周年！

名词解释

1.省委“1+1+9”工作部署：第一个“1”是指以推进党的建设新的伟大工程为政治保证；第二个“1”是指以全面深化改革开放为发展主动力。“9”是指9个方面重点工作：一是以粤港澳大湾区建设为重点，加快形成全面开放新格局；二是以深入实施创新驱动发展战略为重点，加快建设科技创新强省；三是以提高发展质量和效益为重点，加快构建推动经济高质量发展的体制机制；四是以构建现代产业体系为重点，加快建设现代化经济体系；五是以大力实施乡村振兴战略为重点，加快改变广东农村落后面貌；六是以构建“一核一带一区”区域发展新格局为重点，加快推动区域协调发展；七是以深入推进精神文明建设为重点，加快建设文化强省；八是以把广东建设成为全国最安全稳定、最公平公正、法治环境最好的地区之一为重点，加快营造共建共治共享的社会治理格局；九是以打好“三大攻坚战”为重点，加快补齐全面建成小康社会、跨越高质量发展重大关口的短板。

2.市委“六争六补”思路举措：“六争”

是指立足梅州的现有基础和比较优势，创先争优、追赶一流，推动生态文明建设、乡村振兴、脱贫攻坚、文化名城建设、社会治理、基层党建等六个方面工作走在全省前列。“六补”是指要正视差距，下足功夫，努力补齐对外交通、实体经济、技术创新、发展平台、改革开放、民生事业等六个方面短板，变短板为“潜力板”。

3.市委“123456”思路举措：“1”是指走好一条绿色发展之路，推动经济“换道超车”。“2”是指深化广东梅兴华丰产业集聚带和梅江韩江绿色健康文化旅游产业带“两带”建设，推动实体经济发展壮大。“3”是指建设宜居宜业宜游“三宜”城市，推动城乡一体化发展。“4”是指着力保障和改善教育、医疗、社会保障、平安等四个重点民生，推动幸福梅州建设。“5”是指构建梅州“五星争辉”格局，推动区域协调发展。“6”是指突出旗帜鲜明加强政治建设、重心下移抓实基层党的建设、千方百计激励干部担当作为、毫不动摇抓好意识形态工作、持之以恒正风肃纪反腐、发挥党委领导核心等六个方面的工作，全面加强党的建设。

4.“六稳”：指稳就业、稳金融、稳外贸、稳外资、稳投资、稳预期。

5.“六保”：指保居民就业、保基本民生、保市场主体、保粮食能源安全、保产业链供应链稳定、保基层运转。

6.“四个一律”工作机制：一律临时取消群众性活动、一律临时关闭公共服务场所、一律监测疫情地区和外市来县人员体温、一律消杀公共场所。

7.“应急转贷”资金：指本县范围内符合国家产业政策和信贷政策，经营效益好，资金还贷暂时出现困难的实体经济，按时用于还贷的资金。

8.贫困户“8+1”脱贫标准：指贫困户在有安全饮用水、有电用、有电视信号覆盖、有宽带网络覆盖、有稳定收入来源或最低生活保障、义务教育有保障、基本医疗有保障、住房安全有保障“八有”的基础上，加大贫困户人居环境综合整治力度。

9.城乡医保普通门诊“镇村一体化”：指将城乡居民医保参保人在村级卫生站就诊的普通门诊费用纳入该镇卫生院普通门诊统筹总额内，按规定给予医保报销，方便群众就近享受医保报销。

10.“互联网+明厨亮灶”：指“明厨亮灶”建设的升级版，借助安装在加工制作场所的设备，依托网络传输技术，政府管理部门和公众能够通过电脑、手机、显示屏等终端设备，实时观看餐饮加工制作重点环节的一种技术手段。

11.“126”专项整治：“1”是指一条安全生产底线，“2”是指违法用地和违法建设“两违”专项整治，“6”是指乱搭建、乱摆卖、乱堆倒、乱拉挂、乱停放、乱贴画“六乱”专项整治。

12.“两权”抵押贷款：指农村承包土地的经营权和农民住房财产权抵押贷款。

13.“双区”建设：指粤港澳大湾区建设和深圳建设中国特色社会主义先行示范区。

14. P2P 网络借贷：指由网络信贷公司提供平台，借贷双方自由竞价，撮合成交的一种借贷模式。

15.“揭榜挂帅”制度：指聚焦关键核心技术项目和重大应急攻关项目，把需要的关键核心技术项目张出榜来，“谁有本事谁就揭榜”的制度，具有不论资质、不设门槛、选贤举能、唯求实效的特征。

大 事 记

1 月

3 日，五华县人民政府发布《关于扩大五华城区烟花鞭炮禁放区的通告》，再次扩大禁放区域。

9 日，梅州市精神文明建设委员会下发《关于表彰 2017—2018 年度梅州市精神文明建设先进集体和先进工作者的决定》，五华县司法局被授予“2017—2018 年度梅州市精神文明建设先进集体”荣誉称号。

13 日，全县“不忘初心、牢记使命”主题教育总结会议召开。会议总结全县主题教育的成果、经验和做法，推动“不忘初心、牢记使命”常态化、制度化，部署做好主题教育“后半篇文章”。

18 日，五华县龙狮旅游管理处、龙狮殿旅游发展中心在龙村镇登畲片区服务中心正式挂牌揭幕。

21 日，五华召开县委常委会，传达学习习近平总书记关于新冠肺炎疫情的重要指示精神和李克强总理批示要求，研究全县疫情防控工作。

25 日，县印发《五华县新型冠状病毒感染的肺炎疫情防控指挥部工作方案》，明确工作目标与原则，组织机构及职责分工，工作制度和相关要求，有效保证全县新冠肺炎疫情防控工作的高效有序运转。成立疫情防控督查组，立即行动，积极开展疫情防控督查行动。

是日，暂停全县文化娱乐场所活动，县内旅游景区（景点）、宾馆（酒店餐厅）、农家乐（民宿客栈）、旅行社等一律暂停接待新的客人，暂停网络订票订房订团以及聚会聚餐活动。

28 日，确定全县 38 间发热门诊，其中县级医院 4 间、民营医院 4 间、乡镇卫生院 30 间。

是日，五华人民医院医生薛远泉、护士曾志芬作为梅州首批援助湖北医疗队 21 名医护人员出征。

2 月

2 日，县委向全县党员干部发出动员令，要求“全县党员要即刻返回工作岗位，做细做实每一项防控措施，履行好一名党员应尽的义务，坚决打赢疫情防控阻击战”。出台《关于动员全县务工人员就近就地就业的工作方案》，提供 1 万个就业创业岗位，鼓励全县务工人员就近就业创业，降低疫情传播风险。

4日，五华县发布《关于做好城乡人员疫情防控摸查登记工作的紧急通知》，并决定于当日起启动全县人员摸查登记工作。从即日起，市民到药店购买感冒发热、喉咙肿痛药品一律实行实名登记。

是日，五华县慈善会接收广东辉骏科技集团有限公司捐赠的一批价值23万元的医疗防护物资。

6日，五华县全面禁止“迎灯赏灯”等客家宗族民俗活动，任何个人和组织一律不得组织举办参加各类聚集性民俗活动。

9日，广州市番禺区对口帮扶五华工作队组织发动企业，到国外采购红外体温检测仪55只、免洗消毒洗手液520瓶、消毒液200公斤等物资，助力缓解五华防控物资短缺问题。

13日，五华警方发布通告，要求居住在五华的流动人口需扫码申报居住登记。

是日，华城镇新一村确诊1例来自江西省南昌市的新冠肺炎女性患者甘某。至15日，其小孩、丈夫也先后被确诊感染新冠肺炎，均收治于市人民医院。市县镇村紧急联动，通过周密排查后，共摸查出76个密切接触者送往集中隔离点。

是日，周江镇联太村村委委员李东海在疫情防控中，因劳累过度不幸因病去世。

14日，广东国沅建设工程有限公司五华县世创土石方工程有限公司棉洋享达石场向县应急管理局捐赠1000只口罩和3只额温枪，助力全县新型冠状病毒感染的肺炎疫情防控工作。

19日，惠州市五华商会和惠州市琴江文化研究会向五华县慈善会捐赠一批疫情防控物资，助力五华县打赢新冠肺炎疫情防控阻击战。

20日，爱心企业珠海市泰拓建设工程有限公司为梅州五华教育系统捐赠15万元防疫物资。

27日，大丰华高速第五标段田心一号大桥完成架设，是项目复工复产后首个顺利完成工程节点。

3月

2日，全县中小学生“线上”开学。

是日，五华婚姻登记中心推出免费便民证件照服务。

4日，伊利学生饮用奶（梅州）推广中心向五华县教育系统捐赠一次性日常防护性口罩1万只、消毒液35桶、牛奶350箱，总价值6万元。

7日起，开放全县各类公益性公园广场，包括森林公园、县镇村露天广场等。

11日，五华5家企业联合采购本地自产优质丝苗米扶贫农产品，价值共计63万元向湖北捐赠抗疫物资。

12日，五华县与奥园商业地产集团、广东晟凯建设有限公司举行项目签约仪式，达成建设奥园三期项目和总部经济项目的共识，并签订框架协议。

16日，在泰国集训的梅州客家队从曼谷乘坐航班途经白云机场入境时，球员多利经海关排查确诊新冠肺炎后转运至广州胸科医院隔离治疗。

17日，县重点项目——联增大桥正式动工建设，该项目是五华县目前最大投资体量的单体桥梁。

是日，中国联塑集团控股有限公司与五

华县华越开发建设投资有限公司签署花卉种植项目合作框架协议。

27 日，广东五华商会和新西兰华侨吴伟梅捐赠价值分别为 85 万元和 30.5 万元的负压救护车，正式交付给五华县人民医院和县妇幼保健计划生育服务中心，为全县疫情防控增添力量。

4 月

1 日，县防汛抢险轻舟分队在益塘水库开展防汛救灾抢险演练，为即将到来的汛期抢险工作做准备。这是五华县应急指挥中心投入使用以来，首次参与实战演练。

2 日，车购税自助终端在大昌机动车检测业务大厅（新试行点）正式启用。这是五华继推出智能办税区、24 小时自助办税区等便民措施以来的又一创新举措。

4 日，全国举行为新冠肺炎疫情牺牲烈士和逝世同胞哀悼活动。其间，全县各镇各单位各行业按相关要求举行志哀活动。

8 日，五华县金融服务中心挂牌揭幕仪式在县工业集团八楼挂牌举行。

10 日，县人民医院举办心衰中心认证启动仪式会暨心衰中心认证培训会，标志着县医院心衰中心启动建设。

15 日，以“鄂粤同心抗疫发展、电商助农网络扶贫”为主题的优质农产品销售直播活动在潭下镇潭丰农电商创业产业园举行。潭下镇党委、县农业部门、电商协会负责人、企业代表走进直播间，变身“带货主播”，为特色农产品“代言”。

24 日晚 8 时，“县长直播带货，助力脱贫攻坚”直播活动在县电商大厦开播。县长朱少辉在虎牙直播平台推介嘉应茶之五华绿茶、丝苗米、鸭蛋、高山红薯、腐竹等特色农产品。一小时推介活动中销量 2.1 万多单，总销售额超 100 万元。

28 日，五华县公安局组织上千名警力在全县范围内开展集中大清查行动，全力整治社会治安突出问题及校园周边区域治安秩序，切实维护“五一”假期和疫情防控期间社会大局持续稳定。

是月，五华一建工程有限公司获得广东省司法厅、普法办、工业和信息化厅、国资委、总工会、工商联联合授予“2019 年度广东省法治文化建设示范企业”。

5 月

5 日，爱心企业梅州市恒顺纸业制品有限公司积极履行企业的社会职责，伸出援助之手，为五华县中小学校捐赠 5 万只儿童口罩，价值共 10 万元，用于支持学校复学防疫工作。

9 日，梅州市政府与景田（深圳）集团在广州签署合作协议。根据协议，景田集团在五华县郭田镇投资 5 亿元建设五华百岁山矿泉水生产基地。广东省省长马兴瑞出席活动并见证签约。

是日，中央电视台国防军事频道邀请全国最美退役军人、转水镇黄龙村卫生站医生钟汉清做客《老兵你好》栏目，深情讲述乡村医生医者仁心的感人故事。

14 日，县检察院率先在全市设立“社区矫正巡回检察工作点”。

20 日，梅蓄项目红线内最后一座房屋被拆除，标志着项目建设涉及的土地征收、移民安置搬迁和房屋拆除等工作全面完成。

25 日，省委第四巡视组巡视五华县工作

动员会议召开。

27日，梅州市首个以志愿服务为主题的五华县志愿者主题广场揭幕启用。

是日，五华县人民政府在县人民医院举办医共体总医院挂牌揭幕仪式。县域医共体以强基层为重点，实行县、镇、村一体化管理，建立以“县级医院为龙头、乡镇卫生院为枢纽、村卫生站为基础”的县镇村一体化管理新格局。

6月

2日，百岁山（梅州）饮料有限公司在五华登记成立，办理全程“零见面”、不足2个小时。

3日，五华县召开全县巡察工作会议暨十三届县委第九轮巡察工作动员部署会。

4日，梅州五华苏区革命历史博物馆主体建筑及文物（藏品）捐赠仪式在县行政服务中心三楼小会议室举行。广东利通公司将面积7212.25平方米，总建筑面积13535平方米，投资总额8000余万元的苏区革命历史博物馆主体建筑和收集的革命文物（藏品）626件（套）无偿捐赠予县政府。

28日，五华县2020年“广东扶贫济困日”活动暨捐款仪式在县党政大楼大会堂启动。

29日，梅龙铁路全线开工建设动员会华城镇塔岗村举行。

7月

11日，五华红木家居产业园东成红木智能化工厂投产暨东成红木文化馆揭幕仪式，在五华红木家具产业园举行。签约落户红木产业园的红木家具生产企业有8家，销售企业21家，建成大型生产厂房43栋。

15日，广东梅龙铁路公司董事长庄碧涛率队到五华县进行对接座谈，协调解决具体问题，共商项目合作事宜。

29日，全国爱国卫生运动委员会命名五华县为国家卫生县城。

30日，五华县文明委2020年第一次会议暨精神文明建设和争获全国县级文明城市提名资格冲刺会召开。

是月，梅州五华粤菜（客家菜）师傅工程展示馆在五华县技工学校建成并开放。

8月

3日，五华县举行水寨镇澄湖小学等5所义务教育学校实施集团化办学挂牌揭幕仪式。

5日，五华县举行2020年五华县领导干部《中华人民共和国民法典》专题报告会。

10日，中国足协召开会议决定，梅州五华成为2020中甲联赛赛区之一。

12日，《广东省五华县国家森林城市建设总体规划（2020—2030年）》（以下简称《规划》）专家评审会在北京召开。由国家发改委、北京林业大学、国家林草局调查规划设计院、城市森林研究中心、林产工业规划设计院等有关单位权威专家组成的评审专家组对《规划》进行评审，并一致同意通过该《规划》。

24日，五华县16个镇新党政机构全面挂牌，标志着全县乡镇体制改革进入实质性运行阶段。

25日，国家体育总局竞体司副司长王磊率调研组一行到五华县，就编制竞技体育

“十四五”规划进行实地调研。

26日，县委书记吴晖、县长朱少辉率党政代表团前往中国奥园集团股份有限公司总部参观考察，协商并签订《中国奥园集团助力五华县乡村振兴合作框架协议》。

28—31日，2020年“广东省脱贫攻坚成果展”在中国进出口商品交易会展馆2.1展厅举行。五华县共组织九霖、云岐圣峰、龙村三红柚、生长地、福善楼、瑾姑娘电商、桃花源、福悦8家企业15个扶贫产品参展，包括茶叶、大米、三红柚、高山红薯系列产品、南薯系列产品、客家蜂蜜仙人粄、鸭蛋（皮蛋咸蛋）。

29—30日，五华县乡村旅游推介活动举行。活动以“球王故里·美丽五华”为主题，旨在通过游玩体验、宣传报道等形式，多平台、全方位推介五华乡村旅游资源、特色美食、土特产等，助推全县文旅市场恢复，推动县域文旅产业健康发展。

30日，五华县中英文实验学校正式落成揭幕，学校首期工程投入使用，可为五华增加4800多个优质学位。

9月

1日，作为梅州市唯一试点，五华县双华镇正式实施城乡医保普通门诊“镇村一体化”试点工作。

是日，2020年广东省青少年校园足球夏令营承办工作协调会议在五华横陂足球小镇召开。

是日，由团省委、省文明办、省民政厅等单位联合举办的2020年“益苗计划”——广东志愿服务组织成长扶持行动暨志愿服务项目大赛，五华县志愿者联合会的“山乡天使”——关爱五华边远山区留守老人志愿服务项目获评“省级示范项目”荣誉称号，为全省16个获此殊荣的志愿服务项目之一。

3日上午，梅州日报社全媒体工作站揭牌仪式在梅州五华足球小镇举行。

6日，2020广东省青少年校园足球夏令营开营仪式在五华足球小镇举行，全省21个地级市共选派787名领队和运动员参加。

9日，五华县在中英文实验学校召开全县教育发展大会暨庆祝2020年教师节大会，表彰在教育工作中取得突出成绩的集体和个人。为140名高考优秀家庭经济相对困难学生，每人获得6000元的希望工程卓定华助学金。“新晋炜·根基”教育基金会捐赠2000万元支持五华县教师发展中心建设。

11日，广东省羊城大健康集团与康奇力药业公司“生物医药产业研发生产基地”揭幕仪式和产业共建签约仪式在五华县举行。

12日晚，中甲梅州赛区首场比赛在惠堂体育场打响，由贵州恒丰对阵浙江绿城。

19—21日，2020五华县游转水风情小镇暨环五华超百公里骑行活动成功举办。

22日，“嘉应茶飘香·五华庆丰年”五华县庆祝2020年中国农民丰收节活动在五华县粤东五华茶博汇举行。

28日，以“大国点名没你不行”为主题的第十一届“中国统计开放日”暨五华县第七次全国人口普查宣传月启动仪式在县政府广场举行。

10月

1日，曾国华故居和黄国梁故居修缮布展完毕，向公众开放。

11日，穗港澳青年企业家代表团深入五

华参观考察并召开招商对接座谈会。

14日，全县各界组织收听收看深圳经济特区建立40周年庆祝大会，学习习近平总书记在庆祝大会上发表的重要讲话。

是日，五华县召开农村工作暨实施乡村振兴战略和决战决胜脱贫攻坚现场推进会。

是日，五华县人民检察院荣获“全国先进基层检察院”荣誉称号。

20日，中共中央政治局委员、中共广东省委书记李希先后到红木文化产业园、足球小镇、精荣科技，深入调研五华在特色产业、足球事业、实体经济等方面的发展成就，并实地考察市容市貌，充分肯定五华各项事业的发展。

是日，广东省城乡规划设计研究院院长邱衔庆率队到岐岭镇荣福村，就中山大学农学院旧址项目的前期规划情况进行调研。

22日，全省退役军人工作暨省双拥模范命名表彰大会在广州召开，梅州市五华县获评“广东省双拥模范县”，实现创建“广东省双拥模范县”四连冠。

是日，广东省科学院梅州产业技术研究院五华产业创新服务中心揭牌仪式在县工业集团大厦举行。五华县科工商务局代表五华县与广东省科学院梅州产业技术研究院签订《创新创业战略合作框架协议》，标志着依托广东省科学院优势创新资源设立的省内首个县级产业创新服务中心——广东省科学院梅州产业技术研究院五华产业创新服务中心正式成立。

23日19时许，汕头市南澳县深澳镇发生山火。25日上午10时30分，梅州市森林防灭火指挥部接省指挥部关于调派专业森林消防队伍前往支援的通知，省森林防灭火指挥部直接“点名”五华县派出20名专业森林消防队员，代表梅州市前往支援。

25日，球王公园奠基仪式在横陂体育场举行。

29日，五华召开全县干部大会，传达学习贯彻习近平总书记出席深圳经济特区建立40周年庆祝大会和视察广东重要讲话、重要指示精神，以及省委书记李希到梅州调研讲话精神，动员全县上下自觉把思想和行动统一到习近平总书记的重要讲话、重要指示精神上来，学深悟透、乘势而上、感恩奋进、起而行之，以新担当、新作为奋力开创五华苏区振兴发展新局面。

30日上午，五华县卫生健康局在局机关大门口为前往广州海关白云机场口岸支援现场采样工作队举行简单而隆重的送行仪式。

11月

1日零时起，全县第七次全国人口普查工作正式入户登记，全县有4900多名普查指导员和普查员参与普查。

6日，举行五华县城污水处理厂三期扩建及配套管网PPP项目签约仪式。五华县城污水处理厂三期扩建工程及配套管网工程列入2020年省重点正式项目，是县重点谋划的水务环保基础设施项目。

15日上午，由马耳他、斯洛伐克、阿尔巴尼亚、奥地利、葡萄牙、瑞典、斯洛文尼亚、北马其顿、塞尔维亚等欧洲国家驻华使节组成的使节团到五华县横陂足球小镇参观考察。

16日，中铁二十五局集团承建梅龙铁路四标项目岐岭油岭坝2号隧道正式开始进洞施工。

20 日上午，刘小虹省名中医传承工作室暨岭南肺病医疗联盟在五华县中医医院正式挂牌揭幕。

是日，河东镇入选中央文明委公布表彰的第六届文明村镇名单。

22—23 日，中央媒体采访团到五华县开展脱贫攻坚主题采访，对五华坚决打好精准脱贫攻坚战，保障和改善民生，推进经济社会发展的成效亮点作深入宣传报道。

25 日，五华籍中国工程院院士钟世镇回乡考察卫生健康事业发展情况，现场参观考察五华县人民医院和五华县妇幼保健计划生育服务中心。

28 日，五华至汕尾陆河高速公路（华陆高速）正式建成通车，至此，全县境内高速公路通车里程 178.13 千米，高速公路通车密度居全市第一。同时，基本完成 512.2 千米“四好农村路”建设攻坚任务完成，获评“四好农村路”省级示范县。

是日，上海翼天文旅集团董事长刘汉军率队到五华县调研考察，双方就合作共建长乐工匠小镇进行实地考察，谋划尽快推动项目落地建设。

29 日，2020 中冠联赛五华赛区总决赛在横陂足球小镇打响，广东良和堂以 5 战全胜骄人战绩夺得赛区第一名。至此，2020 中冠联赛五华赛区比赛全部结束。

12 月

2 日，广东嘉华建设工程有限公司在梅州五华建筑企业总部大厦举行挂牌揭幕仪式。

是日，五华县人民政府与中国建设银行梅州市分行举行乡村振兴战略合作签约仪式，标志着五华县全面实施乡村振兴战略即将迎来有力的金融支撑。

4 日，在长乐公园书卷舞台处举行 2020 年“12·4”国家宪法日集中宣传暨五华县民法典主题公园开园活动。五华县民法典主题公园位于华城镇西区社区文体广场，总面积 7000 平方米，是全市首个民法典主题公园。

14 日，五华县在县公共服务中心举行乡镇体制改革审批专用印章集中交接启用仪式。

15 日，县应急管理局组织县农业农村局、县综合应急大队、县应急救援协会及局相关股室骨干 30 多人在琴江河区域（长乐公园旁）举办水上遥控救生圈实操培训。

16 日，广东省足球协会第十一届会员大会第一次会议在梅州市五华县召开。广东省副省长许瑞生，梅州市市长、中国足协执委张爱军等 100 多人参加会议。会议通过无记名投票选举产生第十一届省足协会理事会和监事会组成人选和新一届省足协领导架构。叶细权连任第十一届省足协主席。

19 日，由梅州日报社和安流镇政府共同主办的“2020 赴圩节·安流镇暨乡村旅游美食活动”在该镇沿江公园开幕，吸引众多市民游客感受圩日传统乐趣。

23 日，五华县在安流镇、郭田镇、河东镇举行项目集中动工、竣工投产仪式。共动工、竣工项目 20 个，总投资额 56.1 亿元。其中动工项目 13 个，总投资 30.15 亿元；竣工项目 7 个，总投资 25.95 亿元，涵盖工业、农业、旅游、教育、能源、基础设施、公共服务等多个领域，包括光大集团、深圳景田集团、中国联塑集团、广东康奇力药业股份有限公司、广东辉骏科技集团在内的多家知名企业带来的投资产业项目正式动工、投产。

25日，中医药大健康产业园及广东生长地产业园项目分别举行开工奠基仪式。

29日，2020年全县新任科级领导干部任职培训班在南沣山县委党校结业，标志着新党校正式建成投入使用。

是日，客都能源（梅州）有限公司与五华县工业建设集团合作的五华文旅加油站选址落地，双方全力推动在加油站建设运营、新能源发展、特色农产品销售等项目和业务上的协同合作。

31日，五华县森林公安举行转隶揭牌仪式，“五华县公安局森林分局”正式更名为“五华县公安局森林警察大队”。

是日，举行五华县人民检察院“全国先进基层检察院”挂牌仪式。

是年，全县精准扶贫92个相对贫困村和全县20242户66561贫困人口全部达到脱贫标准。农业产业加快发展，撂荒复耕复种的有效做法得到农业农村部和省、市领导肯定，成功创建省级现代农业茶叶产业园、丝苗米产业园；棉洋镇获评全国“一村一品、一镇一业”示范镇；河东镇获评国家级农业产业强镇；42个村入选首批省级“一村一品、一镇一业”专业村；成功承办梅州柚产业发展暨扩种动员大会。

县情概览

基本地情

【位置面积】 五华县地处广东省东部、韩江上游，地理坐标为北纬23° 23′ — 24° 12′ 、东经115° 18′ —116° 02′ 。县域版图略呈三角形。东南接丰顺县、揭西县、陆河县，西南接东源县、紫金县，西北邻龙川县，东北连兴宁县。县境东起郭田镇照月岭，西止长布镇鸡心石，南起龙村镇登畲村香炉山，北止华城镇新桥村洋塘尾。东西宽71.59千米，南北长87.99千米，总面积3237.8平方千米。

【地质、地貌】 五华地质较复杂，主要由侵入岩、喷出岩、砂质岩、石灰岩、花岗岩等五大类岩石构成山地、丘陵、盆地三大地貌类型。全县山地占49.1%，丘陵占41.3%，河谷冲积平原占5.4%，盆地占4.2%。

盆地。西南东三面群峰矗立，地势逐渐由西南向东北倾斜。地形分为西部山地盆地区（北起玳瑁山，南至南琴江，西自白云嶂、七目嶂，东止马凹，包括潭下、长布、周江、华阳、横陂西部和岐岭、华城、转水的南部，横陂、安流的西部，龙村、梅林的北部）；东南山地丘陵区（梅江河谷平原以南，琴江谷地以东，包括棉洋、双华、郭田和龙村、梅林、安流、河东的一部分）；北部丘陵区（梅江和五华河谷地北部，包括岐岭和华城、转水、水寨的一部分）和中部河谷平原区（包括琴江、五华河沿岸狭长的河谷地带，和梅江五华县境河谷平原。琴江河谷平原南起梅林北部，北至河东河口，包括梅林、安流、横陂、河东、水寨大坝的一部分；五华河谷地西起蓝关，东止水寨大坝，包括岐岭、华城、转水、水寨大坝的沿河两岸；在琴江和五华河汇合处，是面积较大的水寨平原）。

山脉。境内山脉多属东北至西南走向，主要由莲花山脉、西部山峰和北部低山组成。全县有海拔千米以上的山峰31座，其中最高山峰为县西部的七目嶂（1318米）。

河流。县内河流属韩江流域琴江水系，集雨面积在10平方千米以上大小河流98条。主要河流有琴江河（古名右别溪），集雨面积2871平方千米；五华河（古曰兴宁江、县前河），集雨面积1832平方千米。两河在水寨河口相汇，东流出境经兴宁、梅县，至大埔三河坝汇合，注入韩江。

【建置沿革】 五华史称长乐。北宋熙宁四年（1071）置县，称长乐县，县治长乐镇（今华城），归广南东路循州管辖。南宋绍兴十九年（1149）迁县治于七都九龙冈（今水寨镇七都村）。元世祖至元二十九年（1292）复县治于长乐镇。明洪武年间（1368—1398）属惠州，清雍正年间（1723—1735）属嘉应州。民国3年（1914）易名五华，县治长乐镇改称华城，属潮循道。1949年中华人民共和国成立，属兴梅专区，1952年属粤东行政区。1954年始，县治从华城迁至水寨至今。1956年属汕头专区，1965年属梅县地区，1988年后属梅州市。

【行政区划】 五华县辖水寨、河东、转水、华城、岐岭、潭下、长布、周江、横陂、郭田、双华、安流、棉洋、梅林、华阳、龙村16个镇，414个村民委员会。

【气候、物候】 五华地处粤东丘陵地带，北回归线横跨县境南端，属亚热带季风性湿润气候，雨水丰富，夏秋温热多雨，冬季较短，开春较早，日照时间长，光能充足，农作物生长期长，一年三熟，四季宜耕。主要气象灾害有洪涝、干旱、低温霜冻、寒露风、倒春寒等。

2020年气候特点是：气温偏高，降水偏少，日照正常。年平均气温22.4℃，比历年平均气温偏高1.0℃；年降水量1054.4毫米，较历年平均偏少31%；年日照时数1793.3小时，与历年平均基本持平。

【水土资源】 五华县地下水全靠降雨下渗积存而成，地下水常年为5.29亿立方米。过境年径流量13.03亿立方米。每平方千米土地水资源量为80.5万立方米，每亩耕地占有水量5212.54立方米。全县可利用水量为8.67亿立方米，其中蓄水2.68亿立方米、引水5.39亿立方米、提水0.6亿立方米。需水量5.22亿立方米，其中农业需水4.56亿立方米，工业需水0.02亿立方米，人、畜、生活需水0.64亿立方米。水力资源丰富，理论蕴藏量13.81万千瓦，可开发量9.94万千瓦。

【矿产资源】 五华矿物资源种类多。境内有各类金属矿物34种，其中含有色金属12种（钨、锡、铋、钼、铜、铅、锌、铝、钴、钛、锰、铁），贵重金属2种（金、银），稀有金属21种（镧、铈、镨、钕、钐、铕、钆、钆、铽、镝、钬、铒、铥、镱、镥、钽、铌、铍、锆、铷、稀土）；还有非金属矿物18种（石灰石、重晶石、萤石、水晶石、独居石、电气石、钾长石、云母、石墨、耐火石、石英石、玻璃石、方解石、蛭石、石棉、瓷土、煤、大理石），矿点97处。钨矿、钼矿达国家标准一级一类；萤石矿属世界一级品；钾长石储量和质量均居全省首位；瓷土含铝多，含铁少，储量大，质量上乘，其中尤以郭田、河东油田为最；油田矿泉水单日井涌量1662.68吨，其游离二氧化碳、偏硅酸、锶和锂含量以及矿化度均达国家《饮用天然矿泉水》（GB 8537—1987）标准；全县有温泉4处，开发利用3处，其中转水维龙汤湖热矿泥，经专家鉴定含有人体所需的60多种微量元素，被誉为“天下第一奇”。

【动植物资源】 五华动植物种类繁多。境内有兽类20多种，禽类100多种，两栖爬行类50多种，各种植物1000多种。珍稀动物有国家一级保护动物云豹、蟒蛇、五爪金龙、黄腹角雉、白颈长尾雉、鹰和国家二级保护动物穿山甲、小灵猫、大灵猫、白鹇（省鸟）等。珍贵树种有泡桐、水松、穗花杉、油椤树、落羽杉、观光木、刺桫椤、吊皮椎、山桐子、将军树、三尖杉、南方红豆杉、粘木、红椿、伯乐树、野龙眼等，其中有国家一级保护植物——桫椤，分布在省级自然保护区七目嶂区内粗石坑，群落面积较大，数量可观，有大小近百棵，其中一棵高 9.1 米，冠幅 20 多平方米，誉称“桫椤王”。优良树种主要有杉树（面积 1.02 万公顷、蓄积量 28.92 万立方米），湿地松（面积 0.65 万亩、蓄积量 22.42 万立方米）。果树主要有妃子笑、黑叶、桂味、糯米糍品种荔枝，茶亭岗沙田柚，大田果合柿，双华板栗，棉洋桃驳果，全和杨桃，转水水晶柚，中兴冬蜜梨等。野生药材颇丰，有 255 个品种，经专家学者鉴定有 237 种，其中列为国家重点普查的 143 种、药用价值较高的 129 种。

【旅游资源】 五华历史悠久，人文积淀厚重，是世界球王李惠堂的故乡，也是原中央苏区县。境内文物古迹众多，有国家级文物保护单位狮雄山遗址，有长乐学宫、狮雄山塔、李威光故居、双华英烈庙、横陂李惠堂故居、转水荣槐楼、安流镇兰芳楼等省级文物保护单位 7 处，市级文物保护单位 11 处，县级文物保护单位 68 处。其中，狮雄山秦汉遗址被列为广东省“八大大遗址”之一。民间艺术斑斓，主要有木偶戏、采茶戏、竹马舞、春牛舞、花朝戏、民歌、狮舞、龙舞、八音乐班、杂耍等近 20 个群众喜闻乐见的传统文艺品种。其中提线木偶被列入全国优秀非物质文化遗产，竹马舞、石雕、采茶戏、锣花舞、长乐烧制酒工艺和下坝迎灯 6 项被省政府列入全省非物质文化遗产保护项目，列入市级非物质文化遗产保护项目 4 项、县级非物质文化遗产保护项目 41 项。五华土特产丰富，极具市场优势。岐岭长乐烧酒，被评为国优产品，畅销省内外；华城细核荔枝、大田柿花、棉洋桃驳果、转水红柚，历为名品；绿茶、板栗、老红酒、巴戟酒、三黄鸡、酿豆腐、特级豉油、白芒坝花生、新桥腐竹、龙村腊蔗、双华巴戟、益塘荔枝、长布土茯、茶亭冈沙田柚，以其独特的风味和功用，为世人所称道。五华还被列为全省水果、南药、紫胶、烤烟生产基地，产量、质量均居全省前列。同时，五华素有“工匠之乡”的美誉，造型美观的金木雕、小巧精致的竹编工艺、雄浑古典的石雕，久负盛名。五华交通便利，国道 205 线、广梅汕铁路穿梭而过，建成的高速公路有梅河高速、汕湛高速五华段和兴华高速，规划建设的有大丰华高速以及兴汕高速五华段，全县“四横两纵”的“两高”交通建设架构、外联内畅的综合交通体系正在加快形成。

【民族、人口】 县人多属汉族，还有蒙古族、壮族、回族、满族、瑶族、藏族、苗族、彝族、布依族、维吾尔族、侗族、土家族、白族、朝鲜族、佤族、高山族、塔吉克族等少数民族。旅居海外华侨 13 万多人，港澳台同胞 29 万多人。2020 年末，全县总人口为 1524184 人，其中，城镇人口 470411 人，乡村人口 1053773 人，常住人口为 91.68 万人。

2020年末五华县行政区划一览表

表1 单位：个

镇名称	村民委员会名称	村委会	居委会
水寨	员瑾、河尾、罗湖、犁滩、协和、良美、黄井、大岭、大布、上坝、坝美、大沙、高车、善坑、平湖、中洞、榕树、岗阳、坝心、澄湖、大湖、七都、莲洞、黄狮新村	24	4
河东	走马、增塘、苑河、苑堂、澄塘、东溪、太和、沙渴、宝瑞、下村、下一、高榕、下二、黄湖、河口、牛石、赛洞、布头、礤坑、三田、桂田、蝉塘、桂岭、罗塘、林石、枫林、联岭、平东、黎塘、黄坑、平西、黄泥寨、油新、下陶、浮湖、礤新、洋坑、万华、油田、化裕、和民、大嵩、高车塘	43	3
转水	畲维、维龙、益塘、新丰、畲荷、黄梅、青西、下潭、五星、青塘、长源、流洞、蛇塘、新华、新民、三源、黄龙、矮车、里塘、旱塘、枫林塘	21	1
华城	满堂、红星、高华、南方、兴一、城镇、董源、铁炉、葵富、兴中、新兴、高竹、万子、齐乐、维新、维西、湖田、西林、观源、塔岗、城东、黄埔、黄金、河子口、河亨、新二、新建、新四、民主、新一、新五、华安、新亨、洋田	34	3
岐岭	罗经、朝阳、皇华、北源、荣贵、合水、凤凰、荣福、黄福、龙寨、联安、清溪、孔目、王化、鲁占、黄塔、塔星、龙岭、华源、荷梅、龙水、大蒲、双山、礤下、赤水	25	2
潭下	杞水、南华、文里、福灵、模石、竹梅、龙田、乐道、品畲、汶水、上围、光华、新田、柏洋、布坪、锡坪、大玉、百安、中村、金石、文安	21	1
长布	石础、蓝塘、长生、长安、琴塘、栋岭、横江、粘坑、金华、北洋、栋新、太平、源潭、梅塘、红旗、嶂下、大客、大径、大坑、福兴、高礤、五彩、樟村、青岗、中心	25	2
周江	新良、甘茶、龙堵、狮潭、兰鱼、黄华、冰坎、早成、蓝坑、联太、黄布、溪口、良宁、崀头、红源、增洞、利洋、桂子、龙洞、三河、利河、中兴	22	2

续表

镇名称	村民委员会名称	村委会	居委会
横陂	东山、新联、石下、章联、西湖、横陂、崇文、江南、超群、杨恩、红光、联长、华阁、夏阜、新寨、叶湖、近江、湖塘、长塘、增华、坑口、兴华、坝头、老楼、罗陂、东升、田布、长兴、安全、斑鱼、桐树、双联、贵人、增大、小都	35	3
郭田	湖华、礤下、硿南、龙潭、横塘、三坑、石团、布美、双光、郭田、坪上、蕉州	12	1
双华	黄径、禾沙、大陂、军营、冰塘、苏区、华拔、华南、竹山、虎石、福全、华东、公平、双华、矮畲、富美	16	1
安流	学园、大九、双福、吉程、樟潭、龙楼、福龙、福陂、福华、完塘、三江、低坑、洑溪、东礼、福江、半径、半田、吉水、万塘、龙中、蓝田、福西、学少、青江、葵樟、五联、楼江、里江、长江、文葵、福岭、红山、联新、双径、大和、大同、联和、丰联、胜利、上布、河沿、石门	42	4
棉洋	群星、荣华、洛阳、新光、中新、琴江、红星、美光、竹坑、罗城、福城、联西、美田、葵岭、黎洞、棉洋、阳光、平安、绿水、唐纯、桥江、溜砂、水湖、双璜、富强、大光	26	2
梅林	新成、福新、福塘、新塘、黄沙、上礤、华光、招田、三乐、尖山、金坑、梅北、梅南、梅林、琴口、优河、梅东、宣优	18	1
华阳	高塘、红洞、莲高、社径、太坪、叶新、小拔、坪南、华阳、华南、华新、大拔、陂坑	13	1
龙村	梧溪、公联、杜坑、睦贤、龙村、金龙、樟华、塘湖、三湖、洞口、大坑、湖中、宫前、潭溪、石溪、柏溪、新艳、云溪、南洞、南中、水口、水南、兴民、黄洞、营田、老田、硝芳、南口、留畲、先河、吉祥、榕溪、翻新、黄狮、登畲、大梧、下滩、梅蓄新村	38	3
合计	全县辖16个镇，415个村民委员会、34个居民委员会		

2020年社会经济发展概况

【经济发展概况】 2020年，五华县实现生产总值163.14亿元，同比增长2.3%，其中第一产业增加值42.12亿元、第二产业增加值36.05亿元、第三产业增加值84.79亿元，同比分别增长1.2%、3.7%、2.1%。地方一般公共预算收入10.55亿元，同比增长5.1%。

【农业】 2020年，五华县农业经济稳步发展。全年实现农业总产值68.64亿元，同比增长-0.5%。积极实施“一村一品、一镇一业”项目，推进茶叶和丝苗米省级现代化农业产业园、广东金柚优势特色产业集群等项目建设，棉洋镇被农业农村部评为全国“一村一品”示范村镇。五华高山红薯纳入全国名特优新农产品目录，获评国家地理标志产品。稳定生猪生产，大力开展生猪养殖场标准化建设，全年生猪饲养量72.2万头。培育县级以上农业龙头企业26家、农民专业合作社15家、家庭农场11家和“粤字号”农业品牌11个，列入省级“菜篮子”基地11个、粤港澳大湾区“菜篮子”生产基地5个。有42个村入选首批省级“一村一品、一镇一业”专业村，河东镇入选国家级2020年农业产业强镇。

种植业 2020年，全年粮食播种面积56053.33公顷，粮食总产量34.32万吨，比上年增长2.82%。其中：水稻播种面积51873.33公顷，良种覆盖率96%，总产33.05万吨，总产同比增长3.36%；烟叶1350吨；茶叶3812吨，增长10.8%；红薯种植面积达1433.33公顷，其中2020年新增种植153.33公顷，总产3.483万吨。水果面积16420公顷，新增面积1053.33公顷，总产8.80万吨；茶叶面积4253.33公顷，新增433.33公顷，总产3812吨；蔬菜1.1万公顷；水产品总量达1.7万吨。

林业 2020年，启动县级“国家森林城市”建设工作，全面完成碳化造林任务533.33公顷，完成兴华高速公路沿线撂荒地和林中空地带状绿化提升302.67公顷，森林抚育任务12033.33公顷，培育省级林业龙头企业3家、省级家庭林场1个，打造绿美古树乡村4个、绿美红色乡村2个。郭田镇成功创建广东省森林小镇。长布镇樟村村、郭田镇龙潭村、双华镇冰塘村和军营村被评定为广东省首批国家森林乡村。林木蓄积量累计790.73万立方米。全县共有自然保护区12个，自然保护区面积4.9万公顷；县级森林公园2个。

畜牧业 2020年，全县肉类总产量43100吨，同比增长10.2%，其中猪肉产量30085吨，同比增长-16.7%。生猪存栏28.1万头、出栏43.5万头；家禽存栏339.8万羽、出栏531.3万羽。

【工业】 2020年，全县全部工业总产值52.69亿元；完成工业增加值12.98亿元，同比增长-4.4%。其中：规模以上工业企业44家，实现总产值34.66亿元，增长16.9%，实现增加值6.2亿元，增长4.8%。全年规模以上工业企业实现销售收入36.08亿元，比上年增长32.75%，实现利润总额0.48亿元，比上年增加0.18亿元。全年工业用电量3.38亿千瓦时，增长10.09%。全年主要工业产品产量：发电量1.53亿千瓦时；涤纶纤维516798吨；饮料、酒726.55千升；中成药3845吨。全县资质等级以上建筑企业30家，实现建筑业总产值73.7亿元，增长5.8%，建筑质量进一步提高。

【园区建设及招商引资】 2020年，狠抓招商选资，新签约落户企业18家，计划投资总额70.94亿元，同比增长28.2%。引进景田矿泉水、跨境说、胜工矿机等一批提升产业层次项目。循环经济产业园、泰金智能、丝苗米产业园等20个重点项目集中动工、竣工。全年规上工业增加值5.66亿元，同比增长4.8%。外资进出口总额1.55亿美元，同比增长42%，实际利用外资1447万美元，同比增长118.6%。辉骏科技有效克服了疫情影响，工业产值同比增长52.8%，实现逆势上扬。红木产业园效益初现，累计引进企业45家，年产值同比增长40%。“中国建筑之乡”创建步伐加快，具有4个一级资质的嘉华建设工程公司挂牌成立，全年建筑业总产值实现73.7亿元，创税6.78亿元。

【固定资产投资】 2020年，五华县固定资产投资比上年下降4.2%。交通投资比上年增长44.5%，其中高速公路投资比上年增长52.4%；工业投资比上年增长18.3%，其中技改投资比上年增长137%；房地产投资比上年下降9.9%；教育、卫生、旅游、市政设施等其他项目投资比上年下降37.6%。

【基础设施建设】

交通建设 2020年，交通网络逐步优化。梅龙高铁五华段完成年度征拆任务，梅龙高铁五华站动工建设，华陆高速五华段建成通车，丰华高速五华段实现无障碍施工。完成G355、G238等国省道路面升级改造55.7千米，加快推进省道239线枫林塘至罗湖段等8个129.94千米新升级省道路面改造项目，全力推进县道003线梅林优河至黄沙公路等13个121.7千米县乡公路建设项目。完成3个“迎国评”专项工程，全面提升国省道路况水平。全面完成省、市下达“四好农村路”建设攻坚任务512.97千米，优化发展县城公交，在原有4条线路20部公交车运营基础上，再新开通2条线路10部新能源公交车。全县16个镇、414个行政村已全部开通客车。全年公路运输完成旅客周转量14145万人千米，完成货物周转量79106.6万吨千米。

水利资源加快建设 2020年，五华县完成水利建设投资5.5亿元。完成琴江（五华河口段）治理、安流镇长江楼光堤路建设、县城自来水扩建和华城水厂至县城供水管网铺设等一批水利工程建设，扎实推进全域自然村集中供水、万里碧道等项目建设，完成3.5千米五华河转水段、琴江安流段碧道建设。启动县城七都涝区治理、岩前水库除险加固工程。

电力通信提档升级 投入1.5亿元，提升全县中低压电网架结构和供电可靠性。190个基建配网项目顺利投产，横陂镇西湖村“四网融合”示范点顺利建成。500千伏五华输变电工程、110千伏油田输变电工程等项目落地建设。长乐公园公共充电站建成投运，足球文化公园、蒲丽顶森林公园、老河道公园公共电站基本完工。全年新增光网端口3万个，光网端口容量累计达到48.2万个，实现县域4G网络信号全覆盖、县城5G信号基本覆盖，完成172个5G基站建设项目。

【生态宜居环境建设】

城区品位明显提升 全面完成县城下

岗坝老旧小区、华兴南路、城区公厕等升级改造，扎实推进公园片老旧小区改造、县城工业二横路至水寨大道道路建设。有序推进汽车城安置区、琴江安置区、足球文化公园城市更新安置工程建设，完成综合管廊控制服务中心和管廊主体工程建设。天云岭森林公园首期建成开放并启动二期建设，罗湖森林公园建设稳步推进。深入推进“美丽梅州·美好家园”三年行动，以点带面开展垃圾分类工作，成功创建“国家卫生县城”，加快推进创建“全国县级文明城市”。

人居环境逐步改善 完成自然村村庄整治规划编制，1761个自然村完成“三清三拆三整治”任务，82%以上的自然村达到干净整洁村标准，新建整改农村公厕442座、镇级填埋场6个和镇村生活垃圾中转站9座。华城、周江等7个镇成功创建“广东省卫生镇”。大力实施新农村“以奖代补”和提升工程EPC项目，建成农村生活污水处理设施208座。大力实施乡村振兴战略，扎实推进92个省定贫困村创建新农村示范村工作，代表市接受省2019年度乡村振兴考核获得“优秀”等次。河长制工作扎实有效，32宗河湖“四乱”问题得到整改销号，查处非法采砂案件33宗、处罚33人。

土地建管更加规范 抓好卫片执法整改，严厉打击违法用地和违法建设行为，拆除违建67宗6.9万平方米。完成削坡建房风险点整治128户，经验做法得到省住建厅的充分肯定。超额完成“三旧”改造任务，新增改造13.344公顷、完成改造8.01公顷。建成高标准农田1886.67公顷。71.07公顷拆旧复垦任务通过市级验收。收储土地69宗123.962公顷，出让土地62宗98.35公顷。

污染防治得到加强 全力打赢污染防治攻坚战，环保督察交办案件全部办结，省、市考核断面年平均水质优良率为100%，集中式饮用水源地水质达标率100%；烟花爆竹禁放范围从28.4平方千米扩大至73.2平方千米，施工工地、砂石场企业扬尘防治“6个100%”措施有效落实，县城空气质量优良率达到99.7%、同比上升0.6个百分点，空气质量明显改善；土壤环境质量总体优良。

【脱贫攻坚】 坚持党建引领产业、就业、消费和金融扶贫，教育、医疗、住房、政策兜底“三保障”政策和安全饮水落实率达100%，10.53亿元扶贫开发资金使用率达100%。健全完善扶贫资产项目管理制度，7.12亿元扶贫资产得到有效管理。全面落实贫困户“8+1”任务，突出抓好危房改造、省定贫困村集中供水工作，全县92个相对贫困村、20242户66561名相对贫困人口全部出列和脱贫退出，已脱贫有劳动能力贫困户年人均可支配收入15680元，贫困村居民年人均可支配收入19998元。

【文化、体育】 提线木偶戏《沙家浜·智斗》被评为省艺术节“优秀小型舞台艺术作品”。安流、周江、郭田3个镇级综合文化站被省评定为特级站。“中国内地现代足球发源地”五华·元坑遗址景区建成开放，曾国华、黄国梁等一批名人故居完成陈列布展，南洋山养生养老生态园建设加快推进，热矿泥温泉山庄升级改造、南粤古驿道樟坑段修复等文旅重点项目基本完工。成功承办2020年中甲联赛、中冠联赛、全国青少年足球邀请赛等一批大型赛事，获评“2019年省体育产业示范基地”。奥体中心、新丰寨旅游景区成功获评国家AAA级旅游景区，转水镇成功创建广东省旅游风情小镇。全县接待游客560万人次、旅游总收入46.62亿元。2020年，五华足球队获得市级以上冠军10个。全县16个镇级综合文化站全部达到省二级站以上标准，其中，安流、周江、郭田3个综合文化站达到特级站标准。2020年，图书馆新购图书10.4万册，到馆人数2.3万多人次。组织“非遗”演出进景区51场，进校园36场，进社区100多场，观看人数累计达8万多人次。

【商贸、财税】 2020年，五华县实现社会消费品零售总额81.69亿元，比上年下降7.4%。外贸进出口总额1.55亿美元，同比增长42%；实际利用外资1447万美元，比上年增长118.6%。到2020年底，建成镇、村电商服务中心（站点）300多个（其中省定贫困村92个全覆盖），镇域电商服务中心覆盖率达100%；2020年，实现网上交易22.8亿元，比上年增长52.2%（其中农产品销售5.63亿元，比上年增长52.16%）。全县财政收入增长较快，地方一般公共预算收入10.55亿元，同比增长5.1%。国家税务总局五华县税务局组织税费收入36.59亿元，同比减收2.07亿元，下降5.36%。

【金融保险】 2020年，金融业稳步发展，贷款余额实现较快增长。截至年末，全县金融机构各项本外币存款余额315.90亿元，比年初增加24.9亿元，增长8.6%，其中：住户储蓄存款余额257.26亿元，比上年末增长11.1%。金融机构本外币贷款余额190.03亿元，比年初增加37.75亿元，增长24.79%。存贷比60.1%。人民保险保费收入8945.6万元，同比增长1.17%；人寿保险费收入11134万元，同比增长4.59%。

【教育、科技】 2020年，全县学校648所，其中幼儿园211所（含民办幼儿园157所），完全小学160所，教学点220个，初级中学35所，九年一贯制学校9所，高（完）中11所，中职学校1所，特殊学校1所。专任教师12960人，其中：学前教育2297人，小学5567人，初中3135人，高中1849人，中职学校73人，特殊教育39人。在校学生223895人，其中：学前教育学生49378人，小学生102747人，初中生47322人，高中生22873人，中职学生1279人，特殊教育学生296人。2020年，完成中英文实验学校、水寨中学百年纪念楼、县一小标准化课室等18个学校项目建设，增加7950个学位。

2020年高考参考人数9110人，入优先投档线479人，相比2019年453人增加26人，增长5.7%；本科线2743人，相比2019年2411人增加332人，增长13.8%；全县600分以上人数有较大突破，有22人，相比2019年3人增加19人，增长6倍多。中考参考人数15458人，东中线上线人数292人，宪梓线上线人数502人，水中线上线人数1217人，高级中学上线人数2340人。

2020年，棉洋中学等8所学校被评为省级文明校园，县五小等8所学校被评为市级文明校园，县教育局获得梅州市创建全国文明城市平安建设工作先进单位称号。

2020年，大力培育发展科技型中小企业，有19家企业被认定为科技型中小企业；积极鼓励申报国家高新技术企业和企业研发平台，华智星、辉骏科技、智宏信息、晶铠科技和康和药业5家企业进入国家高新技术企业拟认定名单，长乐烧酒业、康和药业、联基电子、华阳包装和晶铠抗科技5家企业被认定为梅州市工程技术研究中心。

【电子商务】 2020年，五华县电子商务进农村综合示范县创建工作，接受商务部对创建工作的首次验收，初定评分等级为“优秀”；消费扶贫与时俱进，潭下鹰嘴桃李、“县长直播带货”助力脱贫攻坚、2020年“球王故里·美丽五华”龙村镇球王金柚节、嘉应茶飘香等系列消费扶贫展示展销活动先后举行。指导生长地公司牵头为本土农产品制定企业标准8个（其中团体标准1个）、打造公众广泛认可的区域公共品牌2个、推动培育“三品一标”农产品11个、培育创建市级以上名（品）牌产品、名优特新农产品12个、启动申报国家地理标志1项。发展电子商务及其关联主体企业2219家，同比增长18.73%；实现农村网络交易额22.8亿元，同比增长52.20%；推动农产品网络零售额5.63亿元，同比增长52.16%；物流快递单量2500万件，同比增长25%。

【卫生健康】 2020年，五华县着重推进县人民医院门急诊医技住院综合大楼、县中医院升级改造二期工程、县妇幼保健计划生育服务中心大楼等县级医院升级建设项目，实施民营三级医院项目建设。县人民医院PCR核酸检测实验室已投入使用；并实施深圳大楼升级改造，规范发热门诊设置，增设感染科床位和负压病房，增加基因扩增检测设备和医疗仪器设备，进一步完善医院整体布局。同时，各单位充分克服疫情防控任务重、防疫设施建设时间紧等困难，全面完成4家医院发热门诊、33家医疗机构发热诊室规范化建设任务；省“十件民生实事”项目全面实施，完成县疾控中心冷库和30家乡镇卫生院预防接种门诊标准化建设；县人民医院、疾控中心、明鑫医院3个核酸检测实验室先后建成投入使用，日检测能力达2050人份，确保五华县“应检尽检”“愿检尽检”需求。

2020年，全县有公立医疗卫生单位40家，其中县属单位10家、中心卫生院5家（其中3家加挂县级医院牌子）、普通卫生院25家；社会资本举办非营利性民营医院9家（其中综合医院4家、专科机构5家）；县医疗机构配备床位4685张，每千名常住人口床位数为4.28张。全县注册执业（助理）医师数1930人，注册护士2612人；全县卫生健康系统有卫生技术人员3509人，其中正高26人、副高226人、中级515人、初级2537人、科员级205人。

【社会保障】 2020年末，五华县参加城乡居民医疗保险的人数113.31万人，比上年下降1.6%。参加农村养老保险的人数45.22万人，比上年增长2.3%。年末，全县4.14人参加失业保险，增长16.7%；参加基本养老保险的职工人数6.54万人，比上年增长15.9%；参加工伤保险人数6.56万人，比上年增长54.64%；有35万名离退休人员享受社会养老保险，比上年增长5.7%。全县享受最低生活保障的困难群众36381人，其中：城镇431人，农村35950人。有特困供养人员3823人，其中：在院集中供养232人，分散供养3591人；发放医疗救助资金7708.57万元，救助74407人次（其中精准扶贫建档立卡人口因病住院救助52147人次、救助资金5314万元）。

【人民生活】 2020年，五华城乡居民收入进一步增加，生活水平稳步提高。全县常住居民人均可支配收入17319元，比上年增长3.0%，扣除价格因素，实际增长0.9%。其中：城镇常住居民人均可支配收入22872元，增长1.5%，扣除价格因素，实际增长–0.6%；农村常住居民人均可支配收入14123元，增长3.7%，扣除价格因素，实际增长1.6%。城镇新增就业5301人，年末城镇登记失业率2.35%、低于全市平均水平。

2020年五华县国民经济和社会发展统计公报

2020年，五华县坚持以习近平新时代中国特色社会主义思想为指导，深入学习贯彻习近平总书记出席深圳经济特区建立40周年庆祝大会和视察广东重要讲话、重要指示精神以及省委书记李希到梅州调研讲话精神，认真贯彻落实中央经济工作会议精神以及省委“1+1+9”工作部署、市委“六争六补”“123456”思路举措，坚持稳中求进工作总基调，大力推进“工匠之乡·宜居五华”建设，全县疫情防控有力，生产生活有序，经济社会实现平稳健康发展。

一、综合

经市统计局统一核算，2020年全县实现地区生产总值（初步核算数）162.97亿元，比上年增长2.3%。其中，第一产业增加值42.12亿元，增长1.2%，对地区生产总值的贡献率为11.9%；第二产业增加值36.05亿元，增长3.7%，对地区生产总值的贡献率为42.3%；第三产业增加值84.79亿元，增长2.1%，对地区生产总值的贡献率为45.8%。第一、二、三产业增加值占生产总值比重由2019年的22.0 ∶22.6 ∶55.4调整为2020年的25.8 ∶ 22.1 ∶ 52.1。

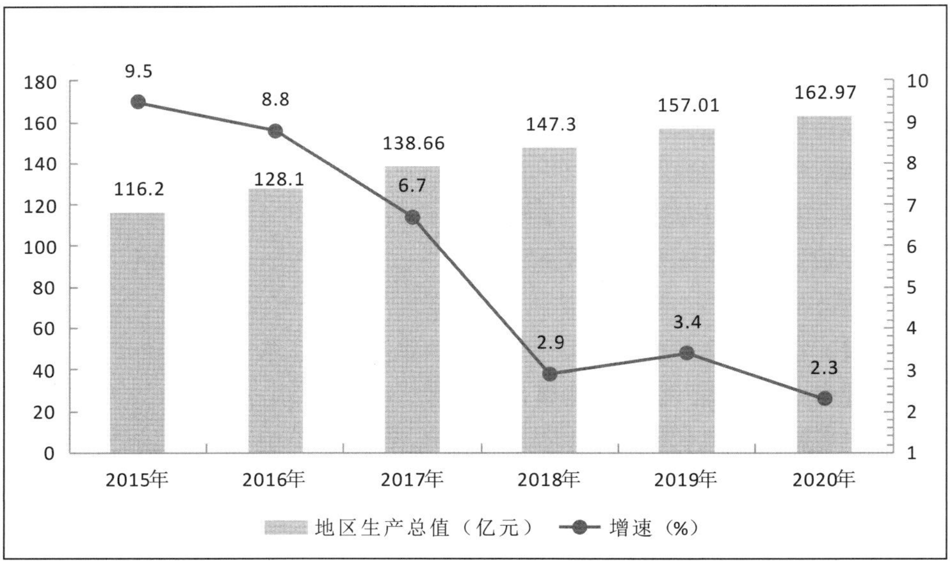

图1 2015—2020年五华地区生产总值及增长速度示意图

2020年末全县户籍人口为1524184人。其中，城镇人口470411人，占总人口的30.9%；乡村人口1053773人，占总人口的69.1%。男性798727人，女性725457人，性别比为110.1%。出生率为11.06‰，比上年下降1.84个千分点；死亡率为5.37‰，比上年下降0.92个千分点；自然增长率为5.69‰。

2020年末五华县人口数及构成情况表

表2

指　　标	年末数（人）	比重（%）
全县总人口	1524184	100.0
其中：城镇	470411	30.9
乡村	1053773	69.1
其中：男性	798727	52.4
女性	725457	47.6
其中：0—17周岁	434516	28.5
18—34周岁	447017	29.3
35—59周岁	453184	29.8
60周岁及以上	189467	12.4

据抽样调查，2020年，梅州居民消费价格比上年上涨2.1%。分类别看，食品烟酒类价格上涨8.4%，衣着类价格下跌0.2%，居住类价格下跌3.6%，生活用品及服务类价格下跌1.0%，交通和通信类价格下跌2.7%，教育文化和娱乐类价格上涨0.3%，医疗保健类价格上涨2.5%，其他用品和服务类价格上涨1.6%。商品零售价格比上年上涨1.4%。全市工业生产者出厂价格比上年上涨0.3%，其中，轻工业价格上涨1.7%，重工业价格下跌0.3%。

全县有个体工商注册户52851户、注册资金33.67亿元、从业94222人，分别同比增长13.7%、18.7%和13.1%。全年新增个体工商注册户10336户、注册资金7.84亿元、从业17007人，分别同比增长33.7%、−25%和47%；新增私营企业1616家、注册资金83.97亿元、从业19096人，分别同比增长5%、−2.6%和11%。城镇登记失业人员273人，同比增长0.2%，城镇登记失业率2.4%。

二、农业

2020年全县农业总产值68.65亿元，比上年下降0.5%。全年粮食总产量34.32万吨，比上年增长2.8%；其中稻谷330546吨，增长3.4%。茶叶3835吨，增长8.8%；水果88008吨，增长5.0%；甘蔗24271吨，增长3.9%；大豆1807吨，增长3.5%；花生8097吨，增长0.5%；烟叶1927吨，增长0.3%；木薯6271吨，下降75.7%。

2020 年五华县主要农产品、畜产品产量和牲畜存栏头数情况表

表 3

指　　标	单位	产　量	比上年增减（±%）
谷物	吨	333849	3.1
其中：稻谷	吨	330546	3.4
花生	吨	8097	0.5
大豆	吨	1807	3.5
甘蔗	吨	24271	3.9
烟叶	吨	1927	0.3
木薯（鲜）	吨	6271	-75.7
茶叶	吨	3835	8.8
水果	吨	88008	5.0
肉类产量	吨	51173	-11.9
其中：猪肉	吨	30060	-16.7
生猪年末存栏头数	头	310975	3.3
牛年末存栏头数	头	47273	1.0

全年肉类总产量 51173 吨，比上年下降 11.9%；其中，猪肉产量 30060 吨，比上年下降 16.7%。生猪年末存栏 310975 头，比上年增长 3.3%；牛年末存栏 47273 头，比上年增长 1.0%。

三、工业和建筑业

2020 年末，全县有规模以上工业企业 40 家。完成规模以上工业增加值 5.66 亿元，同比增长 4.8%。完成规模以下工业增加值 4.9 亿元，同比增长 4.0%。全年工业用电量 33868 万千瓦时，同比增长 10.3%。

全县有资质建筑业企业 30 家，实现建筑业总产值 73.7 亿元，同比增长 5.9%，建筑质量稳步提高。

2020 年五华县工业主要产品产量情况表

表 4

产 品 名 称	单　位	产　量
发电量	万千瓦时	15345
塑料制品	吨	13662
中成药	吨	3845

续表

产品名称	单位	产量
涤纶纤维	吨	5168
水泥	吨	415803
家用电热烘烤器具	个	5125232
饮料酒	千升	727

四、固定资产投资

2020年，全县固定资产投资同比下降4.2%。其中，交通业投资同比增长44.5%（其中“高速公路+高铁”投资同比增长52.4%），工业投资同比增长18.3%（其中技改投资同比增长137%），房地产投资同比下降9.9%，市政教卫旅等其他项目投资同比下降37.6%。

分产业看，第一产业投资比上年增长105%，第二产业投资比上年增长18.3%，第三产业投资比上年下降9.5%。

五、交通、邮电和旅游业

2020年，全县交通运输、仓储和邮政业实现增加值4.11亿元，比上年下降4.0%。完成全社会货物周转量7.91亿吨千米，比上年下降3.7%，完成旅客周转量1.41亿人千米，比上年下降73.0%。年末全县公路通车里程4054.59千米，公路密度为125.23千米/百平方千米；境内高速公路通车里程178.13千米；实有公交线路6条，公共汽车30辆，出租汽车53辆。

2020年全县民用汽车拥有量为13.16万辆，比上年增长14.8%。其中，个人汽车拥有量10.96万辆，比上年增长13.5%。

全县城乡固定电话用户41143户，比上年下降9.5%，互联网宽带接入用户81280户，比上年增长6.1%。

2020年，受新冠疫情的影响，全县共接待游客560.2万人次，比上年下降31.1%；旅游业总收入42.62亿元，比上年下降28%。

六、商业、外贸

2020年全县实现社会消费品零售总额81.69亿元，比上年下降7.4%。按行业分：批发业销售额39.14亿元，下降6.5%；零售业销售额38.36亿元，下降10.3%；住宿业销售额0.29亿元，下降33.8%；餐饮业销售额3.91亿元，下降16.7%。按经营地分：城镇消费品零售额61.09亿元，下降8.1%；乡村消费品零售额20.60亿元，下降5.1%。

全年外贸进出口总额15463.15万美元，比上年同期增长42.0%；其中，外贸出口总额15067.17万美元，比上年同期增长69.6%。实际利用外资实现1447万美元，比上年同期增长118.6%。

七、金融、财政

2020年末，全县金融机构各项本外币存

款余额 315.90 亿元，比上年末增长 8.6%，其中住户存款余额 257.26 亿元，比上年末增长 11.1%。金融机构本外币贷款余额 190.03 亿元，比上年末增长 24.8%。存贷比 60.2%，比上年同期高 7.9 个百分点。

全县地方一般公共预算收入 10.55 亿元，比上年增长 5.1%；其中，税收收入 7.11 亿元，增长 0.47%。全年地方一般公共预算支出 83.64 亿元，比上年增长 4.2%。

八、教育、科技、文体、卫生

2020 年，全县教育财政拨款 21.80 亿元，比上年增长 2.5%。全县有普通中学 53 所，在校学生 70195 人，比上年增长 1.9%；其中高中 11 所，在校学生 22873 人，比上年增长 2.5%。职业中学 1 所，在校学生 1279 人，比上年增长 21.2%；小学 160 所，在校学生 102747 人，比上年增长 1.21 %。适龄儿童入学率 98.85%，比上年提高 0.02 个百分点；小学毕业生升学率为 100%，与上年持平；初中毕业生升学率为 100%，与上年持平，高中毕业生升学率 98.85%，比上年减少 0.06 个百分点。在 2020 年高考中，全县入省 3A 线以上 7870 人，入围率为 86.38%；入本科线以上 2012 人，入围率 22.08%。

全年国家专利申请总量达到 826 例，同比增长 9.3%；其中专利授权量 655 例，同比增长 22.0%。全县共建调频广播电台 1 座，卫星电视地面接收站 1 个，有线电视用户 4.09 万户，广播、电视人口覆盖率为 20.5%。

全县有县级文化馆 1 个、图书馆 1 个、博物馆 2 个，镇级文化站 16 个，村级综合性文化服务中心 448 个、村（居）文化广场 442 个、农村文化俱乐部 76 个。县城文化广场演出 12 场次，送戏下乡演出 202 场次，其中，县采茶戏传承保护中心 103 场，县提线木偶传习所 83 场，县文化馆 16 场。图书馆现有藏书 30.45 万册，进馆读者 23 万人次，图书流通量 21.13 万册次。

年末全县有卫生机构 40 个，床位 4749 张；各类卫生技术人员 4451 人，其中：执业医师 1113 人，执业助理医师 836 人，其他 2502 人。

九、环境和安全生产

2020 年末，全县有环境监测站 1 个，环境监测人员 16 人；全年城区空气质量优良以上 361 天。共有污水处理厂 16 座（其中，镇级 14 座、县城 1 座、工业园 1 座），垃圾处理站 67 个。全县有一级饮用水源保护区 20 个，全年投放治理水土流失资金 5254 万元，农田灌溉水有效利用系数为 0.52。

全年林业完成新造林面积 2.08 万亩，林木蓄积量累计达 790.73 万立方米。全县共有自然保护区 12 个，自然保护区面积 4.90 万公顷;县级森林公园 2 个，城区绿化覆盖率 41.2%。

全县共发生各类生产安全事故 4 起，死亡人数 1 人，各类生产安全事故直接经济损失185万元。道路交通安全事故死亡人数44人。

十、人民生活与社会保障

据抽样调查，2020 年全县居民人均可支配收入 17319 元，比上年增长 3.0%；其中：城镇居民人均可支配收入 22872 元，增长 1.5%；农村居民人均可支配收入 14123 元，增长 3.7%。

全县参加城乡居民医疗保险 113.31 万人，比上年下降 1.6%；参加农村养老保险 45.22 万人，比上年增长 2.3%；参加失业保险 4.14 万人，比上年增长 16.7%；参加工伤保险 6.56 万人，比上年增长 54.46%；参加职工基本养老保险 6.54 万人，比上年增长 15.9%；享受社会养老保险离退休人员 3.50 万人，比上年增长 5.7%。

全县享受最低生活保障的困难群众 36381 人，其中，城镇 431 人，农村 35950 人。现有特困供养人员 3823 人，其中，在院集中供养 232 人，分散供养 3591 人。发放医疗救助资金 7708.57 万元，救助 74407 人次（其中：精准扶贫建档立卡人口因病住院救助 52147 人次，救助资金 5314 万元）。

注：

1. 本公报各项统计数据为初步统计数。

2. 从 2011 年开始，纳入规模以上工业统计范围的工业企业起报点标准从年主营业务收入 500 万元提高到 2000 万元（新口径）；固定资产投资统计的起报点标准从计划总投资 50 万元提高到 500 万元(新口径)。2012 年四季度，国家统计局实施了城乡一体化住户调查改革。2013 年起按照新的调查口径对外发布城乡一体的居民人均可支配收入和分城镇、农村常住居民人均可支配收入数据。由于新老调查方案在调查范围、调查对象、城乡划分标准、样本抽选、计算和汇总方式、指标口径等方面变化较大，改革后新口径数据和旧口径数据存在不可比的差异。从 2015 年起“地方公共财政预算收入”更名为“地方一般公共预算收入”；各项金融机构存款余额中，“单位存款”更名为“非金融企业存款”“储蓄存款”更名为“住户存款”。

3. 地区生产总值、三次产业及相关行业增加值按现价计算，增长速度按可比价计算。

4. 地区生产总值、社会消费品零售总额等相关历史数据已根据第四次全国经济普查结果进行修订，农业相关历史数据已根据第三次全国农业普查结果进行修订。

5. 数据来源：本公报中登记失业率、社会保障数据来自县人力资源和社会保障局和县医疗保障局；财政数据来自县财政局；公路、旅客和货物周转量等数据来自县交通运输局；外贸进出口等数据来自县科工商务局；互联网用户、邮电业务总量等数据来自县邮政及通信部门（单位）；艺术表演团体、博物馆、公共图书馆、文化馆、广播、电视和电影数据以及报纸、期刊、图书、体育、旅游数据来自县文化广电旅游体育局；金融数据来自县人民银行；教育数据来自县教育局；人口出生率、死亡率、自然增长率，卫生数据来自县卫生健康局；户籍人口、非农人口、民用汽车等数据来自县公安局；低保、社会救助、社会组织数据来自县民政局；环境监测数据来自梅州市生态环境局五华分局；污水处理、农田灌溉等数据来自县水务局；城区绿化覆盖、垃圾处理站数据来自县市政公用事业服务中心；安全生产、道路交通事故数据来自县应急管理局；林业数据来自县林业局；工商、科技成果、专利数据来自县市场监督管理局；其他数据来自市、县统计局和国家统计局梅州调查队。

中国共产党五华县委员会

五华县委主要会议和事项

1月13日，县委书记吴晖主持召开全县“不忘初心、牢记使命”主题教育总结会议，会议总结全县主题教育的成果、经验和做法，推动“不忘初心、牢记使命”主题教育常态化、制度化，部署做好主题教育“后半篇文章”。

1月17日，中国共产党五华县第十三届委员会第十一次全体会议在县城召开。会议总结2019年工作，部署2020年工作，动员全县各级党组织和广大党员干部，不忘初心、牢记使命，破难攻坚、奋勇争先，决战决胜全面建成小康社会。

1月20日，习近平总书记对新型冠状病毒感染的肺炎疫情作出重要指示，强调要把人民群众生命安全和身体健康放在第一位，坚决遏制疫情蔓延势头。21日下午，五华召开县委常委会会议，传达学习习近平总书记关于新冠肺炎疫情的重要指示精神和李克强总理批示要求，研究全县疫情防控工作。

1月24日，县分别成立“新冠肺炎疫情防控指挥部”和“新冠肺炎疫情防控领导小组”，县委书记吴晖任总指挥和组长。是日，县委书记吴晖、县长朱少辉率队深入县疾控中心、新型冠状病毒感染的肺炎防治拟用隔离收治院区（水寨卫生院新址）检查各项防治措施落实情况。

2月1日上午，县委书记吴晖率队到县公安局督导检查疫情防控措施落实工作，并看望慰问一线执勤人员。

2月2日，县委向全县党员干部发出动员令，要求“全县党员要即刻返回工作岗位，做细做实每一项防控措施，履行好一名党员应尽的义务，坚决打赢疫情防控阻击战”。出台《关于动员全县务工人员就近就地就业的工作方案》，提供1万个就业创业岗位，鼓励全县务工人员就近就业创业，降低疫情传播风险。

2月13日，周江镇联太村村委委员李东海在疫情防控中，因劳累过度不幸因病去世。15日，梅州市委常委、组织部部长杜敏琪向其家属表示慰问。

2月21日，县委书记吴晖、县长朱少辉率队到龙村蓄能电站、安流循环经济产业园等地检查指导复工复产工作。

3月5日是学雷锋纪念日，当天上午，县委书记吴晖、县长朱少辉率队调研并开展学雷锋志愿服务活动。

3月17日，市委书记陈敏到五华县，深入企业、农业生产基地调研检查，强调要深入贯彻落实习近平总书记关于统筹推进疫情防控和经济社会发展、决战决胜脱贫攻坚等一系列重要讲话和重要指示精神，慎终如始抓好防控工作，努力克服疫情影响，确保如期完成脱贫攻坚目标任务、高质量全面建成小康社会。

4月3日，县领导吴晖、朱少辉、邓伯锦、叶天泉等率县委党校教职员工、林业局和梅林镇党员干部共200多人，到县委党校新址建设现场梅林南沣山，开展义务植树活动，以实际行动号召全县党员干部积极投身绿美五华三年行动计划，助力创建县级国家森林城市。

5月17日，全省巡视巡察工作会议暨十二届省委第六轮巡视动员部署会在广州召开。五华作为本轮巡视对象之一接受巡视，巡视时间为5月下旬至7月下旬。是月25日，省委第四巡视组巡视五华县工作动员会议召开，省委第四巡视组组长阙定胜就开展巡视工作进行安排部署、提出具体要求，县委书记吴晖主持会议并作表态发言。

5月26日，2020年全市农村工作暨实施乡村振兴战略和决战决胜脱贫攻坚现场推进会在五华县举行。市领导陈敏、张爱军、陈建青等分别带领各县（市、区）和市直有关单位主要负责人、各镇（街、场）党委主要负责人，深入五华对脱贫攻坚、产业扶贫、农村人居环境整治、国家（省）级现代农业产业园建设、新农村和美丽乡村建设、古村落保护利用开发、党建引领示范村建设进行参观考察。

6月3日，五华县召开全县巡察工作会议暨十三届县委第九轮巡察工作动员部署会。

8月26日，县委书记吴晖、县长朱少辉率党政代表团前往中国奥园集团股份有限公司总部参观考察，协商并签订《中国奥园集团助力五华县乡村振兴合作框架协议》。

10月4日，全县各界组织收听收看深圳经济特区建立40周年庆祝大会。学习习近平总书记在大会上发表的重要讲话。是日，五华县召开农村工作暨实施乡村振兴战略和决战决胜脱贫攻坚现场推进会。

10月29日，五华召开全县干部大会，传达学习贯彻习近平总书记出席深圳经济特区建立40周年庆祝大会和视察广东重要讲话、重要指示精神，及省委书记李希到梅州调研讲话精神，动员全县上下自觉把思想和行动统一到习近平总书记的重要讲话、重要指示精神上来，学深悟透、乘势而上、感恩奋进、起而行之，以新担当新作为奋力开创五华苏区振兴发展新局面。

12月29日，2020年全县新任科级领导干部任职培训班在南沣山县委党校结业，标志着新党校正式建成投入使用。

是日，客都能源（梅州）有限公司与县工业建设集团合作的五华文旅加油站选址落地，双方全力推动在加油站建设运营、新能源发展、特色农产品销售等项目和业务上的协同合作。

中共五华县委员会2020年度领导名录

县 委 书 记：吴　晖

县委副书记：朱少辉

　　　　　　傅国强

县 委 常 委：吴　晖

　　　　　　朱少辉

　　　　　　傅国强

　　　　　　钟光振

幸国平
张爱芳
宋学希
刘敬东
王建华（任至9月）
黄春雷（任至3月）
罗丽思
周铁伟
招业斌（从3月始任）

县委办公室工作

【理论学习】 2020年，县委办从适应新形势下办公室工作需要出发，突出抓好全体干部职工的政治思想和业务知识的学习，坚持以习近平新时代中国特色社会主义思想为指导，全面贯彻党的十九大和十九届二中、三中、四中、五中全会精神，深入贯彻落实习近平总书记出席深圳经济特区建立40周年庆祝大会和视察广东重要讲话、重要指示精神，以及省委、市委、县委全会精神，上下一心，奋勇争先，一手抓防疫、一手抓发展，充分发挥参谋助手、组织协调、政务服务、督促检查和后勤保障等职能，创新机制，扎实工作，有力保证和促进各项工作的高效运行，推动办公室"三服务"工作水平再上新台阶。

【政务服务】 2020年，县委办把握"围绕中心、总揽全局、突出重点、适度超前"的工作原则，勤勉履责，圆满完成调研和文稿撰写等工作。一是提高政治站位，周密部署，做好省委第四巡视组对五华县的巡视及反馈意见的整改落实工作。县委办牵头并参与巡视组进驻、巡视、反馈、整改全过程，保障巡视工作顺利进行。二是积极开展调研。牵头开展"城乡土地集约流转"专题调研，形成调研报告供县委领导参考决策；同时，围绕交通、城建、林业、水务、旅游、教育、医疗、乡村振兴、精准扶贫、基层治理等方面工作，深入基层一线调研，撰写8篇调研文章，为推动五华县今后高质量发展提供一些可行性举措。三是完善信息报送。向市委办报送五华县红木产业、足球产业的2份综合信息以及6份《网友留言交办函》的调处信息。四是完成文稿撰写。全年共完成文稿撰写200多篇，编印4期《五华政研》，为县委科学决策提供参考，使领导能够从不同角度掌握上情、了解外情、知晓内情。严谨周密、认真细致地组织好每一次会议和活动，尤其是全市推进柚产业发展暨扩种动员大会和全省农村削坡建房风险点排查整治工作现场会，县委办主动谋划研究、精心统筹协调、认真组织落实，确保会议圆满召开，得到省、市有关部门的高度肯定，省住建厅专门向市委、县委发来感谢信。全年高质量筹办县委全会、县委常委会会议、书记专题会等各类会务活动169次。认真执行中央八项规定及其实施细则，确保公务接待各个环节不出现违规现象，力求做到热情、大方、得体，彰显五华地方特色。全年共接待163批次客人，协助县委、县政府、各部门接待大小会议宾客13批次。

【督查督办】 2020年，县委办督查部门积极改进督查督办方式，按照"登记、立项、交办、督办、反馈"的工作流程，做到"事事有落实、件件有回音"，推动县委、县政府各项决策部署得到有效落实。督查室深入乡镇实地督查疫情防控43次，编制《疫情防控专题督查通报》28份，下发《疫情防控专题督查通知》19份，承办国务院“互联网+督查”疫情防控信访线索8条，确保疫情防控工作落地落实。全年，编印《督查通报》21期，下发《督办通知》17份、《县委挂牌督办通知书》16份，立项督办会议决定事项185小项，承办县委书记批示件39件，承办县长批示件252件，承办上级督查部门交办事项50项。同时，充分借力县领导作用，增强督查实效。从5月始，督查室根据工作实际，结合部门提交事项，梳理出各镇每月需重点关注和推动的工作任务交由各挂镇县领导进行督促检查。至12月底，编制《县领导挂点镇督促检查清单》9期，推动基层工作持续向上向好。

【综合协调】 2020年，县委办围绕全年工作目标，突出抓大事、抓关键，搞好综合协调。一是服务好县委领导。坚持原则性与灵活性相结合，及时向县委领导汇报情况，听取指示、领会意图，协调力量、统筹安排领导会议、调研、来人接待等工作，确保县委领导之间的工作联系保持顺畅。二是协调好部门、乡镇之间的工作。充分发挥上传下达的作用，统筹协调好各镇、各单位，对日常事务性工作，进行周密安排、科学调度，做到环环相扣、上下衔接，防止出现纰漏；对全局性重点工作，发挥好参谋部、指挥部的作用，做到统揽全局、协调各方，科学摆布、全面落实。三是广泛联系服务群众。坚持做到“眼观六路、耳听八方”，从群众的来信来访中，发现问题、分析问题，推动部门落实解决相关问题，为人民群众解难。通过增强协调能力，改进协调方法，充分听取方方面面的意见，掌握各个层面的情况，使各项工作安排更加科学合理、各个部门更加默契协调，有力推进各级、各部门工作高效运转。

【后勤保障】 2020年，县委办继续狠抓后勤保障工作，提升精细服务水平，统筹做好机要保密、国安、公务接待、公务用车等日常各项工作，确保县委办高效有序运转。一是严谨细致做好机要保密国安等工作。按照“保密、及时、准确，无漏办、无错办、无压误”的原则，慎之又慎、规范高效做好机要工作。二是优化机关大院环境。2020年，拆除五华宾馆和两栋职工宿舍楼，修建停车场，新增近200个停车位，规范车辆停放秩序，大大方便干部职工和办事群众停车。7月26日，县委、县政府机关食堂正式运营，给大院内和周边的党政机关单位干部职工提供了更便利的就餐服务。县委办进一步完善公共服务设施建设，更好地做好了后勤保障工作。三是进一步健全完善财务、物资、车辆管理等制度，进一步压减“三公”经费等一般性支出。县委大院修缮和维护工程项目一律报备县财政局，履行招投标、监理等流程，切实做到依规按程序办事。从7月开始，县委办日常办公用品、办公耗材等实行统一采购，统一登记签领分发。严格执行《五华县公务用车制度改革实施方案》，采取派车登记、一车一卡等方式，进一步规范公车管理使用。全年共派出、抽调、租借车辆860多辆次，顺利保障各项公务用车。

【挂村帮扶】 2020年，县委办积极落实帮扶责任，采取结对帮扶、励志帮扶、教育帮扶、慰问帮扶等多种措施，帮助水寨镇黄井村贫困户脱贫致富。投入改造资金82463元，开展“8+1”脱贫工作；筹措15万元用于新村委办公楼和老人康乐会建设；入户走访慰问2次，发放粮油、慰问金共计价值6.1万元；消费扶贫2.39万元，募捐扶贫济困款项3.18万元；发放教育奖学金8000元；免费送戏下乡演出1场。截至年底，黄井村75户贫困户216人全部实现预脱贫，脱贫率100%。同时，通过以党建促扶贫，增强村“两委”干部凝聚力和战斗力，促进黄井村的乡村振兴发展和美丽乡村建设工作。建立卫生长效保洁机制，提升村容村貌。全面落实“创卫”“创文”网格化管理工作责任，按照创建标准认真做好挂扶的水寨镇大布村东方、红云、红日、永红、团结等村民小组的环境卫生、健康和文明教育宣传等工作。

【规范运作】 2020年，县委办坚持执行《县委办制度汇编》，创新机制、强化管理，推进办公室工作规范运作。充分利用信息化平台，大力推进信息化办公，对非涉密呈阅表，采用平板电脑或手机签阅的形式，实现各类公文高效准确快速地传达到各位县领导手中。坚持推行无纸化会议，有效节约行政成本，大大提高会议的行政效率。严格按照坚持整顿和改进文风会风要求，进一步精简会议、文件，规范文件签收印发和办会程序。

（张丽华　曹贵彬）

县委办公室2020年度领导名录

主　　任：周铁伟
常务副主任：彭云洪
副 主 任：吴明辉（任至10月）
黄柳宗
李大计（10月起任）
县纪委派驻组长：温木新

组织工作

【思想政治建设】 2020年，县委组织部坚定贯彻落实新时代党的组织路线，把思想政治建设贯穿党的建设和组织工作全过程，推动全县组织工作提质增效。加强对省委第四巡视组巡视反馈意见的整改落实，制订《县委组织部关于省委巡视反馈意见整改落实工作安排方案》等6个方案，细化工作举措，抓好牵头负责的“基层党组织设置不规范”“基层治理能力薄弱”“选人用人”三大方面的整改任务落实。其中，56个“巨无霸”村级党支部全部优化升格为党委，完成252个机关、企事业单位、“两新”组织的党组织的优化升格工作，全面激发基层党组织生机活力；调整79名混编混岗干部，消化6名超职数配备干部，完成9名县直单位任职满10年副职的交流任职，全面复核干部档案18901卷。以巩固主题教育成果为抓手，不断增强党员干部的政治素质和履职能力，举办学习党的十九届五中全会精神等各类专题研讨班38期，培训干部4468人次，依托16个镇党校举办149期培训班，对全县4.6万多名基层党员进行覆盖式培训。

【基层党组织建设】 2020年，县委组织部注重组织力提升，坚决打好三年行动计划收官战。立足疫情防控常态化要求，充分发挥基层党组织和广大共产党员在疫情防控中的先锋模范和主力军作用。全县1200多个基层党组织、2.8万多名党员主动“请战”，投身疫情防控，34821名党员自愿捐款共380多万元支持疫情防控工作，2名优秀基层干部李东海、江锦林不幸倒在抗疫一线，追授优秀共产党员1人。严格落实“四议两公开”制度和党内组织生活制度，实行村（社区）重要事权清单管理，对26个软弱涣散村党组织实施“一村一策”精准整顿，累计投入资金2165万元，办理民生实事326件，全部完成“摘帽”。不断提升“两新”组织党建工作水平，围绕“一企一特色、一企一品牌”，成功打造辉骏集团、明珠星、明鑫医院、一建公司等8个县级“两新”党建示范点；对现有“两新”党组织运行情况全面摸排、调整，全力推进“两个覆盖”“双同步”工作。

【党员教育管理】 2020年，县委组织部针对农村长期外出党员多、开会人数较少、传达学习不及时等痛点，积极探索和寻求解决方式，引进“沃视通”视讯系统和运用好“党建云”智慧党建平台激发基层党建活力，实现党组织召开党员大会或上党课时，外出党员可远程通过手机、电脑等终端随时随地接入视频会议，有效解决外出流动党员参加组织生活难的问题。进一步加强基层党员党性教育，深入开展“党课开讲啦”活动。组织基层党组织书记、先进模范人物、优秀党校教师和在决战脱贫攻坚、决胜全面小康、打赢疫情防控阻击战等重点任务中表现突出的党员、干部和“身边榜样”为基层单位讲1次党课，用身边事教育身边人，并制作形成高质量的党建宣传视频，下发至各个党组织供各级党员学习，有效提升基层党员经常性教育成效。

【基层社会治理】 2020年，县委组织部针对五华基层短板，靶向实施基层社会治理“七大专项行动”，逐步提升农村基层有人做事、有钱办事、按章理事的工作水平。查处民生领域侵害群众利益突出问题83件1203人，查处干部作风问题55件157人；查获酒后驾驶机动车案件929宗、货车超限超载843宗，查处涉黄、涉赌案件84宗；撂荒水田复耕复种1480.7公顷，“两造”奖补3579296.5元。挑选143个村，选派483名干部持续开展机关干部“回乡联村”提升工程，进一步提升联系村基层党组织的组织力，化解农村基层矛盾，助推五华乡村振兴发展。累计开展活动4210场次，召开座谈会2537场次，接访走访群众19521人，化解矛盾纠纷1102件，帮助办理民生实事981件。印发《关于组织县直和中央、省、市属驻五华单位党组织和在职党员到社区报到开展服务的方案（试行）》，组织72个县直单位党组织和在职党员到社区开展“双报到”活动，推动习近平新时代中国特色社会主义思想和党委政府决策部署进社区、进小区、进家庭，构建共建共治共享的社区治理格局。提前谋划2021年村（社区）“两委”换届选举工作，开展逐村研判，精准确定问题村、难点村，“一村一策”加强问题整治，排除换届障碍；深入开展村（社区）“一肩挑”专项行动，选优配强村“两委”班子，全县“一肩挑”比例达99.1%。扎实推进扫黑除恶专项斗争工作，把扫黑除恶作为提升基层组织力、发挥基层党组织战斗堡垒作用的有力抓手，围绕“扫一个、建一个、强一个”的“三个一”目标，坚持标本兼治，通过扫黑除恶专项斗争助力基层党组织全面进步、全面过硬，为铲除黑恶势力滋生土壤提供坚强组织保障。

【干部队伍建设】 2020年，县委组织部坚持好干部标准选好用好干部，抓好“动议、民主推荐、考察、讨论决定、任职”五个环节的落实，提拔重用一批在推动乡村振兴、重点项目建设、新冠肺炎疫情防控等工作中表现突出、成绩显著的优秀干部74人，努力打造一支忠诚干净担当的干部队伍。大力实施项目专员制度，先后抽调近300名干部到梅蓄项目、河东工业园、足球小镇、华陆高速、双龙高铁和“三大攻坚战”等重点项目一线，开展为期一年的破难攻坚培养锻炼，一批干部以重点项目为赛场磨意志、得锻炼、展才华。立足五华产业发展实际，精准靶向引进高层次人才，实施市、县急需紧缺人才引进计划，引进各类人才36人，上报《“扬帆计划”梅州现代特色农业人才工程项目任务清单》项目9个，为高素质人才发放生活补贴共90万元，建成152套人才公寓。

（古善贵　唐斌）

县委组织部2020年度负责人名录

部　　长： 钟光振
常务副部长： 严彩忠
副 部 长： 黄永响　曾繁活
张伟雄
邹总根（任至7月）

2020年五华县党组织、党员基本情况统计表

表5　　单位：个、人

<table>
<tr><th colspan="4">项目</th><th>数量</th></tr>
<tr><td rowspan="6">党组织</td><td rowspan="6">基层党委</td><td colspan="2">合计</td><td>106</td></tr>
<tr><td rowspan="5">其中</td><td>县委</td><td>1</td></tr>
<tr><td>机关企事业单位党委</td><td>18</td></tr>
<tr><td>园区非公有制企业党委</td><td>1</td></tr>
<tr><td>镇党委</td><td>16</td></tr>
<tr><td>村级党委</td><td>70</td></tr>
</table>

<table>
<tr><th colspan="4">项目</th><th>数量</th></tr>
<tr><td rowspan="10">党组织</td><td rowspan="10">党支部</td><td colspan="2">合计</td><td>1650</td></tr>
<tr><td colspan="2">县直单位党支部</td><td>434</td></tr>
<tr><td rowspan="2">其中</td><td>县直机关企事业单位党支部</td><td>374</td></tr>
<tr><td>“两新”组织党支部</td><td>60</td></tr>
<tr><td colspan="2">乡镇党支部</td><td>1216</td></tr>
<tr><td rowspan="4">其中</td><td>行政村党支部</td><td>829</td></tr>
<tr><td>社区党支部</td><td>71</td></tr>
<tr><td>镇机关企事业单位党支部</td><td>193</td></tr>
<tr><td>“两新”组织党支部</td><td>123</td></tr>
</table>

续表

<table>
<tr><th colspan="4">项目</th><th>数量</th></tr>
<tr><td rowspan="4">党组织</td><td rowspan="4">党总支部</td><td colspan="2">合计</td><td>255</td></tr>
<tr><td rowspan="3">其中</td><td>县直机关企事业单位党总支部</td><td>25</td></tr>
<tr><td>行政村、社区党总支部</td><td>225</td></tr>
<tr><td>镇机关企事业单位党总支部</td><td>5</td></tr>
</table>

<table>
<tr><th colspan="3">项目</th><th>数量</th></tr>
<tr><td rowspan="6">党员</td><td colspan="2">总数</td><td>46408</td></tr>
<tr><td rowspan="2">其中</td><td>正式党员</td><td>45680</td></tr>
<tr><td>预备党员</td><td>728</td></tr>
<tr><td rowspan="3">新发展</td><td>总数</td><td>526</td></tr>
<tr><td>男</td><td>396</td></tr>
<tr><td>女</td><td>130</td></tr>
</table>

宣传工作

【机构设置】 中共五华县委宣传部（以下简称县委宣传部）是县委主管全县意识形态方面工作的职能部门，列党委工作机关序列。内设机构有办公室（加挂县企业思想政治工作人员专业职务评定工作领导小组办公室牌子）、理论教育与新闻出版股（加挂县“扫黄打非”工作领导小组办公室牌子）、宣传文艺管理与新闻发布股（加挂县委对外宣传领导小组办公室、县委县政府新闻办公室、县国防教育办公室牌子）、精神文明建设股、网络舆情与传播管理股（加挂县委网络安全和信息化办公室牌子）。管理股级事业单位1个：县精神文明建设服务中心（加挂中共五华县委网络安全和信息化委员会办公室、五华县精神文明建设委员会办公室、五华县新闻出版局、五华县版权局、五华县互联网信息办公室牌子）。部领导4人，其中部长1人、专职副部长3人。

【落实意识形态工作】 聚焦政治安全，抓牢抓实意识形态工作。坚持每季度召开意识形态工作联席会议和“扫黄打非”工作研判会，坚持专题学习制度，对意识形态领域问题进行专题学习研判，制定印发《五华县2020年宣传思想文化工作要点》。全年召开4次意识形态工作联席会议，向县委和市委宣传部专题报告五华县上半年、下半年意识形态工作情况。不断夯实意识形态工作责任。全面压实各镇各单位党委（党组）意识形态工作主体责任，落实其他班子成员意识形态“一岗双责”，推动理论学习中心组学习走深走实。加强意识形态阵地管理。全面规范管理全县形势报告会、哲学社会科学报告会、研讨会、论坛、讲座等活动，加强对外地专家学者背景和内容审查，2020年共掌握审批61场次。

坚持高位推进，全面彻底做好巡视整改。根据省委统一部署，省委第四巡视组意识形态专项检查组对五华县委落实意识形态工作责任制情况进行专项巡视。9月15日，巡视组意识形态专项检查组将巡视情况向五华县委作了反馈，指出五华县存在八方面问题。五华县委对省委第四巡视组意识形态专项检查组反馈的问题意见照单全收，迅速成立意识形态专项整改落实领导小组，针对存在问题逐一细化分解为15个分项问题，一一对应提出整改措施，按问题分类全面推进巡视整改，定期召开领导小组会议，通报整改落实工作，持续深化整改，突出抓好建章立制，狠抓意识形态工作联席会议制度、意识形态工作责任制检查考核制度、理论学习中心组学习制度等制度执行，对民族宗教、网络自媒体规范管理等方面加强制度机制建设完善，真正见真章、动真格、求实效，不折不扣抓好巡视整改各项任务落实。

【理论学习教育】　印发《2020年五华县党委（党组）理论学习中心组学习计划暨学习型党组织建设工作计划》，明确年度学习重点、要求，坚持不懈把学习贯彻习近平新时代中国特色社会主义思想作为首要政治任务。同时，及时把习近平总书记在全国两会上的重要讲话和全国两会精神，《习近平谈治国理政》第三卷，习近平总书记出席深圳经济特区建立40周年庆祝大会和视察广东重要讲话、重要指示精神，党的十九届五中全会精神列入理论学习中心组学习内容。坚持读原著、学原文、悟原理，及时做好《习近平谈治国理政》第三卷、《习近平在宁德》、《习近平在厦门》、《党的十九届五中全会》辅导读物、《中华人民共和国民法典》等重要学习书目的征订发行工作，全县各级党委（党组）及时征订，全县共征订发行《习近平谈治国理政》第三卷17449册，实现全县在职党员全覆盖。

组织开展重大理论专题宣讲，邀请邱立志、廖坚、吴特宏3位市级领导和专家到县讲学，组织成立《习近平谈治国理政》第三卷、习近平总书记出席深圳经济特区建立40周年庆祝大会和视察广东重要讲话重要指示精神、党的十九届五中全会精神县委宣讲团，深入各镇各单位开展《习近平谈治国理政》第三卷和习近平总书记重要讲话精神宣讲56场次，直接受众2.2万多人。

【新闻宣传】　2020年，县委宣传部深入学习贯彻习近平总书记关于坚决打赢疫情防控人民战争、总体战、阻击战，统筹疫情防控和经济社会发展的系列重要论述、重要讲话精神，组织各媒体单位全力做好疫情防控的新闻舆论宣传工作，多维度策划并报道五华全县上下各行各业在抗疫过程中涌现出的一批典型经验做法和先进个人事迹。据统计，先后策划撰写疫情防控方面的稿件上送“学习强国”、“南方+”、《羊城晚报》、《梅州日报》、梅州电视台等中央和省市县主流媒体约350篇次，阅读量约830万人次。同时，采用三大运营商数据监测摸查涉湖北等疫情发生地来县人员、第一时间启用“喇叭村村响”宣传防控知识、实行白事简办防聚集、购买发热咳嗽药品实名登记、从严监测摸查外县商品百货配送车辆严防疫情输入等防控措施，进一步扎牢扎紧疫情防控的口子。这一做法得到梅州市委、市政府的充分认可并推广到全市，最终得到省委、省政府的认可后在全省推广。

充分发挥主流媒体舆论引领作用，在县融媒体中心开辟《五华一线》《乡村振兴》《创文》《践行社会主义核心价值观》等专栏，及时准确、全面深入地宣传报道五华县在经济社会发展、乡村振兴和扶贫攻坚等方面新思路、新典型、新成效；推出《决战决胜脱贫攻坚》《疫情防控》《复工复产》等系列报道，采编、制作、播出时政新闻共1993条，上送市台播出401条，《五华新闻》

推出新闻 3120 条，及时发布权威信息，回应群众关切，为五华振兴发展提供强大的舆论支持。

利用“五华发布”微信公众号，将宣传工作与网络文化深度融合，进一步扩大宣传思想阵地，利用新媒体实现线上线下有效互动，使宣传思想工作更具针对性。2020 年共推送 1327 篇新闻稿。紧紧围绕县委、县政府的重大部署和中心工作，在省、市、县等各级主流媒体，推出一批有深度、有影响的重点报道。策划报道 27 篇新闻，被市电视台采用的稿件 16 篇。

【主题宣传】 大力加强脱贫攻坚主题宣传报道，为坚决打赢脱贫攻坚战、决胜全面小康社会营造良好的舆论氛围；2020 年中甲联赛分赛区落户五华，认真策划做好中甲联赛五华赛区宣传工作，向世界展现“球王故里、足球之乡”的良好精神风貌；制定粤北华南教育历史研学基地活化利用及弘扬“左联”文化宣传方案，并积极推进宣传工作。组织做好文艺宣传。组织推送县优秀音乐作品《春风春雨》参加省第八批“中国梦”新创作歌曲评选；组织开展广东优秀文艺作品“云展播”活动，已展播的作品有采茶传统戏《补皮鞋》、采茶行当歌舞戏《茶韵茶情》、木偶戏《沙家浜·智斗》；组织举办五华县“平安之乡”专题文艺晚会；配合有关部门做好梅州第六届网络春晚五华县专场活动。

1 月 8 日，县委常委、县委宣传部部长刘敬东（左二）到棉洋镇平安村调研宣传文化和新农村建设工作

【融媒体中心工作】 融媒体中心建设坚持协同配合共同推进，按照审定的《五华县融媒体中心建设工作方案》，以县广播电视台为建设主体，稳步有序推进融合改革工作。开发“五华融媒管理系统”App，及时发布县委、县政府、各镇、村和县直单位开展工作的具体举措和有效经验，形成具有完整的县镇村网格化联动的宣传体系。2020 年 11 月，五华县融媒体中心顺利通过省委宣传部验收。

主要职能：贯彻执行中央新闻宣传工作的路线、方针、政策，制定实施中心发展规划和管理办法，巩固宣传思想文化阵地，壮大主流思想舆论，把握正确舆论导向，不断提高新闻舆论传播力、引导力、影响力、竞争力，充分发挥党和政府的喉舌作用，为五华经济社会发展服务。围绕县委、县政府中心工作和社会民生，充分利用广播、电视、报纸、网络和“两微一端”等媒体资源，组织实施全县新闻宣传工作和重大宣传报道活动，发挥建设性舆论监督作用。

五华县融媒体中心是五华县的主流宣传媒体，设电台、电视台各 1 座。设 12 个正股级内设机构和 1 个下属企业，包括办公室、财务室、总编室、采编部、影视综合部、广播部、新媒体部、平媒部、公益宣广部、传输播控部、信息技术部、产业发展部、下属企业五华县华乐文化传媒有限公司。有干部职工 66 人。2020 年度，五华县融媒体中心认真履行广播电视职责，坚持抓好“四大重点”工作。一是围绕县委、县政府中心工作，牢牢把握正确的舆论导向，抓好宣传报道。二是抓好广告经营管理，努力增强广播电视创收经营能力。三是抓好安全播出工作，把好新闻宣传安全关。四是全面推进融媒体中心改革建设，增强广播电视的传播力、引导力、影响力和公信力。全年，广播电台播出新闻稿件2016条，其中被上级台采用485条；电视台播出新闻稿件2016条，其中被上级台采用455条。

【突出宣传重点，服务发展大局】 县融媒体中心坚持党媒姓党原则，在正确把握舆论导向的基础上，紧扣县委、县政府的中心工作，充分发挥主流媒体舆论引领作用，在电视、微信公众号、广播电台、《五华政报》等媒体平台，开辟《五华一线》《乡村振兴》《扫黑除恶专项斗争》《作风环境大家谈》《创文》《创卫》《践行社会主义核心价值观》等专栏，及时准确、全面深入地宣传报道五华县在经济社会发展、乡村振兴和扶贫攻坚等方面的新思路、新举措、新典型、新成效。为强化抗击新冠病毒战役报道，第一时间推出《决战决胜脱贫攻坚》《疫情防控》《复工复产》等系列报道，做到中心工作天天有、重点工作日日发，特别是在疫情防控报道中，组织记者深入一线报道医务人员、基层干部、公安民警、社区工作者、志愿者等群体在抗疫战斗中的感人事迹和抗疫先进典型，及时发布权威信息，公开透明回应群众关切，充满浓浓正能量，为五华振兴发展提供强大的舆论支持。

【以改革为动力，提升新闻宣传质量】 2020年，县融媒体中心紧紧围绕准确掌握正确舆论导向和县委、县政府中心工作，坚持团结、稳定、鼓劲、正面宣传为主的方针，按照媒体有效融合和新闻宣传“三贴近”原则，加大新闻宣传广度的探索力度，拓宽新闻素材的来源，发动各镇各单位人员自发录制新闻素材或撰写新闻稿件，提升参与和关注热情。建立完善的新闻评审制度，通过定期召开新闻评审会议，组织人员认真对新闻进行评审，及时纠正各组报道人员新闻采编工作的不足和存在问题，着力解决新闻宣传形式单一、报道不活的问题。在县委的正确领导下，县融媒体中心建设坚持协同配合共同推进，按照审定的《五华县融媒体中心建设工作方案》，以县广播电视台为建设主体，稳步有序推进融合改革工作，初步实现人员机构整合办公，媒体融合框架初步形成。2020年初，县融媒体中心以“一网通五华，全县一盘棋”理念打造“五华融媒管理系统”App，融“大宣传+大管理”于一体，发挥五华融媒系统巨大的包容性功能，及时发布县委、县政府、各镇、村和县直单位开展工作的具体举措和有效经验，形成由融媒母平台和众多融媒子平台构成的、具有完整的县镇村网格化联动的宣传体系。2020年11月，五华县融媒体中心建设顺利通过省委宣传部验收。

【以防范为方针，把好新闻宣传安全关】 县融媒体中心党组高度重视广播电视安全播出工作，把广播电视安全播出工作纳入重要议事日程，按照上级提出“预防为主，完善措施，健全制度，落实责任，确保安全”的工作要求，加强领导，周密部署，定期研究，严明纪律，严格落实新闻报道审查、审批“三审制”，建立健全安全播出应急预案，层层分解任务，签订《五华县融媒体中心安全播出责任书》。在各个重要敏感期间，认真制定安全播出实施方案、应急预案和应急演练方案，积极排查设施、设备存在的安全隐患，加强安全保卫和技术防范管理，并由中心领导带班，增加值班力量，确保值班人员 24 小时在岗。

【以责任为担当，积极做好各项工作】 县融媒体中心在做好新闻宣传工作的同时，还努力增强广播电视创收经营能力，扎实推进县委、县政府交办的各项工作任务。一是县融媒体中心着力满足客户需求，注重广告方案的策划，对行业性广告进行规范完善，着力克服疫情影响，全年广告创收 95.45 万元。二是积极完成单位网格化和挂钩责任地段的创文、创卫工作，先后 10 余次组织干部职工和志愿者到网格化地段开展政策宣传、卫生清扫等活动。三是组织干部职工深入郭田镇三坑村开展结对贫困户走访慰问，落实脱贫户“八有”、养老保险和教育生活费补助发放工作，填写遍访工作记录表、“明白卡”，积极帮助改善村容村貌、精神文明创建工作，2020 年干部职工扶贫济困捐款共计 6520 元。四是积极参与无偿献血活动，2020 年组织 10 人次参与县无偿献血活动。五是发挥资源优势，积极为县长直播带货、中国好声音五华赛区直播任务、中甲足球联赛提供播音、主持和直播设备服务保障，县长直播带货第一个小时交易额达百余万元，中国好声音五华赛区总决赛直播观看人数达 8 万余人，有 15 人晋级梅州市总决赛，营造浓厚的文化宣传氛围。

【网络安全】 深入贯彻落实习近平总书记对网络安全工作重要指示精神，履职尽责，定期开展微信工作督查考核，压紧压实基层网络安全工作责任。强化网络安全和信息技术的安全管理和保障，设备安全、网络安全、数据安全等信息化建设进一步加强。全面规范网络信息传播秩序，对县域商业网站平台和公众账号突出问题、未成年人暑期环境、涉未成年人网课平台、网络直播等进行专项摸排整治，对突出环节和领域进行全面深入清理整治，牢牢守护五华网络意识形态安全“南大门”。

【道德教育】 广泛组织开展“五华好人”“文明家庭”“道德模范”等先进典型选树活动。2020 年，获得广东百户最美家庭 2 户、广东省五好家庭称号 1 户、梅州市最美家庭称号 2 户、第四届市文明家庭称号 2 户，严满凤荣获梅州市第九届“道德模范”称号，发挥先进典型榜样引领作用。弘扬培育社会主义核心价值观，在全县公园广场、商场超市、学校新设 35 处大型户外政治广告牌、广告栏，在“五华发布”微信公众号开设专栏，营造良好政治性宣传氛围。积极推进基层精神文明建设，广泛开展“我们的节日”、“文明健康、有你有我”、“球王故里、激情飞扬”、文明餐桌、文明交通、垃圾分类和民法典、农业、科技、健康教育等各类文明实践活动 280 余场次。

【文明创建】 全面推进“三级联创”，启动争获全国县级文明城市提名资格，全面开展文明村镇、文明单位、文明家庭、文明校园创建活动，实现县级文明校园全覆盖。2020 年，安流镇红山村通过全国文明村镇复查，河东镇获评第六届全国文明镇，华城镇城镇村获评省级文明村。截至年底，全县获评全国文明镇1个、全国文明村1个，省级文明镇村2个，市级文明镇6个、市级文明村16个，县级文明村82个。大力倡导文明新风，突出抓好文化祠堂建设，涵养文明新风。其中，华城镇新一村和潭下镇大玉村的村规民约入选省文明办《新村规民约选编》。

2月20日，市委常委、市委宣传部部长陈晓建（左二）到五华县调研疫情防控宣传引导工作

【加强未成年人思想道德建设】 以“扣好人生第一粒扣子”为主题，组织开展“新时代好少年”学习宣传活动、“传承红色基因”系列教育活动、中华优秀传统文化传承活动、学雷锋志愿服务活动、非物质文化遗产进校园等教育实践活动。建成乡村学校少年宫16所。持续深化未成年人心理健康辅导工作，依托未成年人校外心理辅导站，开展各类心理讲座、家庭教育等相关活动69场次。

【志愿服务】 2020年5月挂牌成立志愿服务促进中心，建成梅州市首个以志愿服务为主题的五华县志愿者主题广场，各镇村相应成立志愿服务促进所站。成立理论政策宣讲、文化文艺服务、助学支教、医疗健身、科学普及、法律服务、卫生环保、扶贫帮困等8类志愿服务队伍共32支。全县有注册志愿者约4.6万人，各类志愿服务组织及团体574个。2020年，开展学习科学理论、宣讲党的政策、培育主流价值、文化活动、移风易俗等各类志愿服务活动578场。

8月17日，县委书记吴晖（左二）率队调研五华县志愿者主题广场建设

【群众文化工作】 2020年，成功举办中国农民丰收节、第三届广东茶叶产业大会、第七届客家文旅博会、五华县第二届读书月、世界名校足球大赛、“球王故里·美丽五华”2020客家文化乡村旅游美食等活动50多场次，为群众送上精神食粮，丰富群众的文化生活。组织开展“非遗”（五华采茶戏、五华县提线木偶）进学校、进乡村、进景区、进军营活动共80多场次；“六一”儿童节期间，县图书馆、文化馆联合开展童谣节、童心向党、经典诵读活动；长乐学宫联合学校举办“入学礼”“毕业礼”主题实践体验活动。推进图书馆、文化馆总分馆制建设工作，2020年建成18个图书馆分馆、48个服务点，16个文化馆分馆；积极推进五华县文化综合体项目建设，开设五华县提线木偶（转水矮车）传习所，五华县采茶戏（河东寨顶巷）传习所、积极推进新华书店农村发行网点建设，在华城、龙村分别建设一间新

华文化驿站，在田家炳中学、高级中学各建设一间集阅读体验、文化休闲等多功能于一体的校园书店，组织举办各类讲座、读书沙龙活动，开展主题读书活动以及校园社团活动等。

【文艺创作】 积极组织文艺创作，培育文艺新人，提升广大群众的文化水平。出版《长乐文艺》4期，举办儿童文学创作专项培训班；组织开展抗疫主题文艺创作活动，共创作抗疫文艺作品351篇（件），通过“五华新闻”“梅州市文学艺术界联合会”“广东省书法家协会”等微信公众号发布宣传，推送的采茶戏歌《生命的守望》、山歌《疫情防控莫放松》、流行音乐配唱《齐心协力抗疫情》等6个节目被选入“学习强国”广东学习平台，为打赢疫情防控阻击战贡献文艺力量；《畅游客家第一镇》节目10集专题片的策划方案已完成，2020年完成7集专题节目的录制并播放。

3月3日，县委书记吴晖（前左一）、县长朱少辉（左二）率队调研爱国主义教育基地优行乡农民协会旧址

【文化市场监督管理】 高度重视文化市场环境监管，深入推进“扫黄打非”基层站点规范化标准化建设。全年共召开4次全县“扫黄打非”工作领导小组成员会议，完成全县16镇“扫黄打非”基层工作站点规范化标准化建设，开展“扫黄打非·正道”“扫黄打非·新风”集中行动，组织协调公安、市场监督、文广旅体等相关部门，开展集中行动联合执法。2020年，共出动执法人员804人次、车辆203车次，收缴非法出版物、盗版音像制品一批，确保五华县文化环境健康有序发展。联合教育部门开展“绿书签”征文比赛，评选出小学组10篇优秀作品、初中组10篇优秀作品。

（陈俊雄　谢琼杨）

中共五华县委宣传部领导机构

县委常委、宣传部部长：刘敬东
常务副部长：张景山（4月任职）
副　部　长：甘　平
彭　强（任至10月）
张炳锋（10月任职）

统一战线工作

【思想政治建设】 通过深入开展“两学一做”“不忘初心、牢记使命”主题教育活动，全面提高政治站位，把政治建设落实到党建工作全过程。严格按照党章加强党员日常管理监督，坚持“三会一课”制度，教育引导干部带着责任、带着问题读原著学原文悟原理，深入学习习近平总书记最新重要讲话和重要指示批示精神，认真学习党内法规文件，探索推广“微课堂、微党课、微课本”学习方法。“七一”期间，组织党员干部开展学党史、重温入党誓词、观看红色电影等主题党日活动。经统计，2020年，组织开展领导班子中心组学习会12场次，党支部书记和其他班子成员上党课10多场次，积极组织参观红色革命传统教育基地，组织党员集中观看专题片。通过开展各类主题教育活动，积极引导统战干部增强“四个意识”，坚定“四个自信”，做到“两个维护”，始终同以习近平同志为核心的党中央保持高度一致，引导全县统一战线成员不断巩固共同思想政治基础。

【新的社会阶层人士统战工作】 2020年，全面加强对新的社会阶层人士的思想政治层面的教育引领，引导联合会积极开展各项社会服务活动。疫情期间，五华县新的社会阶层人士联合会捐款3万多元。2020年，组织县新阶联与县农商银行举行授信签约仪式，县新阶联获得县农商银行额度达3亿元的授信。

【党外代表人士队伍建设】 抓好党外代表人士后备干部队伍建设，搭建起一支数量足、质量高、层次明的党外代表人士梯队。坚持人岗相适、应配尽配原则，积极向县委和组织部门举荐政治过硬、条件成熟、经验丰富的党外干部，努力解决政府工作部门党外干部配备不足问题，为党外干部健康成长铺顺台阶、搭建舞台。加强对党外干部的监督和管理，加大对党外干部思想政治、法规纪律、廉洁警示等方面的教育力度。对党外人士政协委员开展履职情况考核。

【非公有制经济领域工作】 积极创建“五好”县级工商联和“四好”商会。围绕广东省“五好”县级工商联和“四好”商会建设的要求，进一步加强基层商协会制度化、规范化建设，指导和帮助商会协会建立健全各项规章制度，使商会活动能够依照法律和章程正常开展。2020年，五华县电子商务协会被评为全省“四好”商会。全力支持抗击疫情工作。疫情期间，广泛发动民营企业家们捐赠疫情防控物资。积极开展乡村振兴“万企帮万村”活动，动员325家民营企业分别对接挂钩414个村，开展企村结对帮扶工作，促进技术、人才、资金、信息等要素更多地向农业农村流动，推动脱贫攻坚和乡村振兴工作。每年度均组织“6·30”扶贫济困日活动。敏捷房地产集团有限公司捐款2亿元，助力五华乡村振兴和扶贫攻坚。

【民族宗教事务】 巩固宗教教职人员认定备案、宗教活动场所财务监督管理两个专项工作成果，在全县范围内开展民间信仰活动调查摸底工作。完成全县100平方米以上的民间信仰活动场所191间的认定工作，全县范围内佛道教宗教活动场所进行统一标识牌挂牌工作，顺利举办天主教、基督教界人士培训班和佛教、道教界人士培训班。抓实抓细宗教界疫情防控工作。全面加强对宗教活动场所的管理，大力开展宗教场所疫情防控工作检查。完善机制保障，狠抓政策法规学习宣传。积极宣传贯彻好新修订《广东省宗教事务条例》，大力组织开展宗教政策法规学习月活动，促进广大干部群众学习宗教相关法律法规和规范性文件规定，提高依法行政的能力和水平。2020年，制作200块宣传牌，印发相关政策读本2万多册，发至各镇、相关单位及宗教活动场所。发挥宗教界积极作用。积极引导宗教界人士响应党委政府号召，发扬优良传统，在扶贫开发、赈灾救灾、扶危济困等社会公益事业方面做大量工作，树立宗教界服务社会的良好形象。发动宗教界人士为抗击疫情捐款30多万元；

宗教界人士参加广东扶贫济困日活动捐款2万多元。

【港澳台工作】 重视做好港澳台青年一代工作，坚持“走出去、请进来”，加强与港澳台爱国社团的沟通和联系，加强香港五华同乡总会组织的香港青少年到五华交流体验活动，扩大五华与港澳青年的交流融合。积极组织香港五华同乡总会“摘星计划”访问团到五华县开展考察访问活动，组织香港青年与五华青年开展互动。2020年，香港“摘星计划”累计资助五华县12名贫困大学生完成学业。

（曹　敏）

县委统战部2020年度负责人名录

部　　长： 张爱芳
常务副部长： 李雄青
副 部 长： 李剑文
陈德荣
古寿森
张丽阳（任至6月）
谢伟贤

机构编制管理

【县级机构改革工作】 持续深化巩固县级机构改革成果。一是及时理顺打击走私综合治理职能，优化公安机关内设机构设置并就高配问题专门发文进行统一规范。二是新建立县应急委员会，调整县禁毒委员会。三是深入推进综合行政执法体制改革，交通运输局、市场监管局等8个政府工作部门实行“局队合一”体制，内设执法股（执法大队）。四是扎实推进其他重点领域改革，配合群团机关改革，对群团机关运行情况进行摸查；配合推进国家监察体制改革工作，健全完善巡察工作体制；配合深化完善法院和检察院的内设机构改革。

【乡镇体制改革完善基层治理体系工作】 8月6日，《五华县深化乡镇体制改革完善基层治理体系实施方案》经市委批准印发实施。8月11日，印发《贯彻落实〈五华县深化乡镇体制改革完善基层治理体系实施方案〉政策措施工作方案》；8月12日，召开五华县深化乡镇体制改革完善基层治理体系工作动员暨培训会，五华县乡镇体制改革进入全面实施阶段。8月中旬，审议通过并印发实施16个镇“三定”规定文件；8月下旬，完成镇党政办事机构干部任免、综合办公室挂牌、人员调整到位，实现集中办公；11月26日，印发《五华县推进乡镇派驻机构属地管理工作方案》《五华县深化乡镇体制改革规范事业机构设置工作方案》；12月上旬，基本完成基层自然资源所、市场监管所属地管理相关工作，全面落实并规范整合设置镇所属事业单位。至此，五华县乡镇体制改革工作在全市率先完成，获得省、市的充分肯定和高度评价。12月2日，省委编办王启军一行到华城镇、潭下镇进行乡镇街道体制改革调研，表示在五华调研看到亮点，对深化乡镇体制改革完善基层治理体系有更大的信心。12月17日，全市推进乡镇街道体制改革现场会议在华城镇顺利圆满召开，市委常委、组织部部长罗盛芬高度肯定五华县乡镇体制改革工作。12月28日，省委编办政策法规处领导一行率领《南方日报》记者到五华县采访乡镇体制改革工作亮点和成效。2021

年1月18日，《南方日报》第A06版广东·社情《“一枚印章管审批”“一支队伍管执法”——梅州五华探索破解乡镇治理“看得见、管不好”难题》报道五华县乡镇体制改革工作成效。

【事业单位改革】 2020年，新设立梅州市五华龙狮湖管理中心，整合设立县融媒体中心、县教师发展中心、县国有资产运营中心、县老干部服务中心、县卫生健康服务中心、县交通运输服务中心。扎实推进乡镇事业单位规范设置工作，各镇统一设置6个事业单位，加强服务保障能力。截至年底，已完成镇所属事业单位的干部任免、办公室挂牌、人员转隶、集中办公等工作。

【龙狮湖管理中心工作】 梅州市五华龙狮湖管理中心于2020年3月正式批准设立。4月20日，印发《梅州市五华龙狮湖管理中心机构编制方案》（华机编〔2020〕7号）。8月25日，县委编办牵头相关单位召开推进梅州市五华龙狮湖管理中心建设工作专题协调会议，各项工作取得初步成效，确保人员到位，推进项目建设，加快产业发展，打造特色品牌。

【华城镇行政管理体制改革试点工作】 通过一系列改革措施，逐步构建起符合基层发展实际、满足群众服务需求的行政管理体制，走出一条具有时代特征、五华特点的改革发展新路子。一是党政齐抓，坚定一个改革方向。成立改革工作领导小组，围绕改革目标任务，摆问题、找思路、提建议、定措施。二是同步推进，明确三大改革内容。（1）人尽其才，科学设置党政机构。（2）简政放权，有序下放管理权限。（3）创新财模，增强内生发展动力。三是搭建平台，创新审批执法方式。（1）整合政务服务资源，统一政务服务平台；（2）组建综合执法大队，统一行政执法平台。通过改革，行政管理体制更加顺畅，应急响应体系更加有效，公共服务水平更加高效，镇域经济实力更加壮大。

【机构编制法定化和机构编制监督检查】 认真贯彻落实《中国共产党机构编制工作条例》，以机构编制实名制管理系统为抓手，不断健全机构编制监督检查制度机制，对全县行政机构和事业单位开展机构编制执行情况督查。有计划、有步骤地指导督促相关单位完成问题整改落实工作，截至2020年12月底，五华县机构编制问题台账整改完成率为97.25%。

【事业单位登记管理和域名注册工作】 2020年，五华县设立登记事业单位16个，变更登记事业单位81个，注销登记事业单位13个。按照“双随机、一公开”的监管要求对事业单位以3%的比例进行随机抽查，抽取11家事业单位作为抽查对象，全面直观了解事业单位改革落实情况和运行效果。派出业务人员参加梅州市统一申办受理平台系统功能操作培训，快速熟悉新增系统功能，熟练操作系统。按时、全面完成政务和公益机构域名注册工作，及时完成全县党政机关和事业单位的网上名称更新工作，以及全县网站域名的续费缴费工作，继续推动五华县政务公开和信息化建设及电子政务的不断发展。同时积极争取县政府支持，把全县党政机关和事业单位域名注册费用纳入财政统一支付，为公众建立一条快速、准确访问的绿色通道。

【森林公安机关管理体制改革】 五华县森林公安机关整建制划归同级公安机关直接领导和管理，作为同级公安机关内设机构，名称规范为：五华县公安局森林警察大队，其编制、人员及所属派出所划转事宜严格按上级文件精神执行。

【其他机构编制工作】 2020年，县委编办配合县委、县政府做好相关的机构编制工作。一是扎实推进其他重点领域改革，配合群团机关改革，对群团机关运行情况进行摸查；配合推进国家监察体制改革工作，健全完善巡察工作体制；配合深化完善法院和检察院的内设机构改革。二是做好双拥工作。认真贯彻落实县委、县政府关于“双拥”工作的安排部署，坚持把“双拥”工作与机构编制业务有机融合，扎实推进退役军人事务管理服务相关机构组建，科学核编，推动五华县军转干部和随军家属安置工作、退役大学生士兵就业工作。2020年，县委编办会同相关部门严格执行安置政策，顺利完成退役军人安置工作，做好入编手续办理，确保及时安置到位。

（李俊尧　宋春燕　黄小娴）

中共五华县委机构编制委员会办公室2020年度负责人名录

主　任：陈远云

副主任：古汉琴

唐妙坤

李耀权

保密工作

【保密宣传教育】 2020年，五华县保密局不断健全保密宣传教育工作体系，加大保密工作宣传力度。印发《保密工作手册》1500份，发放保密知识宣传挂图300份。加强对开展宣传教育工作的组织领导，在保密宣传教育工作归口管理、培训计划、教育基地建设、经费保障等方面制定完善规章制度，构建覆盖全面、措施具体、切实有效的保密宣传教育制度体系。在12月16日县委党校举办的新任科级领导干部任职培训班暨《习近平谈治国理政》第三卷读书班上，设立保密知识专题，通过学习保密知识和观看间谍案例，进一步提升参会领导干部的保密意识。通过保密业务培训，使保密干部及时了解掌握信息化和高科技条件下保密工作的新知识、新技能，优化知识结构，拓宽眼界视野，进一步提升保密干部队伍履职尽责能力水平。锻造忠诚可靠、勇于创新、业务精湛、作风优良的保密干部队伍。

【网络保密管理】 2020年，县保密局根据上级的部署安排，大力抓好网络管理工作，加强与公安、国安等部门联合检查工作，拓展在重点涉密单位周边环境和重要会议活动场所的保密监督和互联网信息监查工作。推广应用“三合一”系统，要求全县各单位必须配备安装，强化新增涉密计算机监管。配合市保密局对县直10个单位开展专项保密检查。12月1日至15日，由县保密局、县府办、县公安局网警大队同志组成的县保密检查小组，对县直40个单位和16个乡镇开展全方位保密风险隐患大排查。印发《五华县涉密考试保密安全突发事件应急处置预案》，建立健全涉密考试保密安全突发事件应急处置机制。做好疫情防控期间的高考保密工作，高考期间安排保密局干部轮流值班，检查教育局高考期间的保密情况，试卷交接情况等，同时将了解的情况及时向市保密局汇报，确保五华县高考顺利进行。

（曹贵彬）

五华县保密局2020年度单位负责人名录

局　长：陈　勇

党校工作

【干部培训】 2020年，中共五华县委党校（以下简称五华党校）按照《2020年五华县干部人才培训计划》安排，共举办各种形式的主题培训班7期，培训各级各类党员领导干部1079人次。举办公务员全员培训班24期，共培训约2950人次。积极选派出优秀骨干教师为各镇各系统、各单位讲授“学习贯彻党的十九届四中全会精神”、“民法典解读”、《习近平谈治国理政》第三卷、“学习贯彻习近平总书记出席深圳经济特区建立40周年庆祝大会和视察广东重要讲话重要指示精神”、“学习贯彻党的十九届五中全会精神”等专题课，共50多场次、5000余人次。积极选派优秀骨干教师参加县委“十九届四中全会精神宣讲团”“民法典学习宣讲团”“《习近平谈治国理政》第三卷学习宣讲团”“党的十九届五中全会精神宣讲团”，奔赴各镇各系统各单位，深入村（社）、企业、学校宣讲100多场次。教学质量再提升，认真执行集体备课和新专题试讲制度，组织专职教师参加本校和市校集体备课会。8名专职教师共备有《从疫情防控中感悟中国特色社会主义制度优势》《学习贯彻全国两会精神》《〈中华人民共和国民法典〉解读》《共产党宣言是共产党人的必修课》等13个新专题。结合党中央、省委、市委、县委最新会议精神与工作部署，结合形势发展要求，围绕社会热点问题，形成“深入学习贯彻党的十九届四中全会精神”、《习近平谈治国理政》第三卷学习辅导、“学习习近平总书记出席深圳经济特区建立40周年庆祝大会和视察广东重要讲话、重要指示精神”“深入学习贯彻党的十九届五中全会精神”等新专题。聚焦发掘红色资源、讲好五华故事，对梅林古大存故居、郭田黄国梁故居、双华竹山、横陂足球小镇进行深入调研，形成具有党校特色的现场教学点解说和微党课。

6月10—12日，五华县村（社区）党组织书记推进脱贫攻坚专题培训班在县技工学校举行（党校提供）

其中黄敬德老师的《推进生态文明建设 打造幸福美丽梅州》、钟爱娜老师的《准确把握习近平关于马克思主义辩证法的精髓要义着力增强党员领导干部的辩证思维能力》、曾伟文老师的《坚持和完善党的领导制度体系的重大意义和任务要求》获评2020年梅州市党校系统“用学术讲政治”优秀课（分校），分别获得学科组第一名。

11月3日—12月31日，《习近平谈治国理政》第三卷读书班暨五华县中青年干部培训班在县委党校举办（党校提供）

12月2—15日，2020年五华县新任科级领导干部任职培训班暨《习近平谈治国理政》第三卷读书班在南洋山县委党校举办（党校提供）

【**教学科研**】 2020年，五华党校全体专职教师共撰写专业论文《夯实农村基层党建，引领乡村振兴战略》等10篇，其中在省级以上刊物公开发表8篇。积极开展本土红色文化、本土乡村振兴战略挖掘等专题调研活动，形成相应调研报告。其中，钟爱娜老师撰写理论研讨文章《深圳特区的成功经验及启示》被市委宣传部推选报送参加省理论研讨会，张志强老师主持的梅州市哲学社会科学2019年度规划课题“铭记光辉历史，传承红色基因——以五华县红色资源的保护利用为例”于4月获批结题，“贯彻落实乡村振兴战略的实践与思考——以梅州市五华县为例”于7月获批为梅州市哲学社会科学2020年度规划立项课题。

（党校办公室）

11月3日—12月31日，《习近平谈治国理政》第三卷读书班暨五华县中青年干部培训班，图为平远县仁居镇红军纪念园现场教学（党校提供）

中共五华县委党校2020年度负责人名录

校　　长： 钟光振

党务副校长： 陈军华

副 校 长： 田景青（10月任）

张志强（10月任）

黄云新（任至1月）

李启智（任至10）

关工委工作

【简况】 2020 年，五华县关心下一代工作委员会（以下简称五华县关工委）的重要工作是把基层工作做好，把基层组织搞扎实。截至 12 月底，全县镇级关工委已全部建立，建立村级关工委 365 个占总数的 88.8%，县直机关各系统关工委已全部建立起来，有 3 家民营企业也建立关工委组织。对已建立起来的关工委组织，结合实际逐步把关工委工作步入正常化，积极开展工作。对于换届班子变动的镇，及时调整和补充，使关工委的班子保持连续性。县关工委经常到各镇及有关村、学校关工委进行调研，帮助基层关工委，围绕“五好”努力做好工作，同时注重抓好“点”来带动“面”。

【青少年思想道德教育】 继续抓好“传承红色基因，争做时代新人”主题教育，完善留守儿童“爱心之家”建家活动。引导青少年弘扬社会主义法治精神。1. 开展“五老”参与“爱国、敬业、诚信、友善”和“四个自信教育”“传承红色基因，争做时代新人”青少年主题教育活动，腾飞中国辉煌 70 年活动、社会主义核心价值观活动、学雷锋活动结合 150 场、参加活动的青少年 9000 多人。2. 继续开展“三百”活动，积极参与“十百千万”“五老”关爱活动，2020 年是特殊的一年，受外界疫情影响严重，全县参与疫情宣传活动的“五老”有 3510 多人，活动场所次 268 场，为困难学校和留守儿童捐款约 112 万多元。3. 巩固“爱心之家”工作，抓平衡促发展，坚持工作常态化。充分发挥家的作用，“爱心之家”开展各种活动共 528 场（其中亲情关怀活动 108 场、心理疏导活动 68 场、学业辅导 98 场、扶助学活动 58 场、法治教育 68 场、品德培育 128 场），关爱留守儿童 3840 人。4. 继续主动与教育局、公安局、民政局、农业局、共青团、妇联、禁毒办通力合作，开展学雷锋、法治教育、禁毒和安全知识的宣教活动 32 场，分发教育宣传单 8 万多份。5. 县关工委始终把“服务育人，关爱弱者，竭诚为青少年办实事、做好事”作为工作理念，认真做好关爱弱势青少年群体；2020 年，县关工委从工作经费中拿出一部分经费，对家庭特别困难的学生给予学习上和生活上资助。经统计，全县各级关工委分别资助 92 位特别贫困学生（其中县关工委资助 6 位特困中、小学生）。县关工委想青少年所需，主动配合有关部门，动员社会力量，努力为青少年中的弱势群体和特殊困难群体办实事、做好事、解难事，在疫情期间，决不让学生受到疫情的影响而辍学，这一做法得到县委、县政府和人民群众的一致好评和工作肯定。6. 疫情期间，县关工委为支持部门抗击新冠肺炎疫情工作，从有限的办公经费中拿出 3000 元捐给县慈善基金会；同时，组织县、镇关工委工作人员通过微信、美篇、

疫情期间，县关工委到农村留守儿童爱心之家看望困难留守儿童，并询问学生生活等情况

电话和网络等平台进行互动，及时了解农村留守儿童上学等情况，了解农村儿童去向，对推迟开学可能会带给一些孩子紧张、焦虑、烦躁等情绪，关工委组织当地“五老”通过电话交流方式进行疏导，留守儿童、青少年紧张、焦虑、烦躁心情得到缓解。

做好“叶剑英基金助学金”发放工作。从2014年来，按照“广东省雁洋公益基金会为帮助五华县家庭经济困难的学生，在完成初中学业后能继续进入高中就读，用知识改变贫困学生的命运”的会议精神，对凡考上和已在就读普通高中的学生，因家庭经济困难将会影响上学的特困学生继续进行帮扶。从2014年开始，七年来五华县共有500名学生得到“叶剑英基金助学金”的资助。共计资助金额达100万元，其中2020年资助43名，资助现金8.6万元。

农村创业青年培训工作。1. 继续抓各层次各类型的农村创业青年的培训，围绕“一镇一业，一村一品”、地域种植、品种优势，2020年县关工委分别对全县16个镇级的农村创业青年示范基地和农村创业青年进行调研，根据本县的实际因地制宜，寻找亮点，做好帮助山区经济发展和农村创业青年种养的参谋，也为2021年培训工作指明方向。2. 2020年关工委在梅林镇协助敏捷集团和琴江园合作成立“小桑芽菜”种植基地，约16.67公顷，桑芽菜产业扶贫项目采用“合作社+致富带头人+农户”的合作模式，建设产业扶贫车间，优先安排贫困户就业，辐射带动琴口村及邻近村220多人就业。3. 抓典型促品牌培育，积极打造富硒产品精品，配合市关工委对五华县6个示范基地的产品进行富硒检测。4. 协助创业青年建立信息交流平台2个，达到资源、技术、信息、销售共享，以促创业青年获得更大的发展。5. 县关工委按时完成农村创业青年初级培训工作计划。2020年，五华县农村创业青年共培训8期，培训学员516人。其中，县培训4期，共培训学员276人；主要开展培训内容和地点有：安流镇五联村委进行板栗、柚类种植培训；转水镇益塘村潮发种植有限公司药材种植培训；潭下镇梅州市淘天然孵化公司电子商务培训；棉洋柱山糖梨种植专业合作社柿花种植与管理技术初级班培训。农村创业青年培训示范基地自行组织农村创业青年进行培训4期，共培训学员240人。分别为：五华县随缘种养专业合作社，培训学员50人；双华县镇远景种养专业合作社培训2期，培训学员115人；五华县琴江园农业发展有公司，培训1期，培训学员75人。6. 为扩展培训基地，让更多农村创业青年参与开发农村经济和共享资源，经县关工委研究决定，将规模大、有亮点、有场地、能引领农村创业青年脱贫致富的“潭下镇梅州市富玉鲜商贸有限公司和锡坑东升随缘种养专业合作社”为五华县第一批农村创业青年示范培训基地。7. 县关工委认真组织农村农业青年积极参与“我与梅州扶贫攻坚、乡村振兴的故事”征文活动中，五华县农村创业青年积极踊跃参加，在100编“我与梅州扶贫攻坚、乡村振兴的故事”征文活动之中，五华县农村创业青年获均得一、二、三奖各1名和优秀奖2名的好成绩（其中，五华县关工委办公室主任张宏君与琴江园董事长宋凤萍共同创作的《抛却繁华扎根农村，不忘初心、奉献自我》荣获优秀奖）。

县关工委能认真总结工作经验、抓好典

型、及时进行电视报道，以扩大关心下一代工作的影响。积极向省、市、县报刊投稿，认真编辑出版好每期的《工作通讯》及《关爱园地》的宣传墙报。各镇、村、学校、各单位关工委能及时积极来稿。通过加大关心下一代工作的宣传力度，扩大关心下一代工作的社会知名度和影响力，使关心下一代工作成为全社会共同关注、人人参与、共同推进的育人工程而努力。

县关工委 2020 年度负责人名录

主　任：陈　耿

副主任：曾繁活

张友忠

县直属机关工委工作

【简况】 2020 年，县直机关设有党群、宣传、政法、政府、农业、经贸、交通、科教、计划、建设、财税、经济开发区共 12 个系统党工委，县直机关工委坚持以习近平新时代中国特色社会主义思想为指导，认真贯彻落实习近平总书记在中央和国家机关党的建设工作会议上的重要讲话精神，贯彻落实全省机关党的建设工作会议精神和市委、县委部署要求，以党的政治建设为统领，巩固拓展“不忘初心、牢记使命”主题教育成果，推进机关党建全面进步全面过硬，为建设“工匠之乡·宜居五华”提供坚强组织保障。

【思想政治建设】 注重政治理论学习。工委坚持第一议题学习制度，采取领导干部自学和中心组学习、集中学习与在线学习相结合方式。深入学习《习近平谈治国理政》第一、二、三卷，习近平总书记系列重要论述摘编，认真学习贯彻习近平总书记出席深圳经济特区建立 40 周年大会、视察广东重要讲话重要指示精神和习近平总书记在纪念中国人民志愿军抗美援朝出国作战 70 周年大会上的重要讲话精神；同时，督促指导各级党组织抓好党员干部学习。引导党员干部充分利用“学习强国”平台，加强业余学习。抓好理想信念教育。坚持把“不忘初心、牢记使命”作为加强党的建设的永恒课题和全体党员的终身课题，巩固拓展主题教育成果。指导各系统党工委结合党史、新中国史、改革开放史、省市县情，深化爱国主义教育；积极落实《关于组织县直和中央、省、市属驻五华单位党组织和在职党员到社区报到开展服务的方案（试行）》通知要求，组织工委在职党员到河东社区报到，开展各类志愿服务活动，做好县直机关开展双报到工作；扎实开展“花卉园艺进机关、进校园、进企业”活动；组织开展爱国主义教育活动 200 多场次，开展志愿活动 250 多场次。坚持党管意识形态工作。督促指导各系统党工委抓好意识形态领域的宣传、教育阵地建设和管理；组织机关党员干部深入学习贯彻《中国共产党宣传工作条例》；利用五华县的竹山村“红色村”、古大存故居等 119 处革命史迹和党员党性教育平台，开展以“铭记光辉历史，传承红色基因”为主题的革命传统教育。

【疫情防控】 深入贯彻落实省市县委新冠肺炎疫情防控工作部署，积极动员党员干部组建党员志愿队、突击队，组织党员自愿捐款，支持参与城乡社区防控工作，印制相关宣传资料到创文创卫网格化责任地段进行宣传，教育引导群众做好疫情防控工作。引导“两新”组织大力捐资捐物，如明鑫医药、宝汇环保、晋华建设、创新创业协会等共捐款100多万元；如辉骏、康奇力等捐口罩、抗病毒口服液等医疗物资一批，全力支援五华县抗击疫情。

【组织建设】 加强机关党建主体责任落实。压实机关党组织书记抓党建工作主体责任。定期开展县直机关基层党建工作督查，对20个县直机关单位、13间学校和10个“两新”组织的党建工作进行督查，重点查阅“三会一课”制度、第一议题学习制度、思政课建设专题会议的落实情况，发现存在问题逐一反馈，限期落实整改，树牢党组织书记抓党建主业意识。抓好党支部书记能力提升培训。举办县直机关党支部书记学习《习近平谈治国理政》第三卷专题研讨暨能力提升培训班2期，220多名机关基层党支部书记和250多名党务干部参加学习培训。推动机关党组织全面进步全面过硬。抓好《广东省委实施〈中国共产党党和国家机关基层组织工作条例〉重点任务清单》贯彻落实，推进机关党建工作质量提升；加强“党建品牌”创建，指导各系统党工委开展基层党组织达标创优活动，持续抓好县直机关党建示范点建设；开展书记调研工作，进一步落实省委关于“大学习、深调研、真落实”工作要求，发现典型，找准差距，促进机关党建工作规范有序开展；抓好县直机关党组织换届选举工作。强化党员教育管理监督。推广党员满意度测评，每季度开展1次党员民主评议；抓好入党积极分子学习教育培训，7月组织县直各系统机关企事业单位入党积极分子约380人，采用集中教学、现场教学和自学相结合的方式，分两批进行培训；举办预备党员入党宣誓仪式，在古大存故居进行入党宣誓；做好发展党员对象培训工作。积极开展主题活动。扎实开展每月一个主题党日活动；与县税务局机关党支部结对开展义务植树志愿活动，到河东镇天云岭森林公园开展义务植树；与县环卫所党支部开展以“传承红色基因·共建美丽乡村”为主题的党日共建活动，参观五华县第一位中国共产党党员黄国梁故居、瞻仰郭田革命烈士纪念碑，与双光村“两委”干部座谈交流，共同集资2万元用于该村乡村振兴、创建卫生村。

【作风建设】 每月定期组织学习上级通报的违反政治纪律和政治规矩典型案例和县纪委“每月一案例”；组织机关党员干部认真学习贯彻《中华人民共和国民法典》，把民法典宣传融入各类法治宣传阵地，融入人民群众的日常生活。按照《省委第四巡视组关于巡视五华的反馈意见》和《中共五华县委关于印发〈省委第四巡视组反馈意见的整改落实方案〉的通知》要求（华委发〔2020〕9号），县直机关工委及时做好会议精神传达学习，围绕“四个坚持”认真抓整改。一是制定整改方案，对照巡视反馈指出的问题，逐一扎实抓好整改落实，整改落实成效明显。二是优化基层党组织设置，严格按规定优化县直的机关党组织设置，经全面摸查，县直机关党组织中需升格的单位有51个，符合条件升格为党总支的有25个、符合条件升格为党委的有26个，县直机关党组织升格工作已全面完成。开展机关作风评议活动，研究制定《2020年五华县机关作风评议实施方案》，通过群众代表、企业代表、两代表一委员、网络评议方式，评出县委办、河东镇等24个先进单位上报县委通报表彰。抓好“民声热线”工作，制定《五华县2020年度民声热线上线工作方案》，组织相关政府职能单位上线，社会反响良好。县直机关工委被县委政法委定为2019年度社会治安综合治理“提醒注意”单位后，按工作要求，成立整改工作领导小组，制订方案，定期研判，组织党员干部学习《中华人民共和国宪法》《中国共产党政法工作条例》等法规，增强领导干部法律意识，顺利完成为期3个月的整改工作。同时，围绕存在的两个作风问题，制订专项行动实施方案和责任清单，扎实推进专项整治，增强干部责任担当意识。加强机关党员干部“八小时以外”管理，组织县直机关党员开展读书活动、单位足球、篮球、羽毛球等比赛、生活垃圾分类宣传等各类活动，积极参与五华县创文创卫工作。

【其他工作】　突出政治引领，抓好党建带群建。强化对群团组织的政治引领，加强与工会共青团、妇联的沟通联系，大力开展“工人先锋号”“青年文明号”“巾帼文明岗”等创建活动，发挥群团组织战斗堡垒作用。服务大局，全力落实县委县政府其他工作。一是开展好机关干部“回乡联村”，协助双光村、源潭村做好乡村振兴工作、文明村、卫生村创建等工作。二是积极参与“双创”工作，共投入资金2万多元为河东镇东溪街和大岭上蓝村制作宣传栏。三是专门选派1名工委副书记为扶贫工作挂村联络员，指导水寨镇罗湖村开展精准扶贫工作。四是坚持党管武装原则，组织县直民兵进行集中训练，开展2020年春、秋季征兵宣传工作，广泛发动适龄青年报名参军，将“双合格”优秀青年送进军营。五是积极配合县开展扫黑除恶专项斗争禁毒等专项整治工作；树立“安全第一”观念，抓好安全生产工作。六是按照县委工作要求，派出整顿软弱涣散村党组织工作队，到长布镇源潭村指导工作，如期完成整顿工作任务，通过县、市考核验收达标。

（黄灼满　蔡文淮）

中共五华县直属机关工作委员会2020年度单位负责人名录

书　记：曾繁波（11月任）
江少林（任至10月）
副书记：张政浪
黄灼满

（陈跃彬　王恒想）

精神文明建设

【机构设置】　五华县文明办主要职能是在县委、县政府和县精神文明建设委员会的领导下，负责全县精神文明建设工作的组织协调、检查指导，调查研究精神文明建设工作的新情况，新问题，及时向县精神文明建设委员会提出建设性意见以及全县群众性精神文明创建活动的指导、协调、考核验收工作；处理县精神文明建设委员会的日常文秘、会务工作；完成县精神文明建设委员会交办的其他工作事项。县文明办设主任1人，专职副主任1人。根据《关于设立五华县精神文明建设服务中心的批复》（华机编〔2019〕156号），成立五华县精神文明建设服务中心，隶属中共五华县委宣传部领导和管理，为正股级公益一类事业单位，负责全县精神文明建设具体业务工作。根据中共五华县委机构编制委员会《关于五华县精神文明建设服务中心增加事业编制的批复》（华机编〔2020〕17号），同意五华县精神文明建设服务中心增加事业编制2名，增编后，共有事业编制9名，领导职数1正2副。

【思想宣传教育】 2020年，将习近平新时代中国特色社会主义思想贯穿于精神文明建设全过程。党委（党组）把学习习近平新时代中国特色社会主义思想作为第一议题，作为理论学习中心组的首要内容，列入党员干部培训的核心内容。广泛开展百姓宣讲活动，推动习近平新时代中国特色社会主义思想进企业、进农村、进机关、进校园、进社区、进网络，开展《习近平谈治国理政》第三卷、党的十九届五中全会精神、习近平总书记在深圳经济特区建立40周年庆祝大会和视察广东重要讲话重要指示精神等理论宣讲共103场，直接听众人数约3万多人次。加快推进全县新时代文明实践中心、所（站）建设，全县共设立新时代文明实践中心1个、实践所16个、各级新时代文明实践站共559个，实现乡镇、行政村、社区100%全覆盖，开展文明实践活动2120多场。

6月12日，县委常委、县委宣传部部长刘敬东（右二）率队到华城镇城镇村曾家祠调研新时代文明实践所（站）建设工作（县精神文明办提供）

4月29日，在五华县政府党政大楼召开五华县争获全国县级文明城市提名资格工作誓师大会暨创建广东省卫生镇工作推进会（县精神文明办提供）

【社会主义核心价值观体系建设】 2020年，五华县以文明创建为契机，叫响“24字”，扎实推动社会主义核心价值观落细落小落实，投入300多万元，重点对县城灯柱、墙绘、主干道、景观小品等打造具有五华特色的公益广告；在全县公园广场、商场超市、学校制作社会主义核心价值观和“文明健康有你有我”大型户外广告牌、广告栏，在“五华发布”微信平台设置专栏，推动社会主义核心价值观落地生根。充分利用新时代文明实践所（站）阵地，积极开展习近平新时代中国特色社会主义思想、《习近平谈治国理政》第三卷、道德模范、先进典型理论宣讲，“文明健康、有你有我”进基层巡演、民法典进基层宣传、“传家规、立家训、扬家风”宣传活动等文明实践活动368场次。各级各单位广泛组织开展“五华好人”“文明家庭”“道德模范”等先进典型选树活动推荐。2020年获得广东百户最美家庭2户、广东省五好家庭1户；梅州市最美家庭2户、获得第四届市文明家庭2户；张海华等20户家庭为“2020年五华县文明家庭”称号，严满凤荣获梅州市第九届“道德模范”，缪德良荣获“2020年省文明家庭”称号。组织全国模范退役军人钟汉清、梅州好人张俊杰到文明实践所（站）和各中小学校开展先进事迹宣讲30多场次，通过选树先进典型，宣传先进典型，引导群众自觉践行社会主义核心价值观和家庭美德，弘扬和谐文明的社会风尚。

【精神文明创建活动】 2020年，五华县创建全国县级文明城市围绕县创文誓师大会的部署要求，以扎实的工作作风，全力以赴推进创“国文”工作。顺利完成省文明委对五华县的文明城市2020年度测评工作，被省委、省政府复查确认继续保留“广东省县级文明城市”荣誉称号。邀请市创文专家到五华县举办业务培训班，组织全县创文各责任单位的业务人员进行业务培训，对照《全国县级文明城市测评体系》（2020年版）和《未成年人思想道德建设工作测评体系》（2020年版），压实工作责任，对标抓好落实，确保创文任务落实到位。进一步加大县城范围内的公益广告的宣传力度，利用灯柱、供电箱、建筑围挡、公交站台，以及各单位LED显示屏等多种形式进行宣传；利用五华创文、五华文明网等微信公众号每天发布创文工作信息，并把信息推送到“文明梅州”“广东文明城市创建”等省市微信平台，强化宣传效果。开展线上线下问卷调查，利用微信公众号发布问卷调查，通过举办主题活动、发放宣传手册等形式宣传创文，开展党员志愿者“双到”创文进家入户宣传和问卷调查，切实提高群众对创文的知晓率和满意度。加强对创建工作任务、实地考察点建设、网格化路段和帮扶村民小组创文各项工作的常态化督查，达到以督查促创文工作落实的效果。将精神文明创建纳入各镇工作考核体系，实现文明村镇创建达到100%全覆盖。至2020年底，全县获评全国文明镇1个、全国文明村1个，省文明村1个，市文明镇9个、市文明村38个，县文明村82个。获评省级文明单位4个、市级文明单位23个、县级文明单位12个。严格执行《五华县精神文明创建九大行动联席会议制度》，扎实开展公共交通行业文明服务拓展等精神文明创建九大行动，确保取得实实在在的成效。

【志愿服务工作】 实现县、镇、村三级志愿服务体系，2020年5月27日在县新时代文明实践中心挂牌成立志愿服务促进中心，各镇村相应成立志愿服务促进所站。组织相关牵头单位成立理论政策宣讲、文化文艺服务、助学支教、医疗健身、科学普及、法律服务、卫生环保、扶贫帮困8类志愿服务队伍32支，成立具有自身特色与优势的“党徽暖童心”“医药下乡”“球王精神，心手相连”等志愿服务队伍13支。截至年底，全县有注册志愿者约4.7万人，各类志愿服务组织574个。扎实开展志愿服务特色品牌项目，“党徽暖童心”关爱留守儿童志愿服务项目帮助留守儿童2800多人，2020年获评新时代文明实践专项赛优秀项目。“医药下乡”志愿服务活动，2020年获评省级示范项目。2020年，开展学习科学理论、宣讲党的政策、培育主流价值、文化活动、移风易俗等各类新时代文明实践志愿服务活动578场。组织志愿者投身疫情防控宣传引导、社区防控、卡口值守等志愿服务，全县累计参与疫情防控志愿服务的各类志愿者达到1.2万多人次，累计服务时长10万多小时，服务群众50多万人。

3月5日，县委书记吴晖（中）率队调研志愿服务工作并参加学雷锋志愿服务活动（县精神文明办提供）

【未成年人思想道德建设】 2020年，县文明办大力推进各级文明校园巩固提升工作，并将文明校园创建活动深化延伸到乡村小学，引导文明校园创建全面推进，提高文明校园的整体水平。截至2020年底，全县中学、各镇第一小学、县直属学校共81间学校实现县级文明校园全覆盖，成功创建25间市级文明校园，水寨中学复评确认为省文明单位。投入105万元，在原青少年活动中心二、三层，建成面积160多平方米的校外未成年人心理辅导站，全年接待来访人员118人次，疫情期间组建3个新冠肺炎疫情心理援助热线工作团队和一支8人组成的心理矫正专班，开展“我爱我”心理健康教育活动15场，参与学生5730人。乡村学校少年宫建设覆盖率达到100%，全年全县乡村学校少年宫举办各类大型活动12场次，参与人数达1.5万多人。评选表彰30名学生为2020年五华县“新时代好少年”，推荐陈玉燕等7位学生评为梅州市“新时代好少年”。广泛开展“扣好人生第一粒扣子”“传承红色基因·争做时代新人”“童心向党”“致敬英雄 感恩祖国”“诵读经典，爱我中华”“弘扬国学，传承中华优秀传统文化”等系列活动。其中2个童谣作品在参加梅州市第四届客家童谣节评比活动中获奖：县第一小学作品《打铜锣》荣获二等奖，县示范幼儿园作品《祖国需要你》荣获三等奖。

6月29日，在五华县政府党政大楼召开五华县未成年人思想道德建设工作会（县精神文明办提供）

五华县精神文明建设委员会办公室2020年负责人名录

主　　任：张景山

专职副主任：陈俊雄

五华县人民代表大会

主要会议

【县十五届人大五次会议】 2020年6月17—19日，五华县第十五届人民代表大会第五次会议在县城水寨召开。会议应出席代表321人，出席289人，占代表总数的90%。非代表的县五套班子领导成员，出席、列席县政协十届五次会议人员，县直部委办局和中央、省、市属驻五华正科职单位主要负责人，政府办副主任，各镇党委书记、镇长、高（完、职）中校长列席会议。会议主要内容：听取和审议五华县人民政府工作报告；审议五华县2019年国民经济和社会发展计划执行情况与2020年计划草案的报告，批准五华县2020年国民经济和社会发展计划；审议五华县2019年预算执行情况和2020年预算草案的报告，批准五华县县本级2020年预算；听取和审议五华县人大常委会工作报告；听取和审议五华县人民法院工作报告；听取和审议五华县人民检察院工作报告；选举工作。

6月17—19日，五华县第十五届人民代表大会第五次会议在县城水寨召开（人大办提供）

监督工作

【民生热点监督】 2020年，五华县人大常委会专项听取和审议国有资产管理情况报告和审计查出突出问题整改情况报告，加强对重点支出的跟踪监督，推动切实做好防范化解债务风险工作。组织县、镇人大代表同步开展以乡村振兴、脱贫攻坚为主题的调研活动，发动全县各级人大代表为撂荒水田工作建言献策，助力全县打赢脱贫攻坚战。听取和审议县检察院《关于履行公益诉讼职能助力五华县打好水污染防治攻坚战工作报告》，组织视察镇村污水处理设施建设和村村通自来水工作，并就《关于加快推进我县镇村污水治理工作》议案实施情况进行督办，助推“一府一委两院”在污染防治攻坚战中形成强大合力。连续两年组织开展县城学位情况视察调研，促成政府出台《关于印发五华县城区义务教育学校起始年级学位申请管理办法（试行）的通知》，稳步解决县城“入学难”“大班额”等问题。集中视察双龙高铁、循环经济产业园建设情况，全力支持重点项目建设。开展严重精神障碍患者救治救助工作、残疾人保障工作调研，督促政府相关职能部门加大民生资金投入，呼吁全社会共同关心关爱困难和特殊群体，保障底线民生。

【工作评议监督】 2020年，五华县人大常委会听取医疗保障、市场监督管理、文化广电旅游体育、统计、审计、财政、政务服务数据管理、自然资源工作8个政府职能部门工作报告，并进行评议和满意度测评。围绕社会反映的热点难点问题有针对性地提出意见建议24条，助推县委、县政府统筹推进疫情防控和经济社会发展决策部署的落地落实。

代表工作

【代表主体作用】 2020年，五华县人大常委会持续巩固和深化“更好发挥人大代表作用”主题活动，积极推进人大代表联络站建设。全县各级代表到代表联络站开展活动56场次，接待选民和群众163人次。全年全县各级代表开展专题调研、视察、召开座谈会、走访代表等各项小组活动63场次，形成代表建议36条，收集代表关于五华县“十四五”规划纲要编制工作意见建议250多条，助推五华县“十四五”规划纲要编制工作更加符合全县实际，更加符合群众的期望。

【组织实施代表票决制】 2020年，五华县人大常委会充分发挥人大代表作为党和政府联系人民群众的桥梁纽带作用，全面实施民生实事项目代表票决制工作，进一步推动重大决策民主化、科学化、法治化，使政府民生实事项目更加符合高质量发展要求，更加合民需、贴民心、顺民意。

机关建设

【政治建设】 2020年，五华县人大常委会旗帜鲜明讲政治，把牢正确的政治方向，落实全面从严治党主体责任，坚定不移坚持党对人大工作的全面领导。切实把学习贯彻习近平新时代中国特色社会主义思想作为第一议题，精心制定学习计划和学习台账，认真组织开展系统学习，与习近平总书记关于坚持和完善人民代表大会制度的重要思想、习近平总书记视察广东重要讲话和重要指示精神，学习领会、整体贯彻落实，不断增强做好新常态下人大工作的责任感和使命感。扎实开展“坚持和完善人民当家作主的制度”“健全保证宪法全面实施的体制机制”“加强法律实施的监督”等方面的学习调研。深入推进省委巡视反馈意见整改落实工作，机关全力配合县委巡察工作，聚焦问题导向，强化整改措施，推动常委会党组及机关党支部全面进步、全面过硬。

持续巩固和深化“不忘初心、牢记使命”

主题教育成果，以深入开展党员干部党章党规党纪教育培训为契机，引导党员干部深刻吸取教训，严守政治纪律和政治规矩，坚决反对形式主义、官僚主义，持之以恒纠正“四风”，筑牢拒腐防线。对机关现行13项制度进行重新修订完善，并汇编成册，进一步明确工作职责与任务要求，有效提高常委会机关工作的制度化、规范化水平，努力打造一支忠诚干净担当的人大干部队伍。

【落实决策部署】 落实好中央和省委、市委、县委的决策部署，做好网格化责任区域疫情防控工作，成立机关疫情防控先锋队，签订《疫情防控工作党员承诺书》《保护野生动物承诺书》。认真贯彻落实中央和省、市、县关于疫情防控工作的部署，聚焦“六稳”“六保”，组织代表到县医疗保障局、县中医院、龙村卫生院等地调查了解疫情防控工作，专题听取和评议县政府关于医疗保障工作情况，督查相关部门认真做好医疗物资保障工作，强化风险排查，为统筹疫情防控和经济社会发展献计出力。县人大常委会积极发动全县各级人大代表投身抗疫一线，带头宣传相关法律法规。全县各级人大代表积极响应号召，主动担当作为，踊跃捐资捐物价值超过300万元，助力疫情防控工作，全力推动复工复产，确保经济平稳运行。

落实挂钩帮扶责任，选派帮扶工作组，安排2名干部担任村“第一书记”和党建指导员，落实机关干部“一对一”挂钩帮扶包户责任。继续深入开展回乡联村工作，组织机关在职党员到社区报到，开展志愿活动。扎实做好创文创卫、平安建设、安全生产等工作，落实网格化管理。发出致人大代表的公开信，号召各级人大代表在疫情防控、森林防火、美丽乡村建设等方面担当作为，做出积极贡献。

县人大常委会2020年度正、副主任名录

党组书记、主任：邓伯锦
党组副书记、副主任：李伟华
副主任：曾冬云（女）
党组成员、副主任：李永浩
李清昌
温志清
张少凡

县人大常委会办公室
党组成员、主任：李文高
副主任：黄　浩

县人大常委会农村农业工作委员会
主　任：魏少洲
副主任：高东贤

县人大常委会财经工作委员会
主　任：黄叨明
副主任：林国标

县人大常委会教科文卫工作委员会
主　任：谢运新
副主任：曾小霞（女）

县人大常委会监察和司法工作委员会
主　任：魏晓斌
副主任：邓文兰（女）（5月任职）

县人大常委会选举联络人事任免工作委员会
主　任：何枢球
副主任：李　云（女）

县人大常委会城乡建设环境与资源保护工作委员会
主　任：张伟强（任至4月）
副主任：魏炎良

县人大常委会社会建设工作委员会
主　任：李作华

五华县人民政府

五华县政府主要会议和事项

1月12日,省退役军人事务厅党组书记、厅长陈小山率队到五华县走访慰问2019年度全国“最美退役军人”钟汉清,并调研退役军人服务体系建设和烈士纪念设施建设工作。市委常委、副市长闫景军,县委书记吴晖、县长朱少辉陪同调研。

1月16日,五华县举行“种树栽花 搞靓屋夸”春节回家种树栽花活动启动仪式。县委副书记、县长朱少辉参加启动活动。

1月23日,五华县召开疫情防控工作专题会议,传达贯彻中央、省、市相关会议精神,研究部署新型冠状病毒肺炎疫情防控工作。县委书记吴晖主持会议,县委副书记、县长朱少辉等县领导参加会议。

2月6日,县委副书记、县长朱少辉率队到批发零售商户、市场检查商贸市场进销环节疫情防控工作,强调要严格进销环节的排查登记管理,落实经营单位疫情防控主体责任,切实加强外县送货人员的健康监测管理,齐心协力打赢这场疫情防控阻击战。

3月9日,广州市委常委、副市长、广州对口帮扶梅州指挥部总指挥霍阳到五华县调研粤港澳大湾区“菜篮子”产品梅州配送中心建设和脱贫攻坚工作。

4月1日,市委副书记、市长张爱军到五华县,就深入贯彻习近平总书记系列重要讲话和重要指示批示精神,落实中央和省有关部署要求,统筹推进疫情防控和经济社会发展、坚决打赢脱贫攻坚战、推动乡村振兴、做好清明期间疫情防控和安全防护工作等进行调研检查。

4月7日,县委书记吴晖、县长朱少辉在县党政大楼会客室举行座谈欢迎仪式,以最高礼遇迎接驰援湖北战“疫”英雄、五华县人民医院医护人员薛远泉、曾志芬回家。

4月24日,县委副书记、县长朱少辉通过“虎牙直播”平台,在五华县电商大厦进行农产品带货宣传,助力脱贫攻坚。

4月29日,五华县召开争获全国县级文明城市提名资格工作誓师大会暨创建广东省卫生镇工作推进会。县委书记吴晖出席会议并作动员讲话。

5月11日,市委书记陈敏深入五华县农村、重点项目现场,就认真学习贯彻习近平总书记关于统筹推进疫情防控和经济社会发展工作的重要讲话和重要指示精神,推动脱贫攻坚、重点项目建设、县域经济高质量发展等工作进行调研。

5月22日，五华县召开全县决胜攻坚“四好农村路”建设工作现场会。县委副书记、县长朱少辉参加会议并作讲话。

6月8日，五华县省级现代农业产业园建设、创建县级国家森林城市暨河长制工作会议召开。县委副书记、县长朱少辉出席会议并讲话。

6月18日，五华县第十五届人民代表大会第五次会议在五华县城召开。县委副书记、县长朱少辉向大会作《政府工作报告》。

6月28日，五华县2020年“广东扶贫济困日”活动暨捐款仪式在该县党政大楼大会堂启动，至启动活动结束，共有29个单位和个人捐款（含认捐）10万元以上，累计8823.8万元。

7月9日，梅州市在五华县华城镇组织开展白石嶂钼矿尾矿库突发重大险情应急处置演练，并召开加强基层应急管理“四个一”建设推进会。市委常委、常务副市长吴晓晖，县委副书记、县长朱少辉参加活动。

8月3日，梅州五华“粤菜（客家菜）师傅工程”展示馆在五华县技工学校建成开放，集中展现丰富多彩的梅州客家饮食文化和五华“工匠之乡”“足球之乡”风采。

8月5日，省科学院副院长李定强、省丝纺集团常务副总经理李晓莹率考察团一行到我县考察项目投资、营商环境、产业发展等工作，三方就深入推进我县科技产业高质量发展进行交流、探讨，共谋产业发展。县委副书记、县长朱少辉陪同考察。

8月31日，市委副书记、市长张爱军深入五华县项目工地、乡村、医院等地，就认真贯彻落实习近平总书记对广东重要讲话和重要指示批示精神，全面落实“六保”任务，扎实做好“六稳”工作等进行调研。

9月7日，五华县召开争获全国县级文明城市提名资格迎检部署工作推进会。县委副书记、县长朱少辉主持会议并讲话。

9月22日，“嘉应茶飘香·五华庆丰年”五华县庆祝2020年中国农民丰收节活动在我县粤东五华茶博汇举行。广东省政协提案委员会主任姚恒尹，广东省农业农村厅产业园办副主任黄小建，广东省林业局副局长廖庆祥，梅州市政协副主席韩小林，五华县委书记吴晖，县委副书记、县长朱少辉等领导嘉宾，以及农民代表出席活动。

10月14日，广东省第七次全国人口普查领导小组办公室主任朱遂文、常务副主任王彪一行到梅州市五华县督导第七次全国人口普查摸底工作。梅州市统计局局长凌松宏、五华县委书记吴晖会见朱遂文一行，并与省督导组就第七次全国人口普查工作充分交换意见。

10月15日，五华县农村工作暨实施乡村振兴战略和决战决胜脱贫攻坚现场推进会召开。县委书记吴晖率队现场参观考察并在总结大会上讲话。县委副书记、县长朱少辉，县人大常委会主任邓伯锦，县政协主席叶天泉等参加活动。

10月22日，广东省科学院梅州产业技术研究院五华产业创新服务中心揭牌仪式在县工业集团大厦举行。广东省科学院副院长李定强，广东省科学院研究员、对外合作处原处长陈和兴，县委副书记、县长朱少辉参加活动。

10月27日，省政协主席王荣率队先后到五华县茶博汇、五华县技工学校、奥体中心等地，就深入学习贯彻习近平总书记出席深圳经济特区建立40周年庆祝大会和视察广东重要讲话、重要指示精神，决战脱贫攻坚、推进乡村振兴开展调研。

11月5日，副市长张晨率队深入五华县人民医院，就当前秋冬季新冠肺炎疫情防控工作进行调研指导，强调要始终绷紧疫情防控这根弦，继续抓实疫情防控工作不放松。县委副书记、县长朱少辉参加活动。

11月23日，全县科级干部专题研讨班在县党政大楼大会堂开班，深入学习贯彻习近平总书记出席深圳经济特区建立40周年庆祝大会和视察广东重要讲话、重要指示精神和党的十九届五中全会精神，进一步把思想和行动统一到习近平总书记、党中央的决策部署上来。县委书记吴晖作动员讲话暨主题报告，县委副书记、县长朱少辉主持开班式。

12月23日，五华县举行项目集中动工、竣工、投产仪式。此次活动共动工、竣工项目20个，总投资额56.1亿元。

12月24日，五华县召开造林绿化备耕工作现场推进会，围绕创建"国家森林城市"目标，部署今冬明春造林绿化备耕工作。县委副书记、县长朱少辉参加会议并讲话。

12月29日，省水利厅党组成员、副厅长孟帆率队到五华县就水务水利相关工作开展实地调研。县委副书记、县长朱少辉陪同调研。

五华县人民政府2020年度领导名录

县　长：朱少辉

副县长：宋学希

招业斌（3月任职）

赖　勤（任至10月）

甘飞鸿

谢国泉

张　裕

赖俊香

李政江（10月任职）

县政府办公室工作

【办文、办会、办事】 2020年，县府办公室共发出政府文件445件，办公室文件179件；收发处理传真1140多件，处理上级来文4255件；处理群众来信来访和上级批转信件57件；全年共组织县政府常务会22次，专题会议35次，其他各类会议543次，上级来人接待、调研活动等252个。重点精简类文件数量和文件总数、重点精简类会议和会议总数与2019年同期相比均有所下降，文件会议精简水平得到较好的巩固和新的提升。

【调查研究工作】 2020年，县政府调研室积极开展"大学习、深调研、真落实"，全面加强与省市政府调研室、综合科室的沟通对接，及时掌握上级政策信息和工作要求，进一步增强文稿的政策性、指导性和针对性。加强指导各镇各单位的文字材料撰写工作，努力提升全县文稿起草的整体业务水平。全年共撰写《政府工作报告》《经济工作报告》等县政府、县领导文字材料达1000多篇，完成《五华县征地拆迁情况》《关于五华县"四大国有集团"改革的意见建议》等课题调研报告21篇。

【金融工作】 金融业总体平稳运行。至11月，各项存款余额为315.2亿元，各项贷款余额为187.14亿元，存贷比59.37%。扶持企业发展。挂牌成立金融服务中心，建立实体经济“应急转贷”资金，建立中小微企业风险补偿基金，强化服务地方经济发展考核，提高金融机构放贷积极性。牵头负责的“用好实体经济应急转贷资金，加强中小微企业信贷风险补偿资金管理”重点工作取得显著成效，合计完成应急转贷共9705万元，引导27家企业加入中小微信贷风险补偿资金池开展融资业务，为14家企业提供抵押贷款共1.327亿元，有效缓解中小微企业融资难、融资贵的压力。做好企业上市培育工作。截至年底，有富胜实业、天润生态、井得电机3家公司在新三板挂牌。抓好复工复产工作。加大金融支持力度，全县支持企业复工复产授信总额18.63亿元，其中：专项再贷款授信金额8760万元，发放贷款总额12.23亿元。金融生态环境继续优化。五华县未发现有P2P网络借贷、股权众筹等注册公司，农商行不良贷款率1.43%，惠民村镇银行不良贷款率1.75%，均不存在金融风险。

【综合协调工作】 2020年，县政府办公室聚焦县委、县政府重点工作、重点项目、重点事务，协调组织有关部门制订落实措施，紧扣时间节点跟踪调度、督查督办，发现问题及时协调解决，促使各项工作顺利推进。“规范城乡建管专项整治”重点工作完成效果明显，《五华县规范圩镇建管情况的报告》得到市委充分肯定，市委书记陈敏作出批示：请五华县以点带面，推而广之，抓出成效。

【职能转变工作】 2020年，县政府办公室严格按照上级部署要求，深入推进“放管服”改革，梳理在深化“放管服”改革优化营商环境方面存在的问题，形成《五华县2020年深化“放管服”改革优化营商环境整改任务清单》，督促指导各镇各单位对照22项整改任务清单内容逐项完成整改。进一步深化乡镇体制改革，按照实际需要、宜放则放的原则，牵头梳理《五华县乡镇体制改革第一批下放政务服务事项目录》，共241个政务服务事项正式下放到乡镇办理，有效推进简政便民。

【政务公开和信息工作】 2020年，五华县立足各部门职能，制订《五华县2020年政务公开工作要点分工方案》，建立健全政务信息管理制度，围绕社会关注度高的行政权力运行、财政资金使用、公共资源配置、公共服务等重点领域，以点带面、依法有序公开政府信息，积极打造“阳光政务”。加强对各镇各单位政府网站和政务新媒体的日常管理，指导督促及时发布更新法定主动公开内容、及时回应群众关切，强化网上信息跟踪监测，针对群众关切的热点难点敏感问题，主动介入、积极疏导，掌握正确舆论导向，有效维护网络传播秩序，筑牢意识形态工作阵地。全年通过政府门户网站主动公开政府信息5755条，发布政策解读42条，依法受理依申请公开37宗，均在法定期限内予以答复。

【建议提案工作】 2020年，县政府办公室全年对县人大议案和县政协提案全部办理完毕。31件人大建议和52件政协提案中，30件人大建议和51件政协提案已得到解决或列入年度计划解决，因客观原因不能解决的人大建议1件、政协提案1件。

【外事工作】 2020年，五华县坚持中国共产党对外事工作的集中统一领导，把党管外事原则贯穿于外事工作全过程，严格按照相关规定，强化因公出国管理，充分发挥外事优势，当好外事接待的参谋和助手，积极协助有关部门做好涉外人员的疫情防控工作，加强与国安办、公安局等部门沟通联系，强化重点群体管控，持续做好涉外安全工作，坚决维护国家政治安全。全年共受理3起外国人来华邀请事宜，未有因公出国活动，接待了应外交部邀请来华访问的马耳他、奥地利、葡萄牙、瑞典等9个欧洲国家驻华使节组成的使节团。

【值班值守工作】 2020年，县政府办公室严格落实24小时专人值班制度，建立以县委县政府总值班室统筹，各镇值班室和县直重点部门值班室协调联动的应急组织网络，实现应急值守“全覆盖”，确保信息报送及时准确，各类突发事件处置快速高效。全年共接转省、市领导批示件7份，接转县主要领导批示20条，办理上报不稳定信息、公安要情，上级来华报告、领导外出报告、山火信息报告、突发事件信息共375件，共发出值班信息1.7万多条。

县政府办公室2020年度负责人名录

主　　任： 陈群添

副 主 任： 古　文
陈兆祥
赖玉才
张思伟
温伟雄
陈　涛（3月挂任）

党组书记： 陈群添

党组成员： 古　文
陈兆祥
赖玉才
张思伟
温伟雄
李石翠
温铁皇

政务服务数据管理

【“数字政府”建设】 2020年，五华县政务服务数据管理局推动数字政府建设。完善顶层设计。人才支撑，7月组建成立五华县“数字政府”改革建设专家库，截至年底已有20名专家。加强规划设计，谋划一体化大数据平台、县社会治理智慧化平台、政府网络安全体系、智慧政务指挥中心等重点项目申报。夯实数字基础。实施数据共享交换平台五华节点（一期）项目建设。平台的信息资源概况为：信息系统92个，信息资源目录311条，五华主题目录119条，服务接口196个，数据量2285万多条。全力推进数据灾备工作，一期工程已完成5个县直单位18个政务信息系统的数据备份工作，空间总容量21.82TB。推动全县政务信息系统迁移上云。截至年底，五华县共有自建非涉密政务信息系统22个，需迁云的系统15个，已完成迁移的系统15个。稳步推进电子政务外网示范建设工作。建设覆盖五华县、镇、村三级的线路接入服务，线路共计624条，将实现政务外网全面覆盖、提速，并提供可靠的通信安全保证。普及掌上应用。提升“粤省事”注册率，全县户籍人口注册数超过74万人，比2019年增加39.4万人，增长114%，为全市最多。提升“粤政易”移动办公平台在各镇各单位的普及应用，已为112个单位及11896名工作人员开通政务微信账号，在全市率先完成100%的注册率。

【乡镇体制改革】 2020年，五华县政务服务数据管理局按照“实际需要、宜放则放”的原则，牵头组织县相关职能部门梳理241个政务服务事项（分别为204项全程委托和37项初审事项）下放到乡镇就近办理。举办了全县乡镇体制改革事项下放暨综合服务窗口业务培训班，由有下放事项的15个县直单位的业务骨干进行授课，各镇公共服务办公室主任，县、镇（片区）公共服务中心的工作人员共130多人参加培训。为确保下放的事权能够真正在基层“一站式”办结，在现行法律制度的框架下和在印章下放试点的基础上，在全市率先推行印章下放。制定《五华县乡镇体制改革审批专用印章使用管理工作方案》，要求县相关职能部门刻制本部门行政审批专用章，按1～29编号委托下放各镇人民政府使用，用于办理委托下放的政务服务事项。结合乡镇体制改革要求，五华县政务服务数据管理局牵头组织各镇对原审批体系进行升级再造，制定《关于健全完善乡镇审批服务体系的实施意见》。完善公共服务中心“一站式”服务模式，各镇自然资源所、市场监督管理所等部门的业务要进驻中心，开设窗口办理业务。实行“一枚印章管审批”，各镇人民政府刻制“××镇人民政府审批服务专用章”，统一用于本级权限内的政务服务事项业务办理，不再使用原镇各部门审批印章。推进审批集中制改革，各镇公共服务办公室统一承办法律法规或政策文件明确本级负责的以及赋权下放的政务服务事项，并纳入各镇（片区）公共服务中心实行“一门式”集中办理。

【优化政务服务水平】 2020年，政务服务数据管理局全面推行“马上办、网上办、就近办、一次办”改革。五华县1541项政务服务事项，即办件比例达70.73%；1235项事项进驻政务大厅办理，进驻率为74.89%；1396项县级政务服务事项可进行网上办理，网上可办率达84.71%。以推广应用电子营业执照为试点，推动电子证照应用推广，先后梳理制订第一批、第二批五华县政务服务事项“免证办”清单向社会公布，共汇聚相关县级部门在市统一申办受理平台办理且需用到营业执照的事项135项，实现群众、企业在办理“免证办”清单中的事项时，可免带免交省内颁发的纸质营业执照及其复印件材料。深化工程建设项目改革，在县公共服务中心设立工程建设项目联合审批服务专区，实行“一窗受理”。制定印发《关于推动工程建设项目审批“全流程、全覆盖”的通知》（华建改办〔2020〕1号），根据应进必进原则，县级工程建设事项一律纳入市工程建设项目审批管理系统受理审批、跟踪督办，实现工程建设项目审批“全流程、全覆盖”。综合窗口共办理审批项目427件，在全市各县区排名第一。

（李瑶花　刘敏莹）

五华县政务服务数据管理局2020年度负责人名录

党组书记、局长：张云中
党组副书记、副局长：廖建平
党组成员、副局长：戴明友　陈　锋
党组成员：李瑶花

信　访

【概况】 2020年，五华县信访局按照中央、省、市、县委有关信访保障工作的决策部署要求，做好社会不稳定因素排查、初信初访受理办理、领导包案责任落实、信访积案化解、《广东省信访条例》宣传和信访工作督查考核等工作，全县信访形势总体平稳。县领导定期研究和协调解决信访突出问题，开展接访下访群众活动，及时调处化解群众信访矛盾。县信访局大力宣传《信访条例》《广东省信访条例》等法律法规，着力引导群众依法信访。2020年共开展法律宣传活动4场次，悬挂普法内容的横额32条，派发普法内容的宣传资料1.8万份，接受群众法律咨询600多人次，有效规范了全县的信访秩序。县信访局在2020年县国家机关“谁执法谁普法”履职评议中被县普法领导小组评为优秀等级。县领导在县综治信访维稳中心接访群众201批489人次，解决问题195宗。4月，五华县被国家信访局评为信访工作“三无”县；7月，县信访局被市委、市政府授予安保维稳工作先进集体称号；8月，市对县解决群众信访诉求考核中，五华县获得优秀等次。

【化解矛盾纠纷】 2020年，县信访局围绕社会矛盾的新情况新特点，加强信访矛盾排查化解力度，对排查出来的信访矛盾纠纷及时交办相关镇相关单位调处化解，并落实领导包案，明确责任单位、责任人员的调处化解责任，切实把信访矛盾纠纷化解在基层，消灭在萌芽状态。全县全年共排查出不稳定因素85宗，已结案85宗。

【受理办理来信来访】 2020年，县信访局围绕“控增量、减存量”的工作目标，受理好、答复好、解决好群众的来信来访，把信访问题解决在首接首办环节，防止矛盾堆积、激化，减少重复信访和越级上访。全县共受理办理群众来信来访321宗，其中来访141宗、来信180宗。网上信访301宗。

【信访专件办理】 2020年，全年国家、省、市交办五华县专件34宗，办结34宗，办结率为100%。县信访局专门成立4个工作组，办结省委巡视组交办174宗巡视信访事项，办结率为100%。

【督查督办】 2020年，县信访局每月安排信访工作组对各镇、县直相关单位的信访事项受理办理工作进行督查督办，对相关镇、相关单位存在的问题责令限期整改，并将督查督办情况以每月一通报的形式进行通报。全年共发出10期督查通报，2期情况通报，18期督办函。

（田其标）

县信访局2020年度负责人名录

局　长： 冯志强

副局长： 温平康

周焕光

黄赞模

政协五华县委员会

重要会议

【县政协十届五次会议】 2020年6月17日至18日，中国人民政治协商会议五华县第十届委员会第五次会议在县城召开。县委书记吴晖、县长朱少辉等县委、县人大、县政府、县纪委和人武部军政主官、法检两长参加开幕大会和闭幕大会。县政协主席叶天泉代表政协五华县第十届委员会常务委员会作工作报告，县政协副主席刘冠鹏代表政协五华县第十届委员会常务委员会作提案工作报告；会议听取并讨论县长朱少辉所作的县政府工作报告。会议审议通过政协常委会工作报告和提案工作报告，协商并赞同县政府工作报告及其他报告。会议选举邹志轩为政协副主席，增选曾勇辉、何红球、李少基为政协五华县第十届委员会常务委员会委员，审议通过政协五华县第十届委员会第五次会议决议。

主要工作

【理论学习】 2020年，县政协推进理论学习常态化机制化，坚持以党的最新理论为指导，学习贯彻中共十九届四中、五中全会精神，《习近平谈治国理政》第三卷，习近平总书记出席深圳经济特区建立40周年庆祝大会和视察广东重要讲话、重要指示精神，持续跟进学、融会贯通学、联系实际学，全面系统领会精神实质，以党的创新理论武装头脑、指导实践、推动工作，引导广大委员和机关干部增强“四个意识”，坚定“四个自信”，做到“两个维护”。

【队伍建设】 2020年，县政协充分发挥政协党组把方向、管大局、保落实的作用，坚决落实从严治党要求，加强党员教育管理，开展日常工作交流和谈心交心，引导干部珍惜现有岗位。严格落实中央八项规定和厉行节约有关规定精神，加大力度抓好机关作风建设，驰而不息反对“四风”，激励机关干部担当作为，打造素质过硬的干部队伍。主动对接县委第四巡察组对政协机关的巡察工作，配合做好巡察工作，坚决落实后续的整改工作，着力建设“模范机关”，机关干部的政治素质和工作规范水平、工作效能得到提升。不断加强委员服务管理。广泛开展走访委员活动，充分激发委员履职热情，在政治上工作上生活上关心关爱委员，加强同委员和委员所在单位的沟通联系，切实提高委员履职的服务保障水平。依托各委员工作室组织委员学习培训，提升委员素质，不断提高委员政治把握能力、调查研究能力、联系群众能力、合作共事能力。

【民主协商】 2020年，县政协围绕县委全会重大决策部署，召开专题会议，制订协商计划，积极凝心聚力、资政建言。围绕政府工作报告，依托县政协委员全体会议的重要平台，认真开展讨论，提出真知灼见，一批协商成果被采纳和落实。围绕优化五华县营商环境、助推实体经济、共享美好生活、推进乡村振兴战略、加强本土人才培养等主题开展界别协商议政，提出有价值的意见建议130多条，助推全县中心任务、重点工作的有效开展，为构建"一核两区三组团"发展格局提供了政协智慧。

【调研视察】 2020年，县政协组织开展"推动全县农村电商服务站点建设""茶产业园建设""严把校园入口关，维护学校安全稳定""大力支持实体经济发展""南药产业园建设""学习'枫桥经验'，营造共建共治共享社会治理格局"等6个专题调研，一些调研成果转化为县委、县政府的决策部署。各专委组织界别开展调研活动10多场（次），议题涉及经济社会发展各个方面，体现政协界别的代表性和委员的建言献策水平。

【提案督办】 2020年，县政协坚持把提案工作作为政协一项全局性工作来安排部署，拓展提案来源渠道，严格立案审查，提高提案质量。十届五次会议以来，共收集提案54件，立案52件，确定重点提案10件，交给26个县直部门和16个镇办理，各承办单位能够克服疫情带来的重重困难和挑战，及时办复提案，委员对提案办理工作和办复结果满意率均为100%。

【民主监督】 2020年，县政协发挥民主监督的特色优势，持续聚焦乡村振兴开展民主监督活动，帮助党政部门发现问题、改进工作、破解难题，引导委员主动投身乡村产业发展，为推动乡村振兴既献计又出力。全力配合省政协到县开展乡村振兴民主监督专题调研活动，县政协推动乡村振兴战略落实方面的工作得到省政协领导充分肯定。扎实抓好挂钩联系创建全国文明城市网格化工作，班子成员定期进行督导，推动创文各项决策部署落到实处。多批次组织委员到县法院参加旁听案件庭审、见证法院执行，到县检察院参加案件听证会、巡回检察等活动，切实履行民主监督职能，努力把人民政协制度优势转化为社会治理效能。

【联情联谊】 2020年，县政协组织参观考察学习组赴平远、丰顺、梅县和翁源、乳源等地开展参观考察学习，吸纳兄弟县（区）好做法好经验。加强与兄弟县政协的横向交流，共接待各级各地政协到县开展活动5批（次），积极讲好五华好故事、唱好五华好声音、宣传五华好环境。

【文史工作】 2020年，县政协牢牢把握意识形态工作主动权，筑牢意识形态防线，加强与新闻媒体合作和网络信息宣传，扩大政协工作新闻报道面，推进政协宣传工作的信息化、网络化建设，强化对政协机关和政协委员微信群的监督管理，不断提升《五华政协》办刊质量。

（张　军）

县政协2020年度正副主席和秘书长名录

主　席：叶天泉

副主席：徐建雄

邓秋香

胡高云

刘冠鹏

李炎香

邹志轩

秘书长：颜定文（任至4月）

县政协机关各科室委2020年度主要负责人名录

办公室主任：古胜奎（10月任）

古坚祥（任至10月）

联络科科长：温怀浩

文史室主任：郑　斌

提案委员会主任：江少林（10月任）

李少基（任至10月）

经济委员会主任：古胜奎（任至10月）

古坚祥（10月任）

科教卫体委员会主任：何红球

社会法制委员会主任：张维健

港澳台侨委员会主任：曾勇辉

农业和农村工作委员会主任：曾志勇

五华县纪委监委

五华县纪委监委主要工作

【反腐斗争】 2020年，全县纪检监察机关共受理群众信访举报1006件，办结554件。全年共立案298宗298人，结案308宗308人，留置2人，移送司法机关1人，给予党纪处分275人，政务处分23人（双重处分12人），其中科级干部立案37人，给予党纪政务处分31人。发挥案件查处的“后半篇”文章作用，发出纪检监察建议书38份。

【疫情防控】 2020年，围绕落实网格责任、源头管控、公众聚集管控、防控措施、物资力量储备等5个方面内容，组织督查组对全县疫情防控责任单位贯彻落实疫情防控工作情况进行常态化监督检查。全年共发现问题72个，收到涉及疫情防控工作信访举报和问题线索19件，立案10宗，给予党纪政务处分10人。

【巡视反馈问题整改】 2020年，对巡视指出的整改问题“照单全收、担当尽责”，多次召开县纪委常委会、办信办案专题会，对巡视交办件优先受理、优先处置、优先调查。协助县委制定《中共五华县委关于进一步加强反腐败工作领导的意见》等制度。共受理省委巡视组转信172件，已办结157件；共受理省委巡视组移交及整改问题线索23条，已结案12件，给予党纪政务处分26人、诫勉9人、谈话提醒37人。

【专项整治】 2020年，紧盯群众反映多、危害大、影响坏的侵害群众利益突出的民生领域问题，制定《民生领域侵害群众利益问题专项整治实施方案》，切实解决好群众最关心的热点、难点、堵点问题，深挖彻查扶贫领域存在的形式主义、官僚主义问题。全年共受理扶贫领域违纪违法问题线索69条，立案31宗，给予党纪政务处分31人，挽回扶贫资金损失21.92万元；共查处民生领域案件84件204人，给予党纪政务处分180人。

【强化日常监督】 严格执行《干部作风问题整治专项行动工作方案》和《五华县纪委监委开展党员干部、公职人员“八小时以外”问题专项督查工作方案》，在全县范围内开展纪律作风专项督查，督促派驻（出）机构摆正位置，正确认识派驻组长的双重身份和单独指导，强化对监督单位遵守中央八项规定精神、“八小时以外”、“三重一大”、“三公”经费等的监督管理。2020 年，县纪委监委各派驻（出）机构对驻在单位党委（党组）及其成员单位“三重一大”议题提出意见建议 107 条。

【磨砺巡察监督利剑】 紧盯重点对象，增强巡察的针对性和威慑力，形成震慑全覆盖。截至 2020 年底，完成县直全覆盖任务的 88%、村级全覆盖任务的 100%，共发现问题 2674 个，形成问题线索 679 条，对巡察单位党组织提出意见建议 276 个，立案 143 件，党纪政务处分 95 人。

【思想宣传教育】 编写 2020 年五华县纪律教育学习月《反面典型材料汇编》，拍摄警示教育专题片《铁腕整治违建正风肃纪惩贪腐——周江镇占用河道建房违纪违法案件警示》，通过以案释法，引导全县党员领导干部深刻吸取教训，筑牢拒腐防线。编印 12 期《每月一案例》，推送 9 篇《以案说纪》，制作微信短视频 6 期，推送文章共 597 篇（其中在市级及以上主流媒体发表稿件共 89 篇），创新宣传方式、延伸宣传触角，突出宣传实效。坚持每逢周末或节假日给全县副科级以上党员领导干部发送廉政短信，共约 3.31 万条，把廉政文化建设融入日常工作生活中。

【加强队伍建设】 坚持抓学习强党性、补短板强能力，积极探索构建“室+组+镇”联动协作办信办案模式，建立健全室、组、镇工作会商、联查督导、联合审查调查等工作机制。2020 年，组织开展全员培训会 10 期，培训 869 人次；先后向县委推荐提拔任用 12 名科级领导干部，县纪委监委提拔 19 名室（组）副职，职级晋升 24 名干部，调入 12 名年轻干部到纪委机关工作，激发干部活力。

（刘兴文　曾　婷）

县纪委 2020 年度领导名录

书　记：幸国平
副书记：钟湘衡　叶汝强
常　委：张碧波
魏宇华
李剑忠
陈旭良（任至 4 月）
刘晓宇（4 月任职）

县监委 2020 年度负责人名录

主　任：幸国平（5 月任职）
代主任：幸国平（任至 5 月）
副主任：钟湘衡
叶汝强
委　员：张碧波
李剑忠
周　宏
刘兴文

县纪委监委 2020 年度各室（组）负责人名录

办公室主任：刘兴文
第一纪检监察室主任：
温国忠（任至 4 月）
黄兴福（4 月任职）
第二纪检监察室主任：孔　君
第三纪检监察室主任：缪家龙
第四纪检监察室主任：
张思远（任至 11 月）

第五纪检监察室主任：钟贤标
第六纪检监察室主任：
刘志中（任至4月）
李剑彬（4月任职）
第七纪检监察室主任：
曾庆珣（任至10月）
案件审理室主任：陈鹏（4月任职）
案件监督管理室主任：陈文锋（4月任职）
信访室主任：刘惠平
党风政风监督室主任：魏京宁
组织宣传室分管领导：
陈旭良（任至4月）
魏宇华（4月任职）
县直机关纪检监察工作委员会书记：
廖水清
驻县政府办公室纪检监察组组长：
李石翠
驻县委宣传部纪检监察组组长：
吴国辉（任至4月）
温国忠（4月任职）
驻县住房和城乡建设局纪检监察组组长：
张群标（任至10月）
曾庆珣（10月任职）
驻县交通运输局纪检监察组组长：
周威恒
驻县教育局纪检监察组组长：
邹展强（任至4月）
陈汉庭（4月任职）
驻县科工商务局纪检监察组组长：
刘应靠
驻县卫生健康局纪检监察组组长：
彭千军（任至4月）
驻县发展和改革局纪检监察组组长：
古专标（任至4月）
彭千军（4月任职）
驻县农业农村局纪检监察组组长：
廖学宁
驻县公安局纪检监察组组长：
曾　波（4月任职）
驻县财政局纪检监察组组长：
吴国辉（4月任职）
县委巡察办主任：张碧波（4月任职）
县委巡察办副主任：陈冬连
曾祥发（10月任职）
县委巡察组组长：李军松
魏华中（任至4月）
张兴辉（4月任职）
张进友
邓清华（任至10月）
张群标（10月任职）
县委巡察组副组长：陈汉庭（任至4月）
古专标（4月任职）
温颂英
张阳春
彭彩红

群众团体

五华县总工会

【推荐评选劳模工作】 2020年，五华县总工会认真做好省市劳模、先进工作者的推荐评选工作，全县获评省劳动模范称号1人、省先进集体1个、市劳动模范6人、市先进集体4个。

【新冠肺炎疫情防控】 2020年，五华县总工会按照县委、县政府疫情防控工作部署，成立疫情防控工作领导小组，制定《五华县总工会疫情防控工作方案》。按照“一把手负总责、组建一套专班、制定一个方案、统一一个口径”的“四个一”应急处置机制要求，采取积极有效措施，防止疫情传播，维护正常的工作生活秩序。通过工会官网、微信公众号转发疫情防控权威信息，悬挂疫情防控宣传横幅，发放防疫宣传单、倡议书1000余份。购置消毒药品和酒精洗手液，对机关场所和网格化责任地段进行全面消杀，对进出人员进行测体温，对前来办事人员进行翔实登记。筹集资金53.6万元，慰问参加疫情防控一线职工，支持企业复工复产，干部职工捐款4000元支援抗疫，采购1万只一次性医用口罩捐赠到县疾控中心；走访慰问广东博能福源医用品有限公司、广东康奇力药业有限公司、广东百洁灵科技有限公司等奋战在防疫生产一线的职工；走访慰问2名援鄂和5名援省内医务人员，向他们的家庭送去了党和政府以及工会组织的特别关爱。

【维护职工权益】 全年新参加广东省职工互助保障单位355个、19615人，办理广东省职工互助保障理赔662人、922950元；开展“安全生产咨询日”活动，现场向广大市民派发安全生产月有关的宣传资料，大力开展安全生产群众监督和职业健康教育活动，提高安全生产意识。

【开展送温暖活动】 2020年，县总工会开展节日送温暖活动，元旦、春节期间筹集资金90万元，为1448名困难职工送去党委政府和工会的关怀。7月17日起，全面启动夏日“送清凉”活动，向奋战在露天一线、高温、高湿作业场所的一建公司曲棍球基地、县环卫所、市政工程养护所、路灯所、公路事务管理中心横陂道班、消防大队等职工、农民工送上防暑降温慰问品。全年县总工会共计慰问各行各业职工3000余名，发放慰问品价值10万余元。邀请市、县共计26名书法家到黄狮新村、梅蓄新村为广大职工群众写春联。建成使用2个户外劳动者爱心驿站，将党和政府的温暖传递到广大户外劳动者心里，使广大户外劳动者能够在辛苦工作期间体会到工会“家”的温馨。

【帮扶工作】 2020年，县总工会统筹专项资金15万元，支持安流镇大同村村道硬底化；帮扶60户贫困户250人达到脱贫“八有”标准，完成脱贫任务；组装连接自来水主管工程500米。统筹资金3.8万元，帮助安流镇完塘村两户挂牌督战户进行住房改造。持续做好回乡联村工作，共派出8人到原籍村（出生地）挂钩联系，发挥其本土化、人脉资源广等优势；实行“三明四实六当好”举措，帮助原籍村里化解矛盾纠纷59件，解决民生实事58件；协助联系村抓好基层党建、美丽乡村建设、惠民政策落实等工作。

【普及“粤工惠”注册工作】 2020年，全县新建基层工会187家，基层工会民主换届91家。在全县基层工会推广使用“粤工惠”平台，已登记基层工会255家，录入会员26422人，已在平台App实名注册24629人。

【职工文体活动】 2020年9月26日上午，五华县总工会在五华县技术学校举办2020年职工运动会，包含投篮比赛、背球接力、三人夹乒乓球和拔河比赛等项目。广东明珠星钟表有限公司、隆华塑胶制品有限公司、五华县农商银行等12支队伍200多名职工参赛。

【基层工会组建工作】 2020年，县总工会根据上级基层工会数统计调查的内容和要求，核对相关数据。县总工会共下发基层工会调查统计表近400份，与各系统、乡镇工会做好沟通，做实、做细、做齐调查表。确定基层工会总数为282家，工会会员总数为30408人。

县总工会2020年度负责人名录

人大副主席、县总工会主席：李清昌
常务副主席：温远华
副 主 席：张锦清
魏　芳（10月任职）
党组成员：钟蔚林（10月任职）

共青团五华县委员会

【持续深入学习】 一是丰富学习内容。共青团五华县委员会（以下简称团县委）利用每周工作例会、干部职工会议、党支部“三会一课”等，组织干部职工进行集中学习，重点学习党的十九大和十九届四中、五中全会精神，《习近平谈治国理政》第三卷，《习近平新时代中国特色社会主义思想学习纲要》，习近平总书记对新时代青年的寄语精神，习近平总书记“六一”寄语精神，习近平致信祝贺中国少年先锋队第八次全国代表大会贺信，习近平出席深圳经济特区建立40周年庆祝大会和视察广东重要讲话重要指示精神，以及上级党委、团委有关重要会议文件精神等，切实提高干部职工政治站位。二是推动“不忘初心、牢记使命”主题教育常态化。按照“不忘初心、牢记使命”主题教育制度化、常态化的要求，严格开展集中学习研讨，深入开展志愿服务和基层团建工作主题调研，班子成员带头主讲《学习

践行习近平总书记关于青年工作的重要思想》《习近平总书记关于志愿服务的重要论述》主题党课，组织党员干部到双华镇竹山村开展“弘扬苏区精神、践行初心使命”主题党日活动，重温党的红色历史，缅怀革命先烈。三是严肃党内政治生活。严格执行民主集中制，“三重一大”事项坚持集体讨论。认真落实谈心谈话、民主评议党员、领导干部双重组织生活等制度，教育引导干部自觉抵制各种不良风气。要求党员干部在各项活动中“亮身份、作表率”，充分发挥先锋模范作用，组织在职党员到公园社区报到，充分发挥团县委党员干部的先锋模范作用。四是做好省委第四巡视组巡视反馈意见整改工作。根据县委关于《省委第四巡视组反馈意见的整改落实方案》以及县委对落实整改工作的要求，团县委认真研究制定工作方案，按时按质报送巡视整改台账，切实做好各阶段巡视情况汇报工作。五是切实抓好县委第二巡察组巡察反馈问题整改工作。团县委以高度的政治责任感认真落实巡察整改工作，制定《共青团五华县委员会党支部落实县委第二巡察组反馈意见的整改方案》，将巡察发现的问题归纳细化为“党的领导方面、党的建设、全面从严治党”等三大方面16个问题。针对这些问题，制定36条具体的整改措施，召开6次团县委班子会和党支部会议、1次民主生活会、3场团县委巡察整改领导小组会议，专题研究、部署和推进整改落实工作，建立健全完善13项制度、规定、计划等，三大方面16个县委巡察反馈问题已全部完成整改。

【基层团、队组织建设】　一是持续深入开展“青年大学习”行动。先后组织开展习近平新时代中国特色社会主义思想宣讲、“绽放战疫青春，坚定制度自信”——五四主题宣传教育、“青马工程”（五华片区）培训班、“缅怀革命先烈、接受党性教育”等10多场活动，同时充实调整“青年讲师团”成员，聘请党员干部、团中央十八大代表、青年教师、青年典型等类型的青年讲师17名，向广大团员青年宣传党的思想，累计开展宣讲活动40多场，1万多名青少年接受教育。二是开展主题实践活动。利用青少年入团、入党、成人等时间节点，组织团员青年、少先队员开展“争做新时代好队员”——五华县纪念少先队建队71周年主题队日活动，“致敬逆行先锋”手抄报和绘画比赛，“红领巾，我为你骄傲”新队员入队仪式，“美丽五华·青春绽放”青春摄影大赛，“朗读者·红色经典咏流传”朗读比赛等各类实践活动10多场，覆盖青少年1万多人，进一步筑牢了广大青少年的家国情怀和理想信念。联合敏捷集团开展“关注消防，生命至上”消防安全进校园活动，增强青少年消防安全意识。三是开展团干思想政治专题学习。组织五华县507名辅导员和少先队工作者，通过线上直播的方式，学习习近平总书记致第八次全国少代会贺信和党中央致辞精神。以青年大学习、网上团校等途径，开展学习党的十九大精神、团十八大精神等系列宣传教育、主题宣讲、专题学习研讨共8场。四是扩大团组织建设覆盖面。规范设立县直单位团组织，新设立团支部12个。制定《2020年度落实“两新”团建工作任务底数推进时序表》，有序指导推进“两新”组织团组织建立，新设立非公有制企业团支部31个、社会组织4个，“两新”团组织建设完成率100%。五是加强基层团组织整治。

制定《关于做好2020年发展团员调控工作的通知》，合理有序分配2020年发展团员编号指标3350个到各团支部，团员编号使用和团员报到已全面完成任务。依托“智慧团建”系统，定期督促各基层团组织排查团费缴交、团员组织关系转移、青年之家活动发布、失联团员登记等情况，持续深入推进命脉工程三年攻坚行动，每月团员按时缴纳率达到90%以上，毕业生团员组织关系转接完成率达88%，青年之家活动数达145个。六是加强先进典型表彰。在防疫期间组建团员青年战疫突击队25个，严格按程序做好5名共青团员的推优入党工作。开展中学团校“百佳微团课”评选活动，评选优秀团课作品7个。充分利用“五四”“六一”等时间节点做好共青团系统的评先表优，选派78名团干部（辅导员）参加中央、省、市团委的培训班。七是抓好学校少先队工作。联合教育局、县少工委下发《关于规范成立学校少先队工作委员会的通知》，要求各中小学严格按照文件要求建立学校少工委。截至2020年12月20日，五华县235所学校已全部建立少工委，提前完成上级下达任务，进一步规范了全县少先队组织工作，提高各中小学少先队组织建设科学化水平。积极争取红领巾基金支持，累计投入资金34.6万元建成幸福厨房、红领巾广播站、关爱留守儿童、红领巾牵手行动等项目14个，有效改变乡村学校少先队设备设施落后面貌。同时，争取敏捷集团支持100万元为100所乡村小学建设“敏捷梦想书屋”，支持50多万元为全县23所学校配备8单元鼓号队设备，并组织全县64名辅导员到东莞市鼓号队培训基地进行培训，打造山区少先队特色品牌。

【组织青年投身乡村振兴】 一是开展“两美”大行动。组织县志愿者联合会志愿者分别到河东镇黄坑村、棉洋镇平安村开展乡村振兴环境卫生整治大行动，并发动全县志愿者深入开展“清洁庭院卫生·情暖贫困家庭”“助力乡村振兴、共建美好家园”等志愿服务活动，助推脱贫攻坚和乡村振兴工作，累计组织志愿者1000多名，惠及群众4000多名。二是整合资源，助力青年创新创业。联合五华农商行搭建银企沟通平台，着力解决青年企业家“融资难、融资贵”问题。持续开展“领头雁”农村创业青年人才培训，以品牌营销、电子商务、直播带货等内容的授课培训，带动有条件的贫困户自主创业、就业成才，培育“领头雁”农村致富带头人20多人。对接广东财经大学和仲恺农业工程学院实施“圆梦计划”，助力36名新生代产业工人圆梦大学。三是加强交流学习。对接番禺团区委、宝安区团委等兄弟团委，进行相互学习交流，探索两地团委互访交流合作机制，深入开展青少年健康成长“两帮两促”行动，不断拓宽团工作领域，交流团工作经验，加强资源整合和共享。

【参与基层社会治理】 一是持续做好禁毒工作。每月坚持召开禁毒会议，传达最新的省、市、县禁毒文件精神，加强督导帮扶，指导郭田镇做好禁毒工作，持之以恒开展“六进”活动，累计开展志愿活动9场次，发放宣传资料4500余份，普及群众5500余人。二是积极参与反电信诈骗志愿服务宣传活动。坚持线上与线下相结合的模式，建立广泛参与的反诈志愿者队伍，开展各类防范电信网络诈骗宣传教育活动，联合爱心吧志愿服务队、硝芳志愿服务队等定期开展反诈宣传和电信诈骗教育等宣传活动，累计开展活动6场，组织志愿者200多人次，发放宣传资料2000多份，覆盖人群3000多人。三是开展垃圾分类志愿服务活动。积极响应垃圾分类的国家号召，倡导绿色生态、健康环保的生活方式，开展“垃圾分类我宣传，美化家园我志愿”“垃圾分类，青春助力”“垃圾分类，我代言”等6场宣传活动。四是深入开展“双创”工作。深入开展创文创卫和环境卫生整治行动，倡导开展以“防疫有我，爱卫同行”为主题的爱国卫生运动，保证每月开展一次爱国卫生运动。组织本单位干部职工到网络化路段开展爱国卫生大清扫活动、创文入户问卷调查以及宣传活动，巩固提升“双创”成果。同时，联合教育局、敏捷集团举办“守护未来，救在身边”红十字校园应急救护培训班，共培训应对校园应急救护的专业人员560名。

【志愿服务事业】 一是常态化开展志愿服务活动。组织发动广大志愿者开展“志愿服务砥砺前行，助力五华乡村振兴”、第四届“红丝带”护考、爱心“一元捐”、“河小青”巡河护河、地质灾害防治宣传活动等各类志愿服务活动100多场，参与志愿者3000多人次，服务群众5万人次。二是深入推进志愿服务，加强志愿服务制度化。先后制定下发《关于组织棉洋籍干部、志愿者回乡开展“助力乡村振兴、共建美好家园”志愿活动的通知》《关于进一步推进五华县中小学志愿服务工作的通知》《关于组织开展全县未脱贫户人居环境提升志愿服务活动的通知》等5个文件，有力推进志愿服务的制度化、常态化发展。三是打造工作亮点，推动志愿服务品牌化。举办梅州市志愿服务组织骨干培训班，培训志愿者骨干150多名，提升了志愿服务组织管理水平和品牌创建水平。组织“情暖长乐，宜居家园”——关爱五华社区、“党徽暖童心”——关爱留守儿童、“山乡天使”——关爱五华边远山区留守老人等6个志愿服务项目申报2020年益苗计划，其中“党徽暖童心”被评为2020年新时代文明实践专项赛优秀项目，五华县“山乡天使”志愿服务项目获得第五届中国青年志愿服务项目大赛银奖；五华县志愿者联合会荣获梅州市抗击新冠肺炎疫情先进集体称号，五华县志愿者联合会党支部荣获梅州市抗击新冠肺炎疫情先进基层党组织称号。四是建成梅州首个志愿者主题广场，助力五华创文工作。建成启用梅州市首个以志愿服务为主题的五华县志愿服务主题广场，该主题广场包含志愿精神堡垒、志愿服务驿站、志愿服务爱心长廊、五华志愿服务事迹、雷锋雕塑、志愿者雕像等内容，将志愿者的服务理念融入广场景观、雕塑、宣传牌中，让更多的群众了解志愿服务、参与志愿服务、享有志愿服务，打造出五华志愿服务新名片，彰显五华志愿服务新风尚。五是精心举办庆祝五华县志愿者联合会10周年晚会，营造浓厚志愿服务氛围。为庆祝五华县志愿者联合会成立10周年，弘扬“奉献、友爱、互助、进步”的志愿服务精神，团县委主办“善行十载让爱延续·志愿五华你我同行”五华县志愿者联合会成立10周年晚会，激励更多的志愿服务组织和志愿者投身志愿服务活动，让更多的人了解志愿者、关注志愿者。截至2020年底，五华县注册志愿者4.7万余人，相较2019年增加0.7万人；累计志愿服务时长105万小时，相较2019年增加71.3万小时；培育发展各类志愿服务组织及团体710个，相较2019年增加391个。

【助力脱贫攻坚】 一是做好对口帮扶村的扶贫工作。选派专人任驻村工作组组长，细化做好岐岭镇朝阳村精准扶贫精准脱贫工作，开展“党徽暖童心”关爱困境留守儿童志愿活动，关爱慰问留守儿童贫困家庭共24户；同时，在“七一”、春节等时间节点开展挂点村困难党员和群众的帮扶慰问工作，朝阳村50户精准扶贫户已全部实现脱贫。二是开展扶贫助学活动。2020年，团县委共联系资助贫困大学生190名、共114万元，其中梅州青年薪火工作助学金资助学生50名，资助金额30万元；希望工程卓定华助学金资助学生140名，资助金额84万元。同时，争取希望工程资助贫困户学生24名，资助金额3.4万元；对接深圳市南山义工资助五华贫困儿童共41人，年均资助7万元；对接广东省客家商会青年工作委员会资助五华孤困儿童17名，年均资助9万元。三是开展助学志愿活动。组织志愿者下乡精准助学，为受疫情影响在家学习的农村留守儿童提供学习辅导、云家教等志愿服务活动，12名“两帮两促”云支教活动贫困学生获赠平板电脑，20名大学生志愿者奔赴五华山区支教，助力教育脱贫；开展“党徽暖童心，助学庆六一”主题活动，为30名家庭特困学生发放慰问金以及学习用品；组织45名贫困青少年参加“两帮两促”宝贝出村系列活动；对接番禺区爱心企业捐资10万元支持“党徽暖童心”志愿服务项目，开展6期“七彩假期、情暖童心”活动，让更多的困境留守儿童得到帮助。四是高标准打造五华县青少年宫。积极争取县委、县政府支持，投入390万元，利用五华县奥体中心惠堂体育场现有场馆建设五华县青少年宫功能场室，成为广大青少年学习科技文化知识、开展校外培训活动以及开展志愿服务活动策划、组织和实施的重要平台阵地。

【助力疫情防控】 团县委先后发出《共青团五华县委应对疫情工作协调小组整体工作方案》《五华县各级团组织参与疫情防控工作指引》《关于组织动员全县志愿者积极行动起来助力夺取疫情防控斗争胜利的通知》《关于积极有序参与疫情防控志愿服务的倡议书》《关于参与小区疫情防控志愿服务的倡议书》《关于深化疫情防控宣传服务的倡议书》等通知，组建青年战“疫”志愿突击队，引导全县团员青年和志愿者积极投身宣传教育、社区防控、卡点值守、环境整治、防疫消毒、义剪服务、复产复学等志愿服务，全县累计参与疫情防控志愿服务的各类志愿者达8000多人次，服务时长达20多万小时，服务群众50多万人，为疫情防控工作做出了积极贡献。一是加大防疫宣传。通过“五华青年”“五华县志愿者”微信公众号及时推送疫情防控相关知识、做好政策宣传解读，广泛转发宣传科学防护知识，营造理性积极、信心百倍的抗击疫情氛围。通过张贴分发宣传资料、倡议书等，向居民介绍新冠肺炎的相关防控知识，提醒居民注意防护。同时，倡议镇村志愿服务组织通过“敲铜锣大喇叭”进农村社区开展疫情防控宣传，拓宽宣传覆盖面，有效提升五华疫情防控的宣传效果。二是参与社区防控。每天安排200多名志愿者就近融入社区、村委及小区，协助村居干部和小区物业做好信息收集、人员排查、体温检测、出入登记等工作。

三是参与卡口值守。组织志愿者参与到各主要路口的把关值守工作，共同构筑联防联控的战疫坚固防线。四是提供心理咨询。组织6名心理专业教师组成防疫心理咨询服务队，通过发挥专长，为群众提供新冠肺炎的防疫知识、心理健康等服务咨询。五是开展卫生整治。专门发出《关于参与爱国卫生运动抗击新冠肺炎疫情的倡议书》，号召团员青年、志愿者积极行动起来，主动参与爱国卫生运动、培养健康生活习惯、开展城乡环境卫生整治和卫生消毒，共建共享健康美好家园。组织专业志愿者、青年志愿者，分别深入政府机关大楼、公园公共场所、农贸市场和园区复工复产企业，开展义务消杀工作。六是提供义剪服务。组织20名理发师志愿者开展"爱心'义剪'，情暖'疫'线"活动，为在高速路口执勤人员和公安民警等进行义务理发，用实际行动体现对战"疫"一线人员的关爱,共服务一线人员250多人。七是服务返校复学。发出《关于开展返校复学"爱心护学"志愿服务活动的通知》，并组织志愿者开展了校园环境卫生消杀整治、学生体温检测和出入登记等一系列返校复学"爱心护学"志愿服务活动，为广大学子保驾护航，保证返校复学工作顺利开展。八是积极募集善款支持疫情防控工作。大力号召全县志愿服务组织和志愿者献出爱心、共渡难关，500多名志愿者累计募捐疫情防控善款与物资价值15万元。九是3名五华县志愿者被评为梅州"优秀战疫志愿者"，五华县志愿者联合会分别荣获广东省"优秀战疫志愿服务典型"组织（团队）和梅州市"优秀战疫志愿服务组织"称号，"守护社区·战疫有我"项目被评为梅州市"优秀战疫志愿服务项目"。

【新媒体运用】 通过下发文件、召开会议、组织培训等一系列有效措施扩大共青团工作的影响，利用"五华青年"微信公众号、五华共青团微信群、QQ群、"1+100"团干联系青年机制、"青年之声"互动社交平台，增强青年交友互动。依托"青年之声"互动社交平台建设"网上共青团"，为广大青年提供近千次的心理咨询、法律咨询等服务。让青少年积极参与到五华共青团工作大讨论中来，吸引更多青少年的关注和加入，有效促进了五华县团工作的顺利开展。

团县委2020年度负责人名录

书　记：魏冠东

副书记：李晓婷（任至11月）

李怡凤

五华县妇女联合会

【引领妇女听党话跟党走】 五华县妇女联合会（以下简称县妇联）深入学习习近平新时代中国特色社会主义思想、习近平总书记出席深圳经济特区建立40周年庆祝大会和视察广东重要讲话重要指示精神，深入基层一线多形式开展"巾帼心向党·奋进新时代"宣传宣讲活动30场次，吸引2000余名妇女参加，传递妇联好声音。在"五华妇女"微信公众号转载《悦听·红色家风故事》等文章，培养爱国爱家情怀。县妇联始终坚持把学习宣传贯彻习近平新时代中国特色社会主义思想作为首要政治任务，推进全面从严治党，全年进行"第一议题"学习23次，开展集中学习、主题党日、党课、志愿服务等活动20场次，提高运用党的创新理论指导实践、推动工作的能力。

【带领妇女守护家园】 新冠肺炎疫情发生以来，县妇联即时号召广大妇女和家庭迅速构筑起疫情防控的坚固长城；全体干部职工扎实做好疫情防控工作，到创文、创卫网格化责任地段门店及母亲安居楼持续开展疫情防控摸查登记、宣传和消毒消杀等工作；积极主动与援鄂医护人员家庭联系，帮助他们解决实际困难；因地制宜开展慰问疫情防控一线干部、“您有需我就在”等关心关爱活动；制作电子贺卡，致敬这场“战疫”中的每一位女性；开展“致敬，广东最美她力量”“致敬，梅州最美她力量”统一亮灯活动；征集并出版《女子书画抗疫作品集》，用艺术作品记录时代，礼赞英雄。各级妇联组织、广大妇联执委、巾帼志愿者等各行各业各条战线的广大妇女奔走在疫情防控第一线，涌现出何俊霞、彭燕、魏清芳、丘利香、罗丽娟等先进典型。

【推动妇女建新功】 积极响应省、市妇联的号召，充分发挥女性特有优势，促进消费扩容提质，开展妇联主席“带货女主播”活动，宣传推介五华农户土特产，为农产品吆喝带货。持续开展妇女创业小额担保贴息贷款工作，为8名妇女发放78万元贷款，助推妇女创业。各级妇联组织大力弘扬“奉献、友爱、互助、进步”的志愿服务精神，开展“清洁庭院卫生·情暖贫困家庭”等一系列志愿服务活动近千场次。开展“美丽家园”“美丽庭院”建设活动，获评市级“美丽家园”示范村1个、示范户2户；县级“美丽庭院”32户。深化巾帼建功活动，积极开展“巾帼文明岗”等争创活动，促进城乡妇女统筹发展。五华县妇幼保健计划生育服务中心妇产科获评广东省“巾帼文明岗”称号；钟春桂、戴伟霞、何俊霞、曾志芬获评梅州市“我心中的三八红旗手”称号；五华县城镇环境卫生管理所获评梅州市“我心中的三八红旗集体”称号；广东汉光超顺农业股份有限公司黄龙基地种植部获评梅州市“我心中的巾帼文明岗”称号；五华县莘莘花木种植专业合作社被命名为第五批梅州市巾帼创业示范基地。

【弘扬家庭文明新风尚】 持续开展“最美家庭”“好家庭好家教好家风”等主题突出、特色鲜明的群众性服务活动30场次，吸引2000多人次参与，引导广大妇女和家庭树立文明新风。开展寻找“好媳妇”“最美家庭”等评选活动，依托榜样力量，呼吁广大妇女和家庭从“观众”变为“典范”，营造重视家庭的良好社会氛围。李钧家庭获评广东省“五好家庭”、第十二届全国“五好家庭”；严满凤家庭、李达明家庭获评市“最美家庭”、省百户“最美家庭”；邹艳玲等3人获评梅州市“孝老敬亲好媳妇”，赖炜杨等2人获评梅州市“自强不息好少年”；古彩燕、郑春柳等19人获评2020年度“五华好媳妇”。双华镇竹山村被评为梅州市第二批家庭教育示范基地，华城镇城镇村被评为第六批广东省家庭文明建设示范点。

【丰富活动展成效】 争取省妇女儿童基金会“爱心家庭+留守儿童”公益项目活动经费8.5万元，深入镇、村开展“关爱留守儿童呵护平安成长”主题活动22场次，通过互动游戏和情景演示，让孩子们在娱乐中获得自我保护知识，得到学校、村委、家长孩子们的一致欢迎和好评。争取“家越美·粤幸福”美丽家园建设项目，充分发挥社会公益作用，联合社工站、培训机构等，开展富有特色的家庭精神文明建设活动和各类科普知识宣传活动 12 场次，引导广大妇女和家庭以实际行动参与到美丽家园建设中来。持续开展贫困母亲关爱工程推广、“四援助”、爱心父母牵手困境儿童结对帮扶、“叶剑英助学基金”宣传等活动，全年共走访慰问困难妇女儿童约 500 人次。

【强化妇女儿童权益保障】 线上线下开展普法宣传，在“五华妇女”微信公众号转载《民法典微课堂》等相关文章，持续开展禁毒宣传“六进”活动和防电诈、反邪防邪知识进村居、心理健康宣传教育活动等 42 场次，受教育 2000 多人次，发放宣教资料 1 万多份。接待来信来访 43 宗，保证妇儿维权诉求件件有落实、事事有回音。建立五华县“关爱女童护苗成长”保护女童人身权益三年行动协调机构，从预防、处置等环节做好保护女童人身权益工作，走访慰问全县 16 名“两类女童”。抓实妇女儿童发展规划实施，努力巩固好已达标指标，加快推进能达标指标，集中力量攻克难达标指标，确保各项指标全面达标、规划目标全面实现。圆满完成第四期中国妇女社会地位抽样调查工作，涉及 5 个村 75 户。

【深化妇联改革上新台阶】 五华县委高度重视县妇联新一届领导班子的配备，打造专职、挂职、兼职相结合的妇联机关干部队伍，领导班子结构按妇联改革要求进一步得到优化。认真筹划并顺利召开五华县妇女第十四次代表大会，全面总结五年工作成效，科学谋划部署今后五年工作。大力推进“破难行动”，制定实施妇女代表常任制度、乡镇妇联主席轮值制度、执委联系妇女群众制度、主席接访制度等，探索在“妇女之家”建立妇女议事会。拓宽妇女儿童服务阵地，龙村镇、龙村镇湖中村、水寨镇公园社区被评为广东省第四期“妇女之家”示范点，推进基层妇联组织延伸拓展，支持“儿童之家”“妇女之家”建设，推进妇女儿童之家发挥服务家庭和儿童的作用。严格抓好巡察反馈整改落实工作，县妇联党组先后召开 5 次会议研究和推进整改落实工作，全面推进 21 个问题整改。同时，严要求、高标准地做好省委第四巡视组整改落实工作，推动妇联工作上新台阶。

县妇联 2020 年度负责人名录

党组书记、主席：张玉珍
党组成员、副主席：李晓婷
陈兰婷
党组成员、挂职副主席：李　婷
兼职副主席：李　娟　江小苑

五华县工商业联合会

【商会、协会建设】 2020 年，五华县工商业联合会（以下简称县工商联）围绕广东省“五好”县级工商联和“四好”商会建设的要求，进一步加强基层商协会制度化、规范化建设，指导和帮助商会协会建立健全各项规章制度，使商会活动能够依照法律和章程正常开展。五华县电子商务协会在 2019 年被评为全省“五好”县级工商联的基础上，2020 年被评为全省“四好”商会。

【教育培训】 坚持加强非公有制经济人士的意识形态学习教育工作，认真学习贯彻党的十九大以及历次全会精神，习近平新时代中国特色社会主义思想，习近平总书记出席深圳特区建立40周年庆祝大会、视察广东系列重要讲话精神和指示批示精神，深入开展爱国、敬业、诚信、守法教育和非公有制经济人士理想信念教育，让非公有制经济人士跟党走、听党话，不忘初心、牢记使命，准确理解和把握党的执政方向，做到与时俱进、抢抓机遇，推动企业做大做强。

【促进非公有制经济健康发展】 始终以“两个健康发展”为主线，打造活动平台，引导非公有制经济人士积极投身光彩事业，参与疫情防控、精准扶贫结对帮扶等活动，勇于承担社会责任，展示良好社会形象。充分利用他们担任人大代表、政协委员的政治优势，及时反映会员诉求，反映企业在发展过程中的困难和问题，建言献策，共谋发展。通过走访企业，主动牵线搭桥，为中小微企业搭建融资平台，帮助会员企业融资等。通过与县直部门、社会各界、中介组织的联系与合作，较好地发挥工商联组织的桥梁纽带作用。县工商联积极组织人员参与疫情防控和复工复产工作，广泛发动民营企业家们捐赠疫情防控物资。据不完全统计，五华县民营企业和基层商协会共捐资捐物价值1450.01万元，大百汇实业集团有限公司、深圳信立泰药业股份有限公司、梅州市五华县百洁灵科技有限公司、广东辉骏集团有限公司、广东利通建设集团有限公司获评省工商联“抗击新冠肺炎先进单位”称号，广东康奇力药业股份有限公司获市委、市政府颁发的“抗击新冠肺炎先进单位”称号，县工商联疫情防控工作得到县委县政府和人民群众的肯定。截至2020年底，动员425家民营企业开展企村结对帮扶工作，实现企村结对帮扶全覆盖，促进技术、人才、资金、信息等要素更多地向农业农村流动，推动脱贫攻坚和乡村振兴工作，广东富胜实业股份有限公司、梅州市生长地农业开发有限公司、广东汉光超顺农业股份有限公司、五华县雄丰实业发展有限公司、敏捷集团被市评为“万企帮万村”示范企业。广东兴安医药有限公司、广东印象房地产开发有限公司、五华县雄丰实业发展有限公司获得省工商联“广东扶贫济困红棉杯”铜奖。

【强化党建引领】 县工商联党组、党支部通过制定年度党建工作要点，按照基层社会治理工作和省委巡视整改的要求，坚持“三会一课”制度，在政治纪律、意识形态、选人用人、工作状态、担当作为、“四风”隐形变异、“八小时以外”活动、纪律作风等方面查找并整改突出问题，推动全面从严治党向基层延伸，积极指导非公有制企业组建党组织工作。截至2020年底，五华县工商联有会员企业党组织22个。

【参政议政】 五华县工商联利用非公有制经济人士担任区人大代表、政协委员之机，鼓励和引导非公有制经济人士参与国家政治生活和社会事务，提出提案、议案，为经济社会发展建言献策，发挥参政议政的作用。按照省、市工商联的工作部署，认真细致地开展各项有关非公有制经济企业的调查研究，及时完成上报《民营企业高质量发展调查问卷》《民营企业运营情况调查问卷》等相关调研工作，并撰写相应的调研情况汇报，为各级党委政府决策提供依据。维护民营企业合法权益，成立民营企业投诉中心和五华县商会调解委员会，完善建立相应的投诉工作机制，与县人社局、县总工会共同组织“和谐劳动关系”活动，通过评选“和谐劳动关系”示范企业，推进企业和谐劳动关系的建设。坚持开展法治体检、法律宣传月、“12·4”宪法日活动，落实“七五”普法规划以及全国工商联、司法部、全国普法办开展“法律三进”活动的要求，重点开展宪法、劳动合同法、企业法、民法典等法律法规的学习宣传，为企业印发1万多份学习宣传资料，有力地推进了五华县非公有制经济组织学法有法守法进程。

县工商业联合会2020年度负责人名录

主　　席：周国富

常务副会长：李剑文

专职副会长：曾崇辉

副 会 长：曾　钧　陈桂雄　张志宗　戴伟权　高　淞　李耀民　邹国业　邓华添　黄　海　李景友　邓玉宏　周志荣　张金连　郑文喜　周国雄　胡裕标　黄勇军　李才群　胡进发　李冬梅　宋伟东　周彩添　李　然　张　英　温万源　陈惠新　邓东辉

五华县文学艺术界联合会

【文艺宣传、交流活动】　2020年，五华县文学艺术界联合会（以下简称县文联）各协会积极开展各项文艺宣传、交流活动。1月11日，梅州市书法家协会2019年度年会在五华国际大酒店召开。此次年会由五华县书法协会承办，市书协主席彭贵山及市书协副主席黄天胜、宋焕南、黄法权等人，梅州各县（市、区）书法家代表，五华县文联各协会负责人和县书协会员代表，县文联陈瑞成、罗俊峰等200多人参加。1月18日，县作协新诗群在县城举行迎春茶话会，县文联胡小立、县作协缪德良到会指导，新诗群的部分诗友共20人参会。1月23日，县作协主席缪德良组织广大会员开展抗疫主题文艺创作，并带头创作五句板《万众一心把疫防》、朗诵诗《春天的顽强》等作品，通过“喇叭村村响”大力普及疫情防控知识。县各协会迅速行动，主动作为，积极组织开展抗疫主题文艺创作，“艺”起抗疫，贡献文艺力量。在2020年迎春花市暨年货节期间，五华县书法家在县创业孵化园开展“我们的中国梦——文化进万家”迎新春送万福公益活动，为群众现场书写赠送春联1500多副；县书协还组织龙村、安流、棉洋、郭田、横陂、长布、华城等书法分会的文艺志愿者深入各地分别开展义务挥春活动，为群众送春联8000多副。4月18日，五华诗社组织诗友一行8人到梅江区作协蕉板排作家驿站开展交流座谈活动，诗社翁国剑、魏京宁、曾幸辉等人参加活动。4月25日，县作协在县城召开理事扩大会议，传达贯彻市作协八届理事会二次会议精神，缪德良对县作协一年的工作做部署安排，县作协分设小说、散文、新诗和儿童文学4个专业活动小组。5月13日，市诗词学会会长范耀文一行到五华县调研吟诵传承工作，采录中国语文现代化学会吟诵分会专家委员会专家张洪盛、杨子元的吟诵音频视频，制作光盘存档。县文联陈瑞成、罗俊峰，五华诗社廖省如等人参与陪同并协助采录工作。目的是“抢救整理传统吟诵绝学，录制音频视频以育后学”。5月23日，县作协新诗群一周年座谈会在县城举行，新诗群每月开展一次同题诗活动，同题诗在中诗网、《广东诗人》、《梅州日报》、《岭南文学》、梅州文学网和《长乐文艺》等各级报刊和网络平台发表，并得到著名诗人张况等人的点评。5月26日，县书协、县硬协邀请宝安区书协李高扬一行到五华县开展书画交流笔会活动，两地书协共30多人参加活动。6月20日，县美协组织10多名会员，到郭田镇龙潭村黄国梁故居开展“传承红色基因”采风创作活动。县文联胡小立及相关负责同志莅临活动现场指导。7月6—7日，由羊城晚报艺术研究院与德采堂(广州)文化艺术有限公司联合组织的“传递关爱，弘德立人——《巍巍南山》爱心捐赠公益行”爱心团队，先后到五华县河东镇沙渴小学、华城镇铸民小学、县文联、县图书馆、县文化馆、县美协等单位开展励志读本《巍巍南山》赠书活动，县文联主席张汉章、县美协胡华兴参加活动。7月7日，县文联主席张汉章带领县硬笔书协一行到三坑移民新村黄狮小学开展“书法进校园”活动。8月28日，省摄协副主席唐卫东、市摄协主席张明等一行在县文联胡小立、县摄协吴耀东陪同下，到转水镇里塘村开展“丰年人乐业·陇上踏歌行——广东脱贫攻坚，全面建成小康社会”主题摄影采风创作活动。9月6日，县作协在五华书店举办“书香伴我行——名家读书讲座活动”，县作协主席缪德良在活动中讲课并赠送书籍。9月17日、24日，由县文联主办，县书协、县硬协承办的书法进万家活动分别在棉洋镇黎洞村、潭下镇文里村举行，书法家现场挥毫，为当地群众送出书法作品240多幅。9月19日，县文联、县美协组织五华县21名美协会员，到双华镇天堂山大峡谷开展采风创作活动，会员们现场创作了一批优秀作品。此次活动由县文联主席张汉章亲自带队，并得到双华镇党委、政府的大力支持。9月24日，市文艺志愿者协会一行3人到五华县第一小学教育集团玉茶校区开展“繁星计划——文学艺术进校园”活动。县协会负责人缪德良、钟秋良分别为该校师生作专题讲座，缪德良主席还为该校师生赠送个人童谣著作100本，县文联陈瑞成参加活动。9月26日，由县委宣传部、市摄协指导，县文联主办，县摄协、客天下承办的“客天下·幸福湾杯”2020“美丽五华·幸福家园”摄影大赛开镜仪式在河东镇河口村幸福湾举行，县文联领导张汉章、陈瑞成，市摄协负责人张明等人及各县(市、区)摄协主席、摄影爱好者200多人参加活动。10月18日，由县文联主办、县书画创作协承办的文化进万家活动在龙村镇水南村举行，五华县书法家、美术家20多人现场为当地群众送出书画作品30多幅，县文联罗俊峰，协会负责人曾长文、张中建等参加活动。10月18日，由县文联主办，县民协、县提线木偶传习所、水寨镇黄井村委联合承办的五华县文艺轻骑队惠民文艺演出在黄井村文体广场举行，县文联陈瑞成、胡小立，县民协张让兰参加活动。11月7日，县作协在县城开展儿童文学创作培训活动。县作协缪德良和作协部分会员共20人参加活动，活动由县文联陈瑞成主持，儿童文学作家缪德良为大家上一堂儿童文学培训课。11 月 16 日，县书协、县硬协到五华县河东中学开展书法名家进校园活动，书法家李旺盛、黄法权、张中建、徐方海等人与河东中学 80 多名师生参加活动，徐方海讲授书法课，讲解学习书法的方法、选帖、笔法等知识。11 月 18 日，广东书法名家吴友优一行到五华县开展书法交流活动。11 月 20 日，县作协联合县实验幼儿园举办“传播文明，唱响童谣”活动，缪德良向县实验幼儿园捐赠其童谣著作《捉条鲤嫲两尺长——客家童谣 100 首》230 多本。11 月 22 日，由县文联主办、县书画创作协承办的文化进万家采风创作活动在转水镇流洞村、长源村举行，10 多名书画家现场创作，为群众书写赠送书画作品，县人大常委会原常务副主任、县老促会会长钟赐传，县文联陈瑞成参加活动。11 月 25 日上午，温治邦版画研究会在五华县黄狮小学开展“版画进校园”活动，温治邦亲临现场指导，县文联胡小立，县教师发展中心温请先、李干超，温治邦版画研究会李娟和部分会员参加活动，李娟向学生讲解了版画的相关理论知识，并指导学生现场实践。12 月 2 日上午，县委常委、县委宣传部部长刘敬东在县文联领导张汉章、陈瑞成等人陪同下，走访慰问中国美术家协会会员、县版画艺术家温治邦，并到县硬笔书法协会调研。在温治邦家里，刘敬东与温老亲切交谈，详细了解新兴版画的发展历程、创作技巧和传统制作方法，现场观摩其创作的《叶剑英故里风光览胜》《客乡古韵》《岭南锦绣 10 米长卷》等版画作品。在县硬笔书协，刘敬东听取张中建的工作汇报，对协会近年来的工作成绩予以充分肯定，鼓励该协会争取在 2021 年创建“国家级硬笔书法教育名县”，对抓好书法教育提出相关要求。12 月 4 日，深圳市书协副主席邹坚一行到五华县参加交流活动。12 月 13 日，县文联、县书协、县硬协联合举办“五华县书法进万家系列活动”，组织 10 多位书画家走进长布镇元坑，开展中国现代足球发源地采风活动，书画家们现场创作，为元坑景区赠送 10 多幅书画作品，本次活动旨在通过书画家们的笔墨，传播足球文化，增强文化自信。12 月 17 日，市文艺志愿者协会“繁星计划——文学艺术进校园”到五华县第二小学教育集团沙溻校区开展文艺志愿服务活动。陈如娟、黄嫦红、邓梅兰、李翠婷等文艺志愿老师分别开展了客家筝、汉剧、舞蹈等艺术课堂。市文联党组成员、秘书长、市文艺志愿者协会会长谢映，客家文学院副院长罗卉，县文联秘书长罗俊峰，县志愿服务团钟秋良以及学校师生 600 多人参加活动。12 月 19 日，县楹联学会在县城举行《长乐联苑十周年作品集》首发式。徐水宏主持会议，县文联主席张汉章到会并讲话，县文联陈瑞成、罗俊峰，各协会负责人和文艺家代表缪德良、李雄坤、古从新、杨庆春等共 30 多人参加活动。12 月 26 日，县书协组织部分会员到“羲之风”开展书艺交流活动。2020 年，县文联会同县文广旅体局、县教育局联合举办了书香五华第二届读书月系列活动“美丽五华我的家”征文比赛，共征集参赛作品 130 篇，最终评出一等奖 2 名、二等奖 3 名、三等奖 5 名、优秀奖 10 名。县摄协组织开展“美丽梅州美好家园”主题摄影比赛，收到作品 220 幅，最终评出获奖作品 32 幅。县文联积极围绕“动员组织志愿者、志愿服务组织参与新冠肺炎疫情防控工作”主题，结合工作实际，成立志愿者服务队，相继开展疫情知识宣传、调查问卷测评、网格化责任区域消毒、清扫责任区域、办公大楼的疫情检测等，购置一批口罩、酒精等防疫物资，切实做好志愿服务的信息发布和服务时长登记，深化志愿服务。县书协组织举办五华县“东灵杯”书画作品展。县美协会同县文广旅体局、县文化馆举办“球王故里·宜居家园”美术作品展，展出张石玉、张峻峤、张森华、钟林泉、徐秋明、张志明、宋永霞7位画家53幅作品。古从新、张让兰、翁国剑等人被广东省岭南诗社聘任为常务理事及理事。

【出版刊物】 2020年，县文联编辑出版《长乐文艺》4期，发表县内外作者的文学作品40余万字，向社会各界赠书6500多册。县作协出版文艺报刊《五华作家》3期，五华诗社出版《琴江诗苑》1期，县楹联学会出版楹联报刊《长乐联苑》2期。

【出版专著】 2020年，张贺运散文集《村前的洗衣滩》由团结出版社出版发行。李雄坤对联作品集《眺塔楼对联选》由中国诗词楹联出版社出版发行。五华县楹联学会编印《长乐联苑十周年作品集》。

【文艺创作和获奖】 面对突如其来的新冠肺炎疫情，五华县各文艺协会迅速行动，组织广大会员开展“同舟共济，‘艺’起战疫”主题文艺创作，为抗疫鼓劲。县作协主席缪德良率先在县作协微信群发出通知，动员会员创作，创作了五句板《万众一心把疫防》、朗诵诗《春天的顽强》等作品，通过“喇叭村村响”在全县宣传。五华县文学作者创作抗疫作品351篇（件），其中小说3篇、散文3篇、新诗32首、古诗120首、童谣33篇、楹联32副、山歌90首、五句板30件、快板5件、小品2件、歌词17件。县书协、硬协、美协创作抗疫书画作品190多幅。上述作品分别通过“五华作协”“梅州市文联”等微信公众号发布宣传，产生积极的社会影响。其中缪德良、彭强、张让兰、张伯成、曾素香创作的抗疫题材作品入编梅州市文艺界抗击新冠肺炎疫情主题作品集《艺起战疫》，并入选“广东省文联抗疫主题文艺作品库”。作协何伟峰获梅州市“奋斗新时代，劳动最光荣”主题征文二等奖；周荣添获深圳“奋斗在深圳”征文潜力奖；张炼煌获“南国牡丹杯”广东汉剧60周年征文三等奖、尚骏杯“行走古驿道”主题征文优秀奖；刘杏红获首届羡林生态散文赛优秀奖；陈赞发、刘杏红、刘钰获梅州市“美丽梅州·美好家园”主题征文入围奖。诗社詹青获香港诗词评比优秀奖；张让兰获第二届广东省法治文化节“学法诵典”民法典原创朗诵诗作品分享会优秀作品；徐水宏获北京国艺新时代“抗疫心声”古典诗词组三等奖，并入围广东公安战“疫”优秀文艺作品；叶乃新获岭南诗社授予的“弘扬中华诗词荣誉奖”。楹联学会李雄坤春联作品获“广东道德新春联征集活动”优秀奖；张炼煌获广东省优秀联教教师、全国楹联教育先进工作者称号。民协曾素香山歌表演唱获五华县2020年度群文作品优秀奖；张让兰、曾素香山歌入选《客家风情》杂志2020第一期；刘杏红诗作入选2020《中国诗人》第6期、小戏获五华戏曲类优秀奖；河东下坝村周月明花灯作品获“2020中国（兴宁）花灯文化节暨广东省第八届花灯文化节”铜奖。摄协吴耀东入选“丰年人乐业·陇上踏歌行”——“广东脱贫攻坚、全面建成小康社会”主题摄影展；

叶朝阳获省摄协“摄影大篷车下基层”兴宁站评选优秀奖；陈克彪、翁国剑、张忠宏、张远清、钟林泉、宋彬等获省市摄影赛事奖项。书协徐方海获2019首届全国“封龙山杯”书法作品展楷书组三等奖、2019“中国书法·年展”全国楷书作品展前100名奖、2019第十四届广东省艺术节优秀美术作品展入围奖；黄法权、李秋梅入选中国书协书法培训中心2019年教学成果展；黄法权、胡丽华入选“大沥杯”广东省第六届中青年书法篆刻作品展；叶友双、张石玉入选由福建省迎接世遗大会再现名城风采“古韵汀州杯”书法作品展；张石乃、张石玉、古广新、李秋梅获第九届广东省新人新作书法作品展优秀奖。美协张森华入选“第十四届广东省艺术节优秀美术作品展”；张峻侨、张石玉入选广东省美术作品展，并获广东省第七届漆画作品展优秀奖；张石玉入选第三届广东省农民画展，入选“纪念黎雄才先生110周年诞辰”广东省中国画作品展；宋永霞获“不忘初心，筑梦丹青”梅州市女子线上美术作品展一等奖，2幅版画获2020年“印象·童年”梅州市首届“风眠杯”中小学生绘画大赛教师组一、二等奖；陈珊入选抗疫主题国际艺术作品展，并获2020年“印象·童年”梅州市首届“风眠杯”中小学生绘画大赛教师组优秀奖。硬协李姬辉获“全球青少年书画艺术大会”硬笔类全10强，陈国涛、邓国光、张晓丹获“宝安杯”全国硬笔书法大赛入选奖。

【加入上级协会】 2020年，各协会共培养、吸收新会员78人，推荐77名会员加入市、省和国家级协会，其中张峻侨、范松森加入中国美术家协会，宋国谦、邓丽萍、曾顺平、曾文芳、黄祖胜、廖威育、李静、温卫军、曾航、杨泗礼加入中国硬笔书法协会。

（罗俊峰）

县文联2020年度负责人名录

主　　席：张汉章
专职副主席：陈瑞成
兼职副主席：张文超
李仁安
张石乃
专职秘书长：罗俊峰

五华县残疾人联合会

【贯彻落实县中心工作】 五华县残疾人联合会（以下简称县残联）坚持围绕中心工作抓党建，抓好党建促发展的工作思路，扎实有效推进党员队伍的思想建设、组织建设、作风建设和制度建设，推动残联党建及各项工作上新台阶。一是认真履行党要管党、从严治党的职责。二是扎实巩固深化“不忘初心、牢记使命”主题教育成果，促使党员干部“四个意识”更加牢固、“四个自信”更加坚定、“两个维护”更加坚决。三是推进党风廉政建设和反腐败斗争。持续净化政治生态，党员干部底线意识、纪律意识进一步增强。四是全面完成“十件民生实事”工作任务。“扶持残疾人就业创业基地和残疾人自主创业就业80户”项目共帮扶资金71.5万元；为400名贫困白内障患者实施免费复明手术，共投入资金40万元；举办盲人智能生活班和盲人按摩班免费培训，共投入资金39.58万元。五是完成市重点建设项目——县残疾人托养中心。积极推进托养中心建设，协调相关单位完成建设项目的竣工验收结算，并遴选五华残疾人康复医院进驻运营，至年底已托养符合条件的残疾人62名。残疾人托养中心的建成使用，改善全县残疾人康复托养条件，收到明显的社会效益。六是超额完成向上争取资金目标任务。累计向上争取资金1226.76万元，完成任务的122.68%。七是严格落实“四方责任”，切实做好疫情防控工作。县残联严格贯彻落实县指挥部各项指令，切实做好各项疫情防控工作。悬挂宣传标语60多条，LED滚动宣传屏24小时全天播放宣传信息，开辟宣传栏6块，张贴宣传单、宣传画册、健康知识宣传单等60份，发放1万多本《新型冠状病毒感染防护》手册到残疾人手中。全年全县未出现无人照料的残疾人或残疾人感染新冠病毒等情况。八是全面做好扶贫工作，助力脱贫攻坚。营造全民扶残助残的良好氛围。全年接受74.5万元的社会捐资和多批物资捐赠用于残疾人事业；慰问困难残疾人300多人（户），送上慰问品、残疾人辅助器具、慰问金合计约20万元。开展上门评残服务，助力脱贫攻坚。为83名疑似残疾人的建档立卡贫困户开展上门评残服务，评定发放残疾人证77份，其中省挂牌督战的贫困户5人。全面落实脱贫攻坚挂牌督战任务。截至2020年底，帮助11027名建档立卡贫困残疾人在脱贫奔康路上迈出坚实步伐。落实全县未脱贫残疾人帮扶措施46户62人，通过各项助残惠残政策，全部达到“两不愁三保障”“八有”的贫困退出指标。做好挂点扶贫村的各项工作，共筹集资金5万多元，帮助双华镇军营村扎实开展精准扶贫精准脱贫攻坚工作。对贫困户进行遍访，发放慰问金、慰问品价值1.29万元。九是严格按照巡视整改要求，扎实完成各项巡视整改工作。对照县委巡视整改方案，县残联紧密联系本单位实际，认真梳理形成整改问题，研究制定《五华县残联党组落实省委第四巡视组反馈意见的整改落实方案》《五华县残联党组落实省委第四巡视组反馈意见的整改落实工作安排方案》，按时按质完成了各项巡视整改工作任务。十是扎实推进创文创卫工作。县残联党组按照创文创卫的相关文件精神和要求，积极开展“我们的节日”主题活动，积极落实“花卉园艺进机关、进校园、进企业”“文明健康有你有我”“美丽梅州·美好家园”等各项工作。同时落实党组织、在职党员到河东社区开展“双报到”服务工作，加强对网格化责任区域的服务、管理，全年累计组织党员干部职工到责任区开展卫生清洁、交通劝导等志愿者服务活动21次，解决街边店主反映的创文创卫问题2项；支持大布村委2万元创文创卫资金，对责任区东风队昭德楼老屋进行全面整修。积极为五华县创建全国文明城市做出应有的努力。十一是压实安全生产责任，实现全年零事故。县残联严格落实安全生产“一线三排”工作要求，认真开展“安全生产月”“安全生产万里行”等活动，不断加强对直属单位的安全生产监督、检查，切实增强安全生产意识，确保安全生产全年零事故。十二是加强基层治理，扎实做好信访维稳工作。认真做好重大节日期间的信访维稳工作，建立完善残疾人信访工作制度，热情接待残疾人的来信来访，并积极进行研判化解。同时充分发挥全县残疾人专职委员的作用，及时发现不稳定信息，抢先做好疏导化解工作，使矛盾化解在残联和基层，消除在萌芽状态。2020年未发生残疾人重大越级上访事件。十三是扎实推进法治政府建设工作。县残联以改善残疾人民生为落脚点，以保障残疾人权益为着力点，扎实推进法治政府建设工作：强化组织领导，聘请法律顾问；建立健全各项规章制度，做到依法行政；加强法律法规学习，提升依法行政能力和水平；持续推进“放管服”改革工作，将残疾人证办理的初审权等十件事项下放到镇并加强业务指导，提高为残疾人办事工作效率。

【按时完成县残联改革工作】 严格按照省、市残联改革工作的要求，经县政府批准，11 月 30 日，县残联印发《五华县残疾人联合会改革实施方案》。

【残疾人康复工作】 一是争取县政府出台《五华县残疾儿童康复救助实施办法》，基本实现残疾儿童应救尽救。2020 年为 0—6 周岁脑瘫儿童 52 人、智障儿童 34 人、孤独症儿童 75 人进行抢救性康复，异地康复服务 50 人。通过康复救助，将 8 名残疾儿童转介到普通幼儿园随班就读，融入集体生活。二是依托五华残疾人康复医院医生开展残疾人居家康复服务，2020 年完成居家康复服务 20 例。三是建立健全县、镇、村三级辅助器具服务网络，不断提升辅具器具专业化、个性化服务水平，精准适配，提供专业服务和上门服务。投入 5.1 万元，由物流公司直接将 585 件轮椅、护理床等辅助器具运送到残疾人手中，提升残疾人的幸福感。

【完成康复体育关爱家庭任务】 通过采取残联系统自建、与体育部门共建等方式，并结合居家康复服务、居家无障碍改造、残疾人动态更新调查等工作，全面完成建立 7 个体育健身示范点、培养 64 名体育健身指导员、为 255 名家庭经济困难的重度残疾人实施关爱家庭计划、实施 111 户文化进家庭“五个一”项目的工作任务。

【完成家庭医生签约服务工作】 切实将家庭医生签约服务作为提高残疾人医疗保障水平、有效解决残疾人因病致贫、因病返贫的重要举措，积极与卫健部门沟通协调，加强组织领导，完善协调机制，层层落实责任，精心组织实施。2020 年，五华县共有持证残疾人 35523 人，残疾人家庭医生签约数为 33296 人，签约率达到 93.73%，圆满完成家庭医生 80%的签约任务。

【推进“两类”女童的康复救助工作】 积极争取民政、教育、卫健、妇联等部门的支持，采取机构康复、社区康复、居家康复指导等多种途径合力推进，积极向全县 372 名未接受康复救助的“两类”女童提供康复医疗、辅助器具、功能训练、支持性服务、家庭医生签约等康复救助。

【残疾人民生保障工作】 2020 年，五华县护理补贴标准提高至每人 2820 元/年，共补贴 22670 人（2019 年度护理补贴 19311 人，增长 17.4%）；贫困生活津贴标准提高至每人 2100 元/年，共补贴 9425 人（2019 年贫困生活津贴 8318 人，增长 13.3%）。为持证重度残疾人和精神、智力残疾人（不含在校生）缴纳城乡居民基本养老保险，全年投保 6494 人。为 22634 名持证重度残疾人缴纳城乡居民基本医疗保险。

【残疾人就业、教育工作】 一是依托五华县残疾人职业培训基地，2020 年共培训 253

名残疾人学员。同时，认真贯彻落实《残疾人就业条例》，全年五华县分散按比例安排残疾人就业210名。二是组织4个残疾人创办企业的项目参加广东“众创杯”创业创新公益赛，在631个项目角逐中，“蓝记不锈钢大型加工厂”项目荣获企业组助残类第18名，成为广东省“众创杯”百强项目之一。4个项目共获得市自主创业扶持资金8.9万元。三是全年收缴残疾人就业保障金1046.79万元。疫情期间，县残联从残疾人就业保障金中为疫情期间5家残疾人服务机构拨付合计100万元扶助资金，有效保障残疾人服务机构的正常运行，满足残疾人的日常康复需求。四是实施残疾人事业专项彩票公益金学前教育助学工作，2020年资助30人，每人1000元，共资助3万元。持续实施“南粤扶残助学工程”和国家彩票公益金助学项目，2020年共补助24人（其中本科生5人、大专生19人），合计补助26.5万元。

【积极抓好残疾人培训教育工作】 投入10.06万元举办2期农村残疾人实用技术培训班，共培训122名有农村实用技术和扫盲培训需求的残疾人。投入10万元举办精准康复盲人定向行走培训班，共培训50人。试点网络培训，组织举办全县社区康园中心、社区康复站会员康复保健知识和心理抚慰远程培训班，共培训565名残疾人。

【助残活动】 2020年，县残联在第三十次法定“全国助残日”期间，广泛开展系列助残活动。一是围绕第三十次全国助残日主题，助残脱贫，决胜小康。5月12日开始，县残联牵头组织评残专家组、五华县康泰精神病医院专家一行，到龙村、华阳等偏远乡镇上门组织建档立卡贫困户疑似残疾人进行评残工作，真正将惠民举措落到实处，解决服务群众“最后一公里”问题。二是在五华县残疾人康复中心举办残疾人专场招聘会，提供岗位50多个，现场发放200余份宣传资料，现场达成意向人数8人。三是在助残日期间前往福利院、残疾儿童家庭等开展特殊儿童的慰问，为20多名特殊儿童送上学习生活用品、防疫物资等，通过在“五华青年”微信公众号发布公益广告、县志愿服务总站电子显示屏上滚动播放全国助残日宣传口号等方式，广泛开展线上助残日的宣传活动。四是通过新闻媒体加强宣传报道，县委宣传部、广东省残联等先后报道独臂青年蓝荣杰、李广祥，聋哑人团队创业，残疾人专职委员李亚臻、陈远华等优秀典型事迹。

【办理残疾人证工作】 2020年，县残联认真贯彻落实《〈中华人民共和国残疾人证管理办法〉广东省实施细则》，做好新的残疾人证办理系统的实施、运行工作，做好一系列的政策文件宣传，全年共办理核发残疾证2758件，到期换领残疾证1546件。同时扎实做好残疾人证档案整理、管理工作，搭建数字化档案管理系统。

县残联2020年度负责人名录

理 事 长： 邱小梅（任至4月）
理 事 长： 魏华中（4月任职）
副理事长： 陈裕杰（任至5月）
曾志青（5月任职）
张思远（7月任职）

法　治

政法委及综治

【简况】 县委政法委是县委领导和管理政法工作的职能部门，为正科级，列县委工作机关序列，属党委工作部门。中共五华县政法系统工作委员会负责公安局党委、检察院党总支、法院党总支、政法委机关党支部、司法局党支部的党建工作。

【政治安全和社会稳定工作】 2020年，县委政法委始终坚持把维护国家政治安全作为政法工作的首要任务，坚持总体国家安全观，紧扣做好庆祝经济特区建立40周年维稳安保工作这一全年防风险、保安全、护稳定、促发展主题主线，深入开展维护国家政治安全“八个专项行动”、社会矛盾问题“八个专项治理”和农工商领域涉疫情矛盾纠纷排查化解专项治理。紧扣做好“六稳”工作、落实“六保”任务要求，统筹推进疫情常态化防控和经济社会发展工作，精确掌握影响社会稳定的各类风险隐患，健全完善社会稳定风险评估机制，积极有效预防和及时调处新产生的风险隐患。2020年度共完成4个重点项目的社会稳定风险评估。强化部门联动协作和信息互通，密切关注社会面舆情动态。深入推进反邪教各项工作，压实基层党政责任，落实包保责任和后续帮教稳控工作；开展“敲门行动”专项工作和“喊妈妈回家”工程，深入摸排核查全县辖区内邪教组织人员的基础信息，抓紧抓实疫情期间的防邪反邪工作，做好接茬帮教和后续巩固工作，并开展依法打击和取缔“精神传销”有害培训专项工作。2020年度，全县超额完成上级下达的抗疫、反邪宣传链接点击阅读量指标66480次，发放反邪宣传资料3.5万多份；编排反邪节目到全县各镇巡回演出，宣传义演活动在《梅州日报》登载。

【综治平安建设工作】 2020年，县委政法委稳步推进社会治理现代化，多元共治格局逐步形成。其中，以科技赋能基层社会治理的省“维稳工作示范点”创建工作和市域社会治理现代化推进工作均取得良好的社会效果，健全完善维稳工作机制，进一步打通服务群众的“最后一米”。纵深推进平安建设（综治）各项工作，加快提升社会综合治理水平，组织开展平安村（社区）的达标验收和“回头看”工作，进一步巩固前期平安建设的成效；扎实做好“综治中心+网格化+

信息化”工作，强化巡查、上传上报和分拨处置，提高网格事件处置率。五华县网格活跃度持续保持全市前列，得到市委政法委的充分肯定。做好严重精神障碍患者救治救助和服务管理工作，抓好药物发放、列管监护、鉴定面访等环节的重点工作，确保不漏管、不失管。发挥基层治理网格化在统筹推进疫情防控中的机制优势，统筹协调全县镇村510个“三人小组”负责对公安推送数据进行核查，做好疫情期间的“双防”工作，加强境外和国内疫情高风险地区来（返）五华人员的排查管控衔接。截至12月，全县镇村“三人小组”共接收公安推送大数据22367条，落地排查推送数据22358人次。

【扫黑除恶专项斗争工作】 2020年，县委政法委认真贯彻落实习近平总书记关于扫黑除恶专项斗争系列重要指示批示精神，按照中央、省、市和县委的统一部署，统筹抓好扫黑除恶专项斗争工作，建立“逐案核、面上查、群众报”的线索摸排机制，强力推进“六清”行动工作，狠抓线索摸排工作中核查、回复和办结环节，推动专项斗争走深走实；2020年顺利通过水寨、安流、棉洋、华阳镇的重点专项整治验收工作和市委政法委挂牌整治后进镇岐岭镇的重点整治工作；完善和落实政法机关与纪检监察机关协调联动机制，进一步压实打“伞”责任，推动打“伞”取得突破，提升打“伞”层级，扩大挖“伞”战果。强推“六清”行动，推动深挖彻查，持续精准发力，始终保持高压穷追猛打的态势推进深入治理，准确把握舆论导向，向黑恶势力发起总攻，持续扩大战果，确保依法打深打透、除恶务尽。

【执法监督工作】 2020年，县委政法委扎实做好涉法涉诉信访积案甄别工作，有效甄别本县核实属于专项清理的积案4宗；严格落实“五个一”工作要求，认真开展涉法涉诉信访积案“清零”专项行动，于11月提前完成省、市交办任务。继续加强行政执法和刑事司法衔接工作，建立层级责任制，督促行政执法机关移送案件，监督公安机关立案侦查，提升打击合力，扩大法律及社会效果。落实《领导干部干预司法活动、插手具体案件处理的记录、通报和责任追究规定》《司法机关内部人员过问案件的记录和责任追究规定》等“两规定一办法”。截至年底，未有领导干部干预司法活动、插手具体案件处理的记录情况。

【法学工作】 2020年，五华县大力发挥法学工作在推进全面依法治国、建设社会主义法治国家的积极作用，组织法学会等相关单位开展民法典专题普法活动、“百名法学家百场报告会”五华县学习民法典专题报告会和“青年普法志愿者法治文化基层行”活动，引导青年法学法律工作者深入基层，弘扬法治理念，普及法律知识，开展公益法律服务，营造全社会尊法、学法、守法、用法的良好氛围，大力推进法治五华建设。

中共五华县委政法委员会2020年度负责人名录

书　记：傅国强
第一副书记：赖　勤（任至9月）
李政江（9月起任）
常务副书记：龙谨平
副 书 记：曾焕章
彭思鹏

政法委委员：张晓辉
温汉珍
曾患鑫
张祝平
廖素媚
专职委员：黄国雄
曾少廉
朱幼雄
邹林茂
陈宏忠（任至12月）
李建中

公　安

【队伍建设】　五华县公安局坚持政治建警、规范管理、素质强警、严格治警、正向激励五项举措，严格落实“三会一课”制度，大力推进基层组织建设三年行动计划和“筑基工程”，创新完善战时思想政治工作机制，精心组织全警实战大练兵活动。设立“中共五华县公安局机关委员会”“中共五华县公安局机关纪律检查委员会”，升格“中共五华县公安局交警大队总支部委员会”，完成局机关17个党支部换届选举。深入推进“坚持政治建警全面从严治警”教育整顿活动，持续深化党风廉政和纪律作风建设，五华全县公安机关24个集体和77名个人受到市级以上表彰奖励，涌现出“全省优秀公安基层单位”刑侦大队等先进集体以及“全省特级优秀人民警察”张炳忠、“新时代南粤民警巾帼之星”魏清芳等一批警队楷模和先进典型。

【疫情防控】　疫情防控工作开展以来，县公安局成立疫情防控和大数据工作专班，充分依托省厅、市局大数据平台，开展涉疫情数据汇总、动态追踪、比对核查等工作，准确落地核查反馈涉疫情人员，查处涉疫情违法犯罪案件。同时，依托全市率先研发使用的“出租屋和流动人口管理登记”App系统，服务全县疫情防控并助力企业复工复产，得到五华县委、县政府主要领导和县疫情防控指挥部的高度肯定。创新控人、控点、控面的“三控”机制，把严社区防控、通道查控、社会面管控“三道防线”。坚持党建引领，成立47支战时党员突击队、青年先锋队，开展战时表彰4批49人。

【社会维稳】　聚焦维稳第一要务，围绕全国两会、中甲足球联赛等安保活动，对全县不稳定因素按照业务分类、挂点分工，全面压实各警种各部门和领导干部、具体民警的维稳工作责任，全力打好全警情报应用、网络环境净化、涉稳风险化解、反恐处突智慧应用五大战役，被评为“梅州市安保维稳先进集体”。成功处置不稳定事件16起，发布舆情反制信息1560条。坚持打牢防范暴恐活动基础，依托新建成的战训基地，创新“战训合一”勤务模式，推动举办反恐处突暨应急拉动演练活动。

【严打整治】　聚焦打击主业，坚持创新打击模式，规范运行工作机制，瞄准“梅安2020”“飓风2020”专项行动打击重点，向各类犯罪发起凌厉攻势，全年成功破获“4·21”廖某兰故意伤害致死案、涉案价值近300万元的陈某彬职务侵占案等案件1040宗，抓获作案团伙成员818人，刑事拘留590人，提请逮捕415人，抓获潜逃27年绑架案逃犯张某宽等各类逃犯202人；毒品问题重点整治关注地区已于2020年5月8日成功摘帽。扫黑除恶专项斗争方面：聚焦涉互联网黑恶犯罪、食品行业黑恶犯罪等重点，做强专业队伍，深化线索核查、宣传发动、专案攻坚，持续“打伞破网”“打财断血”。2020年，共打掉涉恶犯罪团伙22个，刑事拘留218人，提请逮捕143人；打掉恶势力犯罪集团2宗，联合市局经营的1宗涉黑案件已被省厅认定；查处涉案国家公职人员及村干部22名；核查各类线索180条；查封扣押冻结财物折款3634万元；抓获逃犯43人，“铁网6”追逃任务已全部完成。侦破命案方面：坚持传统与科技手段并用，破现案和积案并重，成功破获2019年“12·30”梁某、冯某文故意伤害致张某死亡案件等现发命案4宗及2002年“4·21”廖某兰故意伤害致死案命案积案1宗；成功抓获潜逃26年的命案逃犯黄某党、潜逃23年命案逃犯陈某康。“护苗”专项行动方面：成立领导小组和工作专班，制定细化工作方案，建立和健全“四快”“四专”工作机制，重拳打击性侵害妇女尤其是未成年少女的犯罪，维护妇女的合法权益。2020年共破获强奸案件29宗，其中2020年现发案件25宗全部告破；抓获犯罪嫌疑人36人。破民生小案方面：认真落实在线快速合成破盗抢骗小案工作机制，建立32个破小案专业队，依托警种联动、资源共享、科技支撑，严厉打击盗抢骗违法犯罪，全年立盗抢骗案件489宗、同比下降15.54%，破案626宗，刑事拘留108人，提请逮捕76人，破获跨省系列盗窃案件30宗。打击电信诈骗犯罪方面：坚持以打开路、快打严打，在全市率先成立五华县反诈中心并实现实体化运作，做强反电信诈骗专业队伍，深入推进打击整治电信网络诈骗新型犯罪专项行动，共破获案件101宗，抓获涉电诈人员85人，刑事拘留53人，提请逮捕34人。

【四大工程】　一是推进智慧警务工程。围绕“人、地、事、物、组织”五类感知对象推进全县感知网建设。二是推进品牌塑造工程。深化2019年3个创新项目的应用推广，“多元警务联勤中心”在服务实战方面作用不断显现，协助侦查破案397宗，抓获犯罪嫌疑人662名，其中部督捕逃犯4名；不断优化丰富“平安大喇叭”宣传载体和形式，在助推打击治理电信网络诈骗方面取得良好的宣传防范效果。三是推进创新项目工程。研发集禁毒、反诈、日常基础管控等功能为一体的“多元管控一网通”，完成对全县在册人员进行登记并实施管控，阶段性实现吸毒人员管控“零”脱失、易制毒化学品“零”流失。四是推进强基固本工程。推出“人（民警、机器人）+车（装甲车、电瓶车）+犬（警犬）”的“显性用警”巡防模式，创新“定人、定点、定岗、定责”大型活动安保工作模式，全面推动全县治安防控体系建设提档升级。持续推进三年固本强基工程，完成12个“枫桥式公安派出所”和1个“红色派出所”创建工作。

【三大行动】　一是大力实施民生问题整治行动。紧抓文明卫生城市创建，大力推动农村地区道路交通安全整治行动，改善道路通行环境，全县交通事故总数、受伤人数、死亡人数同比2019年分别下降6.8%、15.2%、12.5%。密切行业主管部门联动配合，严厉打击涉食药环、野生动物等民生领域犯罪，破获涉食药环案件29宗，抓获犯罪嫌疑人

32 人；侦破涉野生动物资源犯罪案件 8 起，抓获违法犯罪嫌疑人 15 名。二是大力实施政务服务提档行动。持续深化公安“放管服”改革，严格落实省厅 20 项复工复产惠企举措、公安便民举措，完成智慧出入境大厅建设，已建成 24 小时自助办证厅 32 个，投放自助办证一体机 41 台。不断延伸扩展车管业务，启用五华汽车科目二、科目三考场，实现驾考学员在五华县内完成全部考试项目。三是大力实施规范执法升级行动。深入开展“法治公安行动计划”，完善专项执法巡查制度及个案核查机制。依托智慧执法办案中心，完成案件管理系统和华城派出所智能执法办案场所等建设，不断提升执法规范化信息化智能化水平，在县“谁执法谁普法”履职评议工作中取得优秀等次。

（李君奎　魏清芳　徐志凡）

五华县公安局 2020 年度负责人名录

党委书记、局长：

赖　勤（党委书记任至 9 月、局长任至 10 月）

李政江（党委书记 9 月任职、局长 10 月任职）

党委副书记、政委：曾患鑫

副书记、常务副局长：刘柏青

党委委员、副局长：张长安

张炳忠（12 月任职）

邓　锐（12 月任职）

张治标（任至 12 月）

汤岸辉（任至 12 月）

古新华（任至 12 月）

党委委员：曾幸辉（12 月任职）

曾国辉（任至 12 月）

党委委员（驻局纪检监察组组长）：

曾　波（4 月任职）

陈幼文（任至 4 月）

检　察

【简况】　2020 年，五华县人民检察院（以下简称县检察院）在县委和上级检察机关的正确领导下，坚持以习近平新时代中国特色社会主义思想为指导，深入学习贯彻习近平总书记出席深圳经济特区建立 40 周年庆祝大会和视察广东重要讲话、重要指示精神，紧紧围绕全县工作大局，凝心聚力，务实创新，扎实工作，推动“四大检察”全面协调充分发展，检察工作取得新的成绩。县检察院被评为“全国先进基层检察院”，继续保留“广东省文明单位”荣誉称号，多项工作经验得到省、市检察院推广。县检察系统有 4 个集体、13 名干警获市级以上表彰。

【刑事检察】　依法履行批捕起诉职能，受理批捕案件 326 件 607 人，经审查，批准逮捕 239 件 433 人；受理移送审查起诉 376 件 603 人，经审查，提起公诉 326 件 474 人。开展扫黑除恶专项斗争以来，依法严惩黑恶势力犯罪，打好扫黑除恶专项斗争收官战，批捕 5 件 41 人，起诉 6 件 77 人。主动服务疫情防控大局，批准逮捕涉疫刑事犯罪 6 人、起诉 6 人，办理野生动物保护领域公益诉讼案件 1 件。坚持宽严相济刑事政策，依法决定不批捕 76 件 160 人，不起诉 11 件 16 人。构建检察工作与监察工作衔接机制，受理监察委员会移送案件 3 件，批捕 3 人，起诉 3 人，切实肩负起检察环节反腐败斗争政治责任。

【民事行政检察、公益诉讼工作】　受理行政检察监督案件 8 件，提出检察建议 4 件，依法不支持监督申请3件，同步做好释法说理、息诉服判工作。与县司法局建立行政检察与行政执法监督衔接工作机制，牵头召开全县行政检察与行政执法监督衔接工作会议，推动检察监督与行政机关内部监督的有机贯通、互相强化。开展行政非诉执行专项监督，立案4宗，其中黄某违法占用农用地案入选全省行政非诉执行监督典型案例。擦亮公益诉讼工作品牌，在全市率先建立“河长+检察长”工作机制，联合县河长办持续开展清“四乱”专项行动，处理涉河案件22宗，办理公益诉讼案件17件，促进江河长治久清，该工作经验和做法在省、市检察院推广，广东卫视《新闻联播》、《南方日报》等媒体作了报道。针对烈士纪念设施存在疏于管理维护的情况，向相关部门发出检察建议，督促其依法履职，工作得到县委主要领导肯定，县退役军人事务局专门制定《五华县零散烈士纪念设施管理办法》，让烈士纪念设施保护工作有章可循。拓宽办案新领域，办理了小区消防通道违法占用案、全市首宗文物公益保护案——祥裕楼文物保护案，在社会上引起积极回响。2020年，办理公益诉讼案件71件，其中刑事附带民事公益诉讼案件2件，4宗案件入选省检察院典型案例。

【刑事执行检察】　加强社区矫正法律监督，在全市创新设立社区矫正巡回检察工作点，实现社区矫正与法律监督无缝对接，检察、司法两家实现信息共享，进一步推动五华县社区矫正检察工作由定期化向常态化转变。针对社区矫正、财产刑等刑罚执行提出书面纠正意见23件，促进刑罚严格执行，严防“纸面服刑”。

【控告申诉检察】　部署开展信访积案清理行动，办理群众来信来访816件，均在7日内告知“收到了、谁在办”，3个月内办理过程或结果答复率100%，打造“枫桥经验”检察版。举行“民有所呼，我有所应”检察宣传周活动，带案下访46件，检察长、副检察长接待信访群众48批次136人。邀请人大代表、政协委员多方参与，对疑难案件公开听证，摆事实、举证据、释法理，让司法与民意同频共振、社会与法治相互成全。聚焦决战脱贫攻坚之年的目标任务，加强国家司法救助工作,向6名因案致贫的刑事被害人发放司法救助金11万余元,罗某婷救助案获评“全省检察机关国家司法救助工作服务脱贫攻坚优质案件”。

【案件管理工作】　全年共受理分流各类案件702件1210人,结案移送676件1138人;接收赃证款物2355件;接待律师阅卷123次，案件信息查询285人次。制作电子卷宗385件1418册。向社会发布案件程序性信息1192条，公开法律文书320份。组织撰写调研文章16篇次，其中被省级以上部门采用6篇。

【信息、宣传工作】　全年共撰写材料320篇，上报后被上级党政机关和省、市检察机关采用100多篇次。组写宣传稿件410篇，被各级新闻媒体采用550篇（次），其中国家级25篇、省级35篇、市级88篇。制作五华首个法治电视栏目——《检察视点》，与广东省检察院、佛山市检察院联合出品宣传视频《我是谁？我为了什么……》，积极推进新媒体平台建设，提高五华检察的公信力和亲和力。

【派驻检察室工作】 推进“一镇一检察官”和派驻检察室工作，主动靠前为当地党委政府提供法律服务，打通服务群众“最后一公里”，努力为人民群众、为社会提供更好更优更实在的法治产品和检察产品。

【未成年人检察工作】 对侵害未成年人权益犯罪零容忍，批捕93人，起诉67人，坚持教育、感化、挽救方针，依法附条件不起诉涉罪未成年人1人，让司法既有力度又有温度。抓好“一号检察建议”落实，联合妇联、教育等部门建立保护妇女权益工作合作机制，构筑起保障未成年人健康成长的“防火墙”。深化“法治进校园”、班子成员担任法治副校长活动，防疫期间面向乡村孩子、困境儿童，开设“云”课堂，让法治阳光伴随孩子健康成长。1宗案例入选《广东未成年人检察工作白皮书》。

【荣誉】 2020年1月，五华县人民检察院办公室被梅州市人民检察院评为“集体三等功”。1月，张文军、廖立被梅州市人民检察院记“个人三等功”，李晓斌、李家豪、廖炯龙、张智文、温灵、叶洁、胡伟琪、邹育标、胡秀娟、汤剑礼被记“个人嘉奖”。2月，五华县人民检察院被五华县人民政府评为“2019年度无偿献血工作先进单位”。

2020年2月，五华县人民检察院被中共五华县委、五华县人民政府评为“2019年度机关作风建设先进单位”。2月，李永强被中共五华县委、五华县人民政府评为“2020年度无偿献血工作先进个人”。5月，五华县人民检察院团支部被共青团梅州市委评为“梅州市五四红旗团支部”。

2020年5月，吴怡被共青团五华县委评为“五华县优秀团员”。

2020年7月，蔡仕强被五华县精神文明建设委员会评为“2019年度五华县精神文明建设先进工作者”荣誉称号。2020年，廖嘉婷在全省第十八期司法警察培训班中，被广东省人民检察院司法警察总队评为“优秀学员”。11月，五华县人民检察院被最高人民检察院授予“全国先进基层检察院”荣誉称号。12月，五华县人民检察院被中共广东省委、广东省人民政府复查确认保留“广东省文明单位”。

五华县检察院2020年度负责人名录

检 察 长：温汉珍

副检察长：彭　宙（至11月）

曾添香　　李永强

党组成员：蔡仕强

胡远清

何志容

法　　院

【刑事审判】 2020年，五华县人民法院刑事审判严格遵循罪刑法定，恪守诉讼时限，规范量刑节点，严格把握事实关、证据关，依法打击犯罪，全年审结各类刑事案件354件，对549名被告人判处刑罚，及时公正判处扰乱社会治安犯罪110件、侵犯人身财产犯罪72件、危害公共安全犯罪66件、危害市场经济秩序犯罪16件，依法审结李某涛等4人强迫卖淫、李某锋等4人强奸等一批重大和典型案件，有力震慑违法犯罪，维护社会长治久安。同时，扎实开展电信网络新型违法犯罪专项打击治理，判处有关犯罪分子39人。牵头与县检察院、公安局联合出台《规范办理取保候审相关手续的执法指引》，进一步规范取保候审工作。

【民商审判】　2020 年，县法院民事审判工作坚持调判结合，强化定纷止争，追求案结事了，关注民生权益，维护交易安全，严格把控程序关、实体关，准确适用法律，全年审结民事案件 3320 件，妥善处理婚姻家庭和继承纠纷 1165 件、各类合同纠纷 1581 件、侵权责任纠纷 169 件，解决一批与群众利益息息相关、涉及地方重点建设和重点项目的民商事案件，护航经济社会稳定发展。妥善解决涉行政事业单位劳动争议，为解决此类纠纷明确司法导向，有力维护公共利益。妥善解决人居环境、美丽乡村、基础设施建设中涉及的各项纠纷，依法审理郭田镇某村村民状告高速公路建设单位、水寨镇某村委与曾某涉公园项目建设土地争议等案件，有效助力乡村振兴发展，有效促进法律效果和社会效果的有机统一。

【执行工作】　2020 年，县法院执行工作紧紧立足山区实际，积极开展执行创新，不断地改进工作方法，规范执行行为，拓宽执行渠道，用足强制措施，努力兑现胜诉权益，强力开展“南粤执行风暴 2020”“雷霆行动”等专项执行行动。全年执结案件 1562 件，同比上升 32.7%，执结到位金额 5117 万元，移送涉嫌拒执犯罪给公安侦查 3 件 3 人，司法拘留 4 人次，司法拍卖 75 次，成交金额 1849 万多元，公布失信被执行人 1083 人次，限制高消费 873 人次，有力地维护司法权威，保障当事人的合法权益。

【立案信访】　2020 年，县法院加快建设一站式诉讼服务中心，不断完善各项便民利民功能，实现硬件、功能、服务同步升级，诉讼服务中心全年共受理案件 3779 件，接待群众超过 8000 人次。不断提升诉讼服务集约化智能化水平，推动立案、庭审、调解等工作“线上”开展，推进电子卷宗、电子送达、庭审直播等智慧法院服务。推进跨区域协作立案机制，办理跨区域立案申请 13 件，构建“家门口起诉”新模式。强化司法人文关怀，为 20 名经济困难当事人缓减免交诉讼费 10916 元，为符合司法救助条件的 16 宗案件 19 名申请执行人发放司法救助金 30 万元，切实让人民群众感受到司法温暖。加强涉诉信访化解，加大领导干部轮班接访力度，进一步畅通群众反映诉求渠道，处理来信来访 16 件 46 人次。

五华县人民法院 2020 年度单位负责人名录

院　长：张晓辉

副院长：张国渊

曾伟平（任至 7 月）

孔建明

司法行政

【普法宣传教育】　2020 年，五华县司法局高度重视疫情防控，制定发布《五华县司法局关于遵守疫情防控有关法律规定的通告》《五华县新型冠状病毒感染的肺炎疫情防控工作法律法规宣传手册》、防疫宣传横幅标语、海报、宣传栏等。依托县邮政储蓄网点信息发布平台，在全县 18 个邮政网点集中开展疫情防控全民公益普法宣传；录制五华客家话版“防控疫情法律宣传”MP3 音频，营造依法防疫浓厚氛围。全力抓好“七五”普法工作。深入开展企业“法治体检”活动，5 月分别在广东富胜实业股份有限公司、县一建公司和五华县职业技术学校开展企业“法治体检”活动。开展“全民国家安全教育日”宣传活动，组织开展《中华人民共和国社区矫正法》、保护野生动物、森林防火法律知识等专项学习宣传活动。启动民法典学习宣传活动，成立五华县民法典普法宣讲团，依托省国家工作人员网上学法考试系统组织开展民法典网上专题学习，举办五华县领导干部民法典专题报告会，承办 2020 年梅州市中小学生“民法典故事会”征文大赛，征订民法典单行本 1000 本，编印《〈民法典〉50 问》1000 份、宣传单 2000 份、宣传海报 30 张等发放至两会参会人员及各司法所，制作 10 个《民法典与生活同行》展板开展展览活动。举行“12 · 4”国家宪法日集中宣传暨五华县民法典主题公园开园活动，该公园是梅州市首个民法典主题公园，在全县范围内开展“宪法宣传周”系列活动。2020 年共开展各类宣传活动 300 多场次，印刷、散发各类宣传资料 30 万多本（份），共出黑板报 30 多期、张贴宣传标语 2000 多条，累计受教育干部群众、青少年超过 50 多万人次。做好 2020 年度五华县国家机关“谁执法谁普法”履职报告评议活动，县公安局、县农业农村局、县医疗保障局、县信访局、河东镇人民政府、安流镇人民政府 6 个单位为 2020 年五华县国家机关“谁执法谁普法”履职报告评议单位。着力推进法治乡村建设，全县共 447 个“民主法治村（社区）”全面完成省级“民主法治村（社区）”创建工作，实现全县“民主法治村（社区）”的全覆盖。加强县司法局打击治理电信网络诈骗新型违法犯罪工作，在县司法局、长乐公园设置“防范电信诈骗”宣传栏，编印《防范电信诈骗宣传手册》3000 份和海报 30 份分发到各司法所进行宣传。

【全面依法治县】 2020 年，五华县司法局深入贯彻落实习近平总书记在中央全面依法治国委员会第一次、第二次、第三次会议上重要讲话精神、中央全面依法治国工作会议，切实把习近平法治思想贯彻落实到位。印发《五华县关于贯彻落实〈广东省落实中央依法治国办党政主要负责人履行推进法治建设第一责任人职责情况列入年终述职内容试点工作实施方案〉的方案》（华法治办〔2020〕4 号），切实做好五华县党政主要负责人履行推进法治建设第一责任人职责情况列入年终述职内容试点工作。根据广东省《关于深化乡镇体制改革完善基层治理体系的意见》,收集汇总《县级行政执法权限下放乡镇权责目录清单（第一批）》行政执法权限下放事项共 352 项上报市司法局，经市司法局综合调整为 517 项。做好乡镇体制改革下放政务服务事项目录，涉及司法局下放事项有 3 项,均已完成下放事项相关工作；完成编制五华县公共法律服务领域基层政务公开标准目录。加强对法治政府建设宣传，做好五华县人民政府创建省级法治政府建设示范单位工作，2020 年创建各项工作已基本落实到位。

【行政执法监督】 2020 年，五华县司法局全面推行行政执法三项制度，抽调县委依法治县委员会成员单位的领导干部组成督查组到行政执法单位检查法治创建和行政执法案卷。2020 年度，县镇二级 42 个行政执法主体实施各类行政执法行为共计144348宗。其中行政检查4913宗、行政许可44907宗、行政处罚88699宗、行政强制5602宗、行政征收227宗；对公证、法援和基层法律服务所制定随机抽查工作方案，落实“双随机、一公开”监管工作；创新行政执法监督工作方式，开展五华县行政检察与行政执法监督衔接工作，制定《五华县人民检察院五华县司法局关于加强行政检察与行政执法监督衔接工作的实施意见》；组织两期执法人员参加网上法律知识考试，有490人报名参考，通过率97%；五华县县镇二级行政执法人员现持有行政执法证1140张，其中2020年新增办证156张。

【行政复议和应诉工作】 2020年，五华县司法局进一步推进行政复议规范化建设，继续提升行政复议和应诉案件的办案质量，加大行政复议案件办理力度，提高办理效率，下发《五华县对行政败诉、被复议纠错案件实施行政过错责任追究暂行办法》，纠正违法和不当的行政行为。2020年度共受理行政复议申请50宗，共办理行政应诉案件52宗。

【规范性文件监督管理】 2020年，五华县司法局严格遵守规范性文件的制定、审查、备案各个环节管理程序，全年全县出台规范性文件9件，均进行备案，同时上传至备案审查信息平台。积极开展民法典涉及行政法规、规章和行政规范性文件清理工作，对不符合改革决策和上位法规定的规范性文件及时修改、废止。2020年，行政规范性文件清理工作中共梳理总数为24个，拟修订数量1件，失效9件。以规范重大行政决策程序为抓手，促进行政机关科学民主依法决策，共制定并公布12项重大行政决策事项，公开征求意见的有10项，举行听证的2项，征求相关部门意见与协商的12项，专家论证的4项，风险评估的4项，公平竞争审查的3项，合法性审查12项，集体讨论决定12项，向同级党委请示4项。

【法律顾问工作】 2020年，五华县司法局全力推进政府法律顾问工作，做好五华县第二届兼职政府法律顾问审核遴选等工作，共聘用5人担任县人民政府兼职法律顾问。按县领导AB角搭配分工的要求,将五华县7名公职律师及5名县政府法律顾问分别挂钩联系县领导。截至年底，法律顾问帮助县政府领导解决法治问题36件。深化律师参与“一村（社区）一法律顾问”工作。重新安排97名律师担任全县446个村的法律顾问（五华新增的2个村暂未列入省专项预算）。2020年，村（社区）法律顾问共开展法治宣传14850场次，受教育124388人次，接受咨询11206人次，出具法律意见419件，办理法律援助事项103件，参与调处矛盾纠纷122宗，办结83宗。加强律师管理工作。深入推进律师制度改革，4月，对五华县的律师事务所开展行政检查，针对大部分基层法律服务所制度建立不健全、内部管理混乱、未按照规定开展执业活动等情况，对全县16个基层法律服务所进行全面整改；规范开展基层法律服务业务，明确公职人员兼职基层法律服务工作者不得办理有偿法律服务。截至年底，整改完毕2个，正在整改1个。

【扫黑除恶专项斗争】 2020年，五华县司法局持续开展村（居）“两委”换届选举矛盾纠纷的排查和调解工作。全力推进扫黑除恶专项斗争，进一步加大线索深挖和彻查力度，自开展工作以来接收线索 4 条。

【人民调解工作】 2020 年，五华县司法局持续全面推进人民调解工作，镇村调委会的调解成功率为 98%以上。落实人民调解以案定补制度，2020 年度办理以案定补案件 308 宗，比 2019 年增长 31%，发放以案定补经费 85300 元，比 2019 年增长 21%；完善县级医疗纠纷人民调解委员会。在本局机关以及在华城、安流、横陂和梅林镇设立个人品牌调解室，其中横陂为新设，个人品牌调解室的设立为五华县开展矛盾纠纷化解工作提供新思路。

【社区矫正工作】 2020 年，五华县司法局做好动态掌握社区矫正对象行踪，通过手机定位、电话抽查、社矫对象定期电话报到、微信共享位置等多种方式，充分掌握社区矫正对象的活动情况，每天有 50%以上的社区矫正对象接受人机分离抽查。严格落实请销假制度，强化社矫对象抗“疫”期间教育矫正，通过微信推送、远程教育等形式和途径做好矫正对象“在线”教育。联合县检察院对全县社区矫正工作进行巡回检察，截至年底巡回检察已覆盖全县 16 个司法所和县司法局社区矫正管理局，共收到县检察院《监督意见书》共 11 份，对发现的问题均进行及时整改。积极探索推进社矫心理矫治工作，截至年底已初步完成心理矫治工作制度、工作流程和心理测量流程的工作，并对随机抽取的 19 名社矫对象（成年人）和 6 名未成年社矫对象进行心理测评和建立心理档案。积极推进《中华人民共和国社区矫正法》宣传工作，制作宣传条幅，在局机关服务大厅及镇政府电子显示屏 24 小时滚动播放《中华人民共和国社区矫正法》宣传标语。截至年底，在矫 399 人，累计接收 4007 人、累计解除 3602 人。做好安置帮教工作，落实好刑释前安置帮教人员接送及刑释后帮教工作，2020 年全县刑释人员衔接总数 424 人，社区释矫人员 435 人，全部落实一人一档，重点帮教人员 78 人，对重点帮教对象实行必接必送。

【公共法律服务体系建设】 2020 年，五华县司法局全力加强公共法律服务体系和平台建设。完善郭田村、潭下镇金石村、品畲村的公共法律服务工作室。完善公共法律服务领导干部接待日制度，并在“12348”法网平台完善各公共法律服务工作站、室的场景图片，负责人联系方式，“12348”法网工单共接 18 单，已完成 18 单。完善公共法律服务实体平台、“12348”语音平台、“掌上律师”网络平台等“三大平台”融合发展。做好公证、法律援助工作。拓展公证业务服务领域，优化便民服务措施，努力提高公证质量。加大对农民工、残疾人、低保户、扶贫户等特殊社会弱势群体的援助力度。2020 年，共办结各类公证 1740 件，办理法律援助案件 541 宗，法律援助服务大厅共接受并解答法律咨询 1189 人次，“12348”法律服务热线承担大部分的电话法律咨询。

【司法行政队伍建设】 2020 年，五华县司法局全力抓好“首题必政治”学习制度。制定《2020 年五华县司法局党组、支部及党小组理论学习计划》《关于建立健全五华县司法局干部队伍学习常态化制度的通知》，每个月进行一次党员集中学习活动，每周进行一次干部职工集体学习活动，组织学习党的十九大，十九届二中、三中、四中、五中全会精神，习近平总书记关于疫情防控、复工复产、脱贫攻坚等系列重要讲话，全国两会精神，习近平总书记视察广东重要讲话，习近平总书记在深圳经济特区建立40周年庆祝大会上的重要讲话，《习近平谈治国理政》第三卷内容等。2020年中心组学习14次，党组成员讲党课4人次，党小组集中学习12次。强化党的领导机制。以党建为总抓手，将党建工作与业务工作同谋划同部署，印发《五华县司法局2020年工作要点》，以党建引领司法行政事业发展。认真履行党风廉政建设责任制，党组书记与班子成员、班子成员与分管部门负责人之间签订党风廉政建设责任书，每季度分析党风廉政建设状况。强化党组织建设。严格组织生活，把落实好“三会一课”当作执行党的纪律重要内容来抓。落实五华县司法局党组织的优化设置工作，2020年11月12日召开党员大会，进行第一届党总支委员会及下辖4个党支部委员会的选举工作，全面完成党总支升格工作。截至年底，召开党员大会6次（其中1次为支委换届大会）、支委会13次（其中1次为党总支委会）。积极开展党支部主题党日活动，以“疫情防控”“疫情捐款”“扶贫帮困”等为主题，每月开展一次党支部主题党日活动。强化干部队伍建设。着力选优配强，2020年完成5名中层干部轮岗交流，从基层选拔1名公务员到行政复议和应诉股工作，抽调2名公务员到局机关跟班学习。强化作风建设。制定《2020五华县司法局开展纪律教育学习月活动实施方案》《五华县司法局干部作风问题整治专项行动实施方案》《五华县司法局开展谈话提醒构建“抓早抓小”工作机制方案》，积极开展谈话提醒构建“抓早抓小”工作机制，采取“日常谈话”“提醒谈话”两种方式进行谈话提醒，不断加强干部管理和领导干部主体责任。截至年底，“日常谈话”谈话提醒115人次，“提醒谈话”谈话提醒3人次，其中对领导干部谈话提醒10人次、对一般干部谈话提醒82人次。开展“每月一案例”的学习，教育党员干部必须时刻保持自重、自省、自警、自励，不断增强拒腐防变的能力。落实省委巡视反馈整改工作。成立落实省委第四巡视组巡视反馈意见整改工作领导小组，制定相关整改方案，针对巡视组反馈的问题，建立整改落实督查台账“挂号”“销号”管理制度，不断巩固已取得的整改成效。

五华县司法局2020年度负责人名录

党组书记、局长：张祝平
党组副书记、副局长：周洪杰
党组成员、副局长：甘伟红
党组成员：张祝方
曾汉强（5月任职）
副 局 长：朱旭红

军 事

人民武装

【政治工作】 2020年，五华县人民武装部（以下简称县人武部）以习近平新时代中国特色社会主义思想和习近平强军思想为根本指导，始终坚持从思想上政治上建强部队，紧跟步伐抓引领。一是理论学习扎实深入。以深入学习习近平新时代中国特色社会主义思想和习近平强军思想为根本指导，持续抓好党的十九大和十九届二中、三中、四中、五中全会精神学习贯彻，认真组织学习讨论和体会交流，引导全体人员把思想和行动统一到全会精神上来。二是教育成效生动显著。开展深化“传承红色基因、担当强军重任”主题教育，分4个专题，开展5项主题实践活动，充分挖掘苏区红色资源，深化政治认同、思想认同、情感认同；开展“加强道德修养、强化法纪意识”主题教育，以团以上领导干部为重点，开展一次专题党课授课辅导，结合法纪主题教育活动，召开2次专题民主生活会，坚持用先进文化占领思想阵地，确保部队不发生任何政治问题。三是文化氛围更加浓厚。以《习近平新时代中国特色社会主义思想学习纲要》《习近平强军思想》和《习近平谈治国理政》等系列教材为基础，进行学原文、反复学、结合实际工作融会贯通学，利用授课辅导、板报宣传、研讨交流等形式，干部骨干上台讲，全员开展大讨论，学习教育氛围浓厚，充分打牢全体干部、文职、职工的理论功底和听党指挥、献身强军事业的思想根基。四是落实制度全面深入。持续抓好习近平关于军委主席负责制的重要论述、《军委主席负责制学习读本》和军委《关于全面深入贯彻军委主席负责制的意见》等学习内容的学习贯彻，引导全体干部职工充分认清军委主席负责制的形成历史、重大意义、基本内涵和实践要求，组织全体干部、文职、职工学习《关于加强新时代军队基层建设的决定》。同时，将学习军委基层建设会议精神与贯彻落实抓建基层《工作指导手册》《正规化建设规范》等工作相结合，有效促进基层正规化建设。五是双拥共建稳步推进。挂钩帮扶的潭下镇品畲村，全村42户贫困户已经实现100%脱贫。与广东宁华高速公路有限公司、明鑫医院等结成军民共建单位，多次开展路政宣传月、党建互动、扶贫济困捐款等双拥共建活动。

【军事工作】　2020年，县人武部始终把备战打仗作为党委班子的主责主业，紧紧抓住军事斗争准备这个龙头，全部心思向打仗聚焦，各项工作向打仗用劲。一是严格落实战备规定。抓好战备教育、战备值班、战备演练等日常战备制度落实。按照规范要求，修订完善地面应急防卫作战预案、应急机动、紧急出动及相关作战、政治工作、后勤、装备保障方案，修订抢险救灾、反恐维稳、保交护路、军地联防等非战争军事行动方案及相关保障方案。二是坚持按纲施训。1月，召开党委专题议战议训会，在总结2019年军事工作的基础上，对2020年度工作进行筹划；2月，召开民兵整组工作动员部署会，对整组任务作详细部署；3—11月，相继完成专武干部集训、基干民兵入队训练、民兵应急连专业技能集训、民兵轻舟分队比武竞赛、综合救援排应急救援集训、民兵应急连防卫演练和森林防火训练、防汛抗洪骨干基本技能训练。三是加强训练管控。在严格落实疫情常态化防控措施的情况下，进一步规范民兵军事训练秩序，确保参训人员、时间、内容、质量指标“四落实”。严格训练过程管控，做到不偏训、不漏训、不粗训，防止训练简单化、走过场，抓好民兵轻舟分队、应急分队、基干民兵等训练，提升应急应战能力。四是推进民兵建设转型。根据军分区下达的民兵整组任务，五华县组建普通民兵及基干民兵队伍。整组任务下达后，县人武部第一时间向五华县委、县政府领导汇报2020年民兵调整改革的形势任务，联合军地有关部门及早部署、周密组织、压茬推进。依托五华县国防动员委员会成立县民兵调整改革领导小组，统筹领导全县民兵建设各项工作；各镇（县直机关）专门成立民兵整组工作小组，负责民兵整组工作的末端落实。2月18日，县人武部迅速召开民兵整组工作动员部署会，对整组任务作详细部署，明确全县基层武装部的整组任务。五是开展潜力统计调查。充分发挥县国防动员委员会机构作用，统计核查九大类重点潜力数据，积极协调地方相关部门召开任务部署会，对经济动员、交通战备、人民防空、政治动员和科技装备专业队伍的人才结构、专业素质、装备配备、训练水平、保障能力开展摸排调查，精准统计上报拥军支前所需的数据信息。

【后勤装备工作】　2020年，县人武部坚持党委集体理财，经费开支军政主官“双签”审批制度，加强经费物资管理。一是开展后勤重点行业整肃治理。根据省军区下发的问题清单和本级《存量问题整改方案》，圆满完成上级对后勤重点行业整肃治理的检查准备，结合强化“廉政主管责任、纯正后勤行业生态”专题教育，抓好后勤重点行业领域整肃治理整改，推进第二、三、四季度整改工作落实。二是开展退役报废武器装备销毁工作。2020年11月，对民兵仓库部分退役报废武器装备进行销毁，顺利完成销毁任务，并对退役报废武器装备清单进行整理存底归档。三是开展军地联合打击非法制售军服专项行动。根据上级统一部署，对非法制售军服行为开展专项打击清理行动，对辖区驻地3千米范围内非法制售军服的实体店及网络电商平台进行走访摸排调查。9—11月，共出动执法人员208人次，检查电商平台44个、网店79家、网站51个、服装劳保用品市场10个、市场主体130家，均未发现有关非法制售军服的违法情况。四是严格落实军车管理制度。对一辆拟移交退役报废车辆进行信息核对及登记，封存至办公楼地下室，做好报废退役准备。派遣车辆严格落实报备审批制度，组织军车驾驶员进行安全教育，定期对军车进行保养维护，确保每次出车顺利安全。

【兵员征集工作】 2020年，县人武部积极适应改革重塑要求，落实党的十九大“完善国防动员体系”重大部署，以提高兵员质量为重点，以“五率”考评为抓手，五华县征兵工作形势一年好过一年，大学生新兵比例年年上升。6月初，召开征兵工作部署暨业务培训会；“五华征兵”微信公众号及时发布征兵相关信息，进行征兵宣传。7月，书记和县长分别在县委常委会和政府常务会上就征兵工作进行专题部署和讲评。7月23日至8月10日，在五华县中医院开展征兵体检及经政治考核、役前训练及在五华县技工学校召开“阳光征兵”电脑派号定兵大会，确定“双合格”青年入伍。2020年，五华县圆满完成兵员征集任务，兵员整体质量有新的提高，并且实现零退兵。

人民防空

【通信指挥】 2020年，五华县人民防空办公室加强人防指挥通信建设，新增警报器，更新了电视台数字信号转换器。对县城固定警报器、移动警报器进行检查、维修。认真做好五华县城防空警报鸣响工作，检验防空警报设施性能，确保警报器鸣响率达到100%，圆满完成防空警报试鸣任务。

【人防工程】 2020年，人民防空办公室坚持人防工程建设与城市建设相协调、与城市功能开发相结合，推进人防“结建”（结合城市新建民用建筑修建战时可用于防空的地下室）工作。严抓在建人防工程质量关，确保工程质量；严格落实安全生产监管责任，及时消除安全隐患；加强已竣工交付使用人防工程的日常维护管理，保障人防设备的正常运转。

【人防宣传教育】 2020年，五华县人民防空办公室加强人防宣传教育，结合人民防空警报试鸣活动，开展形式多样、内容丰富的宣传教育活动。利用“12·4”国家宪法日宣传周活动，在县长乐公园开展宣传活动，现场为群众解答疑惑，派发《人民防空知识问答》读本、人防宣传单页等相关人防宣传资料，通过宣传提高群众人防意识和国防观念。

（钟国林）

综合经济管理

计划和价格管理

【计划编制】 2020年，起草《五华县2019年国民经济和社会发展计划执行情况与2020年计划草案的报告》《五华县2020年上半年国民经济和社会发展计划执行情况的报告》，经县人代会审议通过并予以实施。紧紧围绕县委、县政府发展战略和工作重点，牵头做好《五华县国民经济和社会发展第十四个五年规划纲要（2021—2025年）》编制工作，完成“十四五”规划前期课题研究，编制“‘十四五’五华县经济社会发展环境、发展目标及发展思路研究”等4个课题并广泛征求意见建议。开展“共绘‘十四五’，五华请您说”微信问卷调查活动，真正做到问需于民、问计于民，广开言路编制好规划纲要。

【固定资产投资管理】 2020年五华县列入的重点项目259项，总投资756.07亿元。其中正式项目177个，总投资570.52亿元，年度投资计划112.10亿元，完成年度投资81.80亿元，占年度投资计划的72.39%。五华县省重点项目17项，总投资253.86亿元。其中正式项目10个，总投资156.65亿元，年度投资29.81亿元，完成年度投资30.18亿元，占年度投资计划的101.26%。五华县市重点项目53项，总投资517.83亿元，其中正式项目40项，总投资391.94亿元，年度投资计划61.64亿元，完成年度投资62.06亿元，占年度投资计划的100.68%。

【梅龙高铁五华段建设】 全力推动梅龙高铁五华段建设，梅龙高铁规划五华县境内长29.18千米，共需征收土地102.4公顷、拆迁房屋244座、临时用地117.12公顷。2020年积极开展征地拆迁社会风险评估、房屋评估、资料档案整理、房屋安全鉴定及临时用地报批等前期工作。多次召开梅龙高铁征地拆迁工作培训会，就征拆补偿标准、范围等进行业务培训，8月初全面启动征地拆迁工作，超额完成年度征拆任务。完成五华县站房建筑概念设计方案，确定高铁新城规划设计方案。

【争取项目资金】 积极加强与省、市发改部门汇报对接，努力争取更多资金投入五华县，助推全县经济实现高质量发展。2020年，共争取中央预算内资金和省级发改专项资金 10620 万元。其中：中央预算内资金 9787 万元、省级发改专项资金 2020 年区域协调发展战略专项资金（重大项目前期工作经费）833 万元。积极争取地方政府专项债券，争取到债券资金 15.94 亿元，其中：提前批专项债券 6.5 亿元、第一批地方政府新增专项债券 5.6 亿元、最后一批地方政府新增专项债券 1 亿元、抗疫特别国债 2.84 亿元。

【规范和简化办事程序】 贯彻落实放管服政策，实行一站式一网式服务模式，进一步规范和简化办事程序，严格执行限时办结制，优化审批流程，提高办事效能。2020 年，依照法定程序，共审批项目 908 个，项目总投资 65.12 亿元；备案项目 155 个，计划总投资 162.16 亿元。严格实施《五华县发展和改革局投资咨询评估管理实施细则（试行）》，对安排财政预算内投资资金 100 万元以上的县级权限政府投资项目概算引入第三方咨询机构进行评审。2020 年，组织第三方评审 100 万元以上项目 146 个，核减金额 14200.63 万元。

【物价调控与收费管理】 强化市场价格监测预警，保障疫情防控期间和重大节假日的市场供给和价格稳定。不定期组织深入市场、超市，严密监视市场价格动态，重点监测粮、油、肉、蛋、菜、奶、燃气等群众生活必需品，及时跟踪分析价格和市场供需变化。疫情期间，五华县物资储备充足，总体价格平稳。开展燃气管道配气价格成本监管审查，结合实际制定城区非居民配气价格和调整非居民用气销售价格；实行简化用水分类和非居民用水超定额超计划累进加价制度。加大对供电、供水、燃气企业支持力度，缓解企业用电、水、燃气成本压力，支持企业复工复产。疫情期间，供电减免企业 470.11 万元，县城区域用水减免企业 4.1 万元，燃气减免企业 4.5 万元。

【价格认定服务】 认真做好价格认定工作，严格依法认定作业，扎实做好涉案财产价格认定，为公、检、法、司和行政执法部门提供准确的价格依据。2020 年共受理 314 宗案件，涉案金额 1474.37 万元。

【粮食和物资储备管理】 全县在库粮油 25060 吨，其中县级储备粮 25000 吨、县级储备食用植物油 60 吨。库存粮油账务管理规范、准确，达到账账相符、账实相符，实现“一符四无”粮仓县。顺利完成本年度县级储备粮轮换，入库新粮 3300 吨早籼稻谷。组织开展世界粮食日和全国粮食安全宣传周活动，营造全社会爱粮节粮和维护粮食安全的浓厚氛围。结合五华县实际，报市发改部门批准，撤销五华县军粮供应站。投入资金 131 万元完成华城粮库智能化升级项目工程并投入使用，筹集资金 169 万元完成横陂粮库智能化建设项目并投入使用，全面实现粮仓智能化实时视频监控、查看智能粮情、库区设备等情况。加强全县 20 家粮食应急供应网点建设，做到“有设施、有协议、有牌子、有经费”，强化全县粮油应急体系建设。完善救灾物资储备管理，确保救灾物资储备数量真实、质量良好、储存安全、应急及时。

【能源管理与节能工作】 切实加强能源安全监管，组织对管辖的 63 座在营加油站进行安全生产大检查，2020年共检查加油站6批135次，排查安全隐患10宗并督促整改完毕。完成全县在营加油站年检工作，全面完成63座加油站油罐防渗漏改造工作，切实提高加油站的安全性能。大力加强成品油日常监管，组织对全县成品油市场开展专项大检查和专项整治工作。据统计，2020年全县共查处涉成品油案件29宗（刑事案件4宗、行政案件25宗），刑事拘留3人，逮捕4人，行政拘留25人，查扣涉案成品油约54.77吨，涉案价值约29万元。牵头推进独立供电区域农电管理体制改革工作，已完成改革工作的独立供电区域7个。大力协助10家企业开展一般电力用户申报工作，为企业降低用电成本。做好节能降耗工作，按照上级工作要求，顺利完成市对五华县2019年节能目标责任评价考核工作。制定《2020年五华县节能监察工作计划》，对五华县水泥生产企业执行阶梯电价开展专项监察。开展2020年节能宣传周和低碳日活动，在全社会营造节能降耗的浓厚氛围。

（谢晓玲　钟炜韬）

县发展改革局2020年度负责人名录

局　长：田爱平

副局长：李万年

李　明

李裕强

谢广春

党组成员、纪检派驻组组长：

古专标（任至4月）

彭千军（4月任职）

党组成员：张建勋

饶建华

市场监督管理

【疫情防控】　五华县市场监督管理局全系统从大年初一下午开始取消休假，采取最严格、最全面的疫情防控和市场监管举措，抓好市场监管领域疫情防控。一方面，迅速响应，有力应对突发疫情，发放各类宣传资料4万余份，劝退集体聚餐82场，排查农贸市场档口1.1万个次，巡查活禽经营单位2万家次、餐饮单位1.8万家次，发出《价格行为告诫书》4000余份，迅速反应处置疫情相关信访件5宗。发挥药店哨点作用，累计收集报送购买退热类药品登记信息5.97万条。另一方面，慎终如始，抓好常态化疫情防控。

2月4日，县市场监管局党员“战疫”先锋队举行宣誓仪式

2月6日，县长朱少辉（右二）率队检查商贸市场经销环节疫情防控工作

牵头成立农贸市场专班，对10个农贸市场和52间冷库从业人员进行“一户一档”管理，全面加强214家冷冻肉制品、水产品企业的监督管理，建立健全日常防控消毒和重点场所人员、产品、环境核酸检测机制，抓实抓细农贸市场、冻品冷库等高风险领域的常态化疫情防控工作。

【“六稳”“六保”工作】 免费为医疗机构等单位送检红外体温计2000多台，凝聚防控合力。以服务发展为己任，扎实做好“六稳”工作，落实“六保”任务，依法豁免273户个体经营者登记，服务33户个体户转型升级为企业、4家企业转型转产生产口罩。减免市场主体计量器具检定校准费用5.89万元；协助83户市场主体成功申请“复工贷”合计669.5万元，为33户企业办理动产抵押登记，有力帮助市场主体缓解疫情影响、纾困解难。

【乡镇体制改革】 按照县乡镇体制改革部署，县市场监管局于2020年12月8日前，将派驻在乡镇的14个市场监督管理所全面下放乡镇，实行属地管理，与乡镇综合行政执法办公室（综合行政执法队）等乡镇党政机构整合设置，不再保留市场监督管理所。截至年底，县市场监管局已将承担的1798项权责中的239项下放至乡镇。

【商事登记制度改革】 商事制度改革全面深化，市场监管领域行政审批制度改革全面推进，市场准入环境持续优化。深入推进“就近办”改革，承接特种设备使用登记业务、食品生产许可业务，将涉及营业执照、食品药品经营许可的39项政务服务事项下放至乡镇办理。落实落细市场准入便利化举措，落实“证照分离”改革全覆盖试点工作，落实营业执照“免证办”，推进应用电子营业执照、食品经营许可电子证书。全年新增市场主体10792户，同比增长23%。是年末，全县实有各类市场主体突破6万户大关，达60699户，注册资本（金）623.14亿元。新登记食品经营许可证2567份，食品生产许可证12份，食品生产加工小作坊登记证61份，药品经营许可证110份。是年末，全县实有食品经营主体8507户，食品生产加工小作坊128户，药品经营主体306户，食品生产许可主体64户。新登记特种设备433台（套）。

【信用监管】 全县共有4.97万户市场主体报送公示2019年度年度报告，年报公示率达99.1%。开展“双随机、一公开”抽查70次，抽查市场主体3357户。全年共有316户市场主体被列入异常名录或标记为异常状态，有3户企业被列入严重违法失信企业名单。强化信用建设，对139户补报年报的市场主体移出异常名录。对134户企业公示为“守合同重信用”企业。

【市场监管综合执法】 2020年，以市场经营存在的突出问题为导向，开展农村食品安全整治、打击侵权假冒、走私等各类专项行动，全年共查处各类违法违规案件527宗，移送公安机关5宗，罚没款267.29万元，罚没款在全市系统位列第一。突出抓好案件质量，办理的案件没有被申请行政复议或行政诉讼，在全省药品行政处罚案卷质量评查中获评为满分，1宗案件被省局评为优秀案例，3宗案件被市局评为典型案例。

【扫黑除恶专项斗争】 把扫黑除恶专项斗争工作作为一项重大的政治任务来抓，保持深挖整治高压态势，在强化宣传引导、线索摸排、健全长效机制等方面下功夫，扎实开展“六清”行动，全年上报扫黑除恶线索5条。

【价格监督检查和反不正当竞争】 全力抓好常态化疫情防控条件下的价格监管，聚焦防疫物资、生活物资、医疗机构等价费热点开展专项行动，全年调处价格消费投诉110多宗，查处价格类案件42宗。扎实宣传贯彻落实《中华人民共和国反不正当竞争法》，强化房地产、教育、保健市场、直销经营等领域的监管执法，查处不正当竞争类案件1宗。

【特种设备安全监察】 至2020年底，全县在用特种设备总数2033台（套）。全年发放特种设备安全宣传资料8000余份，以存在问题为导向开展系列专项整治，督促整改各类安全隐患31处，查处相关案件9宗。强化企业主体责任落实，联合企业开展压力管道燃气泄漏事故应急演练，全面提升突出事故应急处理能力。

【知识产权管理】 知识产权工作力度持续加大，推进国家知识产权强县试点县工程和地理产品标志使用核准改革试点工作，成立商标培育指导站，推进大田柿花申请地理标志证明商标；实行发明专利及国际商标注册奖励制度，全年对符合条件的68户市场主体进行奖励，总额达74.6万元，市场主体知识产权发展积极性不断提高。据统计，2020年注册商标申请量2914件，核准1805件，全市排名第一。全县专利申请量826件，同比增长9.26%；专利授权量655件，同比增长21.97%。加强知识产权保护力度，查处商标侵权案16宗、专利案件5宗，知识产权发展环境不断规范。

【质量监督管理】 积极开展质量提升行动。以电动车、防疫产品、成品油等重点产品质量安全为重点，开展各类专项整治行动。持续强化产品监督抽检力度，抽检各类产品155批次，其中16批次不合格，立案查处产品质量案件16宗。推进产品建库工作，上报生产企业信息2080条，经营企业信息3万多条。牵头召开市对县政府质量考核工作会议、开展质量月宣传活动，强化部门质量监管协同作用，提升工作合力。在市对县2019年度质量工作考核中，五华县首次获得A级等次。

【食品药品抽检】 按每千人5批次要求，全年监督抽检食品4401批次，完成率103%，检出不合格食品144批，不合格率为3.3%。按上级部署，快检食用农产品2.55万批次，完成率101%，检出不合格产品268批次，不合格率1.05%。抓好药品监督抽检工作，共完成药品抽检75批次，全部合格。

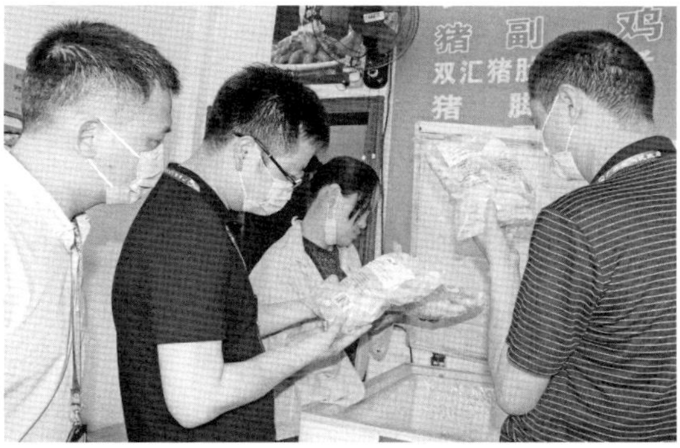

6月15日，五华县市场监督管理局对县城海鲜产品、冻品市场开展专项检查

【食品安全协同监管】 充分发挥县食安办组织协调作用，印发《五华县食品安全委员会工作规则》《五华县食品安全工作评议考核办法（修订）》《2020年五华县食品安全重点工作安排》《五华县食品安全工作定期汇报制度》等，明确工作重点，健全工作机制，确保工作到位。协调召开全县食品安全工作会议，协调相关部门开展食品安全宣传周活动、食品安全突发事件（Ⅳ级）应急演练。

6月16日，省市场监管局二级巡视员王加林（左二）到五华县督导重点环节食品安全工作

11月11日，五华县处置一般食品安全事件（Ⅳ级）应急演练在五华县技工学校举行

【食品生产监管】 强化食品生产源头监管，开展食品小作坊提质行动，力求实现食品小作坊登记率、自查率、检查与计划公布率、监督检查覆盖率、健康证持有率、食品安全管理人员配备率均达到100%，落实6S管理，推动小作坊由“小散低、脏乱差”向“小而精、名特优”转变。开展花生油生产经营单位规范整治行动，对全县280余家花生油生产经营单位进行食品安全风险监测，制定规范整治标准并有序开展整治。开展“湿粉统一查”专项行动，专项抽样湿米粉类产品14批次，其中不合格3批次，均依法处理。

【集体餐饮监管】 强化疫情应急期间集体聚餐监管，劝退集体聚餐82场。抓好复工复产复课食堂餐饮安全监督管理工作，开展春秋季学校食堂专项整治，开展学校食堂食品安全和疫情防控知识培训10期，高质量完成复工复产复课、中高考保障工作。抓好农村宴席食品安全保障工作，组织全县16个镇农村厨师进行食品安全培训。抓好中甲联赛餐饮食品安全保障工作，开展风险评估3次、食品安全培训2期，投入经费9.3万元，快检农产品1153批次、抽检食品原料70批次，全部合格。工作举措到位，餐饮安全保障工作有力，被中甲联赛梅州五华赛区组委会评为先进单位。

【互联网餐饮监管】 强化县内已有的美团外卖和饿了么两家网络订餐第三方平台的监管，对两家餐饮订餐平台负责人进行约谈并签订责任书，确保疫情防控措施落实到位。抓好入网餐饮单位持证和许可证公示的监督检查，2020年，饿了么入网餐饮服务单位269家，美团入网餐饮服务单位374家，持证率和公示率均达100%。

10月30日，副县长甘飞鸿主持召开全县学校（幼儿园）食品安全暨“互联网+明厨亮灶”推进工作会议

【食品监管能力建设】 创新食品安全监管举措，聚焦提升食品安全管控能力，推进五华鱼生标准制定和示范店建设，顺利制定《五华鱼生（草鱼）产业技术规范（试行）》，形成“五华鱼生”全产业链管控技术规范团体标准，鱼生质量管控能力有力提升。成功实施全民投保公共食品安全责任险，应对突发食物中毒事件的救助体系进一步健全。有序推进学校“互联网+明厨亮灶”建设，五华县214家学校（含幼儿园）食堂全部完成签约工作，走在全市前列。

6月8日，副县长甘飞鸿主持召开五华鱼生技术规范研讨会

【标准化建设】 服务地理标志产品“长乐烧酒”获批为梅州市地方标准，服务2家企业申报地方标准。推动梅州市松岗嶂绿色生态茶园有限公司、梅州市智宏信息技术有限公司分别建设省级农业标准化示范区、农村电子商务服务标准化示范点。强化企业标准化管理和商品条码的日常服务，商品条码注册5家、续展11家，10家企业制作商品条码胶片。

【计量监督管理和认证认可工作】 全力做好疫情防控计量器具监管和检定（校准）工作，免费为医疗机构等单位送检红外体温计2000多台，减免市场主体计量器具检定校准费用5.89万元。抓好计量器具强制检定工作，落实免费检定政策，全年检定各类计量器具8024台，减免检定费用87万元。开展世界计量日宣传活动，新建社会公用计量标准2项（二等金属量器标准装置和温湿度标准装置），服务3家企业获得三级计量保证体系证书。加强对县内30家重点货运源头单位计量监督检查力度，加大部门联合执法力度，强化货运车辆改装监管，维护交通运输领域安全。开展防疫用品非法认证专项排查行动，强化认证认可监管宣传学习，组织36家企业参加质量管理体系培训。

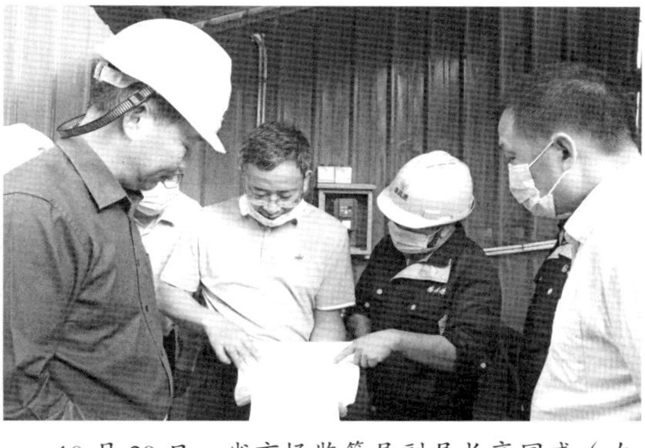

10月29日，省市场监管局副局长高国盛（左二）带队督查五华市场监管领域疫情防控和安全生产工作

【维护消费者权益】 通过广播电视宣传、发布消费警示、公布消费维权典型案例等形式，深入开展“凝聚你我力量”“3·15”主题活动。强化消费维权工作能力建设，全年及时受理、办结各类消费投诉1451件。

12月30日，县委书记吴晖（正中）率队开展节前检查

（邱建宝　廖萍娇）

县市场监督管理局2020年度负责人名录

局　长：傅培强

副局长：曾洪波

钟文锋

江辉林

刘万群

古盛森

李志中

党组成员：魏洪群

党组成员、总工程师：李　智

自然资源管理

【简况】 2020年，面对错综复杂的国内外环境和繁重的改革发展稳定任务特别是新冠肺炎疫情的严重冲击，在以习近平同志为核心的党中央坚强领导下，在县委、县政府和上级自然资源部门的精心指导下，五华县自然资源局高举习近平新时代中国特色社会主义思想伟大旗帜，不断增强“四个意识”、坚定“四个自信”、做到“两个维护”，深入贯彻落实党的十九大和十九届二中、三中、四中、五中全会精神和习近平总书记系列重要讲话精神，全面贯彻落实省委“1+1+9”工作部署和市委“123456”思路举措，按照县委、县政府“一核两区三组团”县域发展新格局和“工匠之乡，宜居五华”目标定位，始终围绕“保护资源，保障发展”这一工作主线，扎实履职、破难攻坚、奋勇争先，有效应对新冠肺炎疫情，有力地推动自然资源管理各项工作迈上新台阶，全力助推五华苏区振兴发展，为五华县各项基础设施建设和经济社会发展提供坚强保障。

【违法用地专项整治】 高度重视农村乱占耕地建房问题整治工作，成立摸排工作领导小组，认真开展农村乱占耕地建房问题摸排工作，严格对标对表上级政策文件要求，加强与市沟通对接，结合五华实际起草并印发《五华县农村乱占耕地建房问题摸排工作方案》（华办函〔2020〕38号）提请县政府于2020年9月17日下午召开全县占耕建房摸排动员部署暨培训会，开展占耕建房摸排业务知识培训和摸排信息采集报送系统培训，并对农村乱占耕地建房问题摸排工作进行周密部署，引入第三方强化技术力量支撑和质量检验把关，确保工作能顺利开展。组织全局上下协调各镇完成上级下发五华县的60951个图斑的外业调查和系统上报工作，完成率达100%。2020年度，先后拆除各类违建67宗，面积69145平方米。2020

年度，对违反自然资源和规划建设行为立案查处29宗，移送兴宁市人民法院31宗，罚款464.5943万元。集中组织对七目嶂省级自然保护区、蒲丽顶省级森林公园、益塘水源保护区等重点区域开展重点排查，对市级及以下自然保护区实施反复排查，上报4个违建BS图斑。4个违建BS项目均已拆除处置到位，截至年底已上报上级进行项目的核销工作。牵头草拟并于2020年10月19日提请县政府出台《五华县人民政府办公室关于印发五华县农村宅基地建房审批管理工作指南的通知》，在满足人民群众合理建房需求的同时，进一步加强对县城规划区外农村村民宅基地进行个人住宅建设的审批及监管，做到堵疏结合，解决农村宅基地的审批和出路问题。积极协调各镇和县直相关部门，主动出击，敢于碰硬，高度重视抓好国家和省卫星遥感监测图斑执法监督工作，严厉打击违法占耕建房和其他违法违规用地行为，在巩固2018年和2019年成果的同时，又结合全县正在开展的镇村“126”（即：一项安全生产；“两违”专项整治；“六乱”专项整治）专项整治工作专班行动的契机，高度重视抓好2020年第一、二、三季度的卫片图斑整改工作，提请县委、县政府成立县土地矿产卫片执法检查工作领导小组，由县领导分片挂点各镇落实整改，明确责任单位、责任人、整改要求、整改时限等，并取得初步成效，各类图斑现已基本整改到位。印发《关于迅速开展“126”专项整治工作的通知》和《关于镇村“126”专项整治工作专班行动方案》，明确工作目标、整治范围、工作要求等，并于2020年8月31日通过县“两违”办印发《五华县“126”专项整治督查工作方案》的通知，成立4个县级督查组，到16个乡镇开展督导检查工作，通过查阅台账资料和实地抽查相结合的督查方式强力推进“126”专项整治工作。截至2020年底，各镇拆除违法建筑合计52宗，拆除面积约27782平方米，234宗违法建设被制止在萌芽状态。

【盘活土地工作】 2020年，五华县自然资源局做好盘活土地工作。一是拆旧复垦。超额完成上级下发五华县的10公顷年度任务数。2020年度，共有204个项目、71.07公顷通过市级验收，面积占上级下发五华县的10公顷任务数的710%。二是耕地保护。为落实耕地保护目标责任制，县政府与各镇人民政府签订2020年度《耕地保护目标责任书》，镇与村签订耕地2020年度保护责任书401份，进一步增强各级各有关单位负责人对耕地保护工作的责任心和危机感。2019年末，五华县耕地面积40666.67公顷，基本农田面积33215公顷，均高于市下达给五华县到2020年规划期末的耕地保有量37836.6公顷任务和基本农田保护33010.27公顷任务，2020年9月12日市政府对五华耕地保护责任目标考核排在全市前列。建立和实施基本农田保护经济补偿机制，严格按照《广东省人民政府办公厅转发省国土资源厅、财政厅关于建立基本农田保护经济补偿制度意见的通知》（粤府办〔2012〕98号）等有关规定要求，进一步明确各镇人民政府和农村集体经济保护耕地职责，健全规范农村土地管理秩序，建立相应的基本农田保护牌，坚决守住基本农田保护红线。2020年度，上级下拨五华2019年度基本农田保护经济补偿资金1494.684万元，由五华财政部门统筹整合使用。

【土地储备和出让】 2020 年，共收储土地 69 宗，面积 123961.6 公顷；出让供应储备土地 62 宗，面积 9834.53 公顷，成交价款 109584.42 万元。稳步推进建设用地供应。

【土地利用管理】 2020 年，五华县自然资源局超额完成城乡“三旧”改造任务。完成新增改造 13.344 公顷（任务 12.66 公顷），占任务比 105.35%；完成改造约 8.0074 公顷（任务 8 公顷），占任务比 100.09%，收取出让收益 3430 万元。如期超额完成批而未供土地“去库存”任务。从加强征地拆迁、加快土地招拍挂、补录相关数据和推进学校用地、城市绿地、梅蓄项目剩余土地供地等六个方面精准发力，加大有效供给力度。2020 年度，根据上级下达五华县的去“库存”工作任务数为 75 公顷（1125 亩），已完成 75.62 公顷（1134.3 亩），占任务比达 101%，如期超额完成上级下达给五华县的工作任务。

【土地报批】 按照“突出重点、节约集约”的原则，提前介入、主动协调，全力做好高速公路、国省道、工业园区和县城扩容提质等重点项目用地保障。2020 年度，五华县经省、市政府批准的农用地转用及土地征收项目（批次）有 8 个，总面积 136.27 公顷。其中：国家批准 1 个项目[即西气东输三线闽粤支干线（广州—潮州段）工程]，面积 0.45 公顷；市政府（含省政府委托权限）批准 7 个批次，面积 135.82 公顷，包括景田矿泉水、南洋山等重点项目用地。同时为全面贯彻县委、县政府的决策部署，大力支持五华交通、水利、乡村建设等各项基础设施和民生项目建设立项。2020 年度，共出具用地预审及用地意见达 173 宗。省重点工程梅龙高铁项目（五华段）的组卷材料，也已按市级的时间节点要求上报市自然资源局审核。

【第三次全国国土调查】 五华县“三调”总图斑数为 180832 个，重点图斑数为 75682 个。成立专门领导机构，编制工作方案，通过招投标严选工作队伍，落实工作经费总额 987.2 万元，全面保障五华第三次全国国土调查工作。“三调”项目已完成城镇村打开、外业调查举证，一上数据库建设、一上问题外业补充举证、二上数据库建设、二上及 2.5 上数据库复核整改、时点更新等相关阶段性工作，截至年底正同步准备下一阶段建库收官工作。

【国土空间规划编制】 一是扎实开展五华新一轮（2020—2035 年）空间规划编制的准备工作。2020 年度，已将全县“三调”初步成果纳入基础研究，着力搭建规划编制基础资料数据库。同时还对全县 16 个镇的用地需求进行全面梳理总结，选择华城镇、安流镇、龙村镇三大中心镇为样本点，深入各镇全面开展进行用地规模及布局地调研，以此推动县各镇周边地区经济社会事业取得长足进步。二是积极开展五华县南粤古驿道修复保护工作。该古驿道全长约 8500 米（其中包含 1500 米的南粤古驿道精品段），截至年底主体修复工作基本完成。三是积极做好村庄规划优化提升工作。全面完成五华县 369 个需要单独编制村庄规划的行政村规划编制工作，覆盖率达 100%；委托有资质的编制单位开展 369 个行政村的村庄规划评估工作，评估成果已报省厅。四是扎实推进五华县重点建设项目调规工作。2020年度，完成对横陂镇足球小镇、梅州500千伏五华输变电工程、梅林镇梅南村射击场、华城自来水厂、景田矿泉水厂、水寨罗湖村红木产业园等6个重点建设项目（合计71.957公顷）的调规工作。

【城市规划设计】 2020年度，协助组织专家论证规划项目8批次、专项评审规划项目3个，积极配合参与县城乡规划委员会全体审议会议5次，获县人民政府批准的规划项目61个（其中控制性详细规划项目10个、修建性详细规划18个、控制性详细规划调整23个、修建性详细规划调整4个、规划设计条件论证项目2个、其他规划项目4个），累计完成县域各类城乡规划项目（不包括小型个人项目）等相关用地规划面积593.23公顷，市政道路升级改造平面规划约1.3千米，天然气管道工程规划1.85千米。

【规划报建】 2020年度，完成"多审合一、多证合一"改革工作，合并规划选址和用地预审，统一核发《建设项目用地预审与选址意见书》，合并建设用地规划许可和建设用地批准书，统一核发建设用地规划许可证。明确建设工程规划许可证豁免项目清单。2020年度，共报建项目330个，报建面积3883455平方米，报建投资额143755.79万元，收取城市（村镇）基础设施配套费10718.01万元。

【地质灾害防治】 按照县委、县政府开展十大专项整治工作部署，持续大力推进地质灾害防治工作，建立完善地质灾害群防体系，全面加大宣传警示力度，要求群众"不住上堂住下堂，不住一楼住二楼"，让避灾意识深入人心，大力提高群众突发灾害应急反应和处置能力；同时扎实推进潭下镇南华村、龙村镇宝洁小学、河东镇桂田村上村、双华镇虎石村围背、安流镇五福中学、龙村镇黄洞小学、棉洋镇荣华村鹿坑等地灾隐患点的工程治理工作。同时积极申报2021年的五华县郭田镇三坑村岗塘、转水镇新民村新中等隐患点的工程治理专项资金，积极推进中小型地质灾害隐患点的整治工作。2020年度，共核减27处中小型地质灾害隐患点，其中受威胁100人以上的地质灾害隐患点1处、中小型地质灾害隐患点26处，顺利完成2020年地质灾害隐患点递减20%的任务。

【垦造水田】 根据省、市要求，五华县2014年以来需兑现承诺垦造水田任务共258.69公顷，其中已购买大丰华高速、华陆高速用地水田指标承诺任务60.14公顷，仍需兑现承诺垦造水田任务198.55公顷。2020年上半年，已有19个项目通过市级验收，新增水田面积171.39公顷，占任务的86.3%，扣除该新增面积，尚欠约26.67公顷；2020年下半年，经过努力，在建的10个工程项目中，已有7个完成工程施工建设任务，截至年底有6个项目已完成土壤检测，正准备报县级初验。工程建设合计完成198.728公顷，超过承诺兑现的198.55公顷任务。

【历史补充耕地】 五华县涉及历史补充耕地项目有58个、地块144个、1842.2公顷，备案系统新增耕地面积1530.77公顷。自然资源部核查认定五华县不实的耕地项目有27个120.2公顷，不实的水田指标3.6公顷。五华县按照每亩4800元的整改标准下达任务并推进整改。截至年底，正在整改的项目有5个，面积63公顷（其中水田3公顷），2020年已完成整改项目3个，面积45公顷。剩余未进场项目也正在抓紧落实整改，其中龙村镇下滩村、梅林镇琴口村等8个项目实地为茶园或种植果树，根据《国务院关于支持赣南等原中央苏区振兴发展的若干意见》（国发〔2012〕21号）文件要求，正在争取省级认定，经省级认定为园地后，可视同补充耕地，验收后用于占补平衡。

【矿产监管】 开展“自然资源系统安全生产大检查工作”“自然资源系统2020年安全生产月和安全生产万里行”等活动，积极配合应急管理部门组织安全生产大检查和专项安全整治。同时严格落实安全生产“一岗双责”和消防工作责任，结合自然资源职能，积极推进各基层所和非煤矿山、新型墙体材料砖厂安全生产和消防工作责任制落实，与非煤矿山和新型墙体材料砖厂签订安全生产责任书和超限超载源头管控责任书，认真督促32家新型材料墙体砖厂依法完善相关手续并通过市级验收。已成功创建5家省级绿色矿山，其中：2018年度创建省级绿色矿山2家；2019年度创建省级绿色矿山2家；2020年度创建省级绿色矿山1家。加大探矿权巡查与监管，加强数据库数据清理工作，完成过期矿业权数据清查。2020年度，在日常检查过程中共向各矿山企业发出《责令改正通知书》58份，各矿山企业合计复绿面积达11公顷。2020年度，发生矿农纠纷1宗并得到妥善调处，调处率100%。有序推进郭田镇景田矿泉水项目落地建设。12月15日，该公司已竞得该项目第1期2块用地4.442公顷，12月23日举行景田集团梅州五华百岁山天然矿泉水项目动工仪式。

【不动产登记】 认真做好便民不动产登记工作。除法人或其他组织建造房屋首次登记、涉及历史遗留问题、非公证的继承等复杂的不动产登记外，实现抵押登记1个工作日内、一般登记3个工作日内办结。2020年度，共颁发不动产权利证书6272本，不动产登记证明13049本；接受查询咨询18523人次；会签林地林木类登记76宗。五华县作为试点县，制定《五华县房地一体的农村宅基地和集体建设用地确权登记试点工作方案》，在保障资金的同时抓紧抓好登记工作，有效做到“五个强”，即强化时间观念，强化质量标准，强化举一反三，强化解决问题，强化长效机制。截至年底，已完成70%外业调查，4个村开始登记发证。2020年度，按部和省考核要求年底前应基本完成80%的任务，五华县宅基地最新发证率为89%、集体建设用地最新发证率为80.13%，均已按上级部署要求提前达标。全力推进存量数据整合工作。2020年度，实现全县存量房产记录59622条，国有建设用地使用权宗地记录35306条，存量宅基地与集体建设用地记录112775条,其中:存量房产已完成整合51790条，国有建设用地使用权宗地记录完成整合21800条，整体落图率为86.86%，落宗率为61.75%，图形与存量数据记录的关联率达95%。强力推进涉土涉矿纠纷调处工作。对全县的土地权属争议纠纷案件进行全面排查梳理，积极协助各镇做好土地权属争议调处工作。2020年度，3宗土地权属纠纷案件已进入行政诉讼法律程序。共受理群众来访87宗，已及时进行解释、回复；来信、网信、上级转办、批办等信访件376宗，已系统回复办结 376 宗，办结率达 100%。

【疫情防控】 面对突如其来的新冠肺炎疫情，五华县自然资源局快速反应、积极行动、全力配合、科学防控。2020 年度，共发出《干部职工排查新型冠状病毒调查表》332 份，共发出宣传单 2000 多份，悬挂横额标语 10 条，设置公益广告 2 条，张贴宣传标语 42 多条、宣传画 1000 多张，出动宣传车 30 余次。对主导的垦造水田、拆旧复垦、地灾治理项目及砖厂、石场等生产项目开展防疫督导工作，加强巡查管控，确保安全有序复工；同时组建 4 个工作组到全县涉及自然资源领域企业开展暖企行动，了解企业防疫工作和复工复产面临的困难，给予指导性的意见和帮助，并要求企业严格按照“四个到位”和“八个一”的规定，不折不扣做好企业复工复产疫情防控工作。积极做好无偿献血工作，不断提升干部职工的责任意识和奉献精神，2020 年度，无偿献血人数达 18 名。

【开展“双创”建设】 2020 年，全县积极开展创建全国县级文明城市、创建国家卫生县城建设。2020 年度，五华县自然资源局被评选为梅州市文明单位。认真做好周五宣传活动日活动（每周五下午由局统一组织干部职工到网格化责任地段开展卫生大扫除）、和创文创卫“调查问卷”宣传引导工作，加大对“双创”的宣传力度、提高群众知晓率和参与率，营造浓厚宣传氛围，提高村民爱护环境卫生意识。要求全系统干部职工深刻认识“双创”行动的重要意义，提高思想认识，将工作人员下沉到包干区域，全面构建精细化管理、人性化服务、多元化参与的工作格局，从而让干部职工实现“要我创建”到“我要创建”的全面转变，积极主动投入“双创”行动中来。

【精准扶贫精准脱贫】 五华县自然资源局高度重视做好周江镇狮潭村和龙堵村挂扶工作，召开班子会议研究布置扶贫挂钩工作，成立专门工作组，抽调 2 名农村工作经验丰富的股级干部全脱产驻村扶贫，安排 51 名副股以上干部分别到 2 个村结对帮扶，落实包户责任，做到帮扶对象不脱贫单位干部不脱钩。加强与镇村干部协调配合，坚持精准识别、精准发力，狠抓产业帮扶、结对帮扶等措施落实。2020 年度，共组织自然资源系统干部职工个人捐款达 24610 元，落实定向扶贫捐路款项 4 万元，如期帮助上述两个村的贫困户顺利实现脱贫摘帽目标。17 名回乡联村干部，认真做好“回乡联村”活动。投入资金 56 万元，争取到上级各部门提供政策、项目和技术等方面的支持。同时，协助干部职工的挂钩镇、村加快推进“三清三拆”、脱贫攻坚、道路规划、森林防火等乡村振兴工作。

【社区服务】 统一组织五华自然资源局 143 名在职党员以党小组分组的形式到水寨镇员瑾村开展党员到社区报到工作，重点参与党建指导、政策宣传、社区治理、志愿服务、扶贫济困等几项工作。同时起草《五华县自然资源局和员瑾村共建协议》，进一步明确共建目标、共建形式及共建内容。

【意识形态】 成立意识形态工作领导小组，将意识形态工作纳入局党组、局党支部重要议事日程、党建工作责任制和年终综合目标考评；同时按时召开意识形态工作专题研究会，组织局党组和局干部职工进行《习近平谈治国理政》第三卷，党的十九届二中、三中、四中、五中全会精神等相关理论学习和2020年“自然资源大讲堂”视频讲座学习。召开党组会议及支部大会、党小组会议，专门传达学习上级相关不信教的文件精神，组织我局党员干部深入网格化路段清理收缴邪教反宣品。成功举办2020年五华县新时代文明实践中心第三讲活动——《热爱祖国，保护资源，争做最美自然资源人》，进一步加强学习习近平新时代中国特色社会主义思想，培育和践行社会主义核心价值观，推动本局精神文明建设，提升干部职工文明素养，占领了意识形态领域的主阵地，牢牢掌握意识形态领域工作的主动权。

8月28日，五华县自然资源局举办以“热爱祖国，保护资源，争做最美自然资源人”为主题的新时代文明实践活动（曾志勇 摄）

【保密工作】 针对五华自然资源局业务重大、涉密性强的特点，选准主题，切实做好“七五”普法、“6·25”全国土地日、“保密教育日”的宣传工作，并多次组织全系统领导干部、职工在线进行保密法律知识学习、广东省国家工作人员学法考试、广东省行政执法人员综合法律知识网上考试培训，并取得良好成绩。召开学习会，深入学习习近平新时代中国特色社会主义思想和《中国共产党宣传工作条例》，教育警醒系统干部职工牢记自己作为党员的身份，在新时代网络大潮中始终保持保密意识。制定《五华县自然资源局网络安全应急预案》《五华县自然资源系统普通密码设备使用管理制度》《五华县自然资源系统政务公开审核制度》等保密制度。逐一建立计算机使用台账，确保每一台电脑从采购至报废全过程的使用情况皆可追溯；同时对涉密电脑进行断网处置，确保不上网，对不涉密电脑逐一张贴“严禁处理涉密信息”的提醒，做到“上网不涉密，涉密不上网”。

五华县自然资源局2020年度负责人名录

党组书记、局长：李定华

党组成员、副局长：张新辉
李锡泉
张惠明
宋恩育

党组成员、总规划师：张育鑫

党组成员：张建国

审　　计

【简况】 2020年，发出审计通知书的项目有21个，出具审计报告项目有17个，共查出违规金额400.83万元，管理不规范金额53.22亿元，处理上缴财政91.17万元，应归还原渠道资金309.66万元，应调账处理3.72亿元，提出审计建议50条。在促进经济持续健康发展、规范权力运行等方面发挥积极作用。

【政策落实跟踪审计】 组织应对疫情防控资金和捐赠款物专项审计和“粤菜师傅”工程实施情况政策跟踪审计调查，提出审计建议5条。

【财政审计】 严格按照“全省审计一盘棋”要求，创新审计工作方法，扎实推进审计全覆盖，首次实现全县50个县直一级预算单位审计全覆盖。努力构建一级预算审计“横向到边”预算执行全覆盖审计监督体系。审计管理不规范问题资金48.19亿元，提出审计建议15条。

【经济责任审计】 对4个党政机关、事业单位的主要领导干部共5人进行任期经济责任审计，查出违规金额330.8万元，提出审计建议12条。

【企业审计】 对五华县自来水总公司、五华县食品公司、五华县水务集团进行资产负债损益情况审计，审计查出违规问题金额0.17万元，管理不规范问题资金635.52万元，提出审计建议9条。

【公共投资审计】 对五华县华强学校运动场及配套基础设施进行竣工决算审计，审计查出违规问题金额23.86万元，提出审计建议4条。

【民生审计】 组织开展困难群众基本生活保障政策落实情况审计，发挥民生审计服务民生的职能作用，促进建立保障和改善民生的长效机制，推动党和政府各项惠民富民政策落到实处，维护人民群众的切身利益。

【审计协助工作】 2020年，先后派出11人次配合参与省审计厅、市审计局和县直有关单位各项任务3个。

五华县审计局2020年度负责人名录

党组书记、局长：钟冠寰

党组成员、副局长：陈朝霞

曾海强

刘政民

党组成员、总审计师：江琼新

统　计

【统计基层基础建设】 2020年，五华县统计局大力加强基层统计业务培训，全力强化统计基础，利用走访调研、企业联网直报、年报培训等机会对基层统计人员进行培训，积极做好统计继续教育的组织工作。做好基本单位名录库更新维护，其中名录库法人单位共维护操作2143条次，名录库产业活动单位共维护操作950条次。全年完成新增25家“四上”企业以及106个5000万元以上投资项目的申报、审批工作;“四上”企业（指规模以上工业企业、有资质建筑业及全部房地产业企业、限额以上批发零售及住宿餐饮业企业、规模以上服务业企业等的统称）累计在库125家，其中，房地产企业29家、建筑业企业30家、工业企业40家、商贸企业23家、服务业3家。

【第七次全国人口普查】 严格按照国家和省、市普查的统一部署和要求，围绕第七次全国人口普查的总体目标，组建五华县第七次全国人口普查工作领导小组及其办公室，精心组织，周密部署，认真落实普查办公场地、编制普查预算、做好普查物资准备，制订设备配置计划、做好部门行政资料整理准备工作、召开人口普查动员会、开展人口普查调研、做好行政记录数据共享、户口整顿、区域划分与绘图等等工作，按时有序完成人口普查各阶段工作任务。

11 月 3 日，五华县委书记吴晖（上图中）、县长朱少辉（下图中）带头接受普查登记，在居住地普查小区完成人口普查信息申报，助推第七次人口普查工作顺利进行

【统计调查工作】　为做好国家和省、市布置的各项统计调查任务，各专业严格落实月、季、年报等统计制度。其中，农业专业开展 16 个镇的农业统计工作；住户专业开展 13 个点 130 户的住户抽样调查及样本轮换工作；畜禽监测专业开展 14 个镇、34 个村的调查及样本轮换工作；工业专业完成企业工业品价格调查、规上企业成本与费用调查、规下工业抽样调查工作；能源专业开展全部规上工业企业能源监测统计调查和季度单位 GDP 能耗核算工作；商贸专业完成小微企业和 50 家限额以下批零住餐业的抽样调查工作；人口专业开展 9 个镇、11 个村的人口变动调查工作；综合法规专业开展 16 个单位和企业的“双随机”统计执法检查工作。为巩固成果，市统计局检查组一行 5 人，于 12 月 9 日到五华县开展“回头看”回访检查，进一步规范基层统计行为。

【提高统计服务水平】　2020 年，五华县统计局搜集整理、编辑出版《五华县统计年鉴（2019）》，发布《五华县关于 2019 年国民经济和社会发展的统计公报》，不定期出版《五华统计》信息刊物 28 期，每月定期编印《工业总产值统计表》《五华县统计月报》和《全县主要经济指标完成情况统计表》。为社会公众提供全面、准确的统计信息，全年围绕五华县经济可持续发展和县委、县政府重点工作，继续加强对宏观经济运行的监测预警，及时为县委、县政府领导提供大量统计数据和统计分析报告。

（古伟良　朱连辉　温柳丹）

五华县统计局 2020 年度负责人名录

局　　长：严兰芳

副 局 长：魏广彝（任至 10 月）

邓小坚

庄旭源

李启智（11 月任职）

党组成员：古伟良

城乡建设·环境保护

村镇建设

【县城建设】 城镇扩容提质惠及更多群众。积极践行以人民为中心的发展思想，突出把老旧小区改造作为城镇扩容提质的重要抓手，一边谋划项目，一边争取资金，以“绣花功夫”对县城下岗坝、公园片、华城镇城镇村3个老旧小区实施微改造，改造面积约13.79万平方米，涉及528栋2932户，总投资约7672.98万元，大大提升城镇品位，居民群众获得感、幸福感显著增强。全年，累计争取老旧小区改造资金7959.362万元、债券资金5000万元（其中2020年度老旧小区改造资金4157.102万元、教育城债券资金5000万元均全部到位，2021年度老旧小区改造资金3802.26万元中到位576.26万元），有力保障五华县住建局负责的重点项目顺利推进和如期完工。截至年底，县城下岗坝老旧小区改造已完工；县城公园片改造已完成总工程量的20%；华城镇城镇村改造已完成总工程量的35.5%；华兴南片和华新村老旧小区改造加快实施。同时结合县财政承受能力，坚持尽力而为、量力而行，有序推进（远恒佳）教育城基础设施建设并已完成总工程量的60%，其中教育三路和布新南路已完成地下管线铺设和路基建设；华兴东路项目已完成总工程量的45%，组织与施工单位签订了暂缓实施协议。

【垃圾分类处理】 城乡生活垃圾处理取得重大突破。县循环经济产业园生活垃圾焚烧发电项目总投资4.67亿元，分两期建设，一期工程处理生活垃圾700吨/日，配套18兆瓦汽轮发电机组,年发电量10039万千瓦时。2019年3月经县发改局批复立项、5月由光大国际有限公司中标，经过近一年的时间全面完成环评可研、用地审批、规划报建等各项法定建设程序，2019年12月25日正式动工建设，2020年12月23日顺利点火运行，在全市兄弟县（市区）中率先建成生活垃圾焚烧发电项目，创造“五华模式”“五华速度”，标志着五华县在探索生活垃圾集中处理方面又迈出重要一步。此外，周江生活垃圾无害化处理场已完成总工程量的90%，预计可在春节前完工投入使用；新排查的垃圾填埋场整治项目比省下达的要求提前半年完成。

【农村削坡建房整治】 严格落实省、市关于农村削坡建房风险点排查整治工作要求，认真制订全县农村削坡建房风险排查整治2020—2022年三年行动工作方案，全面排查核定削坡建房风险点32622户，其中极高风险51户、高风险6094户、中风险20607户、低风险5870户，通过采取工程治理、以奖代补、联防联控等有效措施，有力提高五华县削坡建房户地质灾害防治能力。2020年8月20日，五华县被省住建厅安排在全省地质灾害防治三年行动推进视频会上作经验总结发言。11月23日至24日，全省农村削坡建房风险点排查整治工作现场培训会在五华县召开，全省21个地级以上市主管部门负责人，9个重点地级市主管部门业务科室负责同志，以及下辖64个县（市、区）主管部门工作负责同志和业务股室负责同志，省市领导专家共约240人参加现场培训会。其间，与会人员观看五华县专题工作视频经验介绍，还实地考察转水镇、河东镇农村削坡建房风险点整治项目现场，为全省提供可学习、可借鉴、可复制的示范样板。

11月23日至24日，全省农村削坡建房风险点排查整治工作现场培训会在五华县召开

【镇级垃圾填埋场整治】 根据中央环保督察反馈意见要求，镇级填埋场整治工程在2019年完成市级验收的基础上，投入4776万元对6个新排查镇级填埋场进行整改，项目已于6月12日全面通过市级验收，比省要求提前半年完成。

工程建设管理

【建筑工程质量安全】 按照安全生产“一岗双责”和“管行业必须管安全、管业务必须管安全、管生产经营必须管安全”的工作要求，始终把建筑施工安全管理作为一项重要工作抓紧、抓实、抓细。河源龙川“5·23”脚手架事故发生后，县住建局坚持强行入轨、较真碰硬，迅速组织各镇和县自然资源局、教育局、卫健局、文广旅体局、产业转移园管委会、市政公用事业服务中心、县琴江新城发展中心、工业集团等单位分别对全县农村建房及49个大型在建项目的基建手续办理情况进行全面核查，建立“一户一档一责任一期限”台账清单，实行动态跟踪管理，突出问题导向和分类治理，制订印发《五华县村镇建筑工程安全检查简要指引》，对手续不完善的在建项目，一律责令停止施工限期整改，有力打击一批无施工许可、未批先建等违法建设行为，有效遏制类似安全事故发生。同时坚持日常管理和集中整治相结合，扎实开展“五一”、中秋、国庆等重大节假日前建筑施工安全生产大检查，重点检查安全教育、各方责任主体落实、消防安全设施和施工现场安全防护措施落实情况，及时纠正违规违章施工行为，有力将施工安全隐患消除在萌芽状态，实现五华县建筑施工安全生产“零事故”。全年，共组织质量安全大检查4次，检查项目112个次，发出整改通知书102份，整改意见298条，对11

名项目经理、10名总监、6名专监、9名安全员合计动态扣分189分。

【违法建设治理】 认真履行城市管理部门职责，建立健全每周会商研判制度，及时研究解决整治工作中碰到的困难和问题。全年，共督促户主补办手续15户、面积65499.32平方米，自行组织拆除10次，拆除面积1170平方米。联合水寨镇拆除10次，拆除面积1780平方米，联合工业园区拆除36卡门店，拆除面积7200平方米。联合供电部门采取停电处罚11宗。

【扬尘污染专项整治】 认真制定《2020年扬尘撒漏专项整治工作方案》，重视加强源头管控和运输过程管理，主动联合交警、交通运输等部门构建“源头严防、过程严管、分类监管、综合防治”工作格局。综合运用“技术+经济+行政”执法手段，加大随机突击检查力度，督促在建工地安装视频监控系统，实现线上线下实时同步监管，有效压实建设、施工、监理单位的扬尘管控责任，确保扬尘管控“六个100%”落实到位。全年，共检查建筑工地93个，出动执法人员1292人次，发出整改通知46份，督促工地完善配套设施8宗，依法查处扬尘撒漏案件10宗，罚款3.44万元。

【市容环境治理】 认真落实巩固“国卫”成效和推进“创文”工作要求，全年共开展联合执法行动15次，收扣违法派发小广告3000多份，查扣乱停乱放车辆54辆，收缴门店招牌31个，拆除违规设置广告牌382块、乱拉乱挂横幅标语1500多条，暂扣乱投放共享单车1555辆。深入推进县城临时建筑（铁皮瓦）专项整治，积极引导群众将铁皮瓦拆除或替换成树脂瓦，及时排查消除安全隐患。全年共发出整改通知书164份，拆除铁皮瓦11宗、面积2460平方米，要求替换树脂瓦78宗、面积6476平方米。

【燃气安全和市场秩序管理】 扎实开展燃气销售门店专项整治工作，大力整顿燃气违法违规销售经营行为，局主要领导带队多次到燃气企业和各镇开展燃气行业安全检查，深入排查企业和燃气销售经营点安全隐患，依法打击无证经营、非法代充等违法行为。全年共组织12次燃气安全专项检查，检查燃气企业5家、销售点56个及餐饮企业25家，依法拆除未批先建液化石油气库2家，督促整改安全隐患53个，取缔非法经营2起。

建筑业与房地产

【建筑业】 按照县委、县政府决策部署，五华县住建局于2019年谋划启动“中国建筑之乡”创建工作，经过近两年的努力，创建“中国建筑之乡”工作呈现可喜局面，组织成立全市首个县级建筑业协会，推动一批建筑企业总部回迁、资质增项晋级，建成县级建筑企业总部大厦，吸引广东嘉华建设工程有限公司等一级资质企业落户五华县。截至年底，协会共有会员企业56家，其中建筑企业38家（一级8家、二级14家、三级16家）。获省级及以上科技进步奖、有效工法以及专利18项，获省级及以上工程质量奖13项，获省级及以上施工安全文明工地8项。全县建筑行业从业人员共5.1万多人，施工企业有一级建造师164人、二级注册建造师318人，培训率达90%，持证上岗率

80%。已奖励总部回迁及资质增项晋级企业13家，发放奖金2550万元。拟奖励企业13家，合计金额2350万元。特别是2020年受疫情影响，在大部分建筑企业和外省籍建筑工人延迟复工复产的情况下，克服重重困难，建筑行业实现逆势上扬，全县建筑施工企业完成施工总产值约82.47亿元，创税约4.95亿元，其中县级留成部分1.14亿元。

9月18日上午，五华县公有房屋和保障性住房服务中心正式挂牌揭幕

【房地产业】 2020年，五华县有房地产开发企业71家，其中三级6家、四级60家、暂定级5家。商品房消化周期约为12个月，总体处于合理区间。国金华府3、4号楼完善后续工程已进入全面施工阶段。锦福华庭二期项目32户业主已办理不动产登记，其他67户业主办证工作正在推进中。

五华县住建局2020年度负责人名录

党组书记、局长： 曾清华

党组副书记、副局长： 张载良

副 局 长： 黄远华

刘南文（任至10月）

黄伟靖（任至6月）

副局长、总工程师、城市管理和综合执法局副局长： 李波（总工程师职务任至6月）

纪检组组长： 张群标（任至10月）

曾庆珣（10月任职）

琴江新城建设

【简况】 五华县琴江新城发展中心是县政府直属正科级公益一类事业机构，主要负责琴江新城15.74平方千米规划区范围内的规划建设工作。内设综合部、规划管理部、建设工程管理部、招商引资部、政策法规部、财务部6个部室，及下属单位五华县市政建设投资集团有限公司。

【重点项目建设】 2020年，五华县琴江新城发展中心负责组织实施13个县重点项目，项目总投资约560535万元，计划完成投资约45700万元。

【土地出让】 累计收储土地约40.37公顷，2020年度出让土地5宗共9.44公顷，土地出让收入41109万元。

【招商引资】 结合创建“中国建筑之乡”要求，将管廊控制服务中心（一期）打造成五华县建设企业总部大楼，引导11家建筑企业进驻，广东嘉华建设工程有限公司已于12月挂牌进驻。

【资金争取】 争取联增大桥抗疫特别国债资金1亿元、管廊控制服务中心新增专项债券资金4000万元，争取农发行综合管廊控制服务中心（一期）工程资金10675万元，全面完成向上争取资金任务。

（彭灿明 李 锋）

五华县琴江新城发展中心 2020 年度负责人名录

党组书记、主任：吴汉聪

党组成员、副主任：吴东生

钟金榕

党组成员：周开平

城市综合管理

【简况】 根据五华县机构编制委员会《关于印发五华县市政公用事业服务中心主要任务内设机构和人员编制规定的通知》（华机编〔2018〕50 号），五华县城市综合管理局更名为五华县市政公用事业服务中心。属正科级公益一类事业单位，内设 7 个组，核定事业编制 28 名。下设 5 个公益性事业单位，核定事业编制共 145 名。

【城市精细化管理】 2020 年，县市政公用事业服务中心全力以赴做好疫情防控、环卫、园林、路灯、公园、市政等方面工作，以绣花式的管理，全力推进城市管理高质量发展，不断提升精细化管理水平。

【疫情防控】 2020 年 1 月 31 日至 3 月 7 日，对五华长乐公园、老河道公园、琴江公园等 9 个开放式公园进行闭园管理，并在公园入口处设置警戒线；严格做好农贸市场、垃圾中转站、垃圾填埋场、公厕、下水道、公园等场所消毒消杀工作；在县城人员密集地段设立 120 升废弃口罩专用收集桶 50 多个，在县城各小区设立 80 升废弃口罩专用垃圾桶 80 多个；持续抓好公园、广场、市场等场所疫情防控宣传工作，通过 LED 显示屏、宣传栏、横幅、宣传画（册）、融媒体、作业车辆等多种宣传方式，进行大力宣传，着力提高广大人民群众疫情防控意识。2020 年更新疫情防控宣传栏 100 多块，悬挂横幅 930 条，张贴和发放宣传画、宣传册共 3 万多份，转发和推送融媒管理系统信息 3760 条，250 部垃圾收集三轮车每天循环播放疫情防控安全知识。

华园市场疫情防控

【环境卫生保洁】 全面加强县城环境卫生保洁和垃圾无害化处理。2020 年清扫保洁面积由 2019 年的 757 万平方米增至 827 万平方米，通过“人工普扫+机械清扫+人工保洁+三轮车保洁+洒水降尘”五位一体的作业模式，重点推进人行道人工巡回清洗、主次干道机械冲洗、洒水作业、雾炮降尘作业、机械清洗栅栏，确保县城主次干道、背街小巷的干净整洁和县城空气质量，保证路面垃圾落地时间不超过 15 分钟即清理干净；加强 15 个城中村、城乡接合部和背街小巷垃圾收运力度，三轮车不间断流动收运垃圾；扎实推进厕所革命，加强公厕管理，重点做好县城主次干道公厕指示牌和指示标识完善工作；积极推进县城垃圾分类，在金泰华府、纬丰华园、悦景花园 3 个试点小区，安排人员每天 18：30—20：30 引导小区居民分类投放垃圾并讲解垃圾分类等环保知识，努力以点带面、示范带动全县垃圾分类。

县市政公用事业服务中心在垃圾分类试点小区讲解垃圾分类等环保知识

【园林绿化】 在抓好日常绿化管护的同时，积极做好关键节点绿化提升、莳花更植工作，打造“花满县城”景观。2020 年共种（补）植乔木约 1700 株、灌木约 6400 袋、地被约 13.8 万袋，在县府外广场喷泉周边更植红色簕杜鹃 400 盆，在县府内外广场及县城交通岛等更植各色莳花 15 万袋（盆）；适时对行道树、绿篱、草坪进行修剪和整形，运用艺术技巧对不同高度、不同大小、不同色彩的绿化景观植物进行多层次的配置和修剪造型，全年共修剪乔木约 1.5 万株、灌木约 8650 株、绿篱约 11 万延长米、草坪约 4 万平方米；抓好应急抢险救灾和台风防御工作，及时对存在安全隐患的大树进行疏枝整形，及时修剪和清理遮挡路灯、交通指示牌、监控摄像头的树木，及时处理被车辆或人为损坏影响交通的树木及绿化设施；加强花池的维护、修缮和保洁工作，全年共修缮花池缘石 1200 米、树穴 255 处、人行街砖 510 平方米；做好绿化苗木的肥水管理和红火蚁等病虫害防治工作。

【市政设施管护】 全力加强县城市政设施维护管理，在县城主次干道、人行道集雨井安装“安全防护网”，对人行道街砖、道路路面、水沟淤积、雨水栅、水沟盖板、石围栏、市政道路栅栏、指示牌标识等基础设施进行全面排查，发现问题限期整改，全年共修复人行街砖 3170 平方米、破损沥青路面 5072 平方米、路缘石 730 米，重新浇筑水泥路面 1700 多平方米，检查、清理沉沙池 6228 座，清理排水沟 1400 米，更换下水栅 720 套，疏通低洼积水 172 处，新增斑马线、停车位、禁停线等 289 处，更换标识牌和警示牌共 309 个。全力推进县城智能交通建设，设置智慧红绿灯 35 个、智能交通 1 个；加强县城公共照明、景观灯和 LED 显示屏维护管理，利用“两遥”时间控制器、漏电保护装置、亮灯率监控平台等智能管理设备，确保县城主次干道、商业街等装灯率 100%、亮灯率≥98%，背街小巷装灯率 98%、亮灯率≥97%，全年共修复路灯和景观照明故障 1235 多处，更换电缆 1.1 万多米，更换和维修 LED 灯 2432 个、交流接触器 850 个、景观数码管 2160 条、洗墙灯 963 个、射灯 623 个、中国结电源 736 个、LED 灯电源 1323 个、景观电源 821 个，及时处理 35 起因交通事故撞坏的灯杆，修复工业园区、水华路等 82 处路灯地下线路下沉的问题。

【公园管理】 积极推进长乐公园、老河道公园、狮山公园、琴江广场、街心公园、上坝公园等公园关键节点绿化亮化工作，进一步丰富公园景观体验，其中在老河道公园安装 4 色图案投影灯、增设 LED 磨砂祥云灯笼，在长乐公园增加足球元素灯牌，在老河道公园和长乐公园广场主入口设立“迎新春庆新年”立体花坛；2020年老河道公园水质提升与生态构建和维护项目进入维护阶段的第二年，公园景观湖水质和生态环境明显改善，老河道公园水质整治效果评估报告已完成；对公园公共卫生间、垃圾桶每天进行消毒；扎实推进公园“厕所革命”，已全面完成琴江广场2座公厕和滨江公园、街心公园各1座公厕升级改造任务。2020年，公园管护面积增至62.1万平方米、县城绿化管理园面积增至60.4万平方米。

2020年老河道公园水质提升与生态构建和维护项目（图片来源于县电视台报道）

【工程建设】 全力推进59座镇村生活垃圾中转站建设，2020年已有49座投入运营，其余有序推进；加快推进各项道路建设工作，县城工业二横路至水寨大道（幸福里）道路新建工作，现阶段正完善项目招标代理、勘察、设计、造价预算、监理等前期工作，宏达路升级改造工程已完成验收并投入使用，赤沙咀至万宁华府段道路升级改造已完成并投入使用；加快推进五华县循环经济产业园生活垃圾焚烧发电项目（PPP）建设，截至年底已完成一期工程，2020年12月23日开始试运行；西河市场、新华市场已完成建设，待完善相关手续后投入使用；华园市场干湿、生熟分区升级改造完成并投入使用。

【信访工作】 积极做好网上信访协调处理、回复工作，以及群众来电来人来访的协调处理、解析工作。据统计，县市政公用事业服务中心全年处理各类信访案件共39件，其中网上信访5件、群众来电来人来访28件、来信协调处理3件、行政效能投诉3宗、省巡视组交办信访事项1宗及协调处理案件1宗，按期处理率达100%。

五华县市政公用事业服务中心2020年度负责人名录

主　任：张雄辉
副主任：曾永辉
丁金浪
曾文东

环境保护

【建设项目环境管理】 2020年，梅州市生态环境局五华分局按照《中华人民共和国环境影响评价法》和《广东省建设项目环境保护管理条例》的有关规定，认真履行环保前置审批权职责，坚持发展经济和保护环境并重，严格把关，防止重污染企业进入五华。对已经审批的项目，加强建设期监管，坚持执行“三同时”制度的落实，把住环保设施竣工验收关，有效地控制新污染源的产生。2020 年审批建设项目环境影响评价文件 71 个，其中环境影响报告书 9 个、环境影响报告表 62 个，环境影响登记表（网上备案）275 个，项目总投资 811669.32 万元，环保投资 40509.3968 万元。

【主要污染物总量减排】 2020 年，梅州市生态环境局五华分局按照根据梅州市政府下达给五华县主要污染物总量减排任务，按照区域、属地、部门管理的原则，把治污减排各项工作目标和任务分解到各部门、各单位，充分发挥各部门的职能作用，形成齐抓共管、各司其职环保工作机制。加强县城污水处理厂和华城、安流两个中心镇水质净化站减排工作监管，全年减排：二氧化硫 492 吨，氮氧化物 120 吨，基本完成市下达的主要污染物减排任务。

【加强环境执法和信访调处】 2020 年，梅州市生态环境局五华分局按照组织开展环保专项行动，打击环境违法行为，维护群众环境权益。全年共出动执法人员 1327 人次，检查企业 393 家次，发出《行政执法责令改正通知书》20 份，立案查处 4 家，处罚金额 19.051 万元，“双随机”抽查企业 155 家次，现场检查污染防治设施 199 次、设施 186 套，运转率 100%，达标率 98%；环保“三同时”执行率达到 100%。受理环境污染投诉案件 307 宗，对所有投诉案件均能快速处理，依法依规查处，妥善解决纠纷，调处率 100%，得到群众好评。

【污染防治】 一是强化重点行业挥发性有机物污染防治。2020 年建立 VOCs 监管名单，大力推进涉及 VOCs 排放的重点行业的清洁生产工作，当前市下达五华县 VOCs 企业销号整治任务 6 家，已经全部完成整改。二是开展柴油货车污染治理。2020 年，五华县柴油车用车大户入户检查任务为 4 家，截至年底已完成 3 家检查，另外 1 家因该公司柴油车均在外地运营，已经向上级部门申请进行销号。三是推进非道路移动机械污染防治。持续推进非道路移动机械摸查、登记编码工作，截至年底已完成 93 辆非道路移动机械的编码登记工作。四是积极推进加油站地下油罐防渗改造工作，截至年底全县有在营加油站 63 座，地下油罐合计 216 个。63 家加油站已经完成防渗漏改造工作，同时市生态环境局五华分局进行油气回收检查，检查率 100%。五是委托有资质的第三方技术单位深入农村一线，对全县 414 个行政村、1763 个自然村生活污水治理现状开展排查，五华县农村生活污水治理现状摸排及编制治理实施方案已经全部通过专家评审。六是要求产废企业在广东省固体废物管理信息平台进行如实申报。截至年底，五华县共有 362 家产生危险废物企业在平台申报，其中包括 29 家工业企业、251 家汽修企业、82 家医疗机构。七是开展医疗废物专项执法检查，强化对医疗废物处置的监督管理，及时纠正医疗废物处置过程中出现的不规范行为，确保医疗废物不流失、不泄漏、不扩散，得到安全处置。八是规范全县医疗废物的处置管理，全县医疗废物统一交由有资质的梅州市金川医疗废物处置有限公司处置。同时在疫情防控期间，对疫情隔离点、收治点污水处理和医疗废物处置情况进行现场检查。九是推进五华县固定污染源排污许可发证、登记工作，实现2020年固定污染源排污许可全覆盖。2020年固定污染源发证登记总数为794家（含特殊情形），其中发证企业84家、登记管理710家。除特殊情形外，实际核发排污许可证57家，排污登记532家，下达《排污限期整改通知书》20份，完成率100%。现整改后发证企业1家。排污许可证变更17份。

【重点环境问题专项整治】 建立每季度定期研究通报重点环境保护问题制度，要求各镇和各单位对所管辖的区域和行业存在的重点环境问题进行认真排查，并对重点环境问题排查整治情况进行汇总，筛选出季度十大重点环境保护问题提交县政府常务会议研究，会议通过后实行挂牌督办，限时办结。2020年列入重点问题26宗，按时完成22宗，4宗未到时限。

【环境监测】 加强学习，全面提升技术人员的动手能力和业务技术水平。严格按监测技术规范定期对流经五华县的省控、市控断面水质监测工作、鹤市河跨市交接断面水质及县城饮用水源地桂田水库和备用水源（蕉州河）的采样分析，按时按质完成取样分析工作，并及时向市站报送监测结果。对县城空气质量实行24小时在线监测，城区环境空气质量保持优良。从监测结果来看，省、市考核断面水质优良率达100%，集中式饮用水源地水质达标率100%，县城大气环境质量优良率达到99.7%。

（刘湘源 何 静）

梅州市生态环境局五华分局2020年度负责人名录

局　长：邓瑜文
副局长：谢炳泉
温浪文

供　　电

【简况】 2020年，五华供电局坚持以习近平新时代中国特色社会主义思想为指导，深入学习贯彻习近平总书记视察广东重要讲话、重要指示精神和党的十九届五中全会精神，贯彻落实网省公司、梅州局和县委县政府各项决策部署，在面对突如其来的新冠肺炎疫情和严峻复杂的内外部形势，五华供电局坚持在习近平新时代中国特色社会主义思想指引下行动,不折不扣把落实上级决策部署贯穿全局工作全过程，坚决做到“两个维护”，扎实推进“六稳”“六保”工作，统筹抓好疫情防控和改革发展生产经营各项工作，顺利实现“双统筹”“双胜利”，实现安全生产局面持续稳定、改革创新变化日新月异、经营目标完成稳中有进、电网发展取得长足进步、用户获得感稳步提升、党建引领保障作用充分发挥、干部员工队伍素质持续提升，顺利完成全年各项目标任务，实现“十三五”规划圆满收官，为五华经济发展贡献供电力量。

【全社会用电】 2020年1—12月，五华县全社会用电量累计12.42亿千瓦时，同比增长14.62%。其中：工业累计用电量3.38亿千瓦时，占全社会用电量27.22%，同比增长10.09%。城乡居民生活累计用电量5.90亿千瓦时，占比47.55%，同比增长15.26%。其他累计用电量 3.14 亿千瓦时，占比 25.23%。第一产业（农、林、牧、渔业）用电量累计 0.20 亿千瓦时，占全行业用电量 3.05%，同比增长 37.73%；第二产业（工业、建筑业）用电量累计 3.97 亿千瓦时，占全行业用电量 60.98%，同比增长 9.76%；第三产业累计用电量占全行业用电量 35.98%，同比增长 20.26%。五华县各电源发电量 1.54 亿千瓦时，同比降低 52.44%。其中，水电发电量 1.04 亿千瓦时，同比降低 62.62%；光伏发电量 0.50 亿千瓦时，同比增长 9.73%。

【落实上级决策部署】　筑牢织密疫情防控网，第一时间成立应对疫情工作领导小组及 5 个专项工作组，统筹实施各业务领域防控策略，及时完善常态化防控措施，守住不发生聚集性疫情的底线。坚决执行国家优惠政策，累计降低用户用电成本约 1018 万元，惠及用户 2.5 万户。助力打赢“三大攻坚战”，全面完成供电范围内省定相对贫困村电网改造，对口帮扶的 2 个帮扶点、319 名贫困人口全部实现脱贫出列，全县共计 16757 名“低保户”“特困户”享受到免费电政策，全年累计减免电费约 178.2 万元。全力服务好乡村振兴，建成五华首个“四网融合”示范点。顺利完成长乐公园充电站等 4 个充电桩项目，县城立体充电枢纽初具雏形。全额消纳全县清洁能源，全力协助推进抽水蓄能电站接入系统工程，助力安流光大环保 27 兆瓦垃圾焚烧发电项目顺利投产，有序推进兴宁静脉产业园前期工作，全年光伏接入项目 131 个，合计容量 5.07 兆瓦。

【安全生产】　牢固树立安全发展理念，将安全作为一切工作的基础和前提，充分体现“生命至上”。制定实施现场作业人身安全风险管控提升工作计划，开展生产班组“四类问题”自主暴露工作，提升员工保命意识和保命技能。电网防灾向“主动防御”转变，有力抵御多轮强降雨灾害，圆满完成两会、国庆、中甲联赛、中冠联赛、梅州市“一带一路”青少年足球赛等保供电任务，获评 2020 中甲联赛梅州五华赛区先进单位，曾奇熊等 3 人获先进个人表彰。实现网络安全攻防演练“三不一零”目标，全年未发生网络安全事件。

【改革创新】　始终发扬“勇立潮头唱大风”的改革精神，竭尽“五华所能”，充分体现“硬打实干”。完成“子改分”工作，顺利实现分公司运作。扎实推进农电体制改革取得新突破。积极配合政府做好小水电自供自管区站网分离工作，全面完成硝河寨等 5 个小水电自供区接管工作。大胆使用科技武器为基层员工减负，利用无人机自动化驾驶完成 16 个乡镇配电数据采集工作，积极探索和推广使用费控业务，减轻催费压力。

【电网发展】　充分发挥电网规划“龙头”作用，高质量完成“十四五”智能电网规划编制，推动远景电网规划成果纳入国土空间规划，夯实电网发展基石。落实“稳增长”要求，全面完成电网建设投资 1.15 亿元。聚焦五华致力打造百亿级产业集群发展建设要求，加快推进产业集群电力基础配套设施建设。顺利投运枫林站新出枫转线割接水寨站大转线负荷并与大转线网架完善工程等 9 个网架完善项目，网架水平进一步提升。攻坚克难完成 500 千伏五华输变电、梅州抽水蓄能接入系统等重点项目前期工作，重点做好新建110千伏油田站、35千伏益塘台区变电站的落地实施,加快推进220千伏华城站、110千伏长乐站、35千伏新桥站、35千伏双华站前期工作，努力打造建强电网。

【优质服务】 推进现代供电服务体系建设，“获得电力”服务水平持续提升。2019年五华负荷最高达295兆瓦,同比增长30%。统筹优化停电窗口，成功投运10千伏桂增线工程割接油田片负荷，有效保障3.2万户居民和河东工业区的安全、可靠用电，受限用户得到充分解放。全力优化电力营商环境，加强公众号宣传，利用微信等线上平台拓宽服务渠道，有效提升客户感知。深化全员为要，努力营造让政府放心、让社会认可、让群众满意的用电环境，第三方满意度88分，实现连续3年稳步向上；地方公共服务满意度实现连续3年获评第一。

（谢柳锋　古海莲）

五华县供电局2020年度负责人名录

党委书记、执行董事： 彭　刚

副总经理： 刘江漪

工 业

科工商务

【简况】 2020年，面对突如其来的新冠肺炎疫情，五华县科工商务局在县委县政府的坚强领导下，以及在县人大和政协的监督支持下，坚持以习近平新时代中国特色社会主义思想为指导，全面贯彻党的十九大和十九届二中、三中、四中、五中全会精神，切实落实中央和省、市关于统筹推进疫情防控和经济社会发展的工作部署，扎实做好“六稳”工作、全面落实“六保”任务，努力将新冠肺炎疫情的消极影响降到最低，助推全县经济社会高质量发展。2020年，全县规上工业企业完成规上工业产值32.69亿元、同比增长15.7%，完成规上工业增加值5.66亿元、同比增长4.8%。全年完成工业投资21.86亿元、同比增长18.3%，其中技改投资2.46亿元、同比增长137.03%。全年完成社会消费品零售总额81.68亿元、同比下降7.4%。全年完成外贸进出口总额1.55亿美元，同比增长42%；完成实际利用外资1447万美元，同比增长118.6%。全年新签约落户企业18家、计划投资总额70.94亿元，同比增长28.3%。

【创新驱动战略持续实施】 贯彻落实国家《科技型中小企业评价办法》，大力培育发展科技型中小企业，19家企业被认定为科技型中小企业；积极鼓励申报国家高新技术企业和企业研发平台，华智星、辉骏科技、智宏信息、晶铠科技和康和药业5家企业进入国家高新技术企业拟认定名单，长乐烧酒业、康和药业、联基电子、华阳包装和晶铠科技5家企业被认定为梅州市工程技术研究中心。大力鼓励企业申报省科技专项资金项目，井得电机、中燃公司、云岐圣峰和众创汇4家企业项目进入“大专项+任务清单”立项名单并获得160万元立项资金。做好农村特派员工作，安排李宏周等36名省、市科技特派员“一对一”对接田布等36个贫困村，鼓励发动9位市级农村科技特派员到基层创新创业，开展科技试验示范、技术咨询、技术培训等技术服务，农业科技成果转化率有效提高。扎实开展2017—2019年梅州市社会发展科技计划项目结题验收工作，提交19项验收材料，顺利通过结题验收18项，验收成功率达94.7%。推荐井得电机、生长地2家企业和茶叶、金柚、红薯3个产业20家农业龙头企业申报2021年中央引导地方科技发展资金中“支持科技型中小企业和支持科技特派员”专题项目，成功争取扶持资金共200万元。潭丰农电商、美宏农业进入2020年广东省第四批“星创天地”备案名单；五华县电子商务创业孵化基地和五华县博艺创业孵化基地成功认定“2019年梅州市市级小微企业创业创新示范基地”。五华县第一小学成功申报校园科学馆（室）建设试点，获得事前资助资金20万元。上下一心，推动五华县获省核准建设广东省农业科技园区。率先全市合作成立广东省科学院梅州产业技术研究院五华产业创新服务中心，加强与广东省科学院梅州产业技术研究院对接，帮助企业解决技术难题。促成康奇力与省丝纺集团·羊城大健康集团共建生物医药产业研发生产基地，主动融入粤港澳大湾区建设积极寻求湾区雄厚的技术资源，探索“大湾区研发+五华生产”模式，推动本地产业技术更上一层楼。组织企业参加2020年“创客广东”梅州市中小企业创新创业大赛，即刻科技获创新创业组银奖；引导企业参加梅州市第二届工业设计大赛，中科电工“热水器防错相插座”获得产品组银奖，辉骏科技“中风筛查智慧眼睛”获得概念组银奖，海晏酒业、中科电工、辉骏科技、井得电机荣获第十届“省长杯”工业设计大赛相应类别优秀奖。顺利举办“科学防震·幸福生活”系列科普教育和“普及科学知识、弘扬科技文化”新时代精神文明实践活动。兑现2019年度高企、科技型中小企业享受加计扣除额5707万元，减免税额1426.9万元。

工业与信息业

【暖企服务活动深入开展】 疫情防控期间，五华县科工商务局积极落实疫情防控工作，结合统筹推进疫情防控和经济社会发展工作部署，因时因势印发《县领导直接联系服务企业开展疫情防控和复工复产工作方案》，利用企业微信群、宣传横幅等多种渠道建立全方位、立体式的疫情防控宣传机制，向企业发放复工复产宣传手册和国家、省、市支持企业复工复产政策措施，将“省20条”“市18条”等抗击疫情系列政策宣贯覆盖到每一家企业，向企业充分释放政策红利。联合园区办、人社局等部门力量组建7个企业复工复产专班组，对企业复工复产疫情防控工作进行检查和指导，组织开展园区工业企业疫情防控应急演练；紧急调配36万余只口罩到防疫物资紧缺的企业，为企业员工开具绿色通行证，保障企业生产线正常运转。同时，持续抓好清理拖欠民营企业中小企业账款工作，排查解决岐岭镇卫生院建设项目完工欠款事件；组织县直相关单位工作人员和规上企业开展统计和税务业务知识培训；顺利召开五华县拟上规企业座谈会，指导协助企业做好上规工作；组织五华县辉骏科技、生长地等较具代表性且经营良好企业的高管人员参加“新粤商（复旦）高级研修班”专题培训学习。稳步推进中小微企业信贷风险补偿资金业务工作，27家企业加入中小微企业信贷风险补偿资金池，14家企业共获贷款总额1.33亿元，有效缓解中小微企业融资难问题，为中小微企业健康发展提供资金支撑。全年向上争取项目资金5954.31万元。

【工业和信息业转型升级】 工业投资可持续发展行动计划和工业企业技术改造三年行动计划有序推动，《五华县扶持红木家居产业发展壮大专项资金管理办法（试行）》

顺利出台；技术改造（贷款贴息、设备更新）、技术创新、产业共建等项目相关政策宣贯及解读工作全面覆盖，企业技术创新和产品创新成本有效降低。奕联实业等4家公司成功申请产业共建等资金合计275.3万元，其中包括在疫情期间协助博能福源、明鑫生物2家口罩生产企业申请省级新冠肺炎疫情防控物资生产企业实施技术改造扩大生产奖励资金126.69万元。辉骏科技等9家企业纳入2021年省级促进经济高质量发展专项企业技术改造资金项目库，获得2021年省级促进经济高质量发展专项企业技术改造资金（第一批）项目资金877.27万元，第二批项目资金480.25万元拟下达。深耕“互联网+先进制造业”，加强与工业互联网平台服务商的沟通，井得电机、康奇力药业和诺华实业成功实施“上云上平台”并申领服务券70.56万元；推动广东井得电机股份有限公司和中国联通梅州分公司签订“5G+智慧工厂合作协议”；五华县航天遥感科技展厅完成建设，完成多场政府部门、协会团体的接待工作。五华县创新创业协会和五华县农商咨询服务中心成功认定市级中小企业公共服务示范平台，中科电工认定为省专精特新中小企业。

【信息基础设施加快建设】 持续抓好信息基础设施建设，提升网络宽带化和应用智能水平，辖区内的414个行政村、1982个20户以上自然村4G网络及光纤网络实现全覆盖；县城小区光纤和CDN网络覆盖率，高速、国道、省道沿线4G网络信号覆盖率均达到100%。结合实际印发《五华县县级公共建筑与设施开放目录（2020年）》，加快五华县5G基站、智慧杆塔和网络建设，大力推动5G应用向各行业渗透。2020年，新建4G基站241个（移动195个、电信13个、联通33个），新建5G基站110个（移动60个、电信和联通共建共享35个、电信15个）；协助做好五华县64个20户以上自然村光纤网络的验收工作，加强对信息业的监督管理，成立打击网络诈骗专项工作领导小组，在电商大厦LED显示屏上每日滚动播放防电信网络诈骗宣传内容，印制发放300份防范电信诈骗宣传单，通过多种渠道，广泛开展反骗防骗宣传；督促各电信运营商全面开展“断卡”行动，严格执行“开卡”实名登记制度，杜绝违规“开卡”。积极配合市开展销售无线电发射设备的监督检查工作，对随机抽取的12家销售点进行检查；共同组建五华县信息动员专业队伍（国防委员会）和五华县人防通信专业队伍（住建局人防办），确保信息网络畅通、保密。积极联系奥体、县体育场和足球小镇比赛场地工作人员无线电安全保障相关事宜，全力做好2020年中甲联赛梅州赛区无线电安全保障工作。

县科工商务局2020年度负责人名录

党组书记、局长： 吴浪标（任至2月）
李杜强（5月任）

党组成员： 张景铮（任至10月）
魏　青（任至10月）
胡伟雄
缪伯腾
翁凯荣
古永元
曾奋凌
汤伟平
刘展明
刘应靠

副局长：张景铮（任至11月）
魏　青（任至11月）
胡伟雄
缪伯腾
翁凯荣
古永元
曾奋凌
汤伟平
黄勇麒（3月任）

派驻县科工商务局纪检组成员：
刘应靠
蔡仕臻
张培强
邹育增

广东五华经济开发区

【简况】　为构建县域“一核两区三组团”发展格局，五华县依托广东五华经济开发区[广州番禺（五华）产业转移工业园]、河东绿色生态工业小镇、华城工业园、安流生态产业园四个产业园区，发挥四轮驱动效应，加快工业经济发展。其中，广州番禺（五华）产业转移工业园是依托广东五华经济开发区，与番禺区合作共建，高起点规划、高标准建设的工业园区，于2015年2月获省批复纳入省级产业转移园管理。园区总规划面积20平方千米，首期12.2平方千米，截至年底建成区面积扩大至10.5平方千米。进园企业累计120家，其中投产企业76家（规上企业23家）、在建企业12家、筹建15家、停产企业2家，吸纳用工约1万人，初步形成五金机电、食品饮料、医药制造、家居建材、再生资源利用等主导产业。

河东绿色生态工业小镇是广东梅兴华丰产业集聚带的重要组成部分，规划总面积25平方千米，首期4平方千米，截至年底已完成征地663.2公顷、平整203.33公顷，正在同步推进土规、林地调整以及供水供电、交通路网、排污净化、通用厂房、标准厂房、绿色能源科技中心、综合服务中心等基础设施和配套服务项目建设，全面拉开开发架构。已有富胜实业等15个项目签约落户，计划总投资65.74亿元，其中，投产项目1个，在建项目4个，筹建项目10个。

安流生态产业园地处安流镇半田村、半径村、吉水村交界处，园区总规划面积10.37平方千米，截至年底已征地60公顷，已丈量土地面积68.67公顷，平整土地6.67多公顷。有嘉信装饰材料、华南城工业物流园等14个项目意向进驻园区，其中，经县政府常务会议审议同意入园项目3个。

广州番禺（五华）产业转移工业园航拍图（2020年8月16日摄）

华城工业园位于华城镇规划区内北部，距离梅河高速公路出口500米，园区总规划面积80

五华河东绿色生态工业小镇（2020 年 8 月 6 日摄）

公顷，截至年底已出让用地 18.58 公顷，已完成园区控制性规划工作，引进梅州市冠华杭萧装配建筑股份有限公司等 4 个项目落户。2018 年 7 月，经省经信委等部门同意将河东、安流、华城 3 个园区符合土地利用规划的区域一并纳入依托广州番禺（五华）产业转移工业园带动发展的产业集聚地范围，享受省产业转移政策。

【园区经济】　不断加强暖企服务行动，管理服务由“粗放式”向“精细化”转变，向服务要效益，向管理要质量，对进园企业严格落实“一对一”挂钩联系服务企业制度，特别是对投产和在建企业每周定期走访，全年累计走访服务企业 3500 多人次，帮助企业及时解决用工、用水、用电、增资扩产、融资贷款、劳资纠纷等实际问题，为企业争取工业技改资金 1329 万元。2020 年，园区实现工业总产值 27.11 亿元、规模以上工业增加值 4.0879 亿元、全口径税收 4.3059 亿元，完成工业固定资产投资 4.7276 亿元，分别同比增长 28.4%、20.71%、28.7%、70.65%，经济指标实现高速增长。特别是工业产值增速、全口径税收增速、引进工业企业数量、财政资金投入等 4 项指标位列全市第一，推动园区就业人数位列全市第二，工业固定资产投资增速、规上工业增加值增速、新增亿元以上产业共建项目数等 3 项指标位列全市第三，各项关键经济指标实现逆势上扬，保障经济平稳健康运行。

【园区建设】　通过争取抗疫特别国债、投资公司融资、财政自筹等渠道筹集资金 8.17 亿元（其中向上争取项目资金 2.34 亿元），不断完善基础设施和配套设施建设。河东绿色生态工业小镇完成征地拆迁 733 亩，拆迁房屋 53 座，完成长乐大道、横四路、纵六、纵八路约 5 千米道路硬底化及配套绿化、亮化、排水排污等综合管廊工程；3 栋标准化厂房和 3 栋通用厂房总建筑面积 7.2 万平方米建成交付使用，8 栋总建筑面积约 12.8 万平方米的标准化厂房、3 栋总建筑面积约 4.55 万平方米的员工宿舍已建成封顶以及河东水质净化厂、绿色能源科技中心等项目加快建设。广州番禺（五华）产业转移工业园总部经济板块规划道路完成 0.35 千米路基和污水管网建设，红木产业园西侧延长线完成路基 1.7 千米，修复工业大道 2.3 千米，工业六路完成 2.3 千米路基和约 1.2 千米硬底化建设；罗湖安置区板块完成道路硬底化 1.3 千米，大岭安置区幼儿园已建成投入使用，建成 2 千米内部道路，园区基础设施不断完善，产业承载能力不断提升。

【园区招商】　围绕五华县培育发展“5+1”

主导产业，加强产业链招商和项目促建促产。2020年，园区新签约落户企业6家，分别是：五华惠民村镇银行股份有限公司、跨境说未来科技（广东）有限公司、梅州市海俊实业有限公司、广东三顺矿山机械制造有限公司、广东庆隆科技实业有限公司、五华县大昌粮贸发展有限公司，计划投资总额13.1亿元。促成跨境说科技、胜工矿机、惠民村镇银行、奎鑫实业、雅得利、金西湖、鹏兴蛋制品、众华卫、中柚健康、康奇力大健康产业园、大昌粮贸丝苗米产业园、生长地高山红薯深加工等12个项目落地动工建设；东成红木、胜工矿机、泰金智能包装、华晟变压器、诺德实业、众华卫、鹏兴蛋制品、同福堂药业、汉光超顺二期等9个项目建成投产，提升园区经济发展新动能。

【园区管理服务】 统筹做好园区疫情防控和经济发展工作，主动为企业解决口罩、消毒液、体温枪等防疫物资，组织员工分期分批有序返岗，协助企业争取抗疫低息贷款、技改扶持资金5.16亿元，全力保障园区企业在第一时间实现复工复产。积极加强与县自然资源局、住建局、科工商务局、发改局等业务部门沟通联系，主动为企业提供全程代办服务。2019年被广东省工业园区协会授予“四星级服务园区”荣誉称号。2020年，积极协助泰金智能、富胜实业、翔星玻璃、立信印染、南凌电器、红木产业园等47家企业办理工商注册、立项备案、用地招拍、报批报建等证照手续，涉及国有建设用地面积53.4万平方米，不断为企业提供“一站式、保姆式、101分”优质服务，不断优化营商环境。

【园区党建工作】 至2020年末，广东五华经济开发区设有党组1个、党工委1个、非公有制企业党委1个、机关党支部1个，非公有制企业党支部26个，配备1个面积900平方米的党群服务中心，具备党群服务办事、党员活动培训、文体活动、党建阅读等各功能，为园区党员、群众办事、活动、学习等提供“一站式”服务。2020年，全面做好园区非公有制企业摸底工作，对园区78家投产企业一一摸排，为有针对性地创建非公有制企业党支部打下基础，为提升党建工作覆盖面做好准备。在2019年新成立2个非公有制企业党支部基础上，2020年筹建东成红木党支部并计划打造成非公有制企业党建示范点建设，截至年底，园区共创建非公有制企业党建示范点5个（明珠星、辉骏集团、齿轮泵厂、天东集团、创达建设）。

（陈冬海）

广东五华经济开发区管理委员会2020年度负责人名录

党组书记、主任：彭国阵
党组成员、副主任：钟　军
李柳明
古盛森（2020年12月任）
党组成员、党工委副书记：罗志军
党组成员：陈益辉
陈爱忠

交通运输

交通建设与管理

【高速公路建设】 2020年，五华县交通运输局（以下简称县交通局）积极配合、协调高速公路建设部门做好相关工作。梅州五华至汕尾陆河高速公路：已于2020年11月28日正式建成通车，该高速公路是五华县连接东部沿海地区的出海通道，有利于五华、汕尾、揭阳三地交通互联促进经济发展旅游文化；大丰华高速五华段：全长约24.71千米，2020年度完成计划投资5.6360亿元，项目开工累计完成投资23.448亿元，占总投资31亿元的75.64%，预计2021年建成通车。

【省县乡公路建设】 2020年，投入公路建设资金3.59亿多元，推进新升省道路面改造项目8个129.94千米，县乡公路建设项目13个121.7千米工程建设。

【“四好农村路”建设】 全面完成省、市下达五华县2020年“四好农村路”建设攻坚任务共512.197千米，其中完成砂土路和100人以上通村（组）硬化路共463.697千米，通省级现代农业产业园公路48.5千米。此外，还完成撤并建制村等较大规模人口自然村通硬化路建设18.636千米，农村公路路网改善工程10.728千米。

【农村公交一体化建设】 在原有4条线路20部公交车运营的情况下，于2020年12月1日再投入10部新能源公交车开通2条线路（第5号线县城至横陂、6号线县城至转水），方便群众便捷、低碳出行。至2020年7月，全县16个镇413个建制村已全部开通客车，通车率100%。其中，240个村以客运班车形式开通，159个村以预约农村客运形式开通，14个村以城乡公交形式开通。

【县养公路养护管理】 2020年，投入1000多万元完成Y304线华阳至龙村段8千米，X003线龙村至大梧段10千米进行绿色廊道创建工作，种植秋枫、杜鹃等乔灌木近2.5万株。投入资金200多万元邀请专业检测公司对108座桥梁进行定期检查，完成危桥改造5座。投入1420万元完成对Y305华红线等10多条线路共计155千米水毁严重路段及时抢修复。完成S223线潭下停车区、S238线硝芳停车区建设任务，S341线双头停车区、S238线青岗停车区预计春节前完成施工任务。完成 Y107 线等 183 条线路农村公路安防工程整治里程 284 千米。

【运力与运量】 2020 年，全县共有营运客车 205 辆，客位 8011 座；营运货车 800 辆，核载 8905 吨。全年公路运输完成旅客周转量 14145 万人千米，完成货物周转量 79106.6 万吨千米。

【综合行政执法工作】 2020 年，县交通局加大对运输市场的监控和管理力度，全年共出动执法人员 9059 人次，出动执法车辆 2074 车次，检查车辆 3835 辆次，共查处客运车辆违法违规案件 17 宗、货运车辆超限超载案件 319 宗，查处货运车“百吨王”10 宗，非法加装栏板 217 辆、卸载货物 7300 多吨，“一超四罚”货运车源头企业 43 家次，源头处罚案件 146 宗，累计罚款 146.5 万元，驾驶人受教育 904 多人次，督促企业落实主体责任 29 家次，座谈企业 29 家次，有效保障道路交通安全，提升群众出行安全感。

【行业安全管理】 县交通局坚持把交通行业安全生产工作放在突出位置，按照“安全第一、预防为主、综合治理”的方针，以贯彻实施《中华人民共和国安全生产法》为主线，以建立安全生产长效管理机制为目标，以防范重特大事故为重点，进一步加强交通行业安全管理。认真落实安全生产责任制，层层签订行业安全生产责任书，修订完善各级管理制度和应急预案。严格把好道路旅客运输安全、危货运输安全、营运车辆的安全例检等准入关，利用 GPS 等现代化车辆监控设备，对客运车辆进行动态管理。进一步完善各类应急预案，快速妥善处置突发事件。加强应急队伍建设和应急物资储备，积极参加、组织应急演练，不断提高应急反应能力。组织执法人员在全县范围内开展安全生产大检查，强化安全生产基础管理，着力构建安全生产长效机制，保证交通行业安全有序、健康发展。

（李孟飞　张　威）

五华县交通运输局 2020 年度负责人名单

党组书记、局长：何伟雄

党组成员、公路事务中心主任：曾　宏

党组成员、副局长：胡国坚
李志勇
温锦高
邓朝阳

党组成员：李雪辉
罗远辉
周威恒

公路建设养护管理

【疫情防控】 2020 年，五华县公路事务中心高度重视新冠肺炎疫情防控工作，及时成立领导小组，制定工作方案，启动“四个一”应急处置机制和网格化疫情防控工作机制，投入资金 35 万多元用于购置防疫物资和防疫宣传，确保措施到位、人员到位、责任到位。积极动员党员和志愿者 20 多人参与水寨、安流两个联合检疫检查站的防控工作；机关全体干部职工深入网格化责任地段门店和 3 幢家属楼进行人员全面摸查、登记，确保不漏一人一车。采取有效措施全面强化秋冬季新冠肺炎疫情常态化防控工作，为保障人民群众的生命安全和身体健康筑起了坚强有力的屏障。

【公路建设】 2020 年，五华县公路事务中心在统筹抓好疫情防控的同时，想方设法，采取一切行之有效的措施复工复产，加快推进公路重点项目建设，完成路面 55.7 千米，已完成投资 1.83 亿元，推进G355（原S120）线升级改造、G238 线（原 S228 线）五华大桥改建、S228 线布美至分水坳段路面改造、G238 线双璜至猫塘坳路面改造、S120 线长布至大田段路面改造、S226 线油田至坪上段路面改造、G238 线横陂镇东山村马汕下路段完善工程、五华县“迎国评”普通国道干线公路路面改造、G205 线K2652+636—K2680+966 段公路灾害防治工程。

G355 线县城段

【公路养护】 2020 年，五华县公路事务中心全力以赴“迎国评”，提升路况水平，投入资金 1.43 亿元，完成“迎国评”专项工程和日常养护管理。对全县 312.22 千米的国省干线公路进行环境整治，投入人力 2270 人次、机械 530 台班次、清扫路面 1146.3 万平方米、平整路肩 5000 平方米、清理水沟 1 万米，清除垃圾杂物 1500 立方米，割草 3.8 万平方米，种植乔灌木 3000 株，确保路面清洁、卫生、畅通。投入 7000 多万元，完成“迎国评”专项工程 3 个，全面提升国省道路况水平。五华县公路事务中心管养的国省道公路实现机械化养护全覆盖，现有养护机械和车辆共 90 台，有效保障科学养护、路容路貌良好。投入 7300 多万元，完成 321.22 千米的日常养护和路面保洁、实施路域环境专项整治和绿化提升工程，实施国家公路路网编号及标志标线调整工程、万华道班房建设和 20 座桥梁定期检测。

超群公路驿站“美丽公路”建设

【路政管理】 2020 年，五华县公路事务中心紧紧围绕“迎国评”工作，加大路域环境的整治力度：上路巡查 259 天 3108 人次，巡查里程 58600 千米，清理路障 4720 立方米，整治污染公路车辆 215 辆次，拆除违章广告牌 1646 块 4925 平方米、条幅广告 1126 条，拆除违章建筑 1 处 210 平方米，告知交通综合行政执法局处理 6 宗，发出违法行为告知书 6 份，依法收取占用费及损坏路产赔（补）费 590813 元，有效保护了路产路权。

【安全生产】 2020 年，五华县公路事务中心全面落实安全生产“一岗双责”制度，落

G355 线安流段路域环境整治成果

实安全生产责任制，层层签订安全生产责任书，坚持按时召开安全生产例会。积极开展“安全生产月活动”，悬挂横幅标语 40 条，设置宣传栏 3 块，印制宣传资料 1000 份，发放宣传物 270 份。加强季节性检查和专项检查，检查企业 80 家、道班（养护中心）130 个次。投入公路安全经费 200 多万元，排查并完成整改安全隐患 45 宗。全年未发生安全生产事故。

【法治建设】 2020 年，五华县公路事务中心健全学法制度，制订学法计划，组织单位全体干部职工进行网上学法，积极做好新冠肺炎疫情防控的法治宣传，专门举办民法典法律讲座 1 次，印制、发放宣传资料 300 份，制作宣传栏 35 块、宣传标语 65 条、公益广告（含 LED）18 条，有效提升干部职工依法行政的能力和水平。

【综治工作】 2020 年，五华县公路事务中心加强扫黑除恶专项斗争、禁毒、禁赌、禁邪等宣传，签订责任书 120 份，印制宣传海报 300 份，悬挂横幅标语 10 条。认真做好接访、解释、劝导、调处等维稳工作，共调处办结各类来信来访件 49 件（次），同比下降 9.4%，办结率 100%，有效保障和谐稳定。

【工会工作】 2020 年，五华县公路事务中心局工会发挥工会服务基层、服务大局的职能作用，积极开展职工文体活动，投入 48.16 万元开展慰问和健康检查、送温暖等活动，组织扶贫济困捐款 16460 元，建设“职工小家”2 个，有效提升干部职工的凝聚力和向心力。

【精准扶贫】 2020 年，五华县公路事务中心投入 28 万多元支持挂点帮扶的华阳镇华南村防控疫情、“两美”建设、环境整治、森林防火、帮扶慰问、就业奖补、安装路灯等，改善了该村的各项条件，82 户贫困户、336 人已经实现稳定脱贫。

【创文创卫】 2020 年，五华县公路事务中心认真落实县委、县政府“双创”的工作要求，投入资金 10 万多元，集中整治 8 次、专项清理 12 次，坚持做好网格化责任区的“门前三包”和挂点七都村的保洁净化工作，有效提升文明、卫生水平。

（曾耿兴　张国兴）

县公路事务中心 2021 年度负责人名录

党组书记、主任：曾　宏
党组副书记、总工程师：游展航
党组成员、副主任：曾泗庆
张伟彬

党组成员：谢永佑
　　　　　李超权

国有汽车运输

【简况】　五华汽车运输有限公司是梅州市粤运汽车运输有限公司的下属子公司，是五华县唯一一家国有道路旅客运输企业，也是当地的道路旅客运输龙头企业。2020年，公司有二级站场1个（五华汽车站），四级站场1个（华城汽车客运站），简易站场1个（公共汽车客运总站）；拥有客运标志牌104块，营运班线40条；营运车辆89台。平均日发150班次，年道路客运量18.25万人次、年旅客周转量17214万人千米。自有一类汽车维修厂1家。全年共发出班车31025班次，完成客运量38.24万人，完成旅客周转量11510.24万人千米；总营收2440.18万元、净利润亏损678.66万元，上缴税利280.03万元，国有资产总值7780.81万元。安全行车2040万千米，没有发生重特大交通责任事故，四项安全指标均控制在市粤运公司下达的年度安全指标范围内，公司未发生治安和民事纠纷事件。

【公司运营】　五华汽车运输有限公司有营运车辆89辆，完成客运量38.24万人，与2019年同期88.3万人相比下降56.69%；旅客周转量11510.24万人千米，与2019年同期26578.3万人千米相比下降56.7%。公司实现营业收入2440.18万元，其中自营车收入2171.5万元，净利润亏损678.66万元。资产总额7780.81万元，其中流动资产4206.68万元、固定资产2330.6万元。

五华汽车运输有限公司全力抓好自营车的主线经营工作。推行激励机制，充分调动驾驶员的工作积极性。实行分线管理员制度，细化管理。加强县内各乡镇的客源组织工作。加强日常运营管理工作。加强管控，采取上路稽查、定点检查和查看车载视频等措施加强管理力度，加强专线班车的管理。大力发展“旅游+业务”。开展租赁和网约车业务。发展通勤业务。加强公交车运营管理工作。按时完成清理变相挂靠车辆工作。积极争取政府支持，开通五华县城第四路公交。

【安全工作】　2020年度共投入车辆106台、驾驶员200名，总行驶里程2200万千米，上路安全检查108天，检查车辆2136台次，悬挂横额标语22条，共发出安全提示信息44008条，全年未发生同等以上责任交通事故，安全行车四项指标为零。

五华汽车运输有限公司2020年度单位负责人名录

总　经　理：刘旭根
副总经理：张治军
　　　　　刘文讯
　　　　　沙　富

邮政·通信

邮 政

【简况】 2020年，中国邮政储蓄银行五华县支行各项业务稳健发展，全年取得较好的绩效。至年末，实现全年收入6483万元，个人储蓄存款月日均101963万元，同比增加4338万元，增幅4.44%，公司存款时点余额31953万元，比年初减少9520万元，零售信贷余额11.6192亿元，净增3.1405亿元，增幅37%。

【全力助推乡村振兴】 2020年，根据党中央“实施乡村振兴、发展普惠金融”的指导思想，按照上级行决策部署，中国邮政储蓄银行五华县支行结合县域经济发展状况、企业生产经营特点等因素，因地制宜，加大产品和服务创新力度。依托政府、协会、企业等资源，通过搭建“银行+”模式有效扩大金融服务的覆盖面和渗透面，强化与相关部门的沟通联系，开展创业担保贷款业务。截至2020年12月，创业担保贷款结余2416万元，有效缓解创业群体融资压力，扩大创业群体的扶持力度，履行国有银行社会责任，助力实体经济发展。

（李丽娥）

中国邮政储蓄银行五华县支行2020年度负责人名录

行　长：温天传

副行长：叶　辉（6月任职）

电信通信

【简况】 中国电信股份有限公司五华分公司（以下简称五华电信）是中国电信股份有限公司下辖的县级分公司，是国有特大型通信骨干企业，拥有本地规模最大的光纤宽带网络、技术领先的移动通信网络和达到5G网络覆盖水平的物联网（NB-IOT）。具备为本地客户提供跨地域、全业务的综合信息服务能力和客户服务渠道体系，一直承担着五华县基础通信服务、党政军专网通信、应急通信、和抗洪救灾通信等保障重任。2020年，五华电信在县委、县政府和梅州电信的正确领导下，以党建为统领，贯彻落实习近平总书记在深圳特区建立40周年大会上的讲话精神，致力于提升五华经济信息化进程，奋力实现转型发展新突破，做到“大就要有大的样子”。网络能力持续提升，全县宽带端口数达到21.4万个，实现县城主要区域的5G网络信号覆盖，农村区域4G覆盖率达

97%，并承接政务、党建、教育等重点信息化项目建设。

【网络基础设施建设】　按照国家“宽带中国”发展战略，2020 年五华电信共投资 1130 万元，用于宽带骨干网提速改造及光纤到户网络建设，全年新增光网端口 1.7 万个，累计光网端口容量达 21.4 万个，全面完成铜缆退网，实现县城及 29 个乡镇圩镇区域及农村区域的全光网络覆盖,可为全县绝大部分家庭用户提供网速千兆以上的光纤宽带接入服务，让“宽带中国、信息惠民”走进五华县千万家庭。实现县城区域及乡镇圩镇区域的 4G 网络信号 100%覆盖，农村区域 20 户以上自然村覆盖率达 98%。2020 年共完成无线网及其配套工程投资 1350 万元。新增 13 个 4G 无线基站,实现县城及乡镇圩区域、高速、国道、省道沿线 4G 网络信号 100%覆盖，农村区域覆盖率达 97%，使无线网络覆盖和通信业务质量得到进一步提升，城乡用户共享天翼高速 4G 网络。实现县城区域 5G 信号基本覆盖,2020 年共完成 61 个 5G 基站建设项目，县城范围的党政军大楼、金融、车站、医院、学校等重点区域基本完成 5G 信号覆盖，即可实现基于 5G 网络的各项智能应用。

【降本增效】　通过网络优化、设备退网、接入网机房和退网/简化改造等节能技术，比 2019 年同期共节约用电 21 万元，同比下降 13.3%，逐步推进传统交换缩容和其他老旧通信设备缩容及对空闲机架下电，2020 年共完成 13 个接入网局、2 个 S1240AG 局、1 个接入网机房的退网退租、3 个接入网机房的简化（传统设备退网，只保留光网设备）、更新改造 13 台机房空调整，每月可节电约 1.5 万千瓦时，有效进行节能减排、降本增效明显。

【积极履责】　五华电信集全公司之力，以最快速度实现五华“新冠隔离点”和全县急需网络教学的网络开通。以最大的力度保障“矿难救援演练”“中甲梅州赛场”“2020 高考中考”通信网络安全畅通。

持续推进建设平安项目，打造平安城市。2020 年主要对工业园中英文实验学校及周边、河东大道至油田等，累计加装约 150 路平安视频监控图像，提升宜居宜业的治安环境，进一步服务广大群众百姓。全力配合市政工程、高速公路建设、公路改造、圩镇改造，配合做好乡村振兴建设管线迁移美化整治，做好管线迁移，积极争取省、市公司的支持，有效支撑县委、县政府重点工作建设，助力地方经济发展。

开展“美丽梅州 · 美好家园”三年行动计划，对琴江公路良美段、水梅路河东段沿线杆线迁入管道，对岐岭镇、长布镇等乡镇改造实施“多杆合一”工程。投入专项资金用于河东镇下二村村级平安视频监控帮扶项目，开通视频监控 15 路；按照贫困户“8+1”提升项目，对 6 名贫困户投入专项资金开展改造厕所、自来水入户、房前屋后改造环境卫生等；积极动员干部职工深入下二村开展包村联户工作，圆满完成年初制定的各项精准扶贫精准脱贫工作任务。

【客户服务】　客户服务指标整体完成情况良好。关键触点服务满意率均达标，天翼高清装维满意率 99.39%、宽带装维满意率 99.53%、实体渠道满意率 97.89%、投诉处理满意率 95.5%。实现工信部申诉率在管控范围内，全年未发生重大服务事件。

【“互联网+”服务】 根据市政府的统一安排部署，五华电信已完成广东“数字政府”政务云梅州节点的承建工作，已于 2019 年 4 月上线启用。在承建梅州政务云的基础上，于 2020 年 12 月底全面完成县、镇、村三级政务外网升级改造工作，配合县政务服务数据管理局已制定迁移上云计划，按照“轻重缓急”原则分批分阶段开展政务系统迁移上云，统一接入市级“数字政府”政务云平台，实现与省、市、县平台之间的安全互认、数据互通、资源互用、监控互动。“数字政府”有效促进政府各部门政务信息共享共用和业务流程协同，大幅提升政务信息化水平，把群众办事事项由高频变低频，低频变无频，让数据多跑腿、群众少跑腿，着力解决人民群众热点难点问题，不断提升五华民众的获得感和幸福感，实现“数字五华，幸福苏区”建设目标。

2020 年，全公司上下闻令而动，分公司党委、12 个一线党支部冲锋在前，及时响应，为疫情防控指挥部和医疗保障单位应急开通光纤网络、天翼云会议、AI 智能呼叫、天翼大喇叭等一系列创新应用服务。充分发挥信息化专业优势，为五华县教育局“停课不停学”教学活动提供稳定的云和网络资源保障。针对省扶贫办下发的为 1763 户贫困生家庭增加资源建设的通知精神，五华电信为华阳莲高村、硝芳南洞村、桥江塘唇村、中兴余洞村等贫困生家庭累计投资 57 万元安装光信号箱 34 个、协助 482 户贫困生解决网络学习的困难。

2020 年，在梅州市医疗保障局、梅州市卫生健康局和梅州市社会保险基金管理局三大部门联合统筹指导下，以五华县双华镇为试点，搭建以双华卫生院为中心，镇内 18 个村级卫生站为延伸，通过中国电信云网融合，实现双华镇医保普通门诊“镇村一体化”。双华镇医保普通门诊“镇村一体化”试点工作的顺利实施极好地解决该镇偏远地区群众医保报销的问题，因双华镇地理位置的特殊性，试点工作的顺利实施对五华县乃至全市探索提升偏远地区农村基层医疗卫生服务能力，为山区人民提供优质的基层医疗卫生服务具有重要的借鉴意义。

中国电信股份有限公司五华分公司 2020 年度负责人名录

总 经 理： 彭福彬

副总经理： 吴水胜

宋迪强

移动通信

【业务发展】 2020 年，中国移动通信集团广东有限公司五华分公司（以下简称五华移动）紧紧围绕上级整体工作部署要求，持续开展“流量扩容”行动，加快大流量套餐推广，优化套外流量安心服务，降低套餐资费提升流量，截至年底五华 4G 用户数占比 73%，户均流量较上年同期提升超 46%。贯彻落实“降费提速”行动，进一步降低宽带资费，截至年底光纤宽带用户数近 10 万户，300M 宽带占比超 14%。持续落实“携号转网”工作，积极提升用户服务水平、维护公平竞争秩序、保障用户合法权益等，促进“携号转网”工作健康持续发展。推广“千兆 5G+千兆宽带”活动，开展手机网络和宽带上网提速，截至年底5G终端用户超7万户，5G套餐用户约3万户，千兆宽带示范片区近百个，不断满足人民日益增长的美好生活需求。

【基础网络建设】 2020年，五华移动继续完善移动通信网络建设，全年新建5G站点69个，为后续5G建设打下坚实的基础；新建4G站点201个，累计建成4G基站1959个，基本实现县城、乡镇、行政村连续覆盖。积极响应国家“宽带中国”战略，将更多光纤宽带资源投入乡镇农村，加快光纤网络的覆盖建设，光纤端口数达21.57万个，覆盖用户数32.1万户。

【信息化发展】 2020年，五华移动深入拓展行业信息化应用，以优势连接服务和基础设施资源为依托，持续提升信息技术应用价值。与包含五华县人民政府在内的共20个行政单位开展五华县集约化协同办公OA平台升级服务项目建设，提高政府单位的日常办公效率。与中共五华县委政法委员会开展五华县平安乡村视频联网项目建设，将全县446个村的重要道路视频监控统一汇集至政法委视频联网平台统一监管，动态实时掌握各个村镇的社会治安情况和交通情况，有力地推进五华农村社会治安防控体系建设。

【精准扶贫】 2020年，五华移动积极履行社会责任，强化责任担当，深入落实精准扶贫工作。协助开展防疫防控工作，积极参与宣传、设卡、巡逻及学生网上学习指导，同时做好疫情期间贫困户劳动力安排，主动与周边的茶叶园种植业主取得联系，优先安排贫困户的劳动力，确保贫困户的收入有保障。协助开展新村委楼前的地坪硬底化、河堤建设。持续发展特色产业，发挥专业种养合作社的带头作用，继续引导贫困户大力种植泰国红薯和百香果，农户收入较2019年提高近560元。

（钟秀容）

中国移动通信集团广东有限公司五华分公司2020年度负责人名录

总 经 理： 颜建标

副总经理： 陈运峰

黄　鼎（12月任）

联通通信

【践行使命担当】 2020年，中国联合网络通信有限公司五华分公司（以下简称五华联通）克服疫情影响，对接多家政府部门和企事业单位，提供信息化解决方案支撑。同时发动全员踊跃捐款，积极支援黄洞村、坝心村防控工作，宣传引导等各项防控工作，并深入居民小区，张贴健康提示，开展入户调查，发放防疫宣传单，积极引导居民做好自我防控，将疫情防控工作做到全覆盖、无死角,为疫情防控工作贡献一份力量。五华联通通过攻坚，有效保障疫情检疫点和重保行业通信信号覆盖，全力投入新基建建设，重点聚焦5G和工业互联网应用试点推广，同时联合友商实现33站5G基站（民政局、社保局等）开通，助力政府“新基建”数字化升级。

【通信网络创新】 在5G企业应用方面，已完成全市多个龙头企业智慧工厂标杆项目，依靠技术为客户提供全要素解决方案服务。在满足公众用户权益方面，利用联通独有的资源优势，整合包括腾讯、阿里、头条等合作伙伴的内外部资源，推动联盟的深度价值交换和多边生态化合作。积极响应政府号召，抽调员工参加足球小镇网络覆盖多轮信号测试优化，整个保障期间联通公司投入规划、建设、优化、维护、施工监理等单位超 20 人队伍，出动测试、工程等车辆近 50 次，投入费用 20 余万元，现场往返超百人次，前后联动，后台网管监控、工程参数优化、信号数据调度人员超 10 人团队 7×24 小时支撑。扎实推进扶贫工作，以五华县 16 个村的基层党建为样板，由党员发挥先锋模范作用，积极与组织部和相关镇村对接，复制推广流动党员管理系统。坚持以人民为中心，牢记“人民邮电为人民”的初心和使命，争当网络强国和数字中国的建设主力军，加快推进 5G 网络建设，截至年底已在五华城区开通 5G 信号 51 个站点。

【5G 行业应用创新】 五华联通随 5G 网络加速、5G 应用场景推广，加速 5G 行业应用创新：5G 是新一代移动通信系统，5G 与工业生产融合之后，逐步成为支撑工业生产的基础设施。5G 与工业互联网融合应用八大类新型场景，分别为 5G+超高清视频、5G+AR、5G+VR、5G+无人机、5G+云端机器人、5G+远程控制、5G+机器视觉以及 5G+云化 AGV 等将助力五华实现制造业向智能化、服务化、高端化转型。利用 5G 的大带宽、低时延高可靠及海量连接特性，结合 AI、大数据、IoT 等支撑能力，打造立体 5G+智慧执法应用系统，满足执法行业高清视频监控、灵活和快速部署、实时调度、广覆盖监控以及高可靠性保障的要求。截至年底已实现 5G 在医疗健康领域包括远程会诊、远程超声、远程手术、应急救援、远程示教、远程监护、智慧导诊、移动医护、智慧院区管理、AI 辅助诊断等众多场景的广泛应用，通过创新智慧医疗业务应用，节省医院运营成本，促进医疗资源共享下沉，提升医疗效率和诊断水平，缓解患者看病难的问题、提升人民健康水平、改善民生。助力“智慧农业”精效生产，数字驱动产业升级。推出无人机植保、高清视频监测、虫害识别、精准种植、智能预警等创新应用，实现农业产业数据驱动，精准化生产，效率提升。5G 与人工智能、虚拟现实、全息互动教学的应用结合、物联网校园管理等可以提升区域教育资源的协作，助力五华教育智能化发展。

中国联合网络通信有限公司五华县分公司 2020 年度负责人名录

总经理：钟志坚

农业·农村

农业农村工作

【粮食生产】 五华县农业农村局落实粮食生产安全责任制，大力推广优良品种和先进适用技术，实行良种良法配套，加强惠农政策落实。引导农户开展稻—稻—肥等生态农业模式，鼓励开展秸秆利用模式，提高农业秸秆综合利用率。鼓励引导经营主体开展撂荒复耕和水稻扩种，经县核查验收，全县全年完成撂荒水田复耕复种面积1480公顷。据统计，全年粮食播种面积56053.33公顷，总产量34.32万吨，总产比增2.82%；其中，水稻播种面积51873.33公顷，良种覆盖率96%，总产33.05万吨，总产比增3.36%；红薯种植面积达1433.33公顷，其中2020年新增种植153.33公顷，总产3.483万吨。

【特色农业】 深入推进“一村一品、一镇一业”建设，累计投入5289万元，扶持74个村发展农业特色产业，截至年底，2019年项目村进入县级验收阶段。棉洋镇被评为全国“一村一品、一镇一业”示范镇，华阳镇坪南村等42个村入选首批省级“一村一品、一镇一业”专业村。通过抓园区、抓产业、抓科技、抓市场、抓资金等措施，高标准推动茶叶、丝苗米两个现代农业产业园建设。以实施广东金柚优势特色产业集群等项目为抓手，大力推进梅州柚产业建设，2020年新增种植柚果面积566.67公顷，已完成备耕186.67公顷。2020年全县水果面积16420公顷，新增面积1053.33公顷，总产8.80万吨；茶叶面积4253.33公顷，新增433.33公顷，总产3812吨；蔬菜11000公顷；水产品总量达1.7万吨。

【生猪稳产】 大力推进生猪养殖场标准化建设，加快恢复生猪产能。据统计，全年年畜禽饲养量71.6万头（只），其中，生猪存栏28.1万头、出栏43.5万头；家禽存栏339.8万羽、出栏531.3万羽；肉类产品4.31万吨，同比增长10.2%。扎实推进安流、华城、河东、潭下、华阳生猪定点屠宰场迁建工作。积极落实春秋两季重大动物防疫工作，加强对非洲猪瘟、禽流感等重大动物疫情的监测、排查、防控工作及布鲁氏菌病防控。以创建畜禽标准化养殖场为抓手，全力推进畜禽标准化规模养殖。2020年全县已在禁养区关闭畜禽养殖场11家。积极推广畜禽粪污资源化利用，截至年底，经省级减排认定已有 83 家达到资源化利用要求，全县畜禽粪污资源化利用率达 81.71%。

【农业基础】 积极实施项目带动战略，不断夯实农业基础，切实加强农业发展突出问题整治，突出农业生态文明建设。一是大力抓好高标准农田建设项目。推进高标准基本农田建设、农业综合开发、高效节水灌溉等项目建设，不断改善农业生产条件。全面完成 2019 年度的周江、长布镇国家农业综合开发高标准农田建设项目、安流镇国家农业综合开发高标准农田建设项目、五华县安流镇高标准农田建设项目和 2020 年度梅州市五华县高标准农田建设项目，累计建成高标准农田共 1886.67 公顷。二是大力抓好强农惠农政策落实。进一步巩固农业发展基础，切实加强耕地地力保护补贴、渔用柴油补贴、农机购置补贴等各项强农惠农政策的宣传落实。2020 年耕地地力保护补贴面积 27753.33 公顷，发放补贴资金 3401.2028 万元；共使用农机购置补贴资金 99.385 万元，补贴机具 978 台（套），受益户数 950 户，全县水稻耕种收机械化综合水平达 71.11%，同比增长 2.27%；政策性水稻种植保险投保率达 86%。三是大力加强农业发展突出问题整治。积极实施世界银行贷款广东农业面源污染治理、化肥减量增效示范、果菜茶有机肥替代化肥、土壤耕地酸化治理等项目，大力推广测土配方施肥、秸秆综合利用、农作物病虫害绿色防控等技术，有效防控种植业污染。全年测土配方施肥推广面积 77766.67 公顷，覆盖率达 98.6%，化肥农药使用量实现负增长，全县秸秆还田面积 87.26 万亩，秸秆综合利用率达 96.41%；实施农用地分类管理，按时完成耕地土壤环境质量类别划分边界核实工作，开展受污染耕地安全利用与治理修复，完成受污染耕地安全利用措施实施面积 524.49 公顷,实施比例 100%，全面完成市下达的目标任务。

【农业产业化】 引导现代农业经营主体规范化建设，构建现代农业经营体系，提高农业产业化经营水平。2020 年，全县新认定县级以上农业龙头企业 26 家（其中：省级 1 家，市级 8 家，县级 17 家），县级以上农民专业合作社 36 家（其中：国家级 18 家，省级 1 家，市级 3 家，县级 14 家），县级以上家庭农场 11 家（其中：省级 1 家，县级 10 家）。全力推进粤港澳大湾区“菜篮

3 月 2 日，五华县发动企业组织 60 多吨扶贫产品支援湖北抗击新冠肺炎疫情，发车仪式在五华县粤港澳大湾区“菜篮子”产品梅州配送中心举行。谢国泉副县长（左五）、招业斌常委（左六）出席发车仪式（宋伟东　摄）

子”梅州配送中心建设，致力打造粤港澳大湾区果蔬直供基地，扩大五华县农产品的销售渠道，2020 年带动 45 家企业（基地）销售农产品 7797 万元。

【品牌建设】 坚持品牌强农，积极开展“三品一标”“粤字号”农业品牌等创建工作。2020 年新增省级“菜篮子”基地 7 个，粤港澳大湾区“菜篮子”生产基地 1 个、新增“粤字号”农业品牌 11 个，累计认定省级“菜篮子”基地 11 个、粤港澳大湾区“菜篮子”生产基地 5 个、培育省名牌农产品（含“粤字号”农业品牌）31 个，“三品一标”产品 50 个。河东镇入选国家级 2020 年农业产业强镇，广东九霖等 7 家企业入选广东省生态茶园创建名单，“五华高山红薯”获评地理标志性农产品，五华绿茶和五华高山红薯入选为广东省区域公用品牌和广东省第三届名特优新农产品。

【脱贫攻坚】 强化“三保障”兜底、产业帮扶、资产收益扶贫、消费扶贫、公益性岗位就业帮扶，教育补助、医疗保险、养老保险等实现全覆盖。全县共筹集扶贫开发资金（“631”资金）10.53 亿元，发展扶贫项目，河东工业园标准化厂房等一批帮扶项目有效实施。2020 年全县相对贫困人口脱贫 20403 户 67191 人、脱贫率 99.48%，相对贫困村退出 83 个、退出率 90.22%，代表梅州市接受 2018 年度省扶贫开发成效考核、乡村振兴考核均获得综合评价“好”的等次。国家税务总局广东省税务局干部、转水镇里塘村原第一书记兼扶贫工作队队长华关获评“2019 年全国脱贫攻坚贡献奖”。

3 月 27 日，全县决战决胜脱贫工作会议召开，对脱贫攻坚收官战进行动员部署（杨炜宏　摄）

4 月 24 日，五华县“县长直播带货、助力脱贫攻坚”直播活动在五华电商大厦开播，县长朱少辉（左八）亲自参与直播带货，推介因疫情影响而滞销的农产品（潘炜玲　摄）

【乡村振兴】 深入开展“百村示范、千村整治”工程，加快完成“三清三拆三整治”存量，持续深入推动村庄人居环境整治工作，基本消灭农村破旧泥砖房，60%以上的自然村达到干净整洁村标准，创建生态宜居美丽乡村示范村 22 个，已建成村级生活污水处理终端设施 208 座。全县垃圾收运处置体系和保洁覆盖面达 100%；全域自然村集中供水覆盖率达 99.36%，其中 92 个省定贫困村 20 户以上自然村集中供水覆盖率均达 100%。全县 92 个省定贫困村创建新农村示范村建设项目共完成投资 4.16 亿元，已组织验收的有 23 个省定贫困村，占比 25%。

10月9—10日，县委书记吴晖（右四）、县长朱少辉（右三）等县领导在全县实施乡村振兴战略现场推进会华阳镇龙头嘴滨河公园现场听取汇报

【农业服务】 积极实施科技兴农战略，加大农业科技培训力度，加强农作物病虫害的预测和防控，加强农业安全生产监管，农业社会化服务水平不断提升。全年遴选推荐五华县2020年农业主导品种48个、主推技术19项，全年共举办各种培训、现场会，培训8000多人次，进一步提高农技推广队伍素质能力和农民科技素质。2020年累计出动执法人员521人次，检查农资经营门店112间次，农产品生产基地28个次，抽检农药肥料29个，农产品质量安全监督抽样64份，立案查处违法案件4宗，依法罚没款5.569万元。未出现因农资质量问题而引发的农产品质量安全事件。加强对全县蔬菜生产基地、农贸市场、超市的日常抽样检测和水产品质量安全抽样检测，全年共检测蔬菜样品2210个，检测合格率达100%；委托第三方开展农产品例行监测和监督性抽检5批次98个农产品，合格率为100%；受理办结农作物种子生产经营网上备案469单。加强对草地贪夜蛾、稻水象甲、红火蚁、柑橘黄龙病等检疫性有害生物的监测及防控。2020年，共印发病虫情报（含警报）8期共8000多份，发放草地贪夜蛾、红火蚁、稻水象甲等宣传资料1.5万多份。

【农村工作】 深入推进农村综合改革。一是做好农村土地确权档案收集整理和完善“回头看”核查等工作。二是全面铺开农村集体产权制度改革工作。截至年底，已完成成员身份确认村经联社301个，经济社5178个，确认农村集体经济组织农户16.42万户，成员848197万人，股份制量化资产415万元。三是积极实施“一事一议”项目，2018年度村级公益事业建设“一事一议”财政奖补项目45个已全面完成。四是全面完成2017年、2019年、2020年扶持壮大村级集体经济试点村共56个，累计下拨扶持资金5000万元。圆满完成五华县清产核资各项工作任务。五是扎实推进依法行政。制定《五华县农业农村局行政执法责任制实施办法》等制度，提高执法水平。严格执行“三项制度”，推行权责清单制度，推进“两法”衔接。推进政府信息公开，规范40项行政审批事项，促进政权的“阳光运行”。做好行政应诉工作，尊重并执行法院生效裁定，维护司法权威。2020年五华县农业农村局行政应诉案件6宗，胜诉4宗，正在审理2宗。六是多措并举做好疫情防控。全面落实农村疫情防控各项措施，毫不松懈抓好非洲猪瘟、口蹄疫、禽流感等重大动物疫情防控和农产品、水产品、畜产品安全检测，积极做好猪肉等重要农产品生产保供稳价工作，全面做好疫情期间人居环境督查，疫情防控一些经验做法得到省级有关部门的高度肯定和有效推广。在做好疫情防控的同时，迅速有序推进农业企业、农民等复工复产工作，统筹推动疫情防控和农业工作开展取得成效。

【安全生产】 统筹推进农业领域安全生产各项工作。坚持“党政同责、一岗双责”“综合治理、失职追责”，扎实开展农资打假“春雷”行动、农产品质量安全“利剑”行动、禁渔执法、水生野生动物保护整治行动、“生猪扫雷”、“拖拉机道路交通安全联合专项整治危险化学品”等专项行动，保障农业生产安全。加强农村不稳定因素排查和化解，妥善处理涉农不稳定线索问题，共受理扫黑除恶专项斗争专项问题线索 32 条，处理各类信访信件 21 宗（含网上信访、民生信件），全年未出现农业群体性上访及越级上访事件。禁毒禁赌工作稳步推进，本单位干部职工未发生涉毒涉赌事件。“三防”管理、农业应急、河长制等各项工作扎实开展。及时发布预警信息和技术指导意见，认真做好农业“三防”工作。实行领导带班、局机关干部职工 24 小时值班制，全力做好农业应急各项工作。

（幸　娜　李逸勉）

五华县农业农村局 2020 年度负责人名录

党组书记、局长： 李国昌（10 月任职）
党组书记： 徐德兴（任至 6 月）
党组副书记，局长： 朱建芳（任至 6 月）
党组副书记、副局长：
张育彬（10 月起任党组副书记）
党组成员、副局长： 杨　尚
张德祥
陈宗书
廖新辉
黄仅鹏
党组成员： 张奎导
县纪委派驻农业农村局纪检监察组组长、党组成员： 廖学宁

烤烟生产

【简况】 统筹抓好疫情防控和烤烟生产。稳定烟农队伍和种烟积极性，持续调整优化种植布局，科学分解计划，在努力保持五华县种植规模稳定的基础上将有限计划资源向优质烟区进一步倾斜，严格规范合同签订和移栽面积核查。2020 年，全县落实种烟镇 9 个、种烟村 47 个，合同户数 173 户，种植面积 642.87 公顷，约定收购量 135 万公斤。

【科技兴烟】 抓好烟叶标准化生产和重点技术重大专项推广实施。科学制订生产技术方案，加强技术培训和示范片建设，全面实行责任挂钩制和技术服务“网格化”，确保烟叶质量安全。

【专业化服务】 持续加强合作社建设，提升专业化服务水平。合作社专业化服务整体覆盖率逐年提高，服务水平不断提升，合作社服务主体功能得到进一步增强。在实现烟农种烟主业增收的基础上，继续指导合作社和烟农利用闲置育苗棚开展“五华县黄金百香果种植示范基地”建设，引导合作社和烟农综合利用闲置农机具和密集式烤房，因地制宜开展优质水稻种植和烘干稻谷等业务，增加烟农收入。

【烟叶收购】继续实行专分散收、原收原调，加强烟叶质量管控，等级比例控制合理，2020年全县收购烟叶平均单价1413.19元/担，对比2019年均价1393.52元/担增加19.67元/担，增幅1.41%。烟农含补贴后每亩种烟产值约4600元，对比2019年4400元每亩增加产值约200元，增幅4.55%。

（周裕标）

五华县烤烟生产办公室2020年度负责人名录

主　任：缪千军

副主任：周裕标

　　　　古子春

林　业

【林业生态建设】　2020年，五华县林业局在县委、县政府的正确领导和上级林业主管部门的具体指导下，以创建国家森林城市为目标，以实施"绿美五华三年行动"为抓手，积极培育森林资源，狠抓森林资源管护，顺利完成各项工作任务。全县林业用地面积233173.33公顷，占县域面积（323933.33公顷）的71.98%，林地面积205033.33公顷，森林覆盖率为69.1%，活立木总蓄积量790.73万立方米。全面完成林业生态工程建设任务，包括2019年888.47公顷碳汇造林种植和当年抚育任务、2020年533.33公顷碳汇林工程备耕任务、兴华高速公路（五华段）沿线撂荒地和林中空地带状绿化工程当年造林302.67公顷抚育任务、五华县高速公路景观廊道绿化提升101.07公顷造林抚育任务、12033.33公顷森林抚育任务、郭田镇坪上村2019年32.53公顷火烧迹地复绿工程、26公顷义务植树点和34.13公顷政协林造林及抚育任务；打造绿美古树乡村4个、绿美红色乡村2个；全县义务植树212.3万余株。扎实推进森林公园建设，做好蒲丽顶森林公园维护等工作；推进天云岭森林公园建设，全面完成公园首期建设任务，正在有序推进二期建设。

【"创森"工作】　五华县是梅州市首个启动创建国家森林城市的县，2020年2月初完成《广东省五华县国家森林城市建设总体规划（2020—2030年）》编制，8月12日通过国家林业和草原局专家评审，并经县政府常务会和县常委会审议批准实施，全面铺开创建工作。结合五华县实际，制定《五华县创建国家森林城市工作方案》，细化工作措施和责任分工。积极推进省级森林小镇、国家森林乡村建设，形成"县级森林城市—森林小镇—森林乡村"三级联动的创森工作格局。2020年，郭田镇成功创建广东省森林小镇，双华镇开展创建省级森林小镇工作；双华镇冰塘村、军营村，长布镇樟村村，郭田镇龙潭村被认定为广东省首批国家森林乡村。

【森林资源管护】　2020年，五华县林业局以创建国家森林城市为目标，以实施"绿美五华三年行动"为抓手，狠抓森林资源管护。从严落实森林防火"网格化"管理责任，充分发挥瞭望台和森林防火临时检查站作用，落实24小时值班值守人员，加强"扫一扫"登记管理，做到严防死守；强化火源管控，印发《五华县野外违规用火专项整治工作方案》，从严打击一切野外违规用火行为，实行野外违规用火执罚周报告制度。2020年全县查处野外违规用火行为154宗，其中罚款

133 宗，罚款金额 8.64 万元，行政拘留 17 人，刑事拘留 4 人。加强林地保护管理，开展森林督查、森林资源管理“一张图”更新工作和自然保护地整合优化工作，严把使用林地审批关，积极做好建设项目使用林地报批工作，2020 年共受理完成林地报批 35 宗，面积 181.8 公顷；严格控制森林采伐量，2020 年共受理采伐申请 74 宗，出材量 10.12 万立方米；强化自然保护地管理，根据上级关于自然保护地整合优化的工作部署，结合实际编制《五华县自然保护地整合优化预案》。充分发挥林政执法队伍和森林公安的职能作用，深入推进森林执法专项行动、违法建设清查专项整治工作等专项行动，严厉打击破坏森林资源违法犯罪行为，维护林区社会治安稳定。2020 年立案查处各类涉林案件 37 宗，其中刑事案件 28 宗、行政案件 9 宗，协助各乡镇处理案件 11 宗，全县林区治安秩序持续稳定。做好林业有害生物的调查监测工作，加强对松材线虫和马尾松毛虫的防治，防治面积 2000 多公顷，防治效果明显；加强森林植物及产品的检疫，防止危害性病虫害传入传出，共办理检疫证 560 份，检疫木材 6663 立方米、苗木 6.9 万株，办理产地检疫合格证 7 份，检疫苗木 369.5 万株。

【林业产业】 大力发展经济林木种植，通过打造示范基地，发挥辐射作用，有效带动林农增收致富。2020 年末，全县共有 1 家国家级林业龙头企业、12 家省级林业龙头企业、5 个省级林下经济示范基地、1 个省级家庭林场、1 个专业合作示范社；种植油茶 6.1 万亩，建立有规模的油茶加工厂 4 家，种植珍贵树木 1800 公顷、高脂松 2333.33 公顷。充分利用五华丰富的森林资源，开发具有当地特色的森林生态休闲旅游路线，成功打造 2 条森林旅游特色线路（五华历史文化生态健康旅游线路、五华足球文化生态健康旅游线路），1 个森林旅游新兴品牌地（南洋山养生养老生态园）。

【疫情防控】 五华县林业局按照中央、省、市、县关于做好疫情防控工作的有关工作部署，制订《五华县林业局关于进一步强化野生动物监管从严打击破坏野生动物资源违法犯罪行为工作方案》，大力开展疫情防控宣传，成立由局班子成员带队的执法检查组，持续深入镇村、农贸市场、饭店酒楼等开展野生动物人工繁育和经营利用行为摸排检查，严禁人工繁育野生动物交易活动。结合实际制订《五华县以食用为目的的陆生野生动物处置和补偿工作方案》，明确处置步骤、职责分工和补偿标准，2020 年 7 月中旬完成全县 31 家以食用为目的陆生野生动物繁育场退出和补偿工作，处置完成率 100%；开展严厉打击涉野生动物及其制品违法犯罪专项行动，累计出动民警 3072 人次，出动车辆 875 车次，检查农贸市场海鲜活禽店铺、饭店酒楼 1624 家（次），在“飓风 2020”专项行动打击整治涉野生动物违法犯罪专项行动年度考评中，五华县评分排在梅州市第一。

五华县林业局 2020 年度负责人名录

局　　长：温定基
副 局 长：曾维强
朱燎原
叶朝阳
总工程师：林　森
县公安局森林分局局长：李志环

水　务

【简况】 2020年，累计完成水利建设投资约5.5亿元。其中实施的重点项目有：琴江（五华河口段）治理工程、安流镇长江楼光堤路建设工程，县城污水管网（河东片区）建设工程，澄湖堤至转水镇枫林村、狮山公园至大岭村污水管网工程，全县村村通自来水工程，县城自来水厂扩建工程等，重点工作还有全力做好新冠肺炎疫情防控工作、全面推行河长制、非法采砂专项整治等工作。

【重点水利项目建设】 2020年，琴江（五华河口段）治理工程、安流镇长江楼光堤路建设工程全面完工。全面完成澄湖堤至转水枫林塘九子圣母庙旁6.09千米排污管网建设，完成水寨镇寨下坝6.7千米雨污分流工程，启动建设县城污水处理厂（三期）扩建工程。华城水厂至县城供水管网铺设即将完工通水，完成安流水厂至横陂供水管网联通工程、华城村村通自来水工程转水应急泵站、蕉州河新增应急抽水泵站工程，县城供水保障能力显著提高。

11月6日，五华县政府在县水务局五楼会议室举行五华县城污水处理三期扩建及配套管网PPP项目签约仪式

【民生水利建设】 全面完成92个省定贫困村459个自然村集中供水任务，全域自然村集中供水工程全面启动。岐岭河、坪田水2宗生态清洁小流域治理和县城自来水厂扩建工程完成主体工程。县城污水管网（河东片区）建设工程加快推进，澄湖堤至转水镇枫林村、狮山公园至大岭村污水管网工程稳步推进。完成水库移民后期扶持项目21宗，投入水库移民资金2106.3万元，有效改善移民群众生产生活条件。

【水旱灾害防御工作】 2020年，全县平均累计降雨量1045毫米，较常年偏少31%，特别是入汛以来平均降雨量仅778毫米，偏少33%。桂田水库持续处于低水位，县城及周边地区用水形势严峻。水务局从最不利情况出发，提前部署，通过科学调度桂田水库及三渡水库原水、新增蕉州河应急抽水机组和实施城乡供水管网连通工程等多项措施，全力组织抗旱保供水，确保县城及周边地区生产生活饮用水安全。

【河长制工作】 2020年，强力推进“清四乱”常态化规范化，32宗河湖“四乱”问题全部落实整治销号。大力开展集中清漂专项行动，清理河长约186千米，清理水面漂浮物约3万吨，有效改善河库水环境和面貌。全面完成规模以下27条河流共554千米河道管理范围划界任务和省任务清单内22条河道采砂规划编制工作。深入推进“河长+检察长”制度，全面推进实施“河长+警长”制度。在2019年度市级河长制考核中，五华县获得“优秀”等次。

【依法治水】 持续加大水政执法力度，累计出动巡查执法人员2300多人次，查处涉嫌水事违法案件36宗，依法罚款48.5万元，暂扣非法采砂作业工具挖掘机25台、铲车9台、汽车29辆、小型抽砂设备45台等，捣毁人工盗采河砂道路105条，清理非法堆放经营河砂点85处，通过强有力的持续整治，五华县范围内的非法采运河砂及水事违法案件有所下降。按照“法治先进县”创建要求，规范行政审批程序，严格执行信息公开制度，法治水务建设有序推进。按时按质受理办理人大建议、政协提案11件，受理办理各类信访件111宗，办结率为100%。

【水利行业管理】 2020年，局属单位克服各种困难，班子队伍保持稳定，单位运行总体正常。供排水工作有效开展，县自来水公司完成售水收入3140万元、同比增长5.7%，县城污水处理厂处理污水1410万吨，镇级污水处理设施有序运行，顺利完成减排任

12月3日，省水利厅水政监察处副处长张伟明（居中）率队到五华县开展集中打击水土保持违法行为联合执法专项行动抽查复核工作座谈会

务。落实最严格水资源管理制度，完成331个取水口系统平台在线登记，全面完成水务局节水型机关建设并通过项目验收。坚持高质量高标准，科学谋划编制“十四五”水利发展规划。水务集团发展稳中有进，县农发行融资到位1.5亿元，确保了水厂二期扩建工程顺利推进。五华县340宗小水电清理整改核查评估和3宗小水电退出试点工作顺利完成。大力推进全县水库大坝安全鉴定工作，完成53宗小型水库安全鉴定。

【水利精准扶贫】 投入项目和帮扶资金113.6万元，帮助对口的龙村镇潭溪村、石溪村和岐岭镇大蒲村实现年度脱贫巩固任务。

【其他工作】 精神文明创建成效显著，五华县水务局被评为2019—2020年度市级文明单位。积极支持挂点的转水镇开展重点地区禁毒专项整治“回头看”工作，多个月度考核排名位居全县前列。严格落实安全生产“一岗双责”，强化安全生产监督检查，确保各种安全防范措施落到实处，水利工程、水管单位未发生任何生产安全事故。人事管理、计划财务、勘察设计、质量监督、工青妇等各项工作同步有序推进。

【水务队伍建设】 紧扣学习贯彻习近平新时代中国特色社会主义思想这一主线，巩固深化“不忘初心、牢记使命”主题教育成果，机关党建工作不断加强，狠抓意识形态管控，高质量抓好省委巡视整改落实，党员干部“四个意识”明显增强，“四个自信”更加坚定，“两个维护”更加自觉。坚持以人民为中心，集中解决一批群众关心的饮水安全、涉河违法建设、非法采砂、城乡污水处

理能力等方面的问题。坚持全面从严治党，严格落实“一岗双责”制度，认真贯彻执行党风廉政建设责任制和中央八项规定，有效转变工作作风，加强队伍建设和管理，健全完善机关管理制度，强化重点领域风险防控，营造风清气正的干事创业氛围。

五华县水务局 2020 年度负责人名录

党组书记、局长：李文伟

党组副书记、副局长：刘兴华（任至12月）

党组成员、副局长：黄敬阳

何定标（6月任职）

陈幼文

曾志青（任至6月）

党组成员、总工程师：曾文周（6月任职）

党组成员：周桂红

梅州（五华）抽水蓄能电站建设

【全面完成梅蓄项目红线范围内的征地拆迁任务】 梅蓄项目征地面积合计 8830.4 亩，完善征地手续 588.16 公顷。其中，完成库区红线内征地面积 502.04 公顷，占红线范围内总征地面积 513.33 公顷（含临时用地 43 公顷）的 97.8%。涉及梅蓄主体建设所需用地已全部征收完毕；房屋拆除工作已全面完成，拆除房屋 292 座，迁移坟墓 1140 座、神坛社庙 8 座，移民户征地补偿均已拨付到位；红线范围内一座违法建筑物紫金插花地养殖场（涉及邻近紫金县）已于 8 月 13 日强制拆除。

【库底清理工作已完成并验收合格】 梅蓄电站项目下、上水库库底清理分别于 2020 年 6 月 18 日、22 日开工，并按照计划要求有序顺利推进。7 月 9 日，五华县联合梅蓄业主项目部在梅蓄电站施工现场召开水库库底清理检查及验收工作启动会议。9 月 3 日，五华县会同梅蓄电站业主项目部组织市、县相关部门在梅蓄电站召开上、下水库库底清理专项验收会议，会议一致认为上、下水库库底清理符合清库要求，库底清理专项验收合格。至此，上、下水库库底清理工作已全面完成。

【下闸蓄水阶段移民安置自验、初验各项验收会议顺利召开】 8 月 6 日至 7 日，国家水规总院在五华县召开梅蓄项目下闸蓄水前移民安置实施专家评审会议，经评审，电站项目已基本满足蓄水要求，同意由省、市、县政府部门逐级开展移民安置阶段验收；11 月 13 日，市政府同意移民安置自验、初验工作合并开展；同日，在梅蓄电站主持召开梅蓄电站工程下闸蓄水阶段移民安置自验、初验技术验收工作会议；12 月 3 日至 4 日，市政府在梅蓄电站审议通过梅蓄电站工程下闸蓄水阶段移民安置自验、初验报告；12 月 19 日，市政府向省政府报送开展梅蓄电站下闸蓄水征地移民安置终验的申请报告。

11 月 13 日，梅蓄电站下闸蓄水阶段移民安置自验、初验验收会议现场

5月20日，梅蓄项目红线范围内最后一座移民房屋拆除现场

梅州（五华）抽水蓄能电站建设领导小组办公室2020年度负责人名录

党支部书记：古伟炎
主　　任：邹伟鹏
副 主 任：张俊杰
刘德方
周　勇

气　象

【**简况**】 2020年，五华县的气候特点是：气温偏高，降水偏少，日照略偏少。

气温。年平均气温22.4℃，较历年平均气温偏高1.0℃；年极端最高气温38.5℃；年极端最低气温1.7℃；4月、8月、9月和10月气温偏低；其余月份气温偏高，其中1—3月分别偏高2.7℃，2.2℃，1.9℃；5—7月分别偏高1.7℃，1.4℃，1.3℃；11月偏高2.3℃；12月偏高0.3℃。

降水。年降水量1054.4毫米，较历年平均偏少31%，其中汛期（4—9月）降水量785.8毫米，占全年降水量的75%，其他月份占全年降水量的25%。降水分布不均匀，1月、2月、5月和9月降水量偏多。其余月份降水明显偏少，其中3月偏少37%，4月偏少51%，6—8月分别偏少52%、78%和22%，10—12月分别偏少50%、98%和75%。

日照。年日照时数1793.3小时，比历年平均偏少4%。3月、7—12月日照时数偏少，其中9月日照时数比历年平均偏少3成以上；其余月份日照时数偏多，其中4月日照时数比历年平均偏多5成以上。

台风。2020年共有4个台风登陆（热带风暴“鹦鹉”、台风“海高斯”）或严重影响（台风“米克拉”、强热带风暴“浪卡”）广东，较常年偏少1.3个，五华县受台风影响较小。

【**防灾减灾**】 2020年，五华县气象局继续加强部门联动，做好防灾减灾和公共安全气象保障工作。8月，与应急管理、住建部门联合印发重点单位气象灾害防御专项执法检查工作方案，开展重点单位气象灾害防御专项执法检查，加强对气象灾害防御重点单位的服务指导、监督检查和技术支撑。10月，县气象局组织召开2020年度气象灾害防御重点单位名录更新评审会，联合相关部门讨论研究，重新确定五华县华城镇白石嶂钼矿尾矿库等27家单位为2020年五华县气象灾害防御重点单位，并经请示县政府发文公布。其中中小学、幼儿园位列气象灾害防御重点单位达10家，县气象局主动加强与教育局的沟通，上门了解学校气象服务需求，提供针对性气象服务，共同保障学校的安全。为做好市重点项目——景田集团矿泉水项目的雷电灾害风险评估工作，县气象局主动联系广东省气象公共安全技术支持中心，为该项目合理布局厂房建设位置、功能分区布局、防雷类别与防雷措施确定、雷灾事故应急方案制定等提供科学依据。2018—2019

年，县气象局全面推进农业气象服务体系和农村气象灾害防御体系建设，充分发挥农业气象为农服务的作用，建设成果在本地特色农业气象服务中发挥了显著的经济效益和社会效益，并于2020年通过专家组的验收。

【气象服务】 2020年，五华县气象局认真履行职责，毫不松懈地加强气象灾害的监测预警，全力做好气象预报服务工作，积极开展地质灾害气象预警信息发布、台风暴雨停课机制等工作，圆满完成春运、春播期及汛期的气象服务工作。制作36期《重大气象信息快报》，为县委、县政府科学决策提供依据。继续加强与自然资源局的合作，全面开展好五华县地质灾害预警信息的发布工作。2020年共发布地质灾害预警91次，决策信息、地质灾害和气象服务短信总计165万余条。年初制定《五华县2020年人工影响天气工作计划》，并定期组织开展人工影响天气安全检查，开展作业人员培训，扎实履行各项安全管理职责。针对2020年气候异常，县气象局密切监测旱情发展，主动做好干旱气象服务，及时与水务部门进行会商研判。为缓解旱情，县气象局共实施5次人工增雨，发射火箭弹20枚，对增加水库蓄水、降低森林火险等级等起到积极作用，人工增雨工作得到县领导的充分肯定。为做好中甲联赛分区赛事气象保障服务工作，县气象局专门成立气象服务保障工作领导小组，根据赛事需求，从气象条件角度分析制定气象服务保障方案，通过手机短信、微信群等方式发布天气信息，预测有明显天气过程发生时，及时跟踪小组需求，提供针对性服务。2020年，与应急管理、水务、林业、交警等部门新签订合作协议，建立应急联络员制度和定期会商研判制度，建立信息共享制度和信息报送机制。通过提供有针对性的气象信息和服务，更好地为防洪调度指挥、森林防火等提供科学的决策依据，有效防范和应对因恶劣天气引发的道路交通安全事件。全年共发布预警信号101次，其中暴雨黄色预警信号8次、橙色预警信号18次、红色预警信号1次；雷雨大风黄色预警信号33次、橙色预警信号1次；高温黄色预警信号9次、橙色预警信号1次；寒冷黄色预警信号5次、橙色预警信号4次，红色预警信号1次；森林火险黄色预警信号7次，橙色预警信号6次、红色预警信号4次；大雾黄色预警信号2次、橙色预警信号1次。

县气象局2020年度负责人名录

主要负责人：罗锡浪

副　局　长：魏伟良

纪检组组长：张志榕

商 贸

商贸服务

【招商选资理念逐步形成】 2020年，五华县下发《五华县促进先进制造业及主导产业招商引资工作若干措施》，把“乡贤回乡投资兴业”工程作为开展招商引资工作的重要抓手，借各种商会、协会、推介会，以及工作网站、微信公众号等平台广泛宣传招商项目和招商政策，把握番禺对口帮扶机遇，及时掌握企业投资信息，承接产业转移项目。围绕逐年制订的招商引资任务安排，成立驻外招商队，落实县直相关单位招商任务和责任；瞄准既定主导产业，强化延链补链工作；规范招商引资项目落户流程，职能单位共同审议招商项目，对重点招商引资项目，建立快速审批通道，做到“服务前移、一窗受理、限时办结”。2020年，新签约落户企业项目18个。其中，工业项目9个，计划投资总额17.3亿元；商贸、服务、房地产类项目5个，计划投资总额31.44亿元；现代农业项目3个，计划投资总额21.2亿元；建筑类项目1个，计划投资1亿元。此外，新签订框架协议项目2个，分别是计划总投资30亿元的广东奥园县域商业综合体投资管理集团有限公司商业综合体项目和计划总投资200亿元的广东中科时空实业发展有限公司文旅、医疗产业园、公益性现代化精神病医院项目。

【内贸、外贸融合发展】 内贸方面，加快形成国内大循环主体，举办2020广东省促消费（夏季）暨“家520购物”节活动，联合华城镇开展广东省2020年家电下乡专项行动主题宣传促销活动；指导2019年首次达到限额以上的8家商贸流通企业申请科技扶持奖励资金；联合印发2700多套使用公勺公筷宣传手册；完成拍卖、典当等特殊行业年审和安全生产检查工作，制订出台《五华县废品经营管理专项整治工作方案》，持续开展二手车、废品收购门店联合整治回头看行动。外贸方面，聚焦国内国际双循环，做好稳外贸外资工作，顺利完成全县57家外商投资公司年审年报工作，及时将相关外资外贸政策宣贯到每一家企业；线上线下相结合指导企业抓好疫情防控和复工复产，先后下发扶持重点外贸企业应对新冠肺炎疫情影响和稳外贸专项资金288万元，稳定外贸经济发展局势。全力推动辉骏科技、永艺餐具、中孚实业等企业积极参加第127届、

128届“云”上广交会，支持企业线上宣传产品、签订订单；有序组织华炜金属等5家企业参加第三届中国国际进口博览会。新兴业态助力开拓国际市场，跨境说未来科技（广东）有限公司完成梅州市内首单业务，伴随价值50560元的餐具出口到中东地区，梅州跨境电商业务由五华实现“零的突破”。

【电子商务体系不断完善】 稳步推进国家电子商务进农村综合示范县创建，接受商务部对创建工作的首次验收，初定评分等级为“优秀”；消费扶贫与时俱进，潭下鹰嘴桃节、“县长直播带货”助力脱贫攻坚、2020年“球王故里·美丽五华”龙村镇球王金柚节、嘉应茶飘香等系列消费扶贫展示展销活动先后举行。物流建设有序进行，牵头制订《五华县农村物流建设发展规划（2020—2024）》，县长朱少辉亲自带队到江西省广寻现代物流园进行考察。标准化体系与品牌建设扎实推进，牵头制订《五华县电子商务区域品牌发展五年规划（2020—2024年）》，指导生长地公司牵头为本土农产品制订企业标准8个（其中团体标准1个），打造公众广泛认可的区域公共品牌2个，推动培育“三品一标”农产品11个，培育创建市级以上名（品）牌产品、名优特新农产品12个，启动申报国家地理标志1项。优质项目得到资金支持，汉光超顺、中农批冷冻仓储申报“2020年服务业发展专项资金推动农商互联完善农产品供应链项目”并分别获得中央资金423万元和660万元；新城梅生态园林、优胜商贸申报“2019年市促进电子商务发展专项资金”项目并分别获得扶持资金15万元和5万元。2020年，发展电子商务及其关联主体企业2219家、同比增长18.73%，实现农村网络交易额22.8亿元、同比增长52.20 %，推动农产品网络零售额5.63亿元、同比增长52.16%，物流快递单量2500万件、同比增长25%。

【各项中心工作同步推进】 家政行业进一步发展，举办月嫂、育婴师、催乳师等各类培训班99期，698人取得家政服务的上岗证，并建立有意向从事家政服务的人员档案324个。产业政策有效实施，县直各部门协作力度不断加强，《2020年五华县淘汰落后产能的工作方案》顺利制订，从严从细全面排查环保、能耗、质量和安全等方面问题突出的12个重点行业企业，对存在安全隐患的立信印染公司督促整改并要求安装使用污染源在线监控设备，加强对眉山水泥生产条件和生产情况日常监督，杜绝违规违法及相关安全事故事件的发生。依法行政从严落实，深化“放管服”改革，积极完善行政服务事项网上办理工作，全面推行“马上办、网上办、就近办、一次办”改革，认真梳理公布“四办”事项清单，推进“互联网+监管”工作，推动落实“多证合一”改革；严格落实行政执法“三项制度”以及“双随机、一公开”工作制度，坚持严格规范公正文明执法；加强普法宣传，开展关于民法典法律知识专题讲座以及“防控疫情、法治同行”专项普法宣传行动。防治攻坚战和蓝天保卫战工作有序推进，积极组织企业开展清洁生产审核，明珠星钟表、兴莱鞋业按期完成改造升级；工业园区循环化改造和工业“三废”资源化利用积极推进，广州番禺（五华）产业转移工业园顺利通过省级循环化改造试点园区验收；部门联动，全力推进五华县客属酒业有限公司关停搬迁。综治维稳工作有序开展，扎实做好城镇退役士兵的社保补缴工作；妥善处理来信来访工作，接受来信来访共 10 宗，办结 9 宗；接待来访人员 50 人次，共办理退休证明等 20 次。安全生产工作从严落实，全年制订各类专题活动和治理方案 7 个，“一线三排”制度得到落实，开展消防安全应急演练工作，邀请消防大队工作人员对全局干部职工进行消防演练、举行培训讲座。检查梅州市兆安民爆专卖有限公司五华分公司雷管炸药仓库 12 批次，排查安全隐患 6 宗；检查五华县冶金矿产总公司新桥洋田瓷土矿 2 批次，排查安全隐患 2 宗；检查挂钩企业 6 批 61 次，排查安全隐患 13 宗。扎实推进双创工作，定期开展“两美行动”志愿活动；积极开展挂钩帮扶行动，抽调 8 名业务骨干长期进驻挂钩帮扶岐岭镇龙岭村、梅林镇梅南村、水寨镇员瑾村、岐岭镇皇华村、河东镇平东村、岐岭镇王化村开展新时期精准扶贫、治理软弱涣散等相关工作，组织 9 名干部职工开展回乡联村工作。

（邹伟强　罗福婷）

供销社

【简况】 五华县供销社根据县委县政府赋予职能，负责全系统的组织、指导、协调、管理工作，积极开展各项工作，完成县委县政府交办的各项任务。县社机关下辖有：华供企业管理有限公司、福华百货有限公司、华保再生资源回收有限公司、农业生产资料有限公司、烟花爆竹专营有限公司及 18 个基层供销社，全系统干部职工 983 人。省考核获得优胜三等奖。

【经济指标完成情况】 2020 年，供销系统完成商品总购进 85014 万元，比上年同期 65648 万元增长 29%，商品总销售 91638 万元，比上年同期 73802 万元增长 24%，其中农业生产资料销售 35295 万元，比上年 33584 万元增长 5%。利润总额完成 62.26 万元，比上年 58.5 万元增长 6.43%，继续保持全市供销系统前列。

【构建助农服务综合平台和乡村助农服务中心】 按照省、市供销社的部署，五华县供销社高度重视助农服务综合平台构建工作，按照省社年初现场会议精神，县社多次进行研究部署，成立领导小组，结合县委县政府关于推进乡村振兴战略实施方案的要求，研究制定实施方案并实施。截至年底，已获得当地县级财政资金支持260万元，其中100万元投入县域助农服务综合平台，每个镇级助农服务中心各投入10万元；五华县供销系统已完成1个县域助农服务综合平台和16个镇级助农服务中心已经建成并运营，全面完成省、市社下达的任务。经省委、省政府的严格检查验收，被评为粤东片“优秀”。

【服务乡村振兴】 为深入贯彻落实省委、省政府实施“粤菜师傅”工程的工作部署，切实抓好广东省人力资源和社会保障厅关于《广东省“粤菜师傅”工程实施方案》《广东省供销社贯彻落实“粤菜师傅”工程的实施意见》的落实，县社努力向上争取资金 24 万元，大力发动职校或培训机构开展“粤菜师傅”培训，其中 2020 年 7 月在梅州岐岭镇罗经村、北源村、凤凰村等举办“粤菜师傅”培训班中培训结业 150 名农户；技能培训是作为促进农民就业、保障农民利益的关键举措，培养乡村实用厨艺人才既能弘扬客家特色饮食文化，又是提高供销合作社服务“三农”、助力脱贫攻坚能力重要抓手。

【其他工作任务】 一是抓好“双防”工作，投入近两万元资金添置各种工具，制作疫情防控、森林防灭火宣传牌、印刷宣传资料，完善网格化管理等。二是投入8万元搞好精准扶贫、精准脱贫工作，派专人负责挂钩岐岭镇罗经村开展扶贫、“三清三拆”、美丽乡村建设等工作。三是积极参与“回乡联村”工作，县供销社主任张景铮积极参与华城镇城镇村的各项重点工作，较好完成县镇各项工作任务，特别是实施乡村振兴战略工作方面，“两美”建设成绩显著，使该村成为全县先进村。四是组织干部职工认真完成县委、县政府的造林绿化任务。

（钟益华 李桂银 魏玉霞）

五华县供销社2020年度负责人名录

主 任：张景铮

副主任：曾松林

魏洪伟

烟草专营

【简况】 2020年，五华县烟草专卖局(分公司)紧紧围绕广东烟草高质量发展战略目标和市局（公司）“1236”工作思路，以党的政治建设为统领，以促进企业高质量发展为切入点，主动作为，真抓实干，有力地促进各项工作任务落实。全年实现销售总额105460.29万元，毛利32153.69万元，税利29718.84万元，同比分别增长2.96%、5.89%、1.02%。

【企业党建】 一是严格落实“第一议题”制度，持之以恒加强政治理论学习，突出政治建设这个党的根本性建设，始终把学习习近平新时代中国特色社会主义思想等作为首要政治任务，深入学习党的十九届五中全会精神和《习近平谈治国理政》第三卷等。二是抓班子带队伍，落实党管意识形态工作责任制，坚持用习近平新时代中国特色社会主义思想武装头脑，树牢“四个意识”，增强“四个自信”，做到“两个维护”。三是推进基层党组织“精细实”管理，严肃党内政治生活，以高质量党建推动了企业高质量发展。四是提高政治站位，在“战疫”中发挥“两个作用”。成立应对疫情工作领导小组及党员应急队，组织党员志愿者到扶贫挂钩村、“双创”挂钩帮扶村、网格化地段开展疫情防控工作。党员、职工为支持疫情防控捐款共3.28万元。五是抓好日常监管和谈话提醒工作，落实“八小时以外”活动监管。六是抓好党内法规制度学习月活动和纪律教育学习月活动，局党总支下属各支部共开展集中学习12次，撰写学习心得体会文章51篇。七是不折不扣抓好中央巡视、省局（公司）党组巡察反馈意见全面整改落实。八是扎实开展政绩观专题教育，采取多形式组织集中学习和讨论交流，组织专题学习10场次，开展讨论52人次。

【烟叶生产】 一是以计划合同为主线抓好生产种植面积的落实。2020年，落实烟叶种植面积642.87公顷、合同约定收购量135万公斤。二是围绕“中棵烟培育”和“优质适产”的工作目标，加强烟叶生产各环节技术培训，全面实行技术指导服务“网格化”，保证2020年全县烟叶产质量水平保持总体平稳。三是抓好三项主推技术的推广应用，持续开展地膜清理回收，引导烟农以改装植保喷雾器开展简易水肥一体化，指导合作社以华城镇西林村烤房群开展采烤一体化服务；综合开展绿色防控和土壤保育重大专项，推动烟叶生产长远稳定发展。四是抓好烟叶收购调拨工作，全面实行专分散收、原收原调。2020年，全县收购、调拨烟叶134.965万公斤。五是抓好合作社建设，增强合作社服务主体功能，合作社五大专业化服务水平进一步提高，促进烟叶生产减工降本、提质增效。六是健全完善烟叶种植风险保障机制，由政府、行业、烟农三方共同出资，为烟农购买烟叶种植保险。2020年全县共有6户烟农、4.17公顷烟田遭受暴雨洪涝灾害，保险公司经核定向烟农理赔保险金额共2.84万元。七是落实政策，严格按市局统一标准和手续要求及时兑付烟叶生产物资及专业化服务等各类补贴共662.99万元。八是根据2020年度烟基建设计划，五华县全年建设烟基项目共160件，补贴金额126.12万元。

【卷烟营销】 一是密切关注市场变化，加强市场需求预测和市场走势研判，积极采取措施应对市场变化。二是积极做好卷烟销售、线上与线下相结合的客户拜访、品牌培育、星级评定等各项工作，推进“易灵通”店铺管家系统。三是加强卷烟规范经营的宣传力度，主动开展零售客户档位或订购量与实际经营能力不符问题的专项清理活动，引导客户自觉遵守卷烟规范经营相关要求，不断提升卷烟规范经营意识。四是进一步落实“大品牌、大市场、大企业”发展战略，对标行业“136、345”品牌高质量发展战略目标，提升重点品牌集中度，加强重点品牌及“555”、国产雪茄烟在五华县市场的培育。五是围绕“服务客户会说、终端建设会做、营销分析会写”的工作思路推动五华县客户经理转型相关工作，通过“三员”转型，从信息采集、终端建设、客户服务三个维度进行业务分工，优化资源配置。六是稳步推进诚信互助小组提质运行工作。全县建成诚信互助小组164组，覆盖零售客户2723户，客户占比达87.47%、全县示范小组11组、有质量小组86组。七是卷烟生态环境建设不断完善。五华御景豪庭20支直营店已于9月28日开业，1户特许加盟店、3户冠名合作店顺利开业。八是切实做到疫情防控常态化，严格执行“无接触”配送，按规范操作流程开展卷烟配送作业。

【专卖管理】 一是多渠道、智能化提供便民服务，提升依法行政水平。2020年，全县共有持烟草零售许可证零售户3222户；大换证工作已全面完成。二是坚持以市场管理为重点，多举措提高市场监管效能,确保全县卷烟零售户守法经营率保持在95%以上。三是强化部门协作，扎实推进打击涉烟违法犯罪“蓝剑”行动深入开展。2020年，全县共查获各类涉烟违法案件120宗，查获涉案卷烟861.672万支（其中假烟796.51万支、私烟11.16万支），制假烟机3台（套）、烟丝49.75吨，滤嘴棒193万支、卷烟纸2027.5公斤、印字水松纸1402公斤、包装纸箱1880个、白乳胶1816公斤，总案值约1168.73万元，刑拘19人（其中：未归案2人）、逮捕18人（其中：未归案6人）、判刑1人。四是持之以恒抓好非烟整治工作，依法严管、坚决查处“二次批发、左右价格、扰乱市场”行为。2020年，责令停业整顿3

户、取消经营资格2户。五是加强货源投放、订单采集、货款结算等关键环节的监管，抓好烟叶面积核实、扶持补贴发放等节点监管，促进“两烟”规范生产经营。六是加强专卖队伍建设，扎实推进烟草专卖执法监督检查工作和巩固深化烟草专卖执法监督检查工作成效进一步严格专卖执法队伍管理工作深入开展。七是加强县级局专卖执法主体建设，进一步提升专卖管理工作水平。

【企业管理】 一是扎实开展QC、分层分类对标、精益管理等工作，强弱项补短板，严控各项费用支出，提升企业管理水平。2020年，上报QC课题和精益课题各1个，“降低烟叶烘烤损失率”课题获市局（公司）2019—2020年QC课题三等奖。二是全面推进法治烟草建设，积极做好民法典等普法宣传，完成“七五”普法总结验收，提高“三个依法”能力水平。2020年，未有一宗案件引起行政复议或行政诉讼。三是做好退休人员社会化管理工作，主动与当地相关部门沟通衔接，局（分公司）已完成44名退休人员的档案移交、15名党员党组织关系转移等工作。四是依规依程序推进烟叶工作站改造项目工作和经营业务用房加装电梯项目及直营店项目的实施。五是加强值班值守，抓好安全生产管理，保障企业安全稳定发展。

【精神文明】 一是抓好员工培训和技能鉴定工作，扎实做好新闻宣传工作，有效地提升员工队伍的整体素质，展现企业良好形象。2020年组织内部培训18次，内网上稿45篇，行业报刊媒体上稿5篇。二是积极履行社会责任。2020年，局（分公司）组织开展1次春节慰问，慰问金额合计3.66万元；组织开展“6·30”爱心捐款、访贫慰问活动1次，干部职工共计捐款2.46万元；积极争取上级扶贫资金60万元，帮扶安流镇低坑村、福华村完成扶贫建设项目3个；积极争取上级支持解决3个帮扶村民小组创文巩卫费用4.424万元；组织22名员工参加无偿献血。三是贯彻落实习近平总书记对制止餐饮浪费行为重要指示精神，深入开展文明餐饮推广行动，形成人人自觉参与的良好氛围。

（张　怡）

五华县烟草专卖局（分公司）2020年度负责人名录

局长、经理：温思胜（任至8月）

副局长、副经理（主持全面工作）：

叶劲松（8月任职）

副局长：江锦扬

副经理：李远东

何茂科（任至9月）

盐　业

【简况】 2020年，广东省盐业集团梅州有限公司五华分公司以坚决贯彻落实党中央、国务院和省委、省政府关于国有企业改革的路线方针政策和决策部署，积极深入推进落实广东盐业混合所有制改革任务，按照“强品牌、提品质、增品种、优服务”及“以盐为基、以盐带路、严把盐关、广开盐路”的战略部署，为树立坚定的信心与定力，持续提升企业经营能力，完成企业各项工作任务，确保食盐市场主渠道、主力军的作用，保障食盐质量安全和供应安全。

【盐业作风整治】 2020年，广东省盐业集团梅州有限公司五华分公司按照《关于印发2020年党风廉政建设和反腐败工作要点的通知》（梅盐党〔2020〕78号），开展作风整治专项行动，狠抓作风建设，把纪律挺在前面。制订客户经理市场营销考核办法，明确客户经理营销推广、品牌宣传、客情维护、货架维护、市场巡查等工作职责和要求。完善薪酬激励机制，激发员工工作积极性。

【盐业市场供应】　2020年，广东省盐业集团梅州有限公司五华分公司牢固树立“市场为导向、顾客为中心、效益为目标”的经营理念，以全面提升企业经营能力为目标，落实各项经营工作。提升网络体系建设，强化市场竞争意识。广东省盐业集团梅州有限公司五华分公司作为食盐市场巡查辅助执单位，积极配合县市场监督管理局，狠抓市场监管一刻不放松原则，肩负着9942家流通环节食品经营（包括食盐批发企业）、餐饮服务经营、小作坊经营使用食盐安全等巡查工作。积极对食盐市场进行巡查，并开展与粤盐品牌宣传，针对在市场巡查发现违规购进外省盐的商家认真做好登记，及时向当地市场监督管理局汇报和沟通，保障全县人民食盐的安全。

广东省盐业集团梅州有限公司五华分公司2020年度负责人名录

经　理：曾伟南

财政·税务

财　政

【简况】 2020年，五华县财政运行积极稳健，预算执行良好。县本级一般公共预算收入完成105476万元，为年度预算的100.06%，增长5.06%；其中：税收收入71077万元，增长0.47%，占县本级一般公共预算收入的比重为67.39%；非税收入34399万元，增长16.03%，占县本级一般公共预算收入的比重为32.61%。2020年全县一般公共预算总收入926811万元，同比增长5.46%，其中：县本级一般公共预算收入105476万元，为年度预算的100.06%，增长5.06%；上级补助收入700507万元；债券转贷收入24109万元；上年结转51005万元；调入资金45449万元；动用预算稳定调节基金265万元。

【促进财政积极稳健运行】 一是积极适应宏观经济调整，克服疫情冲击和中央减税降费政策全面实施带来的减收压力，协调税务部门加强税收征管，坚持依法治税，挖潜堵漏，在发展经济的基础上，税收收入实现稳定增长。2020年，五华县本级一般公共预算收入增速保持较快增长，增速和总量均居全市第二。二是紧紧围绕重点老区苏区振兴发展战略，主动加强与上级有关部门的沟通，积极对接资金扶持政策和项目，大力争取各类转移支付补助和省政府新增债券额度。全年争取省政府新增债券转贷资金14.6亿元、一次性财力补助资金1亿元、特殊转移支付资金20900万元、县级基本财力保障机制奖补资金5584万元、均衡性转移支付收入1988万元。三是土地储备出让收入平稳增长。根据县域经济发展和城市建设总体规划，坚持“依托项目抓储备”的思路，保障土地储备经费，加大土地资源整合力度，提升土地利用效益，促进节约集约用地和提高政府对土地的宏观调控能力。全年筹集资金55982万元，收储土地69宗，面积123.93公顷；出让土地62宗，面积95.53公顷；全年实现土地出让收入120998万元。四是涉农转移支付资金实现新突破。加强涉农资金项目库建设，认真谋划报送2021年五华县涉农领域预备项目，争取上级扶持资金，收到省级提前下达五华县2021年涉农资金62059万元，下达资金位居全市第一，为推进五华县乡村振兴发展提供有力资金保障。

【支持重点项目建设】 为县域工业园区的

土地储备和基础设施建设提供资金支持，提升县域工业园区承载能力，优化园区营商环境，着力扶持实体经济发展。投入16491万元，加快推进工业园区征地拆迁补偿工作，完善园区道路、排污、供电、绿化等基础配套设施。筹集资金2067万元，用于奖励、扶持园区企业发展。以新发展理念为引领，高质量建设县城，加快补齐基础设施建设短板，完善公共服务功能，使县城建设成果更好地惠及广大人民群众，全年拨付43219万元，支持县城扩容提质，有力带动县域经济发展。其中：客天下（蒲丽顶）文化旅游产业园项目征地补偿及相关费用拨付4254万元；球王产业园、足球小镇、元坑足球旧址公园建设拨付4151万元；大湖堤建设工程拨付3944万元；琴江新区建设拨付3281万元。进一步完善道路交通管理，加大对频繁拥堵路段改造升级经费投入，确保城市交通设计区域动态协调，整体科学稳定，全年拨付81767万元，高效推进综合性交通网络发展。其中：拨付12131万元用于省道路面改造工程；拨付23867万元用于完善县乡公路路网；拨付43225万元用于农村公路硬底化、危桥改造、新能源公交站场建设等；拨付2544万元用于公路养护工作。重点工作开展得到有力保障，拨付4351万元用于“双创”工作，提升全县卫生文明环境；拨付2054万元用于治安管理、信访维稳等，有效维护全县社会稳定；拨付797万元用于人口普查专项工作经费，推动人口普查顺利开展；拨付619万元用于村（社区）“两委”换届选举工作经费，确保基层换届工作顺利推进；拨付452万元用于自然村庄计划规划编制，扎实推进乡村振兴战略实施。

【服务民生】 着力保障医疗卫生服务。拨付7910万元用于新冠肺炎疫情防控，按照特事特办、急事急办原则，优先保障疫情防控经费，加快资金拨付使用；拨付47097万元用于提升公共卫生服务能力，保障卫生强县和强基层卫生各项工作顺利进行；拨付7999万元将基本公共卫生服务经费标准提高到每人74元，使109万人享受健康教育、预防接种等29项免费基本公共卫生保健服务；提升妇幼老龄健康服务，拨付277万元为全县老年人购买意外伤害综合保险；拨付107万元为城乡35—64岁贫困妇女免费筛查乳腺癌、宫颈癌；拨付65万元为3951对备孕夫妇免费开展孕前优生检查。

稳步提高基本民生保障水平。足额保障社保基金支出，拨付58146万元用于机关事业单位基本养老保险支出；拨付32720万元用于城乡居民养老保险支出。阶段性减免社保费，助力企业复工复产，合计减免养老保险、失业保险、工伤保险、医疗保险总额达10709万元。提高基本民生保障水平，拨付15699万元提高低保对象每月补助标准；拨付8232万元提高残疾人每月生活补贴和护理补贴标准；拨付4998万元提高特困人员每月基本生活标准；拨付1253万元提高孤儿每月基本生活最低养育标准。积极做好帮扶弱势群体工作，拨付3187万元，为困难群体缴交养老、医疗保险，发放康复救助补贴，并为292户重度残疾人进行居家无障碍改造；拨付1009万元为精神障碍患者购买监护责任险和医疗补助，减轻弱势群体家庭负担。大力推进全县养老服务体系建设，拨付978万元用于改善五保老人生活环境，发展农村日间照料养老服务。

坚持教育优先发展战略。拨付20767万

元用于学校建设、校舍安全保障、校园地质灾害防范、教师周转宿舍和标准化课室、中小学教育信息化建设等，大力推进校园各项设施完善；拨付3720万元用于提高学前教育和公办普通高中生均经费标准；拨付12460万元加快推进县委党校迁建及苏区博物馆项目建设；拨付1938万元组织全县教师开展业务技能、师德师风等方面的培训，大力支持党员教育、继续教育发展；拨付945万元用于义务教育家庭经济困难生补助；拨付631万元用于学前教育家庭经济困难儿童资助；拨付1173万元用于发放普通高中、中职国家助学金；拨付建档立卡学生免学费和生活费补助4890万元；拨付原民办代课教师生活困难补助1974万元；拨付435万元用于发放边远农村小学、教学点缺编教师顶岗代课经费。

支持文旅体事业全面发展。拨付5420万元用于足球文化公园体育场馆、元坑足球旧址公园、运动休闲特色小镇基础设施配套工程建设；拨付1601万元用于琴江中学曲棍球训练基地综合楼建设；拨付1230万元用于梅州客家足球俱乐部场地设施和社会足球场建设；拨付5000万元用于游客服务中心建设；拨付238万元用于奥林匹克文化旅游区创建国家AAAA级旅游景区工程；拨付300万元用于旅游宣传推介，支持文化旅游产业发展；拨付1770万元用于举办2020年中国足球协会甲级联赛等足球赛事；拨付1242万元用于奥林匹克体育中心、长乐游泳中心等体育设施运营维护；拨付534万元用于推进五华县文化馆、图书馆总分馆制建设，完善基础公共文化服务设施；拨付510万元用于曾国华、黄国梁故居修缮及布展，加大文物保护力度；拨付334万元用于保障图书馆、文化馆、镇综合文化站等公益性文化设施免费开放，拨付160万元用于举办“书香五华首届读书月”活动，持续加大文化惠民力度。

加大财政强农惠农力度。拨付25587万元用于粮食生产稳定提升、推进撂荒水田复耕复种、保护基本农田和恢复生猪产能等，有效稳定农业生产，促进农民增收；拨付9376万元用于发放生态公益林补偿、耕地地力保护补贴和大中型水库移民后期扶持直补等各类惠农资金；拨付6277万元用于“四好农村路”建设，加快乡村砂土路、通自然村硬化路等项目推进；拨付3310万元用于脱贫攻坚工作，帮助92个贫困村的20242户66561名贫困人口全部达到脱贫退出标准；拨付2733万元用于粮食储备，调节县内粮食供求平衡、稳定粮食市场价格、应对重大自然灾害或其他突发事件。

全力支持生态发展区建设。拨付31901万元用于建设208座村级生活污水处理终端设施和推进“三清三拆三整治”环境基础整治任务，显著改善农村人居环境；拨付8815万元用于治理水土流失、崩岗和中小河流等，推进农业基础设施建设，提高防洪抗灾能力；拨付8359万元用于培育和管护森林资源，完成省级碳汇林抚育任务5366.67公顷，新增造林886.67公顷，打造绿美古树乡村4个、绿美红色乡村2个等，推进生态林业建设；拨付4748万元用于镇村生活垃圾中转站运营维护，美化城乡环境、减少二次污染；拨付1376万元用于支持“河长制”工作，促进水资源、水生态环境治理；拨付684万元用于新建改造户厕199座、卫生公厕287座，推进农村“厕所革命”，改善乡村环境。

全面提升干部职工福利待遇。拨付

10931万元用于发放县级机关事业单位工作绩效考核奖励，提升干事创业积极性；拨付11600万元将全县机关事业单位干部职工和离退休人员住房维修和物业管理补贴发放标准人均每月提高300元，提高住房保障水平；拨付3671万元用于补缴全县机关事业单位退休中人职业年金和养老保险，提高干部职工退休待遇水平；拨付11084万元将村（社区）“两委”干部的补助每月提高300元，有力调动基层干部工作的积极性、主动性和创造性。

【深化财政管理改革】 聚焦财政管理，规范支出行为。强化减税降费阶段性政策，重点减轻中小微企业、个体工商户和困难行业企业税费负担，执行上级涉企收费减免政策项目34个，全年累计减免金额5990万元。聘请会计师事务所对全县行政事业、社会团体共64个单位“三公”经费等经费使用情况、“私车公养”、“小金库”等进行重点检查，增强严守财经纪律和财务制度的意识。落实村账财务年度审计工作，聘请会计师事务所对全县448个村（居）基本账财务收支单据进行审计，并对审计过程中发现的问题进行全面整改。

聚焦预算执行，提升管理水平。扩大国库集中支付范围，全年集中支付资金761721万元，其中：直接支付资金593737万元，授权支付资金167984万元，集中支付资金总额同比增长6%，有力提升了国库集中支付水平。加强政府采购监管，全年采购预算52908万元，实际采购额51447万元，节约资金1461万元，节约率2.76%。加强工程预结算审核评审，全年审核工程项目717个，其中：预算项目262个，送审造价396060万元，审定造价368730万元，核减27330万元，核减率6.9%；结算项目455个，送审造价315240万元，审定造价277190万元，核减38050万元，核减率12.07%。扎实推进政府隐性债务化解，按照“保留一批、暂缓一批、终止一批、置换一批”原则，对五华县2016年以来规模以上工程款未支付完毕的294个项目进行分类处置，落实政府债务化解工作，暂缓实施、终止实施项目59个，压减未付工程款1043302万元，压减率77.59%。

聚焦绩效管理，提高资金效益。加强财政专项支出绩效管理，对14个财政专项资金使用单位进行了绩效评价，评价金额1036万元。创新绩效管理方式。通过聘请第三方会计师事务所对92个省定贫困村开展扶贫资金使用管理绩效评价与专项审计，该举措得到省、市财政部门的高度肯定，县财政局在全省财政绩效管理培训会议上作经验介绍，相关工作成果获《人民日报》、《中国财经报》、南方网、《梅州日报》等媒体刊载。大力推进涉农资金统筹整合工作，加大跨类统筹力度，提高整合使用效果，全年共统筹省级涉农资金10780万元，用于乡村振兴等涉农领域重点建设项目。

（谢运洪　钟　华）

五华县财政局2020年度负责人名录

党组书记、国资局局长：赖伟胜

党组副书记、副局长：曾小强

党组成员、副局长：李红兰

徐建力

党组成员、总会计师：张国财

党组成员、国资局副局长：

胡志明（任至12月）

党组成员、县纪委县监委驻县财政局纪检监察组组长：吴国辉（4月任职）
党组成员：陈粤晖
梅州市住房公积金管理中心五华县经办业务分理处主任：谢运洪

税　　务

【税费收入】 2020年，国家税务总局五华县税务局组织税费收36.59亿元，同比减收2.07亿元，下降5.36%。其中组织国内税收收入18.27亿元，同比减收8091万元，下降4.24%，县级收入增幅全市排名第二。组织费金收入18.32亿元，同比减收1.26亿元，下降6.46%。

【税收征管】 2020年，国家税务总局五华县税务局持续夯实征管基础，强化风险防控，完善监管体系，规范税费征管，五华税收治理现代化水平得到提升。一是进一步规范重点行业税收管理。制定《进一步加强建安行业税收管理工作指引》，规范建安行业管理，对全县50万元工程额以上的项目和33个重点项目工程台账式管理，助力五华县创建“中国建筑之乡”；借力政府，构建共享、共建、共治税收管理格局，在房地产行业、资源性行业、个人所得税股权转让等方面建立由政府牵头多部门负责的“先税后审”“先税后证”等协税护税工作机制，相关难点税收管理得到进一步规范。二是进一步提升税费种精细化管理水平。强化增值税日常工作监控，加强申报疑点数据清理，及时跟踪核实整改，辅导纳税人准确申报，申报质量有提高，增值税发票管理各项试点工作平稳推进；强化企业所得税年度汇算清缴和后续管理，2019年度企业所得税汇算清缴申报率达99.57%，高新技术企业、中小科技型企业享受研发费用加计扣除优惠政策、非营利组织等优惠政策得到强有力实施；平稳有序完成2019年度个人所得税汇算工作，首次汇算在五华平稳实施；通过持续推进“集中清算、分段审核”新模式，扎实推进土地增值税清算工作，全年完成11个项目清算；结合县内实际，优化服务，切实做好阶段性减免企业社保费、城乡居民基本医疗保险费征收及退费工作、在校学生参加医保、退役士兵社保缴交和非税收入等工作，落实“应保尽保、应退尽退”。三是进一步强化内控监督机制。继续开展“一月一巡查”，促使基层分局规范高效开展征收管理工作；全面铺开“三项制度”推行工作，严格落实行政执法公示制度，税务人员执法能力增强；以税务系统内部控制监督平台的应用为抓手，积极完善内部岗责体系，强化内控平台日常监控。四是进一步健全税收风险管理。分行业、分规模、分税种实施风险分析管理，充分利用涉税信息开展风险应对和筛查风险疑点数据，进一步规范税收行业秩序，助力扫黑除恶专项斗争。

【纳税服务】 2020年，国家税务总局五华县税务局坚持以人民为中心的思想，致力于为纳税人缴费人提供更优质、更便捷、更高效的贴心服务，持续推进税收领域的“放管服”改革，优化税收营商环境。一是深入拓展办税服务便利化。在全市首个智能办税服务区的基础上，加大农村基层分局智能办税建设，在华城、安流、横陂、龙村分局投入使用办税自助终端机，同时自助办税终端机入驻机动车检测业务大厅，群众可实现“检测、缴税、上牌”一站式 5 分钟办结；大力推广“非接触式”办税，全县电子办税率达到 95%以上。二是持续推进“放管服”改革。新办纳税人套餐业务压缩至 1 小时内办结；不动产租赁发票可在网上开具；不同纳税人税务注销限时办结；不动产交易常规税费业务一日办结。三是纳税人满意度进一步提升。五华县 2020 年纳税人满意度调查位列全市第 2 名，全省第 20 名。四是进一步加强纳税信用建设。完成 5487 户纳税人信用等级评定，评定 A 级纳税人 157 户、B 级纳税人 2072 户，落实守信激励、失信惩戒措施，通过“银税互动”渠道推送 2265 户 A 级 B 级纳税人到相关银行，缓解企业经营资金周转困难的问题，纳税信用评价正面导向作用得到有效发挥。

【队伍建设】　坚持人才是发展的第一资源，推行严管和厚爱结合、激励和约束并重的队伍建设思路。一是职务与职级并行稳步推进，按照晋升程序和首轮晋升原则组织实施了首轮晋升。二是着眼长远优化干部管理，实行优秀干部在机关和基层分局、综合岗位和业务岗位交叉实践锻炼，选拔任用一批德才兼备、组织认可、群众认同，符合好干部标准的中层干部，人力资源配置得到优化，干事创业氛围得到厚植。三是综合型税务人才增加，2020 年五华县税务局取得“三师”（税务师、注册会计师、律师）资格的有 8 人。

（朱　渊）

国家税务总局五华县税务局 2020 年度负责人名录

党委书记、局长：梁伟强
党委副书记、副局长：江荣中
党委委员、副局长：魏强方（任至 6 月）
蓝永红（任至 6 月）
杨新坤（党委委员任至 5 月，副局长任至 6 月）
叶小明（任至 6 月）
胡国荣
魏少宾
李玉平（任至 6 月）
党委委员、纪检组组长：肖元兴
党委委员、总经济师：张远辉
党委委员：魏云苑（任至 6 月）

金　融

中国人民银行五华县支行

【简况】 2020年，五华县金融业运行平稳。截至12月末，全县各项存款余额316.01亿元，比年初增加24.90亿元，增长8.55%，总量在全市各县排第二，存款增量及增速位列全市第一位。各项贷款余额190.03亿元，比年初增加37.75亿元，增长24.79%，比全市平均水平高7.31个百分点，增速位列全市各县第一位。辖内存贷比首次突破60%，达60.14%，在全市各县排在第二位；对比年初增加7.83个百分点，增速在全市各县排名第一。

【全力助推金融支持稳企业保就业】 建立三个工作联系制度，推动稳企业保就业工作落实到位。一是建立稳企业保就业一把手联系制度；二是建立规上企业及园区企业重点联系制度；三是建立龙头企业及新设企业定点联系制度，引导企业了解金融政策、金融知识和信贷产品，帮助解决企业的融资需求及其他金融服务需要。充分利用货币政策工具，让金融政策直达实体经济。一是运用降准和县域法人机构考核达标奖等工具释放资金3.83亿元；二是运用再贷款再贴现工具向符合要求的企业提供优惠信贷资金2.59亿元；三是充分运用“延期还本付息和信用贷款支持”两个政策工具鼓励法人机构为解决企业融资提供便利，2020年，对法人机构为中小微企业贷款延期还本付息给予奖励164.72万元，对法人机构为小微企业信用贷款支持给予免息贷款支持744万元。充分利用窗口指导作用，助力金融支持疫情防控和企业复工达产。一是大力支持抗疫企业生产。据统计，共利用再贷款向抗疫名单企业发放贷款8000万元，利率在财政贴息后约1.5%；辖内各金融机构利用自有资金累计发放低息贷款5635万元。二是引导银行业金融机构加大信贷投放，严格按照“不盲目压贷、断贷、抽贷”的要求加大对实体经济复工复产的支持力度，全年共向7445家中小微企业和个体工商户发放贷款7445笔，金额72.56亿元（其中：信用贷款3079笔、金额7.87亿元）；为企业办理贷款延期业务199笔、金额6.21亿元。三是积极引导金融机构主动减免存贷款相关手续费、降低贷款利率等企业融资成本，全年共为企业减费让利2816.3万元。推动平台融资优势，提升小微企业线上融资能力。至12月末，共推动1600家企业在“粤信融”平台注册，36家企业参与完成央行内部评级，促成“粤信融”平台对接融资 41 笔，金额 5.26 亿元；中征应收账款融资服务平台新增融资 2 笔，金额 1.32 亿元。

【辖区金融风险监测】 发挥多方协同作用，保存量农房抵押贷款平稳过渡。为解决存量农房抵押贷款平稳过渡中碰到的问题和困难，消除风险隐患，县不动产登记局将存量农房抵押贷款办理展期、续贷等业务登记期限延长至 2021 年 7 月 30 日。加强辖区金融系统潜在风险的监测分析。一是及时掌握金融机构流动性变化状况，密切关注金融机构头寸变化、流动性缺口和市场融资情况，做好银行业、保险业、证券业风险监测和报告工作。二是积极探索建立预警、防范和处置机制，进一步增强化解风险和处理金融突发事件的能力。如获悉天安财险、华夏人寿等 9 家明天系机构在 7 月 17 日被银保监会、证监会接管事件后，立即对相关机构进行摸查、现场走访和约谈相关机构负责人，指导做好风险防控工作。

【金融服务】 夯实基础，优化征信服务。2020 年，在五华农商行总行营业部、华城支行、安流支行开通 3 个个人信用报告自助查询代理点，覆盖五华南、中、北片区域，极大提升征信服务范围，方便老百姓就近享受优质征信查询服务。扎牢金融服务基础，打通金融服务“最后一公里”。一是扎实推进“村居 E 支付”工程建设，2020 年在全县 413 个行政村设立“移动支付便民服务点”，至 12 月末，五华县的医保缴交业务通过移动支付便民服务点交费的约 25 万笔，占应缴纳总量的 24%，全市排名为第二。二是大力打造移动支付示范工程。辖内先后成功打造五华奥园广场移动支付示范商圈、五华明鑫医院“智慧医疗”项目、五华县技工学校“智慧教育”项目和 10 个移动支付示范点，五华县水寨镇被人行广州分行授予“移动支付示范镇”的称号。三是助推助农取款服务点与电子商务平台融合。2020 年，成功融合 66 个服务点，初步形成资源共享、优势互补的良好局面。多方联动，共同防治电信诈骗。一是加强账户监管，及时预警。累计发出 33 条核查指令，有效识别出 5 个异常账户。二是积极配合，协同作战。五华县金融系统充分发挥金融业务专长，各银行业金融机构分别派员进驻反诈中心，全力配合公安机关做好辖区反诈工作。三是加强监测，及时做好防堵。2020 年以来，各银行通过柜台业务和网点监测共拦截 10 多起电信诈骗，有效保护人民群众的财产安全。扎实做好金融知识的普及和宣传。年初以来，人民银行五华县支行组织辖区金融机构开展“3 · 15”金融消费者权益日、“6 · 14”践行征信为民理念活动、“金融联合宣传教育活动月”、“反假人民币宣传月”和“存款保险知识进千家万户”等大型现场宣传活动。同时，通过采取有效措施开展形式多样的金融知识宣传。据统计，全年发放各类宣传资料 50500 多份，参与民众约 5 万人，有效提升人民群众识别非法金融广告、防金融诈骗的能力。

（古小伶）

中国人民银行五华县支行 2020 年度负责人名录

行　长： 王永广（任至 8 月）
副行长： 曾国兴
张远飚

中国农业发展银行五华县支行

【简况】　2020年，中国农业发展银行五华县支行各项贷款余额152482万元，其中县级储备粮贷款6858.59万元，中长期项目贷款余额145623.41万元，日均贷款余额158257.55万元；存款余额26882.39万元，日均存款余额47859.05万元；中间业务收入0.85万元，贷款本息收回率100%，持续保持零不良，实现账面利润2926.40万元。

【贷款资金管理工作】　面对突如其来的新冠肺炎疫情，全行上下众志成城、合力抗疫，坚守初心、勇担使命、攻坚克难，全力服务粮食安全、脱贫攻坚和“六稳”“六保”。贷款余额高位保持，较好完成各项贷款任务。2020年，中国农业发展银行五华县支行县级储备粮贷款余额6858.59万元，对应县级储备粮库存实物2.5万吨。全年发放地方储备粮油轮换贷款927.30万元和县级储备粮贷款927.30万元，支持县政府下达的地方储备粮轮换数量3300吨。全年发放中长期项目贷款2笔，合计6460万元，其中2020年1月16日发放改善农村人居环境贷款1460万元，支持五华县晟华环保投资有限公司五华县镇村生活垃圾中转站项目建设，2020年5月29日发放一般水利建设固定资产贷款5000万元，支持五华县开晟水务集团有限公司五华县自来水厂扩建工程项目建设。

【严格执行反洗钱制度要求】中国农业发展银行五华县支行严格执行客户准入制度，及时做好综合业务系统、新核心系统、账户管理系统、反洗钱管理系统的客户身份信息采集、录入。针对存量客户和日常交易，严格执行反洗钱风险防控规定，对客户交易情况详细了解其资金来源、资金用途、经济状况或者经营状况，持续关注受益所有人信息变更情况，及时提示客户更新身份资料信息。2020年，反洗钱系统自动生成大额交易案例155笔，可疑案例6笔；经过人工分析以上交易用途与客户经营范围相符，交易金额、交易对手清晰，未发现出可疑情况，给以排除。

中国农业发展银行五华县支行2020年度负责人名录

行　　长：杨永东

执行经理：古茹萍

中国农业银行股份有限公司五华县支行

【简况】　中国农业银行股份有限公司五华县支行积极学习贯彻习近平总书记等系列重要讲话精神，紧跟中央和省、市、县委政府的战略步伐，加强精准扶贫力度，倾力服务政府机构改革。持续贯彻美丽乡村建设和城乡联动发展的“大三农”“新三农”策略，着力服务地方经济、服务民生金融的发展，切实充分发挥金融职能作用。2020年荣获农总行“2018—2019年度三农业务先进集体”；荣获广东省分行“第五届全省农行文明单位”；荣获广东省分行“2019年度金融服务脱贫攻坚先进集体”等荣誉称号。

【业务发展】　2020年，中国农业银行股份有限公司五华县支行各项业务稳健发展，实现营业收入17531万元，同比增加2285万元，增幅14.99%。全行实现拨备前利润13977万元，同比增加2302万元，增幅19.72%；实现拨备后利润12108万元，同比增加1594万元，增幅15.16%。

【精准扶贫】 五华支行切实增强金融扶贫工作的责任感、使命感和紧迫感，进一步加大工作力度，以建档立卡贫困户为重点对象，不断深化脱贫攻坚金融服务工作，把扶贫工作作为各项工作的重中之重，精准施策、狠抓落实。全年向建档立卡贫困户发放“政银保”小额扶贫贷款322万元，覆盖10多个贫困村，惠及67户贫困户，累计向495户贫困户发放小额扶贫贷款2130万元，切实保障建档立卡贫困户脱贫致富资金需求。通过向广东辉骏科技集团有限公司、梅州市雄生农林发展有限公司、五华县大昌粮贸发展有限公司发放贷款带动12户建档立卡贫困户就业，带动企业与县内23个村委建立产业帮扶，惠及543户贫困户。

【乡村振兴】 2020年成功落地五华丝苗米现代农业产业园、2020年“一村一品、一镇一业”实施企业财政补助资金独家监管银行，共开立39户资金监管账户。加大新型农业经营主体支持力度，结合县内主导产业、特色产业特点，重点支持农业龙头企业、涉农小微企业主、农业大户、个体工商户生产经营，做强做大惠农e贷客户群体。突出支持县域实体经济全力支持当地经济建设，推动广东香雪智慧5亿元项目贷款落地。

【客户服务】 中国农业银行股份有限公司五华县支行全力提升服务客户能力，线上线下全面服务，保障业务正常进行。农行微信公众号及掌银不断推进。积极向客户宣传电子化线上服务的便捷，引导客户优先使用线上金融服务，鼓励客户多使用掌上银行、网上银行等电子渠道。加强对公账户的维护、管理，引导客户熟练使用企业网银、单位结算卡、电子回单箱等方便、快捷的结算产品。

中国农业银行股份有限公司2020年度负责人名录

党委书记、行长：陈新宇
党委委员、纪委书记：刘斌泉
党委委员、副行长：邓永忠
黄明霞
徐文浩（挂职四川汶川支行副行长）
李　军

中国工商银行五华支行

【简况】 2020年，中国工商银行五华支行（以下简称五华工行）在梅州分行党委领导下五华支行认真贯彻落实省市分行工作要求，一手抓疫情管控、一手抓业务发展，两手抓两不误，以“奋斗加追赶”姿态，尽可能调动全行员工的积极性，继续保持良好的发展态势。各项贷款时点余额为178275万元，比年初增加19654万元，信贷结构进一步优化。各项存款时点余额为163575万元，比年初增加3593万元；日均余额为171125万元，比上年末全年日均余额增加10273万元。时点“存贷比”为109.0%，比年初上升9.84个百分点。中间业务收入1460万元，同比增加110万元。实现拨备前利润6807万元，比2019年同期增加732万元。全年安全运营无事故，确保平安金融。持续强化党的建设，促进党建与经营管理深度融合发展。辖属2个经营网点被总行授予“星级网点”。五华支行营业部被总行授予“2020年度服务五星级网点”；五华华城支行被评为“2020年度总行服务四星级网点”。疫情防控工作得到有关部门表扬。

【支持地方经济建设情况】 2020年,五华工行认真贯彻落实党中央、国务院关于“六稳”“六保”决策部署，开辟“融资”绿色通道，特事特办、急事急办，提升融资服务效率；按疫情防控要求，本着“应延尽延”的原则，不抽贷、不断贷、不压贷。通过展期、无还本续贷、再融资、调整还款计划等方式完成延期续贷，切实加大实体经济的支持，同时主动“减费、让利”，持续降低小微企业融资成本。2020年累计发放近8.9亿元贷款（含展期、调整还款计划等因素），其中投放公司信贷约6亿元。到年末，各项贷款余额达17.8亿元，比年初增加1.97亿元，年末存款余额16.36亿元，时点“存贷比”（贷款余额÷存款余额）高达109%，该指标年初为99%，比年初上升10个百分点，向总行拆借资金支持五华县地方经济发展。

（黄朝松　刘伟洪）

中国工商银行五华支行2020年度负责人名录

党总支书记、行长：黄朝松

党总支委员、副行长：彭云标

中国银行五华支行

【简况】 2020年度，中国银行五华支行在分行党委的正确领导下，紧紧围绕总行“在新时代全球一流银行建设征程中奋勇前行”的战略目标，以党建为引领，认真贯彻落实分行各项工作措施，全体干部员工齐心协力，积极进取，全力提升经营业绩，并取得较好的绩效。

【业务经营】 2020年末，人民币一般性存款余额为19.48亿元，对比年初新增0.51亿元，其中人民币储蓄存款余额16.39亿元，较年初新增3.07亿元。2020年人民币贷款余额6.90亿元，当年新增1.93亿元，其中对私贷款余额6.17亿元，对公贷款余额0.73亿元。全年进出口结算业务1867万美元。本年度按照规定要求落实做好疫情防控、服务地方经济、案件防范和安全保卫工作，全年未发生一宗经济案件和安全责任事故。

（李明华）

中国银行五华支行2020年度主要负责人名录

行　长：钟国梁

副行长：饶　文　邹伟宏

刘伟平　张　义

中国建设银行股份有限公司五华支行

【简况】 2020年，中国建设银行股份有限公司五华支行积极作为、敢打敢拼，大幅提升市场综合竞争力，是梅州市分行唯一一个综合竞争力为“强”的县域支行。持续提升综合服务能力和价值创造力，全力促进各项业务持续健康发展，在上级行和当地政府的大力支持和指导下，支行全体员工共同努力，取得较好的成效。2020年实现经营安全目标和业务发展目标。价值创造力不断增强。全年实现账面净利润 7300 万元，比上年增加 1700 万元；实现中间业务收入 2240 万元，比上年增加 410 万元。

【业务经营】 2020 年，中国建设银行股份有限公司五华支行负债业务持续发展。一般性存款余额 25.5 亿元，比年初新增 5 亿元，新增当地市场排名前列，创历史新高；其中：企业存款余额 12.2 亿元，个人存款余额 13.3 亿元，比年初增长 1.7 亿元。资产业务快速发展。2020 年各项贷款余额 22.8 亿元，比年初增长 10 亿元，存贷比从年初的 43% 提升到 89.6%,贷款新增及存贷比提升在系统内及当地都排名第一，体现国有大行之担当。实现资产业务快速发展。同时，创新产品服务大力支持地方经济和中小微企业的发展，全力做好扶贫挂钩村工作和新农村示范村创建工作以及五华县创建“国家卫生县城”工作。

中国建设银行股份有限公司五华支行 2020 年度负责人名录

行　长：曾庆青
副行长：曾伟军

五华惠民村镇银行

【促进稳存增存】 坚持“存款立行”的发展理念，紧紧围绕“扩大市场、提升总量、优化结构”的总体目标，做实资金组织工作。聚焦主业市场，把握五华“一核两区三组团”建设带来的机遇，积极营销农村资金、政策性资金、项目资金；积极开展金融知识进万家宣传活动，在履行社会责任中彰显服务情怀，提升社会影响力；通过开展优质服务年活动，切实提高服务水平和服务效率，通过推动服务工作再上台阶提高差异化竞争力和客户满意度；通过多元化功能服务，匹配客户需要，提升服务能力，增强综合竞争力。截至 2020 年末，各项存款余额 10.46 亿元。

【服务“三农”与小微企业】 始终坚守“支农支小”的市场定位，认真贯彻落实党中央和国务院的决策部署，加大对“三农”和小微企业的信贷支持力度，充分发挥金融支持疫情防控的重要作用。发挥“短链条、决策快”的经营优势，加大信贷投入，做优金融服务，积极落实还本付息政策，加强金融扶贫精准滴灌，及时、主动了解客户经营状况和融资需求，因户施策，做到不抽贷、断贷、压贷，为客户提供便捷高效的金融服务，让金融活水赋能小微企业，为企业纾困解难。截至 2020 年末，该行各项贷款余额为 6.57 亿元，涉农贷款余额 6.11 亿元，小微企业贷款余额 5.59 亿元。

9 月 23 日，五华惠民村镇银行股份有限公司营业大楼举行奠基仪式（魏伟源 摄）

4月23日，五华惠民村镇银行与五华县政银企金融服务有限公司签订《五华县实体经济“应急转贷”资金使用及运行合作协议》，积极开展“应急转贷”工作（罗杰 摄）

【提升合规管理能力】 进一步加强对经营风险的管理和控制，抓住关键、补齐短板、加固底板，提高风险管理的深度、精度和广度，提升全面风险管理的水平。完善各业务条线前、中、后台相互制约、监督评价的工作流程，从制度的执行、监督的到位、处置的得力等各个方面把风险管理落到实处；本着积极预防、严格控制、强化安全的原则加强重点风险、关键部位的案件防控力度，做到突出重点、整体推进；进一步健全洗钱和恐怖融资风险管理体系，完善反洗钱和反恐怖融资内控制度，切实履行反洗钱和反恐怖融资职责。2020年，实现全年无案件，无重大违规问题，无重大责任性事故。

12月4日，五华惠民村镇银行参加五华县“12·4”国家宪法日集中宣传暨民法典主题公园开园活动（邓秀兰 摄）

【践行普惠金融】 积极履行社会责任，通过“3·15”金融消费者权益日宣传及“防范非法集资宣传”“打击电信网络诈骗”“反假币”“打击‘校园贷’、‘套路贷’”等宣传活动，向群众普及金融知识，提高消费者的金融素养和风险防范能力，为构建健康稳定的金融环境贡献力量。

（邓秀兰）

五华惠民村镇银行2020年度负责人名录

党支部书记、董事长：郭广平
党支部副书记、行长：王　成
副行长：王　洋
魏尚坤
魏标洪

广东五华农村商业银行股份有限公司

【简况】 2020年，广东五华农村商业银行股份有限公司（以下简称五华农商银行）各项存款余额121.48亿元，比年初增加12.16亿元，增幅11.12%，存款市场份额38.44%；各项贷款余额74.90亿元，比年初增加11.32亿元，增幅17.81%，贷款市场份额39.41%；五华农商银行的存款、贷款两项业务的市场份额均居全县第一。

【助力新冠疫情防控】 在新冠肺炎疫情防控期间，五华农商银行主动作为，把助力疫情防控、提供金融服务保障、支持企业复工复产作为重要工作来抓。一是快速反应，为9家疫情防控物资生产企业授信1.12亿元，主动满足抗疫企业的融资需求。二是主动对接人民银行五华县支行，争取专项额度再贷款 8200 万元，发放的优惠利率贷款 5 笔，降低企业融资成本。三是迅速调整信贷政策，为受疫情影响经营困难的 34 家中小微企业办理延期还本，涉及贷款金额 2.89 亿元；为 5 户小微企业办理延期付息 409.42 万元。四是为 18 家受疫情影响的小微企业下调贷款利率，涉及贷款金额 6.17 亿元，主动让利 511.57 万元，帮助企业复工复产。

1 月 30 日，五华农商银行与广东康奇力药业股份有限公司签订授信 8000 万元协议

【服务县域经济发展】　五华农商银行坚守支农支小发展定位，服务县域实体经济发展力度持续加大。一是涉农贷款持续稳步增长，至 2020 年末，涉农贷款 59.54 亿元，增加 14.03 亿元，增幅达 30.82%。二是持续加大支持中小微企业发展力度。至 2020 年末，小微企业贷款余额 35.73 亿元，增加 13.62 亿元，增幅高达 61.57%；2020 年发放普惠型小微企业贷款年化利率 7.62%，较上年发放年化利率低 0.64 个百分点，有效缓解了小微企业融资贵的问题。三是主动加强与县科工商务局的业务合作，发放中小微企业风险补偿基金担保贷款 12 笔、1.33 亿元，解决企业融资难题。

4 月 10 日，县金融工作局副局长谢建权（左三）、五华农商银行董事长黄捷辉（右二）到梅州市华顺农林发展有限公司调研茶叶种植

【普惠金融发展增速】　五华农商银行秉持普惠金融理念，大力开展各项普惠金融工作，进一步增强支农支小工作力度，改善农村金融服务环境，为广大城乡居民提供便捷、优质的金融服务。一是组织员工进村入社区宣传普及金融知识，提高群众的风险防范能力。2020 年，开展 13 项宣传活动，共 320 余场次，受众达 5 万多人次，发放宣传资料约 4.5 万份。二是在全县 413 个行政村布放“村居 E 支付”移动 POS 机具，组织网点人员携带 POS 机具进村入户代收缴医保费。截至 2020 年末，通过 POS 机具缴交 25.02 万笔，占全县参保数的 24.03%，缴交笔数全市第一，POS 机具缴费占比第二。三是宣传推广人民银行的移动便民支付“云闪付”App，至 2020 年末，“云闪付”App 新增 13910 户，增幅达 65.30%，荣获中国人民银行广州分行评定的“2020 年移动支付示范镇建设工作先进单位”。四是大力发放扶贫小额低息信用贷款，支持贫困户发展产业增加家庭收入，助推脱贫攻坚和乡村振兴。至 2020 年末，累计发放扶贫小额贷款 398 笔、1447.1 万元，存量 278 笔、1011.73 万元。五是全力

做好周江镇早成村的精准扶贫工作，累计投入帮扶资金 71.45 万元。其中，2020 年投入扶贫资金 10.57 万元，改善村内生产生活等基础设施，帮助贫困户脱贫。

5 月 20 日，五华农商银行董事长黄捷辉（右一）到挂钩帮扶的五华县周江镇早成村慰问贫困户

广东五华农村商业银行股份有限公司 2020 年度负责人名录

党委书记、董事长：

黄捷辉（2 月任董事长）

党委副书记、行长： 卢春林

纪委书记、监事长： 杨旭华

党委委员、副行长： 张仟来

幸　强

黄文钦

党委委员： 苏　刚

中国人寿保险股份有限公司五华县支公司

【业务发展】 2020 年，中国人寿保险股份有限公司五华县支公司（以下简称五华人寿）按照上级公司统一部署，以市场为导向，坚持发展业务和充实队伍“两手抓”，切实贯彻落实省市公司系统工作会议的精神，紧紧围绕“转型升级，扩量提质，创造价值，共赢共享”16 字方针开展各项工作，以“重振国寿”为目标，持续推进业务人力高质量发展。公司全年共实现自营业务保费 11134 万元，同比增长 4.59%。全年公司总体经营较稳定。

【内部管理】 2020 年，五华人寿认真落实安全生产工作，保障企业和谐发展。一是将员工思想政治工作与各项内控管理制度的落实紧密结合起来，确保全年无案件和重大责任事故发生。二是领导带头加强作风廉政建设，强化治本抓源头工作，按人民银行要求积极做好反洗钱工作，强化单证管理，严格用印审批，全面推行转账收、付费工作，完全做到在业务过程中零现金收付管控。三是优化人员配置，逐步建立起适应市场发展和竞争需求的人力架构体系。

【客户服务】 2020 年，五华人寿继续秉持“服务到永久”的客户服务理念，统筹提升从承保、保全、理赔等各个服务环节，实行岗位责任制，加强岗位技能培训，扩大宣传影响力，提升客户满意度。全年共处理死亡给付 394.8 万元，医疗赔付 256.8 万元，年金给付 360.6 万元，满期给付 1186.5 万元，退保金 542.3 万元。

（刘　琴）

中国人寿保险股份有限公司五华县支公司 2020 年度负责人名录

总经理： 刘东彬

总经理助理： 周婷婷

经理协理： 李振军

中国人民财产保险股份有限公司五华支公司

【简况】 中国人民财产保险股份有限公司五华支公司是五华县唯一的国有控股财产类县正科级的保险公司。2020年度经营的险种主要有：机动车辆险类、财产险类、责任险类、意外伤害险类、短期健康险类和政策性业务共40多个险种。

【业务经营】 2020年，中国人民财产保险股份有限公司五华支公司实现收取保费8945.6万元，其中车险4616.2万元、非车险4329.4万元（其中政策性业务2692.3万元），为受灾企业和保户共支付赔款2830万元简单赔付率31.64%，上缴税款250万元。

中国人民财产保险股份有限公司五华支公司2020年度负责人名录

经　　理： 曾　超（任至11月）

副 经 理： 朱龙辉（任至11月）

曾　超（7月至11月）

经理助理： 廖国山

巫勇明（任至7月）

邓伟才（7月任职）

公司主管： 钟广宁

朱龙辉（11月任职）

黄　冲（1月任职）

张俊权（7月任职）

教　育

综　述

【简况】　2020年，五华全县学校648所，其中幼儿园211所（含民办幼儿园157所），完全小学160所，教学点220个，初级中学35所，九年一贯制学校9所，高（完）中11所，中职学校1所，特殊学校1所。专任教师12960人，其中：学前教育2297人，小学5567人，初中3135人，高中1849人，中职学校73人，特殊教育39人。在校学生223895人，其中：学前教育学生49378人，小学生102747人，初中生47322人，高中生22873人，中职学生1279人，特殊教育学生296人。

【党建引领】　成立县委教育工委和教育党建中心，将原隶属县科教系统党工委管理的15所县直学校、开放大学、教师发展中心、青少年活动中心和隶属各乡镇管理的476所公立学校以及159间民办学校（幼儿园）党组织统一归口县委教育工委管理。规范设置学校党组织，9个党支部升格为党委，18个党支部升格为党总支部，新批准3所党员人数3人以上的民办学校（幼儿园）设立党支部，实现学校（幼儿园）党的工作全覆盖。先后3次召开全县教育系统从严治党工作会议，规范学校党组织党内政治生活，开展学校党组织书记培训班4期294人次，选派9名学校党组织负责同志参加2020年广东省中小学校党支部书记党建工作示范培训班。对新提拔任用的学校行政干部全部落实任职谈话制度，对学校意识形态、师德师风、大班额、校外教育培训等问题从严治理。出台《五华县思想政治理论课建设实施方案》，邀请县委领导到挂钩高中学校讲思政课18人次，组织局班子成员到挂钩学校讲思政课20人次。加强未成年人思想道德建设，把社会主义核心价值观贯穿教育教学全过程，推动各类课程与思政课同向同行、协调发展。水寨中学在开展基层党建互看互学互评中得到市委组织部高度赞许，县教育局荣获2019—2020年度梅州市精神文明建设先进集体。

【教育改革】　出台《五华县城区义务教育学校起始年级学位申请管理办法（试行）》，在城区实行积分入学制度，从源头上控制新增大班额问题，确保起始年级无“大班额”现象。在提升城区周边薄弱学校的基础上，将下一小学等 12 所学校列为县教育局拟直属管理学校并纳入城区学区重新调整的统筹范围。探索实施教育集团化办学，挂牌成立了县第一小学、县第二小学、县第三小学、县南山小学、县第五小学、兴华中学等 6 个教育集团，有力促进城乡学校教育优质均衡发展，得到市领导充分肯定，《五华县着力盘活教育教学资源探索集团化办学新路子》作为经验材料经市研究室报省。

【学位扩容】 完成中英文实验学校、水寨中学百年纪念楼、县一小标准化课室项目等 18 个学校项目建设，增加 7950 个学位。实施县直幼儿园和乡镇中心幼儿园扩班增容行动，增加学位 2305 个，着力解决学前教育“5080”问题。2020 年秋季，五华县公办幼儿园在园幼儿占比 50.15%，公办和普惠性幼儿园在园幼儿占比 88.85%。同时，不断夯实校园设施，投入 972 万元为 388 个教室装配空调 775 台，优化学生高考环境。投入 3600 多万元推进 332 所中小学校厕所革命，安装无接触式冲洗装置，提升校园环境卫生。省教育厅对五华县制订中小学厕所“一校一策”改造方案，采取“六个一”实招，充分利用防疫期间学生未返校的空窗期实施改厕工作给予充分肯定。

【教师队伍建设】 引进急需紧缺研究生人才 14 名，夏季招聘教师 53 名，在华师大设专场招聘紧缺学科教师 19 名，实施农村义务教育阶段学校“特岗计划”招录教师 56 名，在职教师提升研究生学历 60 名，配齐配强各学段各学科教研员 42 名，建立 100 人校级后备干部库，开展中小学教师职务培训、高考备考、校（园）长能力提升、后备人才、青年骨干教师及教研团队培训等 31 个培训项目 19703 人次。7 人入选梅州市名教师、名校（园）长工作室，1 人评为正高级教师，实现五华县公办学校正高级教师“零的突破”。

【教学质量提高】 组织“新课程·新课堂”教学论文评比活动、学科命题比赛，夯实常规教学，加强教育教研，申报省基础教育教研基地建设项目 19 个、省级课题立项 5 个，开展“聚焦课堂教学变革，构建科学评价体系”活动，构建有效课堂，促使全县中小学低分率逐年下降，平均分、优良率和及格率逐年上升。2020 年高考参考人数 9110 人，入优先投档线 479 人，对比 2019 年 453 人增加 26 人，增长 5.7%；本科线 2743 人，对比 2019 年 2411 人增加 332 人，增长 13.8%；全县 600 分以上人数有较大突破，有 22 人，对比 2019 年 3 人增加 19 人，增长 6 倍多。中考参考人数 15458 人，东中线上线人数 292 人，宪梓线上线人数 502 人，水中线上线人数 1217 人，高级中学上线人数 2340 人，最高分为兴华中学曾乐天 803 分，以 0.3 分的差距排名全市第二名；双华中学、大都中学、平南中学等学校通过寄宿制管理实现学生成绩低进高出。小学毕业水平测试平均分 187.6 分，比 2019 年高出 7 分，优秀率 43%，比 2019 年的 25%高出 18 个百分点。

【特色教育成效明显】 牢固树立“健康第一”思想，把学生体质健康作为实施素质教育的重要内容，扎实推进学生体质健康管理，做好学生体质健康水平评估抽测工作。成功承办省、市青少年校园足球夏令营活动、“市长杯”青少年校园足球联赛（初中组）市级决赛，五华县包揽“市长杯”青少年校园足球联赛小学组、初中组、高中组男足冠军；转水镇中心幼儿园、华城镇中心幼儿园等12所幼儿园被评为全国足球特色幼儿园，河东中学、华民中学、县第五小学、转水镇华育小学、华阳镇北琴小学被评为全国青少年校园足球特色学校。开展运动会、艺术节、课外阅读、书画展览、研学实践、大课间体育活动，安流镇第三小学、华东中学、安流中学等32所学校作品获优秀案例奖，占全市96个获奖作品的1/3。高级中学、县第一小学被评为广东省中小学艺术教育特色学校，安流中学、棉洋镇第一小学被评为广东省中小学中华优秀文化传承学校。

【教育扶贫】 扎实做好全县建档立卡贫困生生活费补助和退学杂费补助工作，13037名建档立卡学生生活费补助实现应发尽发，累计拨付扶贫资金4910.78万元。积极做好经济困难学生资助工作，落实普通高中、义务教育、学前教育经济困难学生资助2.98万人2738多万元。2020年8月，省对五华县精准扶贫成效进行考核，实现“无错发、漏发、重发”，100%完成教育保障政策的落实。

【教育发展基金发挥作用】 2020年，五华县教育发展基金会累计认捐1.44亿元，到账8830.4万元，增加奖励项目，四年累计支出4133.98万元。协助横陂镇、河东镇、华城镇等9个镇成立教育基金会。各学校也相继设立教育基金和工会组织，提高教师福利待遇，极大地激励教师安教乐教，崇文重教氛围日益浓厚。

【校园安全】 联合公安、交通运输部门，在全县范围开展接送学生车辆安全隐患专项整治，开展交通安全教育宣传志愿服务活动9.2万人次，扎实开展禁毒宣传教育、禁智能手机、防溺水事故、森林防火等工作，设立五华县校外未成年人心理健康辅导站，开展全县中小学校师生心理问题大排查，开展团队辅导活动25场次，对全县班主任进行专题心理培训。深入开展文明校园创建，棉洋中学等8所学校被评为省级文明校园，县五小等8所学校被评为市级文明校园，县教育局获得梅州市创建全国文明城市平安建设工作先进单位。

普通中小学教育

【德育与安全工作】 联合公安、交通运输部门，在全县范围开展接送学生车辆安全隐患专项整治，开展交通安全教育宣传志愿服务活动9.2万人次，扎实开展禁毒宣传教育、禁智能手机、防溺水事故、森林防火等工作。设立五华县校外未成年人心理健康辅导站，针对疫情期间学生久宅家中产生的压抑、焦躁等不良心理，开展学生和教师心理健康问题的全面排查工作，并安排五华县校外未成年人心理健康辅导站的两位老师积极开展网上班主任心理能力提升培训会，深入学校、学生家中上辅导课或进行个体咨询，为学生的健康心理保驾护航。共接受电话咨询、微信咨询200人次，开展团体辅导活动25场次，开展教师心理知识技能培训5次。深入开展文明校园创建，棉洋中学等8所学校被评为省级文明校园，县五小等8所学校被评为市级文明校园，县教育局获得梅州市创建全国文明城市平安建设工作先进单位。

【教学工作】 停课不停学。在疫情防控期间，积极开展线上教学。组织 359 个全县学科教研团队成员共录制 2938 节课，保障 13424 名建档立卡学生线上教学条件，并解决 267 名学生开展线上学习的困难问题。深入开展“聚焦课堂教学变革，构建科学评价体系”活动。2020 年 9 月启动“聚焦课堂教学变革，构建科学评价体系”课堂教学评比展示活动，教研部门制定活动方案，组织各学校全员教师参与，以科组为单位进行校级评比。抽取 53 所中学（含高完中、九年一贯制学校）、9 个科目、90 名教师参加县级评比，评选出梓皋学校邓新香等 57 名教师获奖。同时，举办来自不同学校的 600 多位骨干教师参与的，中考 10 个科目 20 位优秀教师的“同课异构”课堂教学展示活动。通过课改活动，各学科教师转变课堂教学理念，更新课堂教学手段，提升课堂效率。继续教育。2020 年 5 月成立县教师发展中心，完善四级（幼儿园、小学、初中、高中）教研机构设置，配齐配强教研员，公开选聘 32 名教研员，通过推荐、走访、调研，选聘 10 名兼职教研员。组织教研员到蕉岭、番禺、南海教师发展中心、广州、珠海、北京等地学习，组织教研员参加业务能力的培训学习 20 多场次，其中国家级培训学习 1 次、省级培训学习 8 次、市级培训学习 4 次，共计 48 人次，提升学科教研员的专业素养，练就服务学校和指导老师的能力。开展中小学教师职务培训、高考备考、校（园）长能力提升、后备人才、青年骨干教师及教研团队培训等 31 个培训项目 19703 人次，提升山区教师的专业素养。教研活动。打破教研员只专心做教研、不进班上课的惯例，亲自走进课堂当中，做到理论和实践相结合，教研员全员参与并上好示范课。这学期开始，初中部的全体教研员全面对接河口中学的教学任务，初中教研部各学科共执教 35 节示范课，6 个专题讲座。推行区域教研联盟活动，将五华县 54 间初中学段的学校划分为五大区域进行教研活动，覆盖全县同级同科的全体教师，采用教学展示、同课异构和教学研讨相结合的形式，促进区域校际的交流、互助、合作，发挥先进学校的示范作用，助力薄弱学校和薄弱学科的质量提升，实现资源共享，更好地促进教师的专业成长，服务学生的全面发展，推进五华县教育教学的均衡发展。通过蹲点的各学段各学科教研员的示范指导，认真履行职能，引领各学校教师积极参与课堂教学评比展示活动，带动全县教育教学质量的提高，逐步扭转以往教与研被动局面。

【文体卫工作】 扎实做好疫情防控工作的同时，成功举办或承办省、市青少年校园足球夏令营活动，梅州市“市长杯”青少年校园足球联赛（初中组）市级决赛；县校园足球联赛，教工篮球赛，中小学生男子篮球赛，中小学大课间体育活动展示在梅州市教育局举办的第一届中小学大课间体育活动比赛中取得了优异的成绩。其中，五华县教育局获本次比赛的优秀组织单位；32 件学校作品获优秀案例奖，占全市 96 个获奖作品的 1/3；县教育局曹友莲、古伟强同志获优秀组织个人奖；陈国锋、郑跃新等 85 名教师获优秀编排教师奖。举办第六届“中国体彩杯”少年儿童围棋比赛，中小学生文艺会演等活动和赛事；同时，组织校园足球联赛裁判员培训和广东省乡村体育教师提升行动培训，体育教师的业务水平得到不断提升，学校体育工作硕果累累。在梅州市“市长杯”青少年校园足球联赛中，五华县代表队包揽高中组、初中组、小学组男足冠军，高中女子组获亚军的好成绩；组队参加市中学生篮球锦标赛，荣获第二名；高级中学男子足球队代表梅州市参加广东省“省长杯”青少年校园足球联赛荣获二等奖，教育局足球队参加五华县第五届机关企事业单位足球联赛中获得冠军。

【教育制度建设】 师德师风建设情况。始终坚持把师德师风作为日常工作重点内容落实，大力宣传广大教师爱岗敬业、无私奉献的高尚情操。为在全社会营造浓厚的尊师重教氛围，一是6月在全县教育系统开展第二届“最美教师”评选活动，经学校自行组织活动推荐上报候选人，县级初选比赛、网络投票等评选出10名第二届“最美教师”，以此发挥优秀教师的示范引领作用，切实提高对师德建设重要性的认识。二是在9月至10月开展以“淬炼师德师能，践行育人使命”为主题的师德征文及微视频比赛活动，通过学校选拔推荐，共收到征文75篇、微视频11个。经五华县教育局组织有关评委评选，共评选出县级获奖征文一等奖3篇（同分）、二等奖3篇、三等奖5篇及微视频精神风貌奖2个。三是在教师节前通过基础考核、专业考核、现场演讲等阶段，推选上报市局2名叶剑英优秀校长、15名市级优秀教师，评选出140名县级优秀教师，使得全社会对教师职业认同度加深，尊师重教蔚然成风。

师资队伍建设情况。及时充实教师队伍，不断提升教师高一层次学历。一是通过梅州市2020年第一轮引进急需紧缺研究生人才8人，通过2020年五华县（华师）专场招聘引进紧缺学科人才19名，其中研究生6人，“211工程”大学全日制本科13人。分别到五华县高（完）中任教，以解决学科结构性不均衡现状，满足新高考模式（3+1+2）的岗位需求。二是根据各校编制、实有教师数等情况，为充实边远农村小学、教学点的教师队伍，确保山区学校教师配备，2020年夏季招聘教师53名，农村义务教育阶段特岗教师（编外）56名。三是鼓励在职教师提升高一层次学历，2020年五华县教师非全日制研究生学历入学人数75人。2019年教师完成学历提升本科毕业345人、专科毕业7人，非全日制在读研究生60人，县级补助金额为189.18万元。

工资津补贴情况。严格执行工资津补贴政策，抓好教师退休审批工作。一是为退役士兵社保缴费补缴工作。二是为161名干部职工办理退休，为217名死亡人员（现职7人、退休168人、教师及遗属供养人员42人）办理一次性抚恤金和遗属生活困难补助。

管理改革情况。一是抓好职称改革工作，充分调动教师工作积极性。完成2019年中小学教师职称中级、初级评审通过人员网上确认工作及聘用了2019年中小学教师职称评审通过人员1061人（高级370人、中级433人、初级258人）。二是稳固“县管校聘”管理改革工作，建立教师工作量化考核制度。为量化、细化各项考核评价指标，草拟《五华县中小学教师量化考核评价指标》，拟征求各股室、中小学意见后，提交局党组审定实施，以此加强教师平时的工作量化考核，落实教师“一年一考核”制度。三是进一步加强五华县中小学行政干部队伍建设，草拟《五华县中小学行政干部竞聘管理改革实施方案》，科学规范竞聘中小学行政管理干部，推进教育事业健康发展。

人事其他业务情况。一是抓好档案室各项业务工作，规范干部人事档案管理。在档案的接收、整理、提供利用等方面，做到认真鉴别、分类准确、编号有序、目录清楚、装订整齐。2020年核查1859份党籍，办理外调人员人事档案52份，辞职人员15份，学生档案转入转出5132份。二是严格执行请假审批制度，做好计划生育登记管理，落实计划生育重大事项报告制度。三是做好工会服务工作，2020年慰问生病住院局机关干部职工校长14人；慰问去世的局机关干部职工及校长家属6人。

职业与成人教育

【职业教育】 五华县职业技术学校是五华县委、县政府全力优化打造的公办中职学校，投资1.3778亿元，按广东省重点中等职业学校标准进行建设，按省重标准办强办大。2020年，实现就业率100%。

【成人社区教育】 根据各镇成人技校的办学实际，主动牵线搭桥，中职学校与镇成人技校联合办学，开展职业教育培训、社区教育和老人教育工作，同时落实责任，分期分批深入有关镇成人技校，对办学条件、册籍资料建设、教学设施设备等进行重点细致的督查，发现问题，及时改进，有力地促进职业教育培训、社区教育和老人教育办学水平的提高。

（罗旭辉）

五华县教育局2020年度单位负责人名录

党组书记、局长：黄国标

党组副书记、副局长：陈雨新

党组成员、副局长：甘森华

罗冬枚（4月任职）

县纪委监委驻县教育局纪检监察组组长、党组成员：陈汉庭

党组成员：李玉琪

钟党正

曾利联

五华开放大学

【教师队伍建设】 五华开放大学现有在编教职工17人，其中中级职称3人，初级职称1人，外聘教师 35人(有高级职称12人)，借用教师6人。学校重视师资培训，加强政治和业务的培训，2020年有4名教师取得高等学校教师资格，同时其余教师也参加县委县政府或上级开放大学组织的各种培训,实现全员培训。

【疫情防控工作】 学校领导高度重视学校疫情防控工作，把学校疾病预防控制工作作为学校重中之重来抓，召开专题会议进行预防控制工作的研讨，及时传达学习并坚决贯彻落实习近平总书记重要指示批示和中央、省委、市委、县委对新型冠状病毒感染的肺炎疫情防控工作相关文件、会议精神，统一思想，密切关注、及时应对、强化措施，按照县新型冠状病毒感染的肺炎疫情防控指挥部的要求，根据上级有关文件通知精神，结合学校实际，制定《五华开放大学新型冠状病毒感染的肺炎疫情防控实施方案》《五华开放大学防控新冠肺炎疫情工作指引》等一系列方案，成立新型冠状病毒感染的肺炎疫情防控工作领导小组，坚决扛起疫情防控的应尽之责，将疫情防控工作与提升基层党

组织组织力、提升基层治理水平有力结合起来，提高政治站位，全力做好新型冠状病毒感染的肺炎疫情防控工作。

【巡视整改落实工作】 五华开放大学按照《中共五华县委办公室关于印发〈省委第四巡视组反馈意见整改落实工作安排方案〉的通知》要求，认真对照《中共五华县委关于省委第四巡视组反馈意见整改问题、措施及责任分工表》，做到全面对标、落实责任、推进整改。及时制订《五华开放大学关于省委第四巡视组反馈意见的整改落实方案》《五华开放大学关于省委第四巡视组反馈意见的整改落实工作安排方案》《五华开放大学关于省委第四巡视组反馈选人用人问题整改工作方案》《五华开放大学关于省委第四巡视组对五华县委落实意识形态工作责任制的整改落实工作方案》等。以学校主要领导牵头抓总、负总责，分管校领导亲自抓、具体抓，责任股室配合做的工作责任分工的抓落实方式，严格对照整改落实方案的要求，全面增强整改意识，压实整改责任。围绕省委第四巡视组反馈的四大方面28个问题，对标本校工作实际，认真查摆梳理，有针对性地列出6个问题，并制订整改方案、整改措施，明确责任领导、责任股室及整改时限，确保整改工作落到实处。经过前期整改，已完成整改5项，正在整改落实1项，力争2021年底全面整改完成，注重整改成果的全面转化，指导工作实践。

【精准扶贫工作】 2020年底，五华开放大学对口扶贫经费支出累计总投入资金约379700元。扎实开展脱贫攻坚“回头看”和省级脱贫攻坚普查迎检工作，2020年8月，省第三方普查到兴中村检查台账材料，并对其中8户贫困户进行落户检查，经检查反馈，均已达脱贫标准。同时根据广东省相对贫困户退出标准，经入户调查核实，兴中村71户预脱贫户均达到脱贫指标符合退出标准，2020年实现全部脱贫。

【招生工作】 五华开放大学招生工作以疫情防控要求为准绳，严格落实防控措施，实现防疫和招生“两不误”，其中春季本、专科招生共计220人，秋季本、专科招生共计256人，招生数在梅州市基层开放大学中名列前茅。同时与东华理工大学密切合作，招收教育硕士研究生31名。

（傅佐洲）

五华开放大学2020年度负责人名录

校　长：黄炎权（任至10月）
　　　　吴明辉（10月任职）

副校长：巫文清
　　　　冯少波

社会科学

党史研究

【《中国共产党五华历史》（第二卷）编纂】 《中国共产党五华历史》（第二卷）的编写始于2015年1月。该书从收集资料到编写成书，前后经历十年多时间。2020年，主要是组织编写人员对《中国共产党五华历史》（第二卷）文稿进行最后修改补充，审核调整相关内容，新增历史图照插页，形成付印稿，送中共党史出版社审校编印，再经过两次的版面调整和反复校对，已基本定稿即将上机印刷出版。《中国共产党五华历史》（第二卷）有21章68节约35万字，系统地记述1949年10月中华人民共和国成立至1978年12月党的十一届三中全会召开这一历史时期，五华各级党组织认真贯彻执行中共中央和省、市委的决策部署，组织带领全县人民进行社会主义革命和建设的各项实践活动，是一部历史事实清楚、逻辑结构严谨、可信、可读、可用的中共五华党组织史。

【《五华县革命老区发展史》编纂】 2018年3月，由县老促会牵头，县党史、方志、扶贫等部门参与着手启动该史编写工作。经过近三年反复编写修改，2020年，该书送广东省人民出版社进行审校编印，即将付梓出版。该书记述内容时间跨度95年，从大革命时期的1922年起至党的十九大后2017年止，全书内容有12章64节，约23.5万字，真实地反映五华原中央苏区光荣的革命斗争历程和社会主义现代化建设的辉煌成就。

【《广东中央苏区五华革命简史》编纂】 《广东中央苏区五华革命简史》一书，是为庆祝中国共产党成立100周年、中央苏区正式成立90周年而编写的《广东中央苏区革命简史》党史丛书读本分册。该书吸收五华中央苏区的最新研究成果，征集收编一大批珍贵的党史历史图照。全书包括前言、正文(共4章28节)及后记，共8万余字。全书具有较强的权威性、特色性和可读性，是对五华中央苏区历史的深化研究。截至年底，该书正由出版社审校编印，即将付梓出版。

【配合上级有关部门党史丛书组稿】 2020年，先后组织主要业务骨干配合省、市党史部门做好《广东红色地图丛书》《诵红色经典·树忠诚家风》《党内交通群英谱》《红色保密故事》《星火岁月》等丛书五华县部分的组稿，总字数达4万多字。配合中国老促会做好“老区脱贫攻坚主题数字馆”五华县展区部分的数据采集和资料编写，总字数达4万余字。

【党史宣传教育】 一是加大媒体宣传力度。积极挖掘丰富的党史资源，组织业务骨干撰写《从戎烽火路·老骥故园情》《竹山红土热·老区面貌新》《历史上的五华瘟疫流行》《南征北战建功勋纵横沙场写传奇》《五华人民抗美援朝运动纪实》《志考“水打郭田圩”的传说》等史志宣传文稿，并在省、市、县各级报纸杂志和网站等新媒体上发表，其中《竹山红土热·老区面貌新》一文在“学习强国”平台进行推送发布。二是认真开展党史宣讲活动。组织安排人员到红色体验馆、黄国梁故居、五华县委诞生旧址——庵子塘、古大存故居进行讲解，积极传承红色基因，大力弘扬五华苏区精神。三是编纂印制《开国中将——曾国华》《黄国梁》宣传活页，分别在相关的红色革命遗址处分发，供各党员干部及参观群众取用并学习，为广大党员干部群众和全体师生接受光荣革命传统教育提供鲜活的教材。

【革命旧址保护开发利用】 一是结合市、县党委政府做好名人故居（旧居）修复和乡村振兴计划，主动配合县相关部门做好黄国梁故居、曾国华故居修缮和布展各项工作。经过各方共同努力，黄国梁故居、曾国华故居在2020年国庆节期间修缮布展竣工，并开始对公众开放。同时还协助县教育局、县公安局、河东镇分别做好水寨中学党建室、梅林红色派出所史料征集及布展大纲撰写工作。二是做好省级革命遗址修缮资金的争取工作。2020年度五华县获得广东省红色革命遗址保护利用第三批项目经费共471万元（其中曾国华故居获得355万元、黄国梁故居获得116万元）。为做好2021年度（即第四批）项目资金争取工作，主动作为，经请示县委、县政府主要领导同意，邀请专业团队进行提前主动策划第五轮的项目资金申报工作。

【革命遗址大普查】 根据《关于开展广东省革命遗址大普查的通知》（粤党史〔2019〕26号）的通知要求，五华于2019年11月全面铺开革命遗址普查工作。经过半年多努力，克服新冠肺炎疫情的影响，高质量圆满完成全县173处普查任务（比原来的102处新增71处）。全面摸清全县的“红色家底”，经省委党史研究室严格审定，全县列入重要革命遗址78处、重要线索70处、一般线索12处、其他遗址13处。为加强五华革命遗址科学管理、合理开发利用，提供珍贵的第一手资料，工作成效被梅州市委党史研究室给予通报表扬。

（吴丽婷　陈彩萍）

中共五华县委党史研究室2020年度负责人名录

主　任：古江南
副主任：黄焕坤
江连辉

地方志工作

【镇村志修编工作】 2020年，五华县人民政府地方志办公室（以下简称县方志办）贯彻落实省委、省政府《关于进一步加强新时代地方志工作的通知》（粤委办发电〔2019〕4号）和五华县委、县政府《关于进一步加强新时代地方志工作的通知》（华办函〔2019〕29号），在五华县镇村志编纂领导小组的领导下，办公室制订《五华县镇村志编纂工作方案》，下发编写的《镇志目录》《村志目录》。启动编纂相关工作，选定水寨、华城、龙村3个镇和水寨澄湖、华城铁炉、龙村三湖3个村为试点，试点镇、村的志书编纂工作正有序进行。

【年鉴编纂工作和地方志资料年报收集工作】 2020年，县方志办按照“一年一鉴”的工作要求，立足抓早抓紧抓实年鉴和地方志年报资料组稿工作进行研究和部署。3月2日，提请县委办、县府办发出《关于做好2020年度地方志资料年报收集和〈五华年鉴〉（2021）组稿工作的通知》，向全县100多个承编单位征集年鉴稿件和地方志资料年报。截至年底，《五华年鉴（2021）》已由方志出版社审校完毕，进入编印阶段，确保“一年一鉴”当年公开出版发行。《五华年鉴（2019）》获得梅州市2020年年鉴质量评议优秀年鉴。同时，按照《广东年鉴》《梅州年鉴》组稿工作编写大纲要求，及时研究、制定和布置编纂工作，落实撰稿人员，按时按质完成组稿任务。

【地方志数字化工作】 2020年，县方志办对目前公开出版的存量图书文献资料进行全面清理摸底，开展对24本9184页尚未数字化的存量图书文献资料进行数字化入库工作，到10月底完成所有图书资料数字化入库。

【自然村落历史人文普查工作】 2020年，全县1419个自然村的普查资料经县普查办编纂形成的共460多万字的《全粤村情——五华卷》（1—4卷），经省、市专家和出版社的严格审核已全部印刷出版。

【地情专家库建立工作】 为鼓励、吸收专家学者和熟悉地情的社会各界人士参与地方志工作，推动五华地方志事业转型升级，根据《广东省地方志工作条例》，县方志办从各行业中初步遴选出30名综合素质较高，责任心强，从事五华县区域性自然、政治、经济、文化、社会历史和现状研究，具有公共政策研究和决策咨询经验，在县情研究以及在地方志事业发展中具有一定贡献和影响的专业人士为五华县地情专家库人员。

【全媒体宣传推介】 积极利用全媒体宣传推介五华县人物、风物等，提高五华的知名度。《客家酿豆腐》《五华长乐烧》《五华提线木偶》《水寨大布七夕药粄》等内容在方志广东、梅州风物、多彩梅州等进行推介宣传。

（李志权）

五华县人民政府地方志办公室2020年度负责人名录

主　任：王培金
副主任：黄培邦
　　　　　钟定云

档案管理

【档案馆藏】 2020年，五华县档案馆共接收档案763卷、1259件（文书档案335卷、

1259件，专门档案428卷）。馆藏全宗108个，19个门类，馆藏档案49033卷、85691件。进馆资料4册。另有资料7204册，非纸质档案1888张（合）；全引目录单份总数为536本。

【档案开发利用】 2020年，五华县档案馆开展现行文件利用和档案资料开发工作。全年共接收45份现行文件。电脑著录文件级条目数3383854条,案卷级条目数18916条；完成纸质档案数字化扫描90万页；经统计，全年为查阅利用者提供利用档案135卷、220件，257人次。

【档案馆新馆建设】 经请示，县政府同意把原五华县食品药品监督管理局和五华县质量技术监督局办公大楼划拨给五华县档案馆改造新馆，楼高四层，总建筑面积为3459.79平方米，主要供五华县档案馆存放档案资料及办公使用。1月2日，政府常务会议通过五华县档案馆新馆改造事宜。档案馆改造建设内容主要有钢结构工程、改造工程、安装工程，已于4月完成工程项目招标。截至年底，档案馆新馆正在进行装修改造。

（巫秀梅）

五华县档案馆2020年度负责人名录

馆　长：钟祝莲（任至4月）

邱小梅（4月任）

文化·旅游·体育

综　述

【简况】 2020年，五华县文化旅游体育局（以下简称县文广旅体局）召开全局党员干部职工动员大会，部署抗击新冠肺炎防控工作，党员干部带头，全局200多名干部职工分成13个抗疫巡查小组，夜以继日奋战在防疫工作第一线。为鼓舞人民群众全力投入疫情防控工作，县文化馆、县采茶戏传承保护中心、县木偶传习所等单位演职人员联合在全市率先创排《万众一心把疫防》节目，通过广播、电视和村村通喇叭向群众宣传得到很好反响和好评。3月底，全国疫情防控取得阶段性成效，按照上级疫情防控指挥部的决定，一手抓疫情防控、一手抓复工复产，两手都要硬，抓落实。由于全局动员认识到位、工作措施到位、工作责任落实到位，在疫情防控工作中，职责范围的疫情防控工作没有发生防疫责任事故或疫情感染扩散情况。5月28日，与广州二汽集团开展自驾车游五华合作，做出抖音和新闻在多种媒体上推送，助力五华县旅游市场复苏。2020年，五华足球队获得市级以上足球冠军10个，田径运动员尧莹莹获得2020年广东省田径锦标赛标枪女子乙组冠军。5月30日，五华县在全市率先组织群众体育比赛活动，2020五华县乡镇足球联赛在足球小镇开赛，《梅州日报》掌上梅州、《五华新闻》和五华发布等媒体开展全方位报道，在全市首开体育赛事活动；9月12日，中甲联赛梅州五华赛区顺利开赛，五华作为中甲联赛全国三大赛区之一，各项工作按部就班、有条不紊、高效有序，此次赛事得到

9月18日，五华县人民医院援鄂医护人员抗疫物品捐赠仪式在县博物馆举行（戴伟彬 摄）

各方面的赞誉。五华元坑足球旧址公园、足球小镇一期、县游客服务中心、五华客天下文化旅游产业园西门广场道路已开挖、南沣山养生养老生态园等13个省、市、县重点项目稳步推进；新增新丰寨农旅园、球王故里文化旅游区为国家AAA级旅游景区；2020年全县旅游接待561万人次，旅游总收入41.08亿元，较2019年同期分别增长-30.91%和-30.64%，实现安全生产无事故无投诉。

【重点项目建设】 2020年，县文广旅体局牵头负责省、市、县重点项目共有13个，热矿泥温泉山庄升级改造基础建设已基本完成，预计2021年1月底对外试营业；五华元坑足球旧址公园竣工准备工程验收；足球小镇一期完成总工程量90%；县游客服务中心已完成1号楼、3号楼及周转性服务用房主体建设，2号楼已完成第一层主体建设；五华客天下文化旅游产业园西门广场道路已开挖；南沣山养生养老生态园基础平整、门楼、苏区革命历史博物馆、文化商业街、酒店等主体工程已完成；维龙村五彩缤纷温泉小镇美丽乡村建设进场施工；五华县球王产业园已完成总工程的55%；五华县南粤古驿道项目（樟坑段含绿道）修复工程已竣工验收；五华县双龙山旅游区建设项目完成总工程量40.5%；曲棍球训练基地综合楼建设项目总体工程完成82%以上；五华工匠博物馆建设项目已完成前期准备工作。

文　化

【基层文化设施建设】 2020年，县文广旅体局进一步加强公共文化基础设施建设，提升公共文化服务。镇级综合文化站评估定级工作通过省市检查验收全县16个镇级综合文化站全部达到省二级站以上标准，其中，安流、周江、郭田3个综合文化站达到特级站标准，填补五华县无特级综合文化站的空白；县级文化馆图书馆总分馆制建设顺利推进，截至年底共建成文化馆总馆1个、分馆16个、服务点48个，图书馆总馆1个、分馆18个、服务点28个。

【文化建设】 一是做好文化馆公益培训工作。举办2020年五华县公益艺术培训班，提线木偶班培训30人、摄影技巧班培训20人、拉丁舞班培训40人。二是联合水寨分馆、各服务点举办暑期摄影技巧培训班。三是联合五华青少年活动中心开展五华县围棋育苗公益课。四是联合消防大队举办“文化进万家”摄影培训讲座。五是做好免费开放培训工作。免费开放太极培训250多人，拉丁舞培训300多人，器乐培训120多人，书法培训100多人，美术培训60多人。六是组织开展2020年五华县文化馆群文创作培训班暨群文创作研讨会。2020年图书馆新购图书104019册，到馆人次达23万多人次，阅览303346册次，外借133090册，电子书阅读数量达4万次，提供专业参考咨询9100条，免费办理借书证3000多张，线上线下举办各类活动30次，培训活动30次600人次，修复古籍6册500多页，很好地满足广大群众对各类书籍知识的需求。

【群众文化活动】 扎实开展送戏下乡文化惠民工作。县文广旅体局以“我们的中国梦——文化进万家”“戏曲进乡村”文化志愿者走基层，“戏曲进校园”“非遗进景区”等为主题，组织“非遗”演出进景区51场、进校园 36 场、进社区 100 多场，观看人数累计达 8 万多人次。推出五华采茶广场舞《茶香中国》等线上培训活动，吸引 2000 余人次参与；先后举办全县广场舞大赛和梅州五华“茶博汇杯”广场舞大赛等活动，两项活动，关注人数超过 60 万人。推出五华县文化馆小程序，开展线上云培训活动；推出五华采茶广场舞《茶香中国》等线上培训活动，吸引 2000 余人次参与。

【文博事业】 统筹推进名人故居的保护、修缮和革命历史博物馆设施建设和布展工作；完成中国现代足球发源地五华·元坑遗址群的修复和足球之路、溯源之路、真道堂、足球场遗址的足球文化的布展；完成曾国华故居、黄国梁故居等 4 处文物保护单位的修缮；完成李惠堂旧居、曾国华故居等 8 处名人故居陈列布展；做好文物和名人资料收集工作，完成《五华文物胜迹》选编编撰工作，纳入五华名人库 60 人、名人故居 53 处，正推进李惠堂旧居、曾国华故居等 7 处名人故（旧）居道路指示牌设置工作；黄国梁故居、曾国华故居等 7 处文保单位入选为梅州市文物保护单位；完成 227 座客家围龙屋资料汇编，全县 86 处各级文物单位的保护范围、建设控制地带的划定；征集到近现代图书、证件、票据、奖章、抗疫宣传画册、相片、实物文物品 500 多件，征集近现代足球文物（藏品）80 件，苏区革命历史博物馆收集的文物（藏品）429 件（套）；做好文化县粤北华南教育历史研学基地——中山大学农学院旧址（涂屋和新苏屋）保护修缮和活化利用规划设计工作。同时，做好博物馆开放活动，县博物馆共举办《五华县狮雄山秦汉遗址考古挖掘成果展》等 6 场展览，恢复开放以来，县博物馆和长乐学宫博物馆共接待观众 7.3 万多人次。

旅　游

【旅游行业管理】 一是完善旅游政策。为健全旅游业持续发展的长效机制，从鼓励和支持文化旅游产业、带动县域经济转型升级、高质量发展的角度出发，参与研究制定《五华县促进旅游产业快速发展扶持奖励办法》《五华县创建客家菜美食示范店工作方案》《五华县高端（特色）旅游项目发展专项资金管理办法》等操作性很强的一些文件，为发展五华县旅游产业提供政策保障。二是加强旅游管理服务。切实加强对全县旅游开发建设的管理，确保旅游资源的合理开发，永续利用。对旅游市场秩序开展多次联合检查。2020 年，配合局执法股先后开展执法活动 8 次，对旅游景区明码标价、亮照经营工作、景区环境卫生整治、旅游安全等工作进行彻底整治，有效规范五华县旅游市场秩序，确保五华县马拉松赛等大型体育赛事期间旅游酒店不加价。进一步完善景区管理制度，通过召开景区管理专题工作会议，严肃工作纪律，提高景区管理人员的工作自觉性、规范性。

【旅游项目建设】 加快景区品牌创建。一是球王故里文化旅游区、新丰寨旅游景区成功获评国家 AAA 级旅游景区。二是热矿泥温泉山庄升级改造工程正在有序推进。三是加快旅游厕所建设，新建华城镇黄埔村状元故居、龙村镇三市界生态休闲等 5 座旅游厕所。四是成功申报横陂镇御尚食府为四星级农家乐，华城镇河子口农庄、岐岭镇晋荣山庄、转水镇大家旺休闲山庄、华阳镇红人休闲山庄为三星级农家乐。

体　育

【体育项目建设】　抓群众体育网络建设。全年注册体育协会共有32个,会员约有8440人，对比2019年同期增长6.2%；经常参加体育锻炼人口比例47.5%。成立社会体育指导员服务站16个。2020年完成常态化体质测定人数1490人；国民体质测定标准达到合格率以上的城乡居民达到95%以上；新增39块社会足球场地，超额完成3块，足球场地新增对比2019年同期增长15.5%,至2020年底，五华县共有足球场地291块；篮球场新增8个；羽毛球场新增15个；乒乓球场新增10个；健身广场、社区体育公园数量新增2个；健身步道新增17个。

【群众体育】　在疫情防控下，推进全民健身活动开展。五华县率先全市于5月底在足球小镇首开乡镇足球联赛。举办五华县第六届乡镇足球联赛；第五届机关企事业单位足球联赛、“中国体育彩票杯”篮球联赛、环游转水风情小镇暨环五华超百骑行活动、社会足球联赛、笼式足球赛等多项体育赛事活动等600多场次；成功承办2020年广东省“中国体育彩票”青少年曲棍球锦标赛；校园足球四级联赛总决赛圆满闭幕。申报国家全民运动模范县（市、区）创建工作。为满足疫情防控常态化下观众参与互动的愿望，克服技术和装备不足的困难，首次尝试融媒体网络直播，这种不用到现场就能参与活动的形式，从最初的每场几千人到后来的每场几十万人。

【体育产业】　一是承办2020年中甲联赛及中冠联赛工作、梅州市第三届超华客家杯“一带一路”全国青少年足球邀请赛。2020中甲联赛五华是全国三大赛区之一，参加此次赛事工作单位共39个,工作人员1092名，在赛区组委会的强有力领导下，各单位团结协作、密切配合，各项工作按部就班、有条不紊、高效有序，于11月8日圆满结束，此次赛事得到各方面的赞誉。二是在做好疫情常态化工作前提下，五华体育场馆运营中心于5月复工复市，截至年底共营收370多万元。长乐游泳中心自7月开业试运营以来，共接待游客14507人次,营收17多万元。三是充分发挥足球小镇资源优势。2020年4月复工复产以来，共接待人数2万多人次，营收6000多万元。先后举办五华县第六届乡镇杯足

5月28日下午，由五华县文化广电旅游体育局和广州公交集团第二公共汽车有限公司主办，五华县益塘水库管理处和广州快达国际文化旅游有限公司承办的“交通+旅游”“百人自驾游五华”活动，在五华县奥林匹克体育文化旅游区正式启动（李山　摄）

球联赛、五华县青少年足球联赛、五华县社会足球联赛、校园足球四级联赛暨“县长杯”总决赛、第五届岁月明星青少年足球夏令营暨 2020 传承杯“小甲 A”足球挑战赛、梅州市足球锦标赛、广东省“中国体育彩票”青少年曲棍球锦标赛、2020 年中国足球协会甲级联赛、梅州市“市长杯”青少年校园足球联赛等一系列赛事。足球小镇是五华县中小学以足球为特色的研学营地，具备同期接待 2000 人开展综合素质实践拓展培训的能力。全部设施完善后，每年最高可接待 60 万人次中小学生进行社会实践。2020 年 10 月起，已接待县中小学生到营地进行研学活动。

9 月 12 日至 11 月 8 日，2020 年全国中甲联赛在五华县举办，共有 6 支中甲球队在五华县各体育场进行了 45 场比赛

【竞技体育】　一是认真抓好体育竞赛训练，2020 年，获得市级以上足球冠军 10 个、田径运动员尧莹莹获得 2020 年广东省田径锦标赛标枪女子乙组冠军。二是抓好体教融合工作，安排体校教练到小学训练基地担任相应年级的足球课。同时，选定县城幼儿园（5 岁至 7 岁）作为新球王幼儿培养试点工程。三是备战 2021 市运会，提高竞技水平。体校共进行三级注册 700 多人次，其中国注 105 人次（跟进俱乐部国注 200 多人次）、省注 286 人次、市注 316 人次，向市体校输送 3 名运动员。

10 月 22 日，五华县运动员尧莹莹以 38.46 米的优异成绩获得 2020 年广东省青少年田径锦标赛女子乙组标枪第一名，为梅州代表队争获一枚宝贵的金牌（邓宇涛 摄）

【宣传推介】　通过“五华发布”、“五华电视台”、文广旅体局微信公众平台等推送文章 500 多篇，创作采茶剧、提线木偶剧、山歌、五句板等抗疫艺术作品 23 部，进行正面教育引导、传播正能量，其中，提线木偶传习所创排的《万众一心众志酬》被省文联评为优秀抗疫作品。利用“智游五华”“一部手机游梅州”等新媒体加大宣传。同时，举办旅游相关的活动：一是开展潭下镇、龙村镇、转水镇、双华镇、安流镇、华城镇 6 个乡镇的客家乡村文化旅游美食活动；组织双华红色自驾游活动、客家第一镇华城文化旅游节暨徒步行活动。二是开展“球王故里最美 20 村”评选活动，评出“球王故里最美 20 村”。三是联合南方卫视成功举办“新发现心体验”广东人和百家旅行社自驾游五华旅游推介活动。从 7 月开始，五华县再次在全市范围率先推出“促文旅复苏——五华在行动”系列活动，通过文化和旅游部《文化月刊》、广东卫视、《梅州日报》、五华融媒体以及本局公众号等各级媒体推送文章信息 1000 多篇（条），有效地提振全县民众抗疫防疫、复工复产，加快推进重点工作，全面完成年度工作任务的信心和决心。另外，投入 30 多万元与薪火文化传媒有限公司合作，专题策划制作《畅游客家第一镇》

十集电视专题片。加大对五华文化、旅游、美食的宣传报道，截至年底已制作完成播放8集，分别在五华融媒体、无线梅州、“学习强国”等网络平台播出，得到观众的好评。

【广电网络安全播出】 2020年，五华网络分公司新安装用户主机940户，安装副机用户243户，移户79户。对全县小片网私人安装卫星接收器专项整治行动，拆除小片网、设备设施2家，私人卫星接收器176套，限期整改87家，共出动人次263人，为净网、安全播出取得一定成效。

【文化市场】 在疫情防控关键时期，县文广旅体局会同公安、市场监管、卫健等部门开展联合执法检查行动20余次，组织管辖县内娱乐经营场所进行复工、疫情防控培训2期，签订疫情防控责任书共110份。检查各类经营单位1200余家次，出动执法人员3600多人次，对2家歌舞娱乐场所暂扣娱乐经营许可证，1家无证网吧进行立案查处，受理各类投诉举报线索2宗，全部按时予以回复完结。排查出疫情防控安全隐患86处，整改86处，整改率达100%。全面开展文化市场乱象和无证经营场所专项整治行动，实行“双随机、一公开”随机抽查机制，完善行政执法监管，依法开展扫黄打非、扫黑除恶专项斗争、反电信诈骗各项工作，确保公开透明为文旅体市场安全、健康、有序发展提供有力保障。

【精准扶贫】 按照习近平总书记关于脱贫攻坚的指示批示精神，对2020年新帮扶的龙村镇水南村4户（五保户3户、贫困户1户）精准扶贫户落实有针对性的全方位帮扶，先后投入资金2万多元改善贫困户的生活目标提升家庭居住环境，使其全部达到“八有”。县文广旅体局投入近六万元解决帮扶村疫情防控、贫困户特殊情况、乡村振兴、美丽乡村建设等问题，得到帮扶村干部群众的好评。

【创文创卫】 2020年，县文广旅体局在创文创卫工作中共投入60多万元，用于清运垃圾、处理污水沟等，印发各种相关宣传资料1万多份，更换破旧宣传栏，及时更新“双创”广告最新宣传内容，做好“双创”工作全方位宣传。同时，开展以“我们的中国梦·文化进万家”“文明健康·有你有我”创文专题活动等为主题的“非遗”展演活动，为“双创”工作营造氛围的同时很好地推进了全县“双创”工作。经过全系统人员的共同努力，局机关与县采茶戏传承保护中心获得五华县2019年度精神文明建设先进单位，1人获得五华县2019年度精神文明建设先进个人荣誉。

【安全生产】 坚持“安全第一、预防为主、综合治理”方针，按照“三个必须”的要求，强化行业安全监管，深化隐患排查整治，确保五华县文化广电旅游体育行业安全持续稳定。全年组织有规模以上的检查28次，出动268人次，发现隐患58宗，限期整改58宗，整改率达到100%。

（温巧麟　李高文　刘　涛）

五华县文化广电旅游体育2020年度负责人名录

党组书记、局长：廖焕雄

党组成员、副局长：邱明峰

魏　芳（任至11月）

曾经纬　　汤汉高

郑越兴　　魏俊林

曾晓东　　李国华

卫 生

卫生健康

【简况】 2020 年，全县有公立医疗卫生单位 40 个，其中县属单位 10 个、中心卫生院 5 个（其中 3 个加挂县级医院牌子）、普通卫生院 25 个；社会资本举办非营利性民营医院 9 间（其中综合医院 4 间、专科机构 5 间）；县医疗机构配备床位 4685 张，每千常住人口床位数为 4.28 张。全县注册执业（助理）医师数 1930 人，注册护士 2612 人；全县卫生健康系统现有卫生技术人员 3509 人，其中正高 26 人、副高 226 人、中级 515 人、初级 2537 人、科员级 205 人。

【疫情防控工作】 新冠肺炎疫情发生以来，五华县累计报告确诊病例 4 例、阳性检测者 1 例，全部均已治愈出院。

全面打响疫情防控阻击战。1 月 16 日全省新型冠状病毒感染的肺炎防控视频会议召开后，五华县随即部署疫情防控工作，成立县新冠肺炎疫情防控工作领导小组和技术指导组，指定县疾控中心为防控技术指导单位，县人民医院为医疗救治定点单位，全面做好医疗救治准备工作。1 月 25 日开始，在县委、县政府和县疫情防控指挥部的统一领导下，县指挥部每天上午 9 时召开联席会商会议，第一时间传达贯彻上级有关精神，及时总结全县疫情防控工作，分析研判疫情防控形势，对全县疫情防控工作部署下一步工作措施，筑牢疫情防控的铜墙铁壁，坚决打赢疫情防控阻击战。同时，全县卫生健康系统干部职工迅速进入一级戒备状态，自觉取消春节假期，干部职工全员上岗，集结医疗卫生所有优势资源，全面部署、全员上阵，及时成立全县卫生健康系统疫情防控领导机构，抽调医疗专家成立技术指导组，指定技术指导单位、定点救治医院，以疾控机构及各级各类医疗机构为依托，加强县级流行病学调查队伍建设，组建县级流行病学调查队伍，完善突发公共卫生事件应急预案，完善本系统卫生应急指挥体系。

严格落实重点区域防控。2020 年 1 月底开始，利用大数据平台和技术手段，组织人员在全县 9 个高速公路出入口设立联合检疫检查站，派驻医务人员 24 小时对来华人员实行体温检测工作，对检测发现有发热等疑似病症的人员，立即采取防护措施并转送至医疗机构，全面实施对所有来华人员的健康管理和追踪管理，最大限度阻断疫情传染源，有效防范输入性病例。同时，组织专门力量，每天收集、汇总重点地区返抵五华人员健康监测情况，认真排查潜在接触者和无症状感染者。多次组织督导组对养老院、儿童福利院、公安监管场所、精神卫生机构等特殊单位的开展检查，督促相关机构落实疫情期间外部人员不进入探访、取消机构内部聚集等措施，科学有效做好防控。在率先建立"一人一户一车一档"落实重点人员防控监测的基础上，发出通告要求镇村一级严防严控，禁止举办体育赛事、文艺表演、宗族祭祀、生日做寿、迎灯赏灯等民俗活动，以及走村入户教育引导群众减少走亲访友、上街赴圩、户外聚集、打牌娱乐等群体性活动，对举办婚丧嫁娶做好防护措施和健康监测，倡导红事停办、丧事简办，落实"外防输入、内防扩散"的要求，鼓励支持镇村一级创新方式方法，在辖区进出主干道设卡，严查过往车辆和人员，禁止外地车辆、人员进入，劝返走亲探戚等人员，从源头上截断疫情传入。

严格落实重点人群防控。根据疫情防控需要设立集中隔离医学观察场所，对居家隔离医学观察人员解除留观后，下发《退出居家隔离医学观察期人员告知书》《退出居家隔离医学观察期人员温馨提示》，规范解除医学观察人员的工作流程，积极组织县疾控中心、全县医疗机构加强对社区排查、公安排查、重点地区返华、境外返华、普通新住院患者、学生返校复学等重点人员新冠肺炎核酸检测筛查。要求全县334间药店凡购买感冒发热喉咙痛药的人员实行实名登记，并及时掌握行动轨迹。对全县38间发热门诊接诊发热病人及时采取措施进行有效医治跟踪。

严格落实医疗机构感染防控。把医疗机构作为风险隐患排查的重中之重，严格落实预检分诊、消毒、隔离、防护制度，坚决防止交叉感染。一是加强门急诊预检分诊。严格按照要求规范设置医疗机构预检分诊点，落实医护人员，配备防护物资，做好信息登记、体温测量和流行病学史询问工作，严格执行流行病学史问卷"医护患"三签名制度。二是加强发热门诊管理。独立设置的发热门诊通风良好，有明显标识，入口处有专人服务，配有一定临床经验的高年资医师，并加强业务培训，提高初诊与鉴别能力。三是加强院感防控。采取县级培训业务骨干、各医疗机构组织院内培训的方式，重点学习防控知识和诊疗指南，及时宣贯最新诊疗、防控规范及有关指引，确保培训对象全覆盖。统筹安排防护用品，加强防护物资储备，切实保障医院个人防护工作落实到位。各医院建立感控督导员队伍，完善运行机制，督导做好感染防控工作，最大限度确保医护人员与患者的健康和生命安全。

严格落实常态化疫情防控。进入秋冬季节后，按照常态化疫情防控工作要求，针对关键环节和风险点，进一步做实做细疫情防控各项工作，持续做好重点人群排查和境外返回人员全流程闭环管理，对发热患者进行健康监测，加强对集中隔离场所指导管理、重点人群核酸筛查，落实对入境人员"14+7"的隔离医学观察措施，推进重点人群新冠疫苗接种"应接尽接"，开展农村地区疫情防控演练、疫情防控联合演练、大厦规模核酸检测演练等，全面补齐防控短板弱项，提升疫情联防联控能力。此外，圆满完成中甲联赛、中冠联赛五华赛区赛事的疫情防控任务，保障了赛事的安全有序开展。

全县医务人员带头发挥先锋模范作用。2020年，全县卫生健康系统选派36名党员干部到农村疫情防控一线指导防控工作，五华县人民医院薛远泉、曾志芬两位同志主动请缨驰援湖北，派遣6名疾控专业人员支援省内其他地区防疫工作，派出一支由10名队员组成的核酸采样队支援广州海关白云机场口岸现场采样工作。本系统薛远泉被授予"广东省抗击新冠肺炎疫情先进个人"荣誉称号，刘泉汉、沈超华、张伟群3人被评为梅州市优秀共产党员，县疾控中心党支部、水寨镇卫生院党支部被评为梅州市先进基层党组织，全县卫生健康系统8名医务人员获得"梅州市抗击新冠肺炎疫情先进个人"荣誉称号，县疾控中心、水寨镇卫生院、梅林镇卫生院被授予"梅州市抗击新冠肺炎疫情先进集体"荣誉称号。

【医药卫生体制改革】 进一步巩固县人民医院、中医医院、妇幼保健计划生育服务中心、慢病站4间县级公立医院取消药品加成和耗材加成；严格控制医院门诊人均医疗费用、住院人均医药费用，有效控制医药费用不合理增长；推进医药分开，完善医药费用管控制度，严格控制医药费用不合理增长。完善医院质量监控体系，加强"平安医院"建设，建构医疗纠纷处理机制。大力改革医疗机构运营模式，在继续完善梅州市人民医院托管华城镇中心卫生院运行机制，与财政局、人社局联合制订方案并组织实施，健全完善华城镇中心卫生院绩效工资制度，并在此基础上，初步形成全县乡镇卫生院绩效工资制度实施办法总体框架，力促全县医改工作的深入有序推进。另外，在组织充分考察调研和磋商交流的基础上，县委常委会会议、县政府常务会议审议同意由暨南大学附属第一医院托管县人民医院，截至年底正在商讨合作的具体事宜。

县人民医院借助广州市红十字医院"组团式"帮扶，加强医疗急救体系建设，成立胸痛中心、房颤中心等五大急救中心和介入中心，提高胸痛早期诊断和救治能力。刘小虹省名中医传承工作室暨岭南肺病医疗联盟落户县中医医院，促进五华县中医药的传承和创新发展。县妇幼保健计划生育服务中心利用特设岗位，聘请中山二院专家每月到院坐诊，加强妇科能力建设。第二、第三人民医院充分利用粤东西北地区乡镇中心卫生院升级建设的政策措施，加强人才储备和专科服务，强化业务发展内涵，促进医疗卫生服务整体水平的有效提升。

卫生健康系统继续实施党的基层组织建设三年行动计划，制定和实施年度党建工作计划，全面落实"一岗双责"制，县卫生健康局与各单位党组织书记签订党建工作责任书，组织制订意识形态工作制度，把意识形态工作纳入党建工作内容，并建立局党组成员挂钩联系党支部制度，形成层层抓落实的党建工作联动格局。按照规定程序，于2020年11月底完成局机关、县人民医院、县中医医院、县妇幼保健计划生育服务中心的党组织优化设置工作。

【医疗卫生基础设施建设】 着重推进县人民医院门急诊医技住院综合大楼、县中医院升级改造二期工程、县妇幼保健计划生育服务中心大楼等县级医院升级建设项目，实施民营三级医院项目建设。县人民医院PCR核酸检测实验室已投入使用；并实施深圳大楼升级改造，规范发热门诊设置，增设感染科床位和负压病房，增加基因扩增检测设备和医疗仪器设备，进一步完善医院整体布局。各单位充分克服疫情防控任务重、防疫设施建设时间紧等困难，全面完成4间医院发热门诊、33间医疗机构发热诊室规范化建设任务；省“十件民生实事”项目全面实施，完成县疾控中心冷库和30间乡镇卫生院预防接种门诊标准化建设；县人民医院、疾控中心、明鑫医院等3个核酸检测实验室先后建成投入使用，日检测能力达2050人份，确保五华县“应检尽检”“愿检尽检”需求。

【卫生健康工作水平】　五华县委、县政府围绕“中医药+平台”“中医药+产业”两大方向，推进以县中医院为“龙头”的中医药服务能力建设，发展南药种植及深加工产业，逐步构建中医药诊疗、中药产业、中医药养生保健融合发展的工作格局，持续巩固“全国基层中医药工作先进单位”创建成果，推进梅州市创建全国中医药改革试验区建设。同时进一步完善基层中医药服务体系，加强县中医医院“市重点专科”建设，县、镇、村三级中医药服务能力持续得到提升。截至年底，县中医医院共有全国农村医疗机构特色专科1个（针灸理疗康复特色专科）、省中医特色专科2个（中医儿科、中医急诊科）、梅州市医学重点专科3个（骨伤科、脑病科、急诊科），在建市级中医重点专科建设项目3个（肺病科、肿瘤科、临床医学科）；30间乡镇卫生院均能提供多种中医药适宜技术服务，中医诊疗量均达到30%以上、中医类别医师占比均达到20%以上；村级卫生站全部具备中医药服务能力，其中440间村卫生站配备中医基本诊疗设备，有效延伸农村中医药诊疗服务网络。老龄妇幼健康服务不断提升，孕产妇和新生儿救治体系建设有效加强，免费“两癌”检查和孕前优生健康检查项目深入开展，全年完成“两癌”检查10434人，任务完成率达121.00%；推进“银龄安康行动”，不断提高老年人意外险自付费覆盖率。县人民医院、中医医院、妇保计生服务中心实现电子健康码上线工作；实现县、镇远程医疗平台服务全覆盖，并在新冠疫情防控工作中发挥远程视频会议、远程培训的作用。全县基本公共卫生服务人均经费补助标准提高至74元，重大公共卫生服务项目受益人群逐步扩大。安流、锡坑、梅林等3间卫生院在2020年度全县基本公共卫生服务项目绩效考核中得分前三名。进一步加大“简政放权”力度，将25个卫生健康行政许可事项权力下放至镇级。同时，根据疫情防控工作需要，先后出动卫生监督人员检查指导酒店宾馆等住宿场所、企业厂矿等，充分发挥卫生监督在疫情防控和应对公共卫生突发事件中的主力军作用，促进卫生健康综合执法水平的提升。全县参加无偿献7653人次，采集血量153万毫升，连续多年超额完成市、县下达的年度工作任务，保障五华县临床用血需求。

五华县卫生健康局2020年度负责人名录

党组书记、局长：

刘旭伦（任至2020年10月）

党组书记、局长：

刘锐锋（2020年10月任）

党组副书记、副局长：

刘志中（2020年5月任）

党组成员、副局长：

李金文（任至2020年7月）

党组成员、副局长： 曾豪达
党组成员、副局长： 曾国强
党组成员、副局长： 宋国强（副局长职务任至2020年10月）
党组成员（县纪委县监委驻县卫生健康局纪检监察组组长）：
彭干军（任至2020年5月）
党组成员： 薛奕良
赖伟钧
张锡文

医疗保障

【完善机制体制】 为进一步完善医疗保障工作机制体制，增设五华县医疗保障局基金监管和规划财务股，并设立五华县医疗保障事业管理中心，增加县医疗保障局行政执法专项编制3名以及事业编制30名，率先在全市完成增编工作。

【医保征缴】 2021年度市下达五华县城乡居民医保征缴任务1156936人，五华县各镇各相关部门高度重视、密切合作，强化举措、注重创新：在五华电视台播放征缴通知、进度排名，五华政报开设医保政策专栏，印刷征缴工作宣传手册30多万份，联合移动公司发送征缴短信100多万条，播放征缴工作音频10万多次，利用100多辆出租车LED显示屏和大型的广告宣传牌等措施大力宣传医保相关政策，县委常委会不定期通报各镇参保进度，每次县政府常务会对参保工作进行通报并对连续排名倒数三名的镇进行约谈。截至12月31日，全县完成缴费人数1111158人，占市下达任务的96.05%。

【医保业务】 2020年参加城乡居民医疗保险1132931人，总收入9.06亿元，支出8.81亿元，其中住院支付占比87%，特殊门诊支付占比11%，普通门诊支付占比2%。参加职工基本医疗保险57857人，生育保险44719人，基金合计收入2.65亿元，职工医保和生育保险共支出1.86亿元。大病保险理赔24848人次，赔付9236.92万元。职工补充险理赔323人次，赔付641.50万元。公费医疗共支出525.40万元。

【镇村一体化建设】 为方便城乡居民就近享受普通门诊统筹待遇，提升基层医疗卫生服务能力，推动家庭医生的签约和服务，方便群众就近享受医保报销待遇，实现“小病、轻病”不出村的目标，五华县积极争取全市镇村一体化建设试点工作，选取双华镇先行先试，经过各有关部门的不懈努力，于9月1日正式实施城乡医保普通门诊“镇村一体化”试点工作。试点工作自2020年9月1日启动至12月31日，五华县双华镇普通门诊就诊22996人次，其中18个村卫生站就诊18695人，村卫生站就诊率81.30%，对比2019年9—12月村级卫生站门诊就诊人数10800人次，同期增幅达73%；全镇普通门诊医疗总费用118.29万元，其中村卫生站93.10万元，占比78.70%；全镇基本医疗保险报销63.74万元，其中村卫生站报销50.99万元，村卫生站占比为80%。

【医保基金监管】 五华县积极运用“媒体+宣传”，例如在五华电视台、“五华发布”、“五华新闻”等公众号系列宣传打击欺诈骗保维护基金安全知识。2020年在定点医药机构、各镇公共服务中心张贴打击欺诈骗保海报600余张，发放宣传折页5万多份，播放国家医保局宣传片屏幕数1000多次。落实日常巡查与不定期抽查的基础上，成立由医保、社保、第三方专家等组成的医保基金监管专项治理工作专班，对县内各定点医疗机构2019年以来的医疗费用疑点数据进行核查，经查，存在不符合入院指征、高套分值等违规主单739条，合计扣除按病种付费分值176160.85分，发现违规收费、不合理诊疗等问题495407条，合计扣款774.46万元。做好市2020年基本医疗保险基金审计反馈工作，主要存在分解住院、违规使用限制用药、违规收取医用耗材费用、“套餐式”过度检查、违规多收取项目检查费用、串换诊疗项目、男女收费项目互串、死亡人员违规就医等违规行为，经初步核查，城乡居民医保违规71875人次，职工医保违规42908人次，违规金额合计约400万元。加大对定点医疗机构专项治理“回头看”查处力度，严厉打击诱导住院、虚假住院等手法骗取医保基金的行为，保持打击欺诈骗保高压态势，确实维护医保基金安全。

【医保扶贫】 2020年，对低保户、五保户、精准扶贫建档立卡户、重疾患者等困难群众进行医疗救助180588人次，共支出医疗救助金7496.09万元。资助各类特殊人群参加2021年度城乡医保共91294人，资助金额2556.23万元。公费医疗共支出525.40万元。

【药品、医用耗材采购】 积极组织全县公立医疗机构参与跨区域联合集团采购、国家药品集中采购、医用耗材联盟采购等，大幅降低药品耗材采购供应价格，降低药占比和耗材占比，提高医疗机构的效益，减轻群众购药负担。2020年全县医疗机构在省平台、深圳平台、广州平台的采购金额14985.35万元，线上采购占比98.86%。各医疗机构医用耗材线上采购4479.33万元。

【医疗保障信息化】 为加快推进统一的医疗保障信息业务编码标准，形成全国“通用语言”，按照上级统一部署，按时保质做好本县编码信息的采集、上报、审核等工作，确保编码统一、数据互认。已完成五华县42家定点医疗机构代码、204家定点药店代码、146条定点药店药师代码数据、1283条医保医师代码、1859条护士代码数据、167条医保药师代码数据等信息业务编码标准信息维护工作。另外，在全县范围推广医保电子凭证的激活和应用，进一步提高参保人员激活率、“两定”机构覆盖率，切实增强人民群众获得感和幸福感。

【疫情防控】 一是全力以赴做好疫情防控期间医保政策落地，将医保门诊带药时间延长至3个月，做好新冠病毒核酸检测费用的及时结算，同时向市医保局为五华县发热门诊重点医院（五华县人民医院）申请专项医保预付资金200万元。二是全力以赴做好疫情防控物资保障工作，千方百计采购、筹集疫情防控医疗物资，统筹做好生活必需品的保供、稳价等工作，共筹善款约1551万元；捐赠物资价值约837.79万元。选定27间定点药店以网上预约购买的形式向市场投放共计32万只防护口罩，满足广大市民购买口罩需求。三是全力以赴做好留院观察点及医学监测观察的后勤生活保障。四是全力以赴做好定点药店售卖感冒发热药品实名登记工作，率先在全省启动对全县246家定点药店售卖感冒发热、喉咙肿痛药品进行实名登记，织密疫情防控网。五是全力以赴支持复工、复产、复学，至2020年6月已减半征收职工基本医疗保险单位缴费约1293万元，开通参保“绿色通道”，允许未参保的13311名学生按中途参保方式办理2020年度城乡居民基本医疗保险参保手续，并积极筹备开学物资，委托五华县口罩企业生产50万只成人口罩、51万只儿童口罩。

（凌　娜）

五华县医疗保障局2020年度负责人名录

局　　长：郑遂方

副 局 长：李千山

　　　　　曾梅花

党组成员：张平锋

社会民生

民　政

【社会救助】 2020年，五华县城镇、农村低保对象最低生活保障人均补差水平分别从每月554元、251元提高到609元、276元；特困人员供养标准从每月850元提高到880元。加大对低保、五保户的核查、抽查、督查和公示力度，实现动态管理下的“应保尽保、应退尽退”，全年退出低保665户2876人，新增低保877户2539人；取消特困人员287人，新增特困人员103人。全县有低保12934户36381人，其中：农村低保12672户35950人，城镇低保262户431人；特困人员3795人，其中：集中供养240人，分散供养3555人。每季度末，把新增、取消的低保、特困供养人员、孤儿、事实无人抚养儿童等信息及时报送县扶贫工作局，共享低保、特困供养人员、孤儿、事实无人抚养儿童与建档立卡贫困户的信息资源，全县现有无劳动能力建档立卡贫困人口10091人，其中：纳入低保6654人，特困供养人员3268人，孤儿、事实无人抚养儿童169人。

【社会福利和社会事务】 2020年，五华全县有孤儿401人，其中：分散供养386人，集中供养15人；残疾人“两项补贴”对象24433人。孤儿基本生活最低养育标准集中供养水平从每月1685元提高到1820元、分散供养水平从每月1025元提高到1110元；困难残疾人生活补贴标准从每人每年1980元提高到2100元，重度残疾人护理补贴标准从每人每年2640元提高到2820元。充分发挥县未成年人保护中心及16个镇“爱心之家”的作用，不断加强农村留守儿童和困境儿童的管理。严格执行《五华县托养机构规范管理提升工程实施方案》，救助服务站改造一间60平方米、具有多功能的救助服务大厅，开展以“防疫一线守初心，真诚服务担使命”为主题的救助服务机构“开放日”活动。扎实开展养老服务，按时足额为118位百岁老人每人每月发放200元的长寿保健金，为28463名80—99周岁高龄老人每人每年发放200元的高龄津贴。长者饭堂开张运营，依托县城鸿福素食馆作为长者饭堂助餐服务示范点，为五华县户籍80周岁及以上老人开展助餐养老服务，给予每人每天补助午餐费10元，不断提升他们的获得感、幸福感、安全感。进一步加大殡改宣传力度，严格执行约谈制度，狠抓“住宅式”墓地和偷埋乱葬的整治，确保巩固遗体火化率100%。2020年巡查发现违规建坟71座（含群众举报19座），已完成整治51座，正在整治20座。

【基层政权和社区建设】 认真贯彻落实中央和省、市、县关于村（社区）“两委”换届工作的部署和要求，把村（社区）“两委”换届工作作为当前一项政治任务和头等大事抓紧抓细抓实，做到深调研、早动员、早部署、依法依规，全面启动和扎实推进村（社区）“两委”换届工作。全面完成县正常离任村干部信息采集工作，经市级审核通过的正常离任村干部7257人；全力抓好全县村规民约、居民公约修订工作，完成率达到100%，实现全覆盖。扎实开展村选“回头看”和村（社区）“两委”违规发放津补贴专项治理工作，并取得实实在在的治理成效。

【区划地名】 区划地名管理形势稳定，完成12个县级以上界线界桩联合检查工作。

【社会组织】 扎实开展禁毒禁赌工作；积极培育和发展社会组织，全县有依法登记的社会团体146个、民办非企业单位197个。

【福彩中心】 全县有福利彩票投注站36个，全年销售福利彩票1498万元。

【婚姻登记】 依法依规做好婚姻登记，2020年共办理结婚登记10204对，离婚登记3069对，补领结婚证1446对。邀请法律顾问为全体干部职工上一堂民法典婚姻家庭篇专题辅导课，使广大民政干部职工深入了解民法典婚姻家庭篇的具体内涵，不断增强法律意识，提高依法办理婚姻登记的能力和水平。

【精准扶贫精准脱贫】 转水镇青塘村是县民政局精准扶贫、精准脱贫挂点联系村，2020年，县民政局做好做实做细帮扶举措，确保全部贫困户如期实现脱贫目标。

【创文巩卫】 县民政局认真履行周末卫生制度，每周五下午组织干部职工到卫生责任区进行清扫保洁；定期到创文网格化责任地段进行巡查、加强整治工作，杜绝“六乱”现象。围绕本单位创文工作职责，认真做好各项工作，在网格化责任区域文化街、狮岭路、儿童福利院门口高规格设立约300米长的宣传栏，并按时更新；在挂点的水寨镇黄井村（井三、井四、井新片）设立6块创文宣传牌、5处宣传栏，使创文知识深入人心，为五华县创建全国县级文明城市做出积极贡献。

【扫黑除恶专项斗争工作】 县民政局把扫黑除恶专项斗争工作与集中整治民政领域涉黑涉恶及行业乱象五项专项行动结合起来，突出重点，广泛宣传，摸排线索，狠抓整治，确保实效。2020年12月17日，市民政局推荐五华县民政局为全国扫黑除恶专项斗争先进集体。

【美丽梅州·美好家园城乡环境大提升行动】 县民政局救助服务站结合“美丽梅州·美好家园”城乡环境大提升行动，深入县城车站、桥梁、广场、公园等区域，加大对流浪乞讨人员的巡查救助和流浪精神障碍患者的救治力度，努力实现主要街道、公共场所无流浪乞讨人员。2020年共救助流浪乞讨人员91人次。

【基础设施建设】 县民政局把民生工程建设作为提升民政公共服务水平的一项重要工作列入议事日程，想方设法推进工程建设，确保五华县民政事业率先走在全市前列。一是在全市率先推行公办养老服务机构公建民营供给侧改革。五华县公办养老服务机构公建民营供给侧改革是全市率先推行的一项民生项目，将全县16间敬老院及华城区域性敬老院统一打包纳入改革范围，共有580张床位，按每张床位不低于3万元的标准进行投资，总投资1740万元。2020年9月1日前，完成敬老院人员、资产和管理移交工作。二是完成华城区域性敬老院建设。华城镇区域性敬老院建设总投资4331.5万元，规划用地面积10607.84平方米，总建筑面积9545.54平方米，项目分两期实施，建设1栋老年公寓、1栋健康护理中心、1栋老人综合服务中心，可提供90个房间、180个床位、56个停车位。截至年底，已完成项目建设，并引进万福颐养院进行运营管理。三是加快推进养老服务医养结合。县民政局投入资金330万元，建设一栋占地面积300平方米、楼高三层、建筑面积900平方米的华福中心卫生院，截至年底，主体工程已完成，正在装修中。四是加快推进转水公墓山建设。已完成墓穴1200个，超额完成年初建设1000个墓穴的目标，公墓的建成将有效解决转水镇以及附近镇遗体火化骨灰安葬问题。

（甘文敏）

11月24日，广州市民政局局长何镜清（居中）到五华县调研考察帮扶项目华城镇区域性敬老院建设情况（龙董良 摄）

五华县民政局2020年度负责人名录

党组书记、局长： 江锦城

邓志荣

黄文柱

曾宪猛

党 组 成 员： 李清兰

人力资源和社会保障

【技工教育】 2020年，五华县技工学校有教职员工176人、学生3834人，开设数控加工、电子技术应用、汽车维修、现代物流、幼儿教育、电子商务、烹饪、城市轨道交通运输与管理、园林技术、建筑施工、口腔义齿制造、护理等12个专业。学校首届毕业生842人，除参军、报读大专外，全部实现就业，就业率达100%。

【人力资源服务管理】 广东五华人力资源服务产业园是全省唯一由县级创建的省级人力资源服务产业园，位于五华县广州番禺（五华）产业转移工业园内，规划占地152亩，建筑面积9万平方米。产业园设行政管理办公区、人力资源服务市场、人才驿站、职业技能服务中心、就业创业培训中心、技工学校实训中心、创业孵化中心和会展中心七大功能区，可容纳80家实体企业进驻。2020年，园区入驻人力资源企业45家，其中通过人力资源平台入驻33家。

【就业服务管理】 2020年，全县城镇新增就业人员5301人，完成市下达任务数的151.45%；城镇失业人员实现再就业2902人（其中困难人员就业263人），完成市下达任务数的107.52%；城镇登记失业率为2.35%。积极搭建劳动力供需对接平台，举办线上线下招聘会113场，671家招工企业累计提供就业岗位25590个，鼓励引导外出务工有意愿返乡就地就近就业人员10319人，协助工业园区企业招工3985人。办理就业失业登记证7529份，认定就业困难人员353人。2020年，为众多创业人员实现创业梦想，累计发放创业担保贷款70笔共1300万元，落实财政贴息156.7万元；新增发放一次性创业资助419人，金额419万元；新增发放创业租金补贴352人，金额139.98万元；新增发放创业带动就业补贴9笔，带动就业47人，金额10.6万元。

【“三项工程”工作】 2020年，五华县人社部门大力实施“粤菜师傅”“广东技工”“南粤家政”三项工程，通过创建五华县技工学校实训基地、梅州五华“粤菜师傅”工程示范基地、梅州市“南粤家政”综合服务示范基地、“粤菜师傅”工程+广东超顺长江农旅园示范基地和五华县“粤菜师傅”技能大师工作室暨陈钢文（国家级）大师工作站等技能培训服务平台，积极开展技能培训，提升劳动者能力，全年各类技能提升培训15607人次，其中粤菜师傅培训425人，带动就业创业466人次；家政服务类培训3772人次，带动就业4069人次；开展企业职工线上适岗技能培训2106人，劳动者享受技能提升培训补贴7491人次。

【人事人才管理】 2020年，五华县人社部门为3008名高校毕业生办理报到手续，接收教育部门移交档案4945份，接收国资委移交退休档案2367份，转出各类流动人员人事档案913卷。全县招聘各类事业人员752人，其中教育系统招聘128人、卫生系统招聘385人、综合类98人、省集中招聘27人、其他单位招聘114人。选调事业单位工作人员33人。2020年，县人社部门为新录用人员、调动人员、行政人员晋升职务、专业技术人员新聘职务工作人员办理工资变动审批手续。按政策为全县机关事业单位工作人员1.89万人办理正常工资晋升工作，为机关事业单位工作人员305人办理退休手续，为231名已故工作人员办理一次性抚恤金及遗属生活困难补助手续。

【专业技术人员管理】 2020年，五华县人社部门按规定为机构调整改革后职能改变、编制变化或新设立等情况的177个事业单位进行首次岗位设置或调整岗位设置，做好各单位转正定级人员、调动人员、岗位变动或晋升人员等的岗位聘用工作。

【劳动保障监察、劳动人事争议仲裁】 2020年，五华县人社部门严格落实农民工工资保证金制度、实名制管理制度和农民工工资支付分账管理制度。全县39户建设领域施工企业提交工资保证金缴存备案表，合同造价为17.98亿元，应缴保证金金额为4083.7万元；39个在建项目在梅州市用工实名制管理平台实现联网共享。积极开展劳动保障监察和劳动人事争议仲裁工作，处理劳资纠纷案件157件，涉及劳动者915人，为劳动者追回工资等待遇金额共计1989万元；处理信访99件，结案率100%；受理劳动人事争议案件134件，其中调解89件、裁决45件，案件均在法定审限内结案，涉及劳动者人数134人，涉案金额704.09万元。

【职业技能鉴定和劳动关系】 2020年，五华县人社部门全年经鉴定考核通过并取得职业资格证书5121人，合格率92%。办理签订劳动合同手续324人,鉴证劳动合同648份，办理终止、解除劳动合同关系备案115件，劳动合同签订率达98.5%；积极开展创建和谐劳动关系示范区工作，新评定梅州市翔星玻璃有限公司、梅州市华顺农林发展有限公司、广东昇晖项目管理有限公司3家单位为“五华县劳动关系和谐企业”，新评定华城镇为“五华县和谐劳动关系示范区”。

【社会保险】 2020年，全县参加机关事业单位养老保险2.19万人，职工养老保险6.67万人，失业保险4.14万人，工伤保险6.31万人， 城乡居民养老保险45.16万人。全县职工五险征缴收入70078万元,比2019年增收8825万元，增幅14.41%；职工五险支出93205万元，比2019年增支5696万元，增幅6.76%。2020年底，企业职工基本养老保险离退休人数3.5万人，平均待遇水平1808.44元/月；城乡居民养老保险领取待遇人数14.2万人，平均待遇水平183元/月。全年发放失业保险待遇506.21万元（含失业保险金1574人次218.4万元、医疗保险金57.69万元、求职补贴32.67万元、失业技能提升补贴1.04万元等）；核发失业补助金5000人，享受人数638人，金额76.84万元；核发20家企业失业稳岗补贴和援企岗补贴，返还金额为54.84万元。落实“保市场主体”要求，全面、准确、及时地做好减免社保费工作，助力企业复工复产，全县阶段性减免社保费10709万元。

【被征地农民养老保障】 2020年，五华县人社部门按照要求，协助做好国土征地报批以及被征地农民养老保障工作，已批复已征地的总人数为10101人，已落实保障人数为6541人。及时为被征地农民办理参保手续，做到应保尽保，60周岁老人每人每月领取基础养老金180元基础上，再领取被征地养老保险金119.75元/月。

【工伤认定和劳动能力鉴定】 2020年，五华县人社部门受理工伤认定申请102件，已认定101件，不予认定1件。受理职工申请因病完全丧失劳动能力鉴定8人，已鉴定8人，不符合因病完全丧失劳动能力2人；受理工伤伤残鉴定申请材料32份，已鉴定工伤伤残等级26人。

（黄志文）

五华县人力资源和社会保障局2020年度负责人名录

县委组织部副部长，人社局党组书记、局长：黄永响

党组成员、副局长：廖旭标

曾放群（4月任职）

薛志东

周运芳（4月份免去副局长职务）

党组成员：曾发明

党组成员、县社会保险基金管理局局长：

李　峰

社会保险基金管理

【疫情防控】 按照相关疫情防控工作指引（指南），确保人民群众生命安全和身体健康，重点做好社保大厅工作人员和办事群众的身体健康监测工作，在办公场所做好宣传与消毒防控工作，抓好办事人员进场、退场秩序工作，通过人社网、粤省事、社保微信公众号等渠道积极推行社保服务事项“不见面”办理等防控措施，实现疫情防控与公共服务两不误。

【助力企业复工复产】 为应对新冠肺炎疫情带来的困难和挑战，深入贯彻落实《关于阶段性减免企业社会保险费的实施意见》（粤人社发〔2020〕58号）精神，第一时间将阶段性减免社保费政策在电视、广播、互联网、微信公众号等媒体上大力宣传相关减免政策和申办流程，并于2020年3月18日和8月6日举办助力企业复工复产“春风送暖社保惠企”培训会，全面准确解读减免和延缓政策，使企业进一步清晰“免、减、延、缓、保”惠企政策的各个环节和时间节点，让更多企业“轻松上阵”，充分发挥社保“蓄水池”“减震阀”“助推器”作用。2020年2月至12月全县阶段性减免社保费10709万元（其中企业职工养老保险减免单位1639个16608人9084万元，失业保险减免单位1601个16438人204万元，工伤保险减免单位1629个16601人119万元，职工医疗保险减免单位1427个18519人1302万元）。

3月18日，五华县社保局领导班子为县企业代表解读阶段性减免社保费政策（李智贤 摄）

【社会保险扩面征缴】 2020年，五华全县职工五险征缴收入70078万元，比2019年增收8825万元，增幅14.41%。全县职工五险支出93205万元，比2019年增支5696万元，增幅6.76%。机关事业单位养老保险收入54153万元，比2019年减收21165万元（因2019年补缴在职和退休人员的个人缴费部分以及2014年10月—2019年7月退休中人的单位缴费部分），减幅28.1%；支出58146万元，比2019年增支4347万元，增幅8%；职业年金收入18439万元，比2019年减收17240万元（因2019年五华县在职人员缴交职业年金个人缴费部分，退休中人缴交职业年金单位缴费部分和个人缴费部分），减幅48.32%。城乡居民养老保险收入21858万元，比 2019 年增收 19578 万元，增幅 858.68%（因城乡居民养老保险缴费档次标准提高，城乡居民一次性补缴和趸缴人数增加 44637 人）。

10 月 15 日，五华县社保局副局长刘少波（右二）为群众解读政策文件（李智贤 摄）

【业务审批和基金支付管理】 各项待遇发放不受疫情影响，各项社会保险待遇未按期办理认证的，不暂停待遇的发放。对疫情防控期间未能及时办理申领待遇的，先预约登记，后提交相关材料，按规定补发待遇，确保各项社保待遇按时足额发放。按规定调整社保待遇。从 2020 年 1 月 1 日起，按照定额调整、挂钩调整与适当倾斜相结合的原则，调整企业职工基本养老保险和机关事业单位基本养老保险退休人员基本养老金待遇，并于 7 月底全面补发到账。工伤保险一次性工亡补助金提高至 84.72 万元。全县职工五险支出 93205 万元，同比增长 6.76%。其中，企业职工基本养老保险离退休人数 3.5 万人，平均待遇水平 1808.44 元/月，城乡居民养老保险领取待遇人数 14.2 万人，平均待遇水平 183 元/月。

【打赢社保脱贫攻坚战】 为全面落实建档立卡贫困人口参加城乡居民基本养老保险，加强与各镇和民政、残联、扶贫部门等的沟通联系，及时掌握、动态更新贫困人员信息，持续推动新增贫困人员参加城乡居民养老保险，实现对应参未参、应发未发人员的动态清零。经统计，2020 年符合建档立卡贫困人口参加城乡居民基本养老保险参保条件的 49471 人已进入省集中系统全部完成参保缴费（其中政府代缴 36687 人，金额 440.244 万元），实现应保尽保，符合领取待遇条件有 13168 人已全部申领待遇，实现应发尽发。

【失业保险工作】 及时梳理政策要点和经办要求，将失业保险扩围政策主要内容制作成宣传海报、宣传单和宣传视频等专项行动材料共 12 万份，提供给各镇人社服务窗口和人力资源服务机构、企业、村（居）委、工会等，在显著位置予以张贴和派发给务工人员，宣传视频通过社保大厅电视、县政府网站、人社微信公众号播放。同时抽调业务骨干组成 4 个工作组，在五华县范围集中同步开展失业保险扩围政策惠民专项行动，走进产业园区、目标企业和务工人员居住社区，直接面对广大务工人员，通过座谈会、政策推送会,现场宣传失业保险扩围政策，现场回答务工人员问题，现场演示失业保险金、失业补助金申领操作等。2020 年五华县发放失业保险待遇 506.21 万元（含失业保险金 1574 人次 218.4 万元、医疗保险金 57.69 万元、求职补贴 32.67 万元、失业技能提升补贴 1.04 万元等）。全年清理核实失业补助金 5000 人，符合享受人数 638 人，金额 76.84 万元。同时做好失业稳岗补贴和援企岗补贴的工作，截至年底共收取 30 家企业申请失业稳岗补贴，市局审批通过 20 家，返还金额为 548425.38 元。

【新办法计发待遇工作】 2020 年已完成 2484 个退休中人按新办法计发待遇的职业年金和养老保险本息征缴工作，其中职业年金财政应负担部分补征金额 4597.62 万元（本金 2864.91 万元、利息 1732.71 万元）。机关事业单位退休中人养老保险视同缴费认定工作基本完成。据统计，449 名退休人员财政应负担养老保险本息共计 11776929.05 元（本金 6581244.73 元、利息 5195684.32 元），已完成补缴。据测算，因五华县缴费指数和地区系数较低，五华县新办法计发待遇普遍低于老办法计发待遇，待上级调整五华县缴费指数和地区系数后，五华县即启动新办法计发待遇工作。

【社保基金管控】 为确保基金运行安全，制定 2020 年社会保险稽核内控工作方案，确保维护基金安全高效运行。加大稽核检查力度，建立健全投诉举报制度，及时发现和纠正重复参保、欺诈冒领等违规行为，共稽核户数 1163 户，稽核人数 41606 人，稽核企业参保证明申请 201 次，协查协办证明 360 宗，对失业保险、社会关系、城乡居民养老保险等股室进行业务核查，发现存在问题 16 笔，发出整改通知书 5 份，整改落实各项违规领取社会保险待遇 284 人，追回金额 133.12 万元。

【社会保险政策宣传工作】 一是灵活多样开展宣传工作，扩大宣传覆盖面。强化窗口宣传功能，每个业务窗口、填写台均摆放相关险种的政策宣传资料，设立社保政策咨询岗，安排 2 名工作人员负责接待，要求窗口工作人员对群众做好细致的政策解读工作；其次利用县电视台、人社微信公众号、社保大厅 LED 屏幕和电视机等传媒载体长期宣传社保政策，动员干部职工通过微信朋友圈大力宣传社保政策；与移动公司合作，利用云 MAS 群发短信平台每周发送社保政策要点至全县干部职工及村级干部；利用村村通喇叭播放社保政策，实现社保政策宣传覆盖无死角、宣传时间无间断。二是开展集中宣传月活动，扩展宣传深度。3—9 月每月定期进园区进企业开展社会保险减免优惠政策宣传活动，10 月在全县范围内开展失业保险扩大保障范围政策进园区进企业进社区宣传活动，11 月开展社会保险惠企利民政策集中宣传月活动，12 月集中开展城乡居民养老保险政策宣传活动。三是宣传效果显著。2020 年以来，五华县社会保险基金管理局通过大力开展政策宣传活动，五华县社保政策宣传工作取得显著效果。社保大厅、宣传活动现场接待政策咨询群众、员工达 20 多万人次，发送宣传短信 150 多万条，开展“三进三送”活动 10 场次，发放宣传资料达 120 万份，极大地提高五华县社会保障政策知晓率，提升参保覆盖面。

（廖亚带）

五华县社会保险基金管理局 2020 年度负责人名录

局　长：李　峰

副局长：郭裕华

刘少波

廖雪梅

应急管理

【机构设置】 五华县应急管理局负责应急管理工作，指导全县各镇各部门应对安全生产类、自然灾害类等突发事件和综合防灾减灾救灾工作。负责安全生产综合监督管理和工矿商贸行业安全生产监督管理工作。内设11个股室——办公室、政策法规和新闻宣传股、计划财务股、应急指挥股、综合协调股、风险监测和综合减灾股、火灾防治管理股、地震和地质灾害救援股、安全生产基础股、执法股（执法大队）、科技和信息化股（行政审批股）。下设1个正股级事业参公管理单位五华县防汛防旱防风指挥中心；2个正股级公益一类事业单位五华县应急中心、五华县应急管理宣传和教育中心。五华县应急管理委员会、五华县安全生产委员会、五华县减灾委员会、五华县防汛防旱防风指挥部、五华县森林防灭火指挥部、五华县防震抗震救灾指挥部设在应急管理局。五华县应急管理局为正科级单位，核定行政编制21名、行政执法专项编制10名（含执法股5名），参公管理编制3名，事业编制23名，后勤服务人员3名。设局长1名，副局长3名，总工程师1名。正股级领导职数11名，副股级领导职数13名（含执法股副股长2名）。五华县应急中心、五华县应急管理宣传和教育中心各设正股级主任1名、副股级主任2名。县应急管理局任现职局长1名，副局长3名，党委委员3名。现有行政编制人员16名、行政执法专项编制人员8名、参公管理编制人员3名、事业编制人员21名。

【安全生产工作】 五华县始终坚持安全生产“基本盘”不动摇，牢固树立安全发展理念，全面压实安全生产责任制强化双重预防机制、推动企业安全生产主体责任落实，有效保障全县安全生产形势持续稳定。一是党政领导率先垂范压实安全生产责任。县领导带队检查安全生产工作常态化，县镇实现安委会、应急委员会“双主任”全覆盖，县负有安全生产监督管理职责的单位落实排名第一的副职分管安全生产全覆盖。2020年来，共召开4次县委常委会会议、12次县政府常务会议听取安全生产工作情况汇报，研究解决安全生产重大问题。二是强力促进重点行业领域安全生产监督管理。危险化学品、工商贸企业方面：按照年初制订的执法检查工作计划，对全县危险化学品、工商贸企业进行日常的安全监管。共检查企业451家次，发现隐患823项，其中立即整改621项、责令限期整改202项，发出责令限期整改文书71份，经复查，已全部整改完毕，整改率达100%。联合多部门在河东镇查处一起非法经营成品油窝点，现场查扣有3个储油罐，均装有疑似柴油的成品油共约10吨，已全部依法没收，并移交给相关部门依法处理。烟花爆竹方面：五华县应急管理局坚持深化烟花爆竹经营安全专项治理，积极开展烟花爆竹“打非”联合执法行动，重点紧盯行政区域交界地带、民宅、山林、废旧厂房、仓库等容易被不法分子利用非法生产、储存烟花爆竹的场所（设施）。本次专项行动出动共检查烟花爆竹企业823家次，出动执法人员482人次，发现隐患1053项，发放宣传资料3000份、承诺书500份，其中在对水寨镇、安流镇和龙村镇进行突击检查中，共收缴各类烟花爆竹500余箱，价值8万余元。非煤矿山方面：开展地下矿山综合整治、企业主要负责人履行安全生产职责专项执法、非煤矿山安全生产专项整治三年行动等工作，着力提升非煤矿山安全生产基础和能力。共出动执法人员264人次，检查生产经营单位66家（次），发现问题和隐患186处（其中已整改和消除事故隐患173处），责令限期整改26家，现场处置6家，立案查处3起（其中市局立案查处2起、县局立案查处1起）。行政审批方面：受理行政许可事项共378件，其中：申请危险化学品经营许可证新领6件；危险化学品经营许可证延期6件；危险化学品经营许可证变更5件；金属非金属矿山建设项目安全设施设计审查2件；非煤矿山安全生产许可证（新证）3件；非煤矿山安全生产许可证（延期）2件；非煤矿山安全生产许可证（变更）2件。申请烟花爆竹经营（零售)许可证新领共352件；业务咨询量约160件。工作过程中严格按照行政许可的受理范围、许可条件、许可流程等进行把关。坚持“承诺服务、限时办结”，坚决不推诿、不敷衍、不拖延，按照办理时限准时办结，办结率100%，截至年底应急管理局服务窗口无一投诉，运行规范。2020年，共发生交通安全事故396起，死亡人数44人，直接经济损失14.3万元，比2019年分别下降8.3%、24.1%、44.4%。共发生火灾148起，无人员伤亡，直接财产损失113万元，比2019年火灾起数上升了39.29%，直接财产损失下降3.8%，全县安全形势持续稳定好转。三是强化安全监管执法促进企业落实主体责任。全面落实企业安全生产主体责任，坚决查处安全生产责任不落实、安全教育培训走过场、隐患排查不彻底等违法违规行为。2020年以来，共立案查处8起案件，已结案8起，共处罚款4.59万元，开具各类执法文书105份，查处事故隐患216项，均已完成整改，切实整改一批隐患、惩治一批违法行为。开展安全隐患排查督办工作，全县列入市县两级挂牌督办项目共120项，明确挂牌整改项目的跟踪督办部门、整改责任单位和整改时限要求。

【提高自然灾害防治能力】 一是及时会商研判掌握情况。建立应急响应专题会商机制，加强气象、自然资源、林业、水务等部门沟通联系，共同研判天气动态，及时掌握天气情况、水情、雨情及地质灾害情况，并发布预警信息，有针对性地做好各个时段的森林防火工作。2020年，在防火期和汛期，共召开会商研判会18场。二是加强巡查监视，强化隐患排查治理。在防火期，全面落实森林防火“网格化”管理措施，落实主体责任、部门责任和对特殊人群的监管责任，把森林防灭火责任落实到人头、山头、地块。2020年，五华县应急管理局积极开展打击森林违法用火行为专项行动，全县查处野外违规用火317宗，执罚款共118280元，拘留62人，森林火灾发生率与同期对比下降60%；联合进行消防安全专项整治排查工作4场次，发现安全隐患36项，现场整改10项，责令限期整改26项，拆除整改充电桩30处，疏通堵塞消防安全通道17宗，维护人民群众生命财产安全，为五华县的消防安全、森林火灾防治和扑救工作做出一定的努力。在汛期，加强“山边、河边”和重特大隐患点的巡查监视，组织开展辖区内汛前检查工作，并在各镇自查完成后由县派出4个督查组对全县汛前防汛备汛工作进行检查督导。经排查，发现度汛安全存在安全隐患的水库有6宗，水电站有1宗，库容1万立方米以上山塘1宗；地质灾害重大隐患点有8处，受威胁人数2087人；削坡建房认定可能引发灾害重大隐患点355处，受威胁人数3066人。对于汛前自查和汛前防汛备汛督查发现的问题，立即组织相关部门进行研究部署，将督查发现的问题落实到具体部门，责任到人，认真组织整改，及时消除安全隐患，有效防控风险，确保安全度汛。三是加强值班体系建设。设立应急值班室，配备6名值班人员，完善领导带班值班，日常、节假日、特别防护期值班值守制度，按照相关法律法规所明确的突发事件信息报告要求，严格执行信息报送纪律，做到立即反应、迅速调度、及时反馈。

【提高防灾减灾救灾能力】 一是加强救援队伍建设。在全县基本构建起以综合应急救援队伍为主力，以森林防火、抗洪抢险、城市消防等专业队伍为协同，以志愿者等社会力量为辅助的应急救援格局。县级应急救援队伍有10支296人；镇级应急救援队伍有16支共480人；村级应急救援队有448支共6720人；另外公共卫生、动物疫情、交通、环保、供水、供气、供电、危化品、通信等企事业单位各自组建一支与行业领域、工作职责相对应的专、兼相结合的应急救援队伍。二是加强应急物资储备库建设。制定物资调拨流程图，明确平时救灾物资采购、调拨、使用等程序，确保救灾物资高效调运。五华县建立救灾物资储备仓库、“三防”、森林防灭火物资储备库（县级“三防”办、森林防灭火物资储备库设在五华县武装部，全县16个镇均有专用仓库）、社会安全类应急物资储备库、突发公共卫生类和重大动物疫情应急物资储备库以及其他类应急物资储备库。三是加强数据库管理建设。五华县已初步完成全县组织机构、救援队伍、应急专家、应急设施及装备采集工作，并分级分类形成应急预案、应急救援队伍、应急专家、应急物资和装备、应急避难场所、应急储备、紧急补给等数据库，力求对于人员、物资、装备保存数量、存放位置、避难场所的布局一清二楚，当发生突发事件时，可以随时登录数据库查找备用物资、装备。四是应急预案体系不断完善。全县应急预案体系不断完善，基本建立“横向到边、纵向到底”的应急预案体系，并加强应急演练，推动应急预案的可行性、可操作性，锤炼各部门应急指挥能力和应急救援队伍救援能力。2020年，组织、指导、参与涉及安全生产、自然灾害、城乡消防、道路安全、疫情防控、生物疫情等方面76场次演练；组织、协调、参与举办森林防灭火、防汛救灾、水域救援等培训45场次。

【争先创优工作】 2020年，全县应急管理系统强化履职担当，落实改革要求，理顺应急指挥体制，值班值守挺在前，应急处置冲在前，实现安全生产形势持续稳定好转，提高防灾减灾救灾能力，提升应急处置水平。一是2019年度全市对各县安全生产责任制的考核中被评为“优秀”等次，全市排名位列第一位，争取2020年度仍保持。二是率先在全市完成全县所有镇级“四个一”建设，2020年7月9日，全市加强基层管理“四个一”建设推进会在华城镇召开，市领导出席会议并讲话，充分肯定五华县应急管理工作，并强调要进一步健全应急管理工作机制，切实加强应急管理体系建设，夯实应急管理工作基础。华城镇基层管理“四个一”建设现场会为全市加强基层管理“四个一”建设工作提供案例。三是加强队伍训练。2020年9月19—22日，选派应急救援大队20人代表梅州市参加全省首届森林消防业务技能大比武活动，并获得优秀组织奖。四是2020年10月23日，汕头市南澳县深澳镇发生山火。10月25日，省森林防灭火指挥部直接“点名”五华县派出20名专业森林消防队员，代表梅州市前往支援，出色地完成前线指挥部交给的灭火任务，并得到省森林防灭火指挥部和省应急管理厅通报表扬。五是五华县投入资金700多万元，有效整合各镇、县直有关单位现有信息资源建设统一指挥、专常兼备、反应灵敏、上下联动、平战结合的应急指挥中心指挥平台，并初显成效。在2020年发生森林火灾、“龙舟水”和台风等强降雨期间，通过应急指挥中心网络通信的互联互通，实现应急指挥调度和视频会商的融合，形成全县指挥中枢“一盘棋”大格局。

【落实各项中心工作】 全力抓好社会治安综合治理和“平安五华”建设。成立由局党委书记任组长的综治领导小组，由一名副局长专职负责抓好综治、信访、维稳和平安建设等日常工作，层层签订综治责任书和承诺书，不断加强干部职工和主管行业企业的法治教育，深入开展禁赌、禁毒、禁黄、反邪教等工作。着力提高部门和企业的安全管理水平，努力压降各类伤亡事故。抓好“平安企业”建设，督促企业落实安全生产主体责任，全面提升企业安全生产本质水平，及时消除安全隐患。2020年，10家参与平安创建的企业100%达标。全力抓好“双创”工作。按照“双创”工作要求，带领全局干部职工明确任务、坚定信心，落实责任领导、责任股室，完善网格化责任地段、卫生责任区管控制度，从强化宣传入手，与部门配合，求真务实，扎实有效推进各项工作，同时开展环境综合治理，美丽乡村建设工作。全力抓好精准扶贫、精准脱贫工作。为实现五华县贫困人口早日脱贫，选派1名政治素质过硬、工作能力强的干部进驻局挂点帮扶村横陂村，全面完成贫困户信息采集，确定贫困户共60户、209人。2020年，县应急局对挂点帮扶村横陂村投入8万余元，用于美丽乡村建设、疫情防控以及河南片段心塘边安全隐患整治等工作。此外，多方筹措资金3万余元，帮助挂点村完成人居环境整治工作。分别在“七一”、中秋、春节期间慰问贫困户及困难党员共76户。积极做好献血、双拥工作。为有效推进五华县无偿献血事业持续发展，实行无偿献血任务主要领导负责制，积极组织党员干部参加无偿献血（6人），完成年度献血任务。开展一系列扎实有效的拥军优属工作，把双拥工作列入本单位的重要议事日程，并由主要领导亲自挂帅成立双拥工作领导小组，负责双拥工作的统筹协调。制定双拥工作计划，指导全局双拥工作，使双拥工作目标任务更加明确，实施计划更加具体，保障措施更加完善。依托载体，多渠道开展宣传教育。紧紧依托“防灾减灾日”、“安全生产月”、安全生产“五进”活动、宪法宣传周等活动载体，通过多种形式，向广大市民普及安全生产、防灾减灾和民法典等知识，积极推进应急管理宣传进企业、进学校、进家庭、进社区、进农村。2020年以来，发放宣传单1万余份、宣传物品 2800 余份，利用微信公众号、网站及现场等平台，普及防灾应急知识，增强危机意识，提高民众防灾避险、自救互救的能力。在政务平台发布新闻报道和科普宣传 70 余篇，开办应急管理局内部刊物《五华应急之窗》，自办 3 期，并印发 300 余份，有效提高全县安全监管能力、减少安全事故的发生。

五华县应急管理局 2020 年度负责人名录

党组书记、局长：

曾召辉（6 月任党委委员、书记）

党组成员、副局长：

谢如锋（5 月免副局长，6 月任党委委员）

徐安优（6 月任党委委员）

曾放群（4 月免去党组成员职务，5 月免去副局长职务）

张育中（6 月任党委委员）

蔡　文（6 月任党委委员）

党组成员、办公室主任：

何元清（6 月任党委委员）

党组成员：

温舜初（4 月任党组成员，6 月任党委委员）

各镇概况

水　寨　镇

【简况】　水寨镇地处县城，是五华县政治、经济、文化中心。总面积 99 平方千米，辖 24 个村委会和 4 个居委会，全镇总人口为 47620 户 167046 人，耕地面积 1343.82 公顷，其中水（旱）田 995.57 公顷、旱地 347.94 公顷、水浇地 0.31 公顷。2020 年全镇农村集体经济收入 1306.5 万元，一般公共预算收入 6171 万元，一般公共预算支出 5872 万元。

【党建工作】　2020 年，水寨镇着力抓好基层组织建设。认真贯彻《加强党的基层组织建设三年行动计划》，健全基层组织工作经费保障制度，全年投入 20 万元慰问困难党员，投入 28 万元组织各项党建活动，投入 40 万元购买党建书籍。借助“双报到”资源优势，筹集资金 23.5 万元为相关村（社区）解决了小区微改造等一批民生实事。优化设置机关和村（社区）党委 13 个、党总支 9 个，2 个软弱涣散党组织实现脱帽。加快“一支部一品牌一特色”党建示范建设工作，建成 6 个村级党建示范点、4 个“两新”党建示范点、1 个奥园商圈党支部示范点；成立碧桂园等小区党组织、公园片区老旧小区改造临时党支部。开展“两新”组织党建摸排和组建“双同步”工作，新成立“两新”党组织 7 个，撤销 5 个。持续抓党建促脱贫攻坚、促乡村振兴，10 个村集体经济收入达 5 万元以上。持续推进“头雁”工程和后备干部“123”工程，培育村级后备干部 168 名、入党积极分子 109 名、预备党员 34 人、正式党员 41 人。持续开展共产党员“亮身份、作表率”和党员志

水寨镇委党校教室（江浩畅 摄）

愿活动。狠抓巡视巡察问题整改。对照梅州市县级交叉巡察第六组巡察镇党委反馈的问题深刻剖析并举一反三，全面整改存在问题，制定57条具体的整改措施，建立健全3项制度、2项规定；强化属地责任落实，以“2+3+8”的整改思路扎实推进省委第四巡视组反馈涉及问题整改落实，截至年底已基本整改到位。严把村（社区）换届纪律。坚持以标准化操作规程为准绳，以党纪法规为保障，以既定时间为主线，严格按部就班，换届选举工作顺利推进，实现“三个一肩挑”率100%，村“两委”交叉任职97%以上。

【经济产业发展】 2020年，水寨镇坚持实业兴镇、产业强镇，巩固推进暖企服务行动，促进带动镇域特色产业全面发展。结合“一镇一业”“一村一品”，继续实施乡贤回乡投资兴业工程，大力发展壮大既有产业，投资发展的中洞生态农业旅游发展有限公司、梅州市绿宝缘现代农业发展有限公司、梅州市生长地农业开发公司等农业产业持续做大，带富成效日渐凸显。善坑村五指毛桃产业基地、中洞村绿宝缘生猪蜜柚塘鱼基地发展等势头强劲。丝苗米、马铃薯、高山红薯等产业逐渐壮大，农业发展势头变好。

10月9日，县委、县政府主要领导率队到水寨镇白鳝巷湖乡村振兴现场点考察（彭文浩 摄）

12月18日，梅州市委常委、副市长孙春明（右一）到水寨镇大岭村调研乡村振兴工作（张佰奎 摄）

【财务管理】 2020年，水寨镇坚持“量入为出、勤俭节约”原则，认真做好各项费用的指标监管，从严审核“三公”经费的支出，切实增强财政资金的调控力和预算约束力。健全财政资金监督治理机制，规范用款计划审批、财政资金调整、资金拨付审核等业务流程。全面加强农村集体“三资”管理，充分发挥“三资”交易平台功能，及时纠正个别村财务报账程序不规范等问题；强化自查自纠和整改落实，集中解决镇级财务历史遗留问题，津补贴发放更加规范，镇级财政健康运行。

【征地拆迁】 2020年，水寨镇征收土地19.78公顷、房屋20480.6平方米，迁移地坟等749座。黄井安置区、管廊安置区、县人民医院内生活垃圾中转站用地、华一东路红绿灯路口改造取得实质进展，琴江新城基础设施建设、谷城医院项目征拆工作持续推进；中英文学校建设用地征拆基本完成，为学校顺利建成、如期开学提供了坚强保障。全力推行返还集体留用地的征地拆迁新模式，坝美村瓛公祠文旅项目用地征收工作继续推进。

【国土村建】　2020 年，水寨镇持续规范管控私人建设报批及乡村建设规划审批，结合“126”专项整治行动，从严打击辖区内违法占耕、占道、占用河堤等违法用地及违章建筑行为。全年依法组织开展违法建设整治行动 15 次，拆除违章建筑 20 宗，面积 6955 平方米；查处违规占用林地 5 宗，罚款 4 宗，移交县森林分局查处 1 宗；整治卫片执法图斑 26 宗面积 16.67 公顷。进一步加强耕地保护，高标准基本农田建设、撂荒田地复耕复种工作扎实推进。地质灾害防治和隐患房屋排查整治工作常态化开展。

【新农村建设】　2020 年，水寨镇持续推进“三清三拆三整治”，全年清理垃圾 1689 吨，清理水圳及污水沟 23 千米、污水塘 30 口，累计清淤 1398 吨；拆除危旧房、废弃猪牛栏 153 座 9440 平方米。面上村人居环境整治成效明显，一批面上村污水处理设施建设有序推进；黄狮新村创建国家卫生村取得明显实效。“厕所革命”全面铺开，公厕建设和农村户厕无害化改造取得成效。全年改造和新建农村无害化户厕 32 户，普及率基本实现 100%；改造和新建公共卫生厕所 16 座。继续推行“路长制”，抓好“四好农村路”建设，8 个村“四好农村路”建设全面完成，累计建设硬底化道路 6.3 千米。

【脱贫攻坚】　2020 年，水寨镇持续抓好产业扶贫，全镇 6 大扶贫产业全年预期收益达 172.83 万元，为全镇 727 户 2672 名有劳动能力贫困户每人增收 600 元；大力宣传动员消费扶贫；持续抓好就业扶贫，加强公益性岗位务工保障和就近就业宣传动员，全镇有劳动能力贫困户就业率达 83.83%。精准扶贫微小型项目建设有序推进，5 个村微小型项目已履行相关程序。2020 年，全镇 1428 户 4388 人全部实现脱贫，脱贫率达 100%；4 个省定贫困村全部退出，退出率达 100%。

10 月 15 日，五华县人大常委会主任邓伯锦（左四）到罗湖村调研罗湖公园建设工作（张佰奎　摄）

【生态环境】　2020 年，水寨镇巡视巡察整改成效明显，依法拆除养殖场 6 户 700 多平方米，依法强制拆除筛洗砂场地 4 间，实施停水停电处理砂场 3 间，辖区养殖场、砂场污染行为得到有力遏制。严格落实“河长制”工作责任，全面完成“一河一档”“一河一策”；扎实推进河库“五清”“清四乱”专项行动，投入 25 万元，清理河流 7500 米、漂浮物 80 吨和建筑、生活垃圾 65.5 吨。继续保持森林防灭火高压态势，加大野外违规用火执罚力度，全年查处野外违规用火 20 宗共罚款 5000 元，全民防山火意识明显增强；投入 5 万多元，补充完善扑火服、头盔、手套等物资，护林员防护水平得到提升，全镇山火隐患明显减少。贯彻实施“绿美五华三年行动”，平湖、高车、中洞等村森林资源得到有效保护。投入 355 万元推进罗湖公园建设，生态供给能力进一步提升。持续加大禁止露天焚烧秸秆、扬尘撒漏整治巡逻执罚和宣传教育力度，着力打赢蓝天保卫战。

【安全生产】 2020年，水寨镇全面落实安全生产工作责任制，对烟花爆竹零售户和批发户、加油站、燃气零售门店、萤石矿、砂场、石场及商业城、敬老院、“三小”场所、出租屋等重点场所开展常态化专项整治行动，全年出动宣传车652次，排查整治隐患144宗；加强船舶安全管理，依法强制3艘报废、无证船舶吊离上岸。加强应急管理，认真组织学校安全隐患、危险源大排查大清理大整治专项行动，扎实开展接送学生车辆安全隐患专项整治、消防车通道集中治理行动和消防安全、火灾防控、电动自行车消防安全专项整治工作，持续抓好“安全生产月”“安全生产万里行”和“敲门行动”，全镇安全生产形势持续稳定。

【社会治理】 2020年，水寨镇积极妥善化解信访积案和矛盾纠纷，全年共受理办结上级交办案件办结47宗，受理办结省委巡视组交办案件18宗；受理办结“12345”政府热线143宗；组织调解调处其他各类案件56宗；指导和协助各村（社区）人民调解委员会化解各类矛盾纠纷86件。全覆盖落实信访维稳重点人员和重点群体“一人一策一专班”稳控化解工作；配合公安机关抓好扫黑除恶专项斗争工作，全力维护社会平安稳定。坚决打击治理电信网络新型违法犯罪，突出重点人员打击治理，全年被立案人员共计37名；强化宣传引导，全年累计投入20多万元用于反电信诈骗宣传，受众人数达15万人次。积极开展道路运输安全、全民禁毒、反邪教、防范非法集资等宣传活动，加强突出事件报道的舆论热点管控力度，群众风险防控意识明显提升。稳步推进维护政治安全八个专项行动和社会矛盾问题八个专项行动，扎实做好“六稳”工作，全面落实“六保”任务，全镇政治安全社会大局稳定。

【巩卫创文】 2020年，水寨镇在巩固卫生城市的基础上，深化市场“六乱”整治和“十个专项”整治提升行动，持续开展“两美”行动，全年创建48户美丽庭院和“星级文明户”，圩镇建管水平进一步提升；争取资金5000余万元，全面推进公园片区、华兴南片老旧小区基础设施升级改造，居民小区管理和市政设施逐步完善；澄湖堤安置区外立面改造成效明显，黄狮新村村史馆基本建成。全力助推五华县争获创建全国县级文明城市提名资格，狠抓精神文明创建，依托新时代文明实践所（站）、文化站等开展文明实践活动32场、核心价值观教育实践活动14场。持续完善村规民约和市民公约，垃圾分类、“一盔一带”交通秩序提升等工作全面深入推行。“双百”社工打通服务群众“最后一米”，全年组织环境整治、“双创”宣传等志愿活动200余场次，城市文明内涵全面提升。

水寨镇黄狮新村村史馆（水寨镇提供）

【文教卫生】 2020年，水寨镇稳步推进创建教育现代化先进镇，成功筹建镇级教育发展基金会，全年累计筹资350多万元；投入120万元建设平湖社区足球场及完善学校基础设施；镇级教育服务水平全面提升，水寨镇被评为2020年五华县高考前五名小学生源镇、五华县高考前五名初中生源镇、尊师重教先进镇。深入开展计生优质服务活动，为全镇1243名农村适龄妇女进行“两癌”免费检查。大力开展无偿献血活动，286名干部群众参与献血。统筹安排各群众艺术团体、体育团体和各类协会的文化体育艺术活动，群众日益增长的精神文化需求得到进一步满足。

6月1日上午，水寨镇教育发展基金会理事会成立大会在镇政府三楼党政联席会议室举行（水寨镇提供）

【社会事业】 2020年，水寨镇深入开展先进模范等评优评先活动，西河居委曾祥楠获评“2020年第三季度五华好人”“梅州市抗疫先进个人”称号。强化就业创业服务，2020年新增就业1100余人，城镇下岗失业人员再就业255人，农村劳动力转移就业3200人。实施“粤菜（客家菜）师傅”和南粤家政工程，培训“粤菜（客家菜）师傅”30多人，培训妇婴护理月嫂118人。积极推进畜牧业发展，全年开展生猪屠宰检疫6万多次，养殖和屠宰环节违禁药物监测共1000多份，确保市民吃上放心肉。市场监督管理工作有序推进，市场秩序规范稳定。社会救助、社会治理服务体系进一步完善，实行“一站式”救助特困供养人员、低保户、孤儿、精准扶贫户累计288人。第七次全国人口普查工作全面完成。征兵、国防动员、拥军优属、国防教育等工作有效落实。妇女儿童、工会、宗教、侨务、统计、档案、关心下一代、残疾人等各项事业取得新发展。

【法治建设】 2020年，水寨镇坚持依法行政，突出用制度管权管事管人，坚持决策权、执行权、监督权既相互制约又相互协调，镇政府自觉接受党内监督、人大监督、民主监督、司法监督，确保在法律允许的范围内行使权力。以公园社区为试点，创新“五治”相结合的社会治理方式，市域社会现代化治理工作有效开展。持续加强“中心+网格化+信息化”建设，认真开展普法和法治宣传工作，依法行政和民法典等宣传教育工作全覆盖推进。充分发挥镇聘律师作用，整合“一村（社区）一法律顾问”资源优势，驻村律师定时定点到村（社区）指导人民调解工作，全年累计解答法律咨询410人次，开展法治宣传81次，参与调解镇村矛盾纠纷86宗，运用法治思维和法治方式解决一批历史遗留问题。

【作风建设】 2020年，水寨镇全面推进全镇机构改革，镇机关党政机构、乡镇派驻机构属地管理工作取得阶段性进展，辖区自然资源所、市场监督管理所全面下放。按照科学执政、依法行政、廉洁从政工作要求，大力抓好机关干部职工、村“两委”干部的学习培训和管理，努力提升干部科学执政、依法行政，提高科学发展能力水平。优化政务服务，加大“放管服”力度，运行“一门式一网式”服务模式；抓好公共服务中心信息化、规范化建设；持续推进“数字政府”改革和“粤省事”实名注册，镇村“沃视通”视讯系统全面覆盖，实现线上线下功能互补，机关服务水平进一步增强。认真执行人代会决定、决议，主动接受县镇人大代表监督，充分发挥镇人大代表中心联络站和村级人大代表联络站作用，积极采纳选民和群众的意见建议。始终保持反腐败高压态势，纠正各种不正之风，营造风清气正、干群和谐的干事创业氛围。

（张佰奎）

水寨镇2020年度领导名录

党委书记：黎辉文（5月任职）

党委副书记：朱清辉
曾汉强（任至4月）
池宇华（8月任职）
何昭辉（12月任职）
张让权（任至10月）

党委委员：魏耿华（任至10月）
谢春云（12月任职）
邹定芳（任至8月）
温铁皇（任至3月）
陈建辉
曾永红
丘飞龙
钟坚平

人大主席：张仲坤

人大副主席：钟水清

镇　长：朱清辉

副镇长：魏耿华（任至10月）
周展红
刘远新
黄帼欢（12月任职）

纪委书记：谢春云（12月任职）

河　东　镇

【简况】　河东镇位于五华县中部，地处县城，总面积236平方千米，下辖43个村委会和3个居委会。2020年，全镇有27742户153128人，其中农业人口116188人、非农业人口36940人。耕地总面积4767.4公顷，其中水田2736.82公顷、旱地1541.7公顷、水浇地488.88公顷。2020年，全镇农村经济总收入约18.62亿元，镇级财政收入1.3亿元、支出1.3亿元，农村年人均纯收入约13450元。

【基础设施和重点项目建设】　2020年，河东镇以重点项目建设为抓手，成立土储工作专班，大力推进河东绿色生态工业小镇、华兴东路、增塘土储板块、美术馆、寨顶巷历史商街等重点项目征地拆迁工作，天云岭森林生态综合示范园首期建成开园并启动二期建设；完成垦造水田任务14.67多公顷，发展空间进一步拓展。完成约30千米“四好农村公路”建设和联岭、桂田、增塘、油新、下陶等村道路硬底化55千米，完成罗塘、黎塘等村“畅返不畅”和窄路面加宽工作。完成油田圩镇1.7千米水沟工程、年度中小河流综合治理和桂田水库供水水源地保护工程任务，EPC项目在全县率先完成县级验收。

【脱贫攻坚工作】 2020年，河东镇努力克服疫情影响，大力实施扶贫项目，加强建档立卡有劳动力人员的技能培训工作，不断增强贫困户“造血”功能，通过实施产业帮扶、就业帮扶、资产帮扶、政策兜底等一系列措施，全镇2014户贫困户6229人全部脱贫退出，贫困户年人均可支配收入达15261元。

3月27日，县长朱少辉（左一）到河东镇黄坑村调研并走访贫困户（河东镇提供）

【文教卫生事业】 2020年，河东镇持续完善镇村文化宣传阵地，成立1个镇级新时代文明实践所及46个村（社区）新时代文明实践站，2020年获评全国文明镇；大力培养、树立、宣传先进典型，叶定思荣获“2019年梅州市创建全国文明城市工作先进个人”称号，张勇鹏荣获“2019年度五华县精神文明建设先进工作者”称号，再坑村张燕芳家庭荣获“2020年梅州市文明家庭”称号；深入开展“扫黄打非”专项整治，净化社会文化环境，筹集700多万元成立河东镇教育发展基金会，营造重教重学氛围，提升教育教学质量；加强基层医疗卫生服务体系，完善卫生院软硬件建设，改善就医环境。按照“生命重于泰山、疫情就是命令、防控就是责任”的要求，全镇动员、全民参与，实行日排查、日收集、日报告制度，常态化抓好疫情防控“四个一律”、建立“一人一户一车一档”、落实网格化管理等工作，广大医务工作者、镇村干部、志愿者和广大人民群众坚守疫情防控一线，确保了河东无疫情发生。

2月4日，市委书记陈敏（居中）到河东镇下村村检查防疫工作（河东镇提供）

【社会保障】 2020年，河东镇扎实开展低保、五保核查，取消低保五保户22户123人，新增低保五保户26户132人，落实办理残疾人残疾各种证件及护理补贴发放工作，发放护理补贴48.2万元、生活津贴15.3万元，实现“应保尽保、规范运作、分类施保、动态管理”。完善镇退役军人服务站软硬件设施，完成退役军人登记信息采集及档案建立工作，获评省“五星级”示范服务站。

【社会治理】 2020年，河东镇扎实做好社会稳定工作，积极化解矛盾纠纷，办理上级转办案件257宗，调处群众矛盾纠纷364宗；持续开展精神障碍患者救治管理工作，确保辖区内登记在册患者救治到位、监护到位。继续加大扫黑除恶专项斗争宣传投入和线索摸排力度，处理上级转办线索17条。定期组织相关部门进行全镇安全生产领域大整顿、大检查，严厉打击各行业非法违法、违规违章行为，切实防范和遏制安全事故发生。2020年，河东镇综治信访、扫黑除恶专项斗争、消防环保、安全生产等工作均在县考核中获得“优秀”等次。

【乡村振兴】 2020年，河东镇牢固树立“绿水青山就是金山银山”理念，发动党员、干部、群众、志愿者等人群，在天云岭、幸福山等地植树造林33.3多公顷，共4万多株；积极发动村（社区）群众开展“植树栽花、搞靓屋夸”活动，搞好房前屋后环境卫生，同时利用闲置土地打造小菜园、小果园、小花园、小公园等“四小园”，助推生态建设。油田片依托国道355线、大嵩河，积极打造油新、化裕、和民等“三村联动”新农村建设示范点，至2020年底，工程总进度达70%以上，预计2021年全面完成建设任务，努力把沿线村打造成“一河两岸、美丽宜居、休闲农旅”的社会主义新农村。平南片依托蕉州河，大力推进林石、枫林、黄坑、黎塘等多村联动乡村振兴示范点，完成林石村全长2.8千米沿河景观大道建设，10月成功举办了全县乡村振兴现场会。深入实施“一村一品、一镇一业”，因地制宜，大力发展茶亭岗金柚、琴江香占优质稻、林石村小龙虾、黄坑“农业+生态旅游”等特色产业，推进丝苗米产业园建设，2020年获评国家级农业产业强镇；以发展梅州柚优势产业为契机，新开垦禾尚田金银花基地约46.67公顷，平东、林石等村备耕柚果产业46.67公顷。

【生态文明】 2020年，河东镇持续推进“两美”行动，再掀“三清三拆三整治”热潮，城乡垃圾分类收集、转运体系进一步健全。全年镇级河长巡河678人次，村级河段长巡河968人次，巡河发现“四乱”问题19宗并跟踪整改到位；大力整治偷采河砂工作，整治无证非法堆放经营河砂点9处，捣毁偷砂道路3条，打击处理非法偷采河砂5宗。狠抓森林防灭火工作，重新添置一批防火阻燃服、风机、水枪、宣传喇叭等应急储备物资，查处野外违规用火案件15宗、行政拘留1人，依法查处违规擅自改变林地用途行为5宗，罚款8万多元。抓好卫片执法图斑点整改，53个卫片图斑点全部复耕复绿到位并完成上级验收，5388个占耕摸排图斑数据按时完成上报、复核、公示。抓实污水处理设施建设，2020年建成污水处理池45个、运营33个；抓好露天焚烧秸秆和县城禁放区16个村（社区）烟花爆竹燃放污染防控。

【国土村建】 2020年，河东镇大力推进“126”整治工作，全年组织村建、市场监督、城监、应急等部门整治圩镇“六乱”40多次，制止农村“两违”行为100宗，拆除违建房屋17宗2510平方米，进一步规范圩镇秩序，有力扭转农村未批先建的不良风气。

【政府效能】 2020年，河东镇巩固深化主题教育学习成果，持续引导干部学习贯彻党的十九届五中全会精神，习近平总书记出席深圳经济特区建立40周年庆祝大会精神和视察广东重要讲话、重要指示精神，省委十二届十一次、十二次全会精神和市委七届九次全会、县委十三届十二次全会精神，做足做实各项理论学习功课，持续提升广大干部理论素养和政治水平，增强清正廉洁意识。以“组织力提升”为主题，充分发挥农村党组织和党员在脱贫攻坚、乡村振兴、扫黑除恶专项斗争、重点项目征地建设等重点工作方面的核心引领及先锋模范作用。严格按照上级要求和选举程序稳妥推进村级换届选举工作，选优配强农村基层党组织带头人队伍。

【作风建设】 2020年，河东镇以省委巡视整改为契机，坚决全面彻底肃清李嘉、万庆良恶劣影响，以案为鉴，令行禁止，持续净化政治生态，镇村干部底线意识、纪律意识进一步增强。严格落实中央八项规定精神，以村级巡察为契机、以查处侵害群众利益的不正之风和腐败问题为重点，强化“两违”线索排查，2020年全镇立案查处7宗，处理违纪党员7人，日常谈话16人，谈话提醒58人。

【法治政府建设】 2020年，河东镇完善政府工作规则、重大行政决策程序和政府信息公开制度，坚持科学决策、民主决策、依法决策，严格依法行政，深入推进政务公开，自觉接受人大监督、纪委监委监督和社会舆论监督。完成乡镇体制改革，完善机构设置，成立行政执法大队，承接下放镇级权限，优化政府职能。深入推进农村综合改革，全面铺开农村集体产权制度改革，推进政务服务“马上办”和审批服务便民化，群众获得感进一步增强。

（杨英辉 魏穗勇）

河东镇2020年度领导名录

党委书记：叶定思
党委副书记：邓日新
徐伟权
江志彤
党委委员：戴 勇
张赛新 宋更杰
谢福金 魏智华
刘 斌
张勇鹏
张裕琴（任至7月）
曾文彬（11月任职）
人大主席：张志英
人大副主席：张锦贵
镇 长：邓日新
副镇长：戴文平
胡高文
曾世田
朱仲平（8月任职）
纪委书记：张裕琴（任至7月）
曾文彬（11月任职）

转 水 镇

【简况】 转水镇位于五华北部，距离县城13千米，东北与兴宁市刁坊镇、福兴镇相连，全镇总面积158.5平方千米，下辖21个村和1个社区，有18212户73278人。全镇耕地总面积2414.93公顷，其中水（旱）田1871.4公顷、旱地543.53公顷。全年财政总收入7278.3万元，总支出7221万元，收支基本平衡。

【疫情防控】 2020年，转水镇积极应对新冠肺炎疫情，始终把人民群众生命安全放在首位，成立领导小组，严格按照“外防输入、内防扩散”的工作思路及早研究部署，严格落实疫情防控“四个一律”措施。全体镇村干部取消春节假期坚守岗位，社会各界爱心人士倾囊相助捐资捐物，党员先锋队、退役军人、志愿者们不避艰险、坚守一线，党员干部带头进村入户落实网格化管理责任，构筑群防群治的严密防线。适时推进疫情防控常态化，集中精力做好“六稳”“六保”工作，积极协助企业在做好疫情防控的前提下，全力推进复工复产，有序做好中小学复学复课工作，加快推进经济社会运行秩序正常化。

众志成城，打赢疫情防控阻击战（转水镇提供）

9 月 11 日上午，“梅龙”高铁转水段“首拆”顺利完成（李锦中 摄）

12 月 30 日，转水镇“美丽圩镇”创建工作成效初显（周瑜城 摄）

【农业】 2020 年，转水镇对全镇 13024 户农户按土地确权面积重新造册登记耕地补贴。推广种植优质水稻 2600 公顷，其中种植丝苗米 266.67 公顷，全镇水稻保险参保率达 90%以上。利用蛇塘、黄龙等村撂荒土地扩大丝苗米种植面积，为打造省级丝苗米种植基地奠定基础。全年撂荒水田复耕复种水稻 99.46 公顷，其他作物 19.54 公顷。定期开展对红火蚁、稻水象甲等检疫性病虫及柑橘黄龙病的防控工作。

【产业发展】 2020 年，转水镇支持鼓励汉光超顺农业产业园、新丰寨农旅园等农业龙头企业的发展壮大，探索多种产业融合发展模式，构建现代农业产业体系。鼓励各村根据自身优势大力发展“一村一品”产业，利用益塘潮发农业、五星华硕农业、矮车生长地、下潭美宏灵芝种植、新华宏辉油茶基地等特色产业打造一批转水品牌，辐射带动周边形成产业集群，用好大湾区优势，丰富农业产供销“全链条”。协办“全市推进梅州柚产业发展暨扩种动员大会”，支持和鼓励果农和柚果生产企业进行品牌创建，打造新品种柚的种植示范基地。同时加快“七村联动”建设，发掘誉著干城、荣槐楼、九思楼等历史人文元素，探索将汉光超顺、新丰寨、益塘水库、热矿泥山庄等旅游景点串珠成链，大力发展乡村旅游产业。

【重点项目】 2020 年，转水镇按照县委、县政府的工作部署，全力推进梅龙高铁、红木二期产业园、热矿泥山庄升级改造、客天下文化旅游产业园、人武部和国防教育培训基地、公安战训基地等重点项目的征地拆迁工作。积极抓好圩镇升级改造工程，对圩镇农贸市场进行改造，完善农贸市场管理制度。投入1140多万元拓宽交通街、友谊街、友谊二街并铺设沥青和人行道街砖，进一步完善路灯和绿化建设。

【交通路网】 2020年，转水镇高度重视“四好农村路”建设攻坚工作，全面完成15.883千米的建设里程。努力巩固梅州市“四好农村路”示范镇称号，对全镇182.512千米的乡村道全面实行“路长制”管理，持续加大对道路升级改造、绿化、养护的投入力度。对水潭线至黄龙超顺、水潭线至新丰寨的2.8千米道路铺设沥青路面。对河唇街0.98千米进行全面升级改造，管网全面整理，实现沿街商户全部进店经营。大力推进新农村建设“以奖代补”项目，截至2020年底，转水镇新农村建设“以奖代补”项目完成率达到98.8%。科学有序规划建设公共健身娱乐、污水处理设施、集中供水等民生项目，补齐基础设施短板。

【水利建设】 2020年，转水镇河长制工作得到全面落实。积极开展“五清”“清四乱”集中整治行动，严厉打击盗采河砂、禁渔期捕鱼等非法行为，切实管护好五华河、练溪河、矮车河的生态环境。对山塘、水库、堤坝进行安全隐患排查和修复加固，确保汛期水库、堤坝安全。全年组织执法行动10多次，共扣押铲车6辆、挖机4辆、马旦车2辆、龙溪车6辆、三轮摩托车8辆。拆除涉河违建7宗，面积约1000平方米。

【圩镇改造】 2020年，转水镇严格按照“创卫”各项要求，多措并举，全力推进“创卫”工作。深入开展全民爱国卫生运动，推进“六乱”整治常态化。在广大干部群众的共同努力下，转水镇“创卫”工作于2020年10月底顺利通过市级技术评估，并于2021年1月21日被省爱国卫生运动委员会授予“广东省卫生镇”称号。

10月24日，转水镇创建“广东省卫生镇”工作通过市级技术评估（周瑜城 摄）

【资源管护】 2020年，转水镇切实履行林政管理职责，严厉打击乱砍滥伐林木和违规野外用火等行为，对违规占用林地建房、建坟等行为加强管控，有效保护林业资源。规范、有序做好7.07公顷火烧迹地的复绿造林工作，协助县局规划做好新丰村、流洞村666.67公顷的碳汇造林工作。全年查处11起违法占用林地行为，罚款22325元，处罚39单野外违规用火行为，共罚款8550元。不断规范城乡建设秩序，严格落实私人建房审批制度，坚决遏止未报先建等违法违章建设行为，大力开展“两违”专项整治，全年共拆除违章建筑9宗，合计1375平方米。坚决完成2020年度卫片执法整改任务，拆除卫片图斑点2宗，复绿复耕8宗，立案查处、完善用地手续6宗。

12月11日，转水镇召开创建国家森林城市暨森林防灭火工作会议（周瑜城 摄）

【脱贫攻坚】 2020年，转水镇在实现“两不愁”的基础上，全面解决“三保障”问题，落实好产业、就业、“以奖代补”等各项扶贫措施，严格按照相对贫困人口退出标准和退出程序，对符合退出标准的贫困户、贫困村给予退出。截至年底，全镇贫困户1208户3786人已达到脱贫标准，脱贫率达100%。积极做好脱贫人口“回头看”工作，对全镇9户41人边缘易致贫户和4户16人脱贫不稳定户进行动态监测，防止出现返贫现象，全面巩固脱贫成果。

【社会保障】 2020年，转水镇提高救助对象准确率，新增低保户64户141人；新增五保户7人；新增事实无人抚养13人、孤儿2人。对126人发放应急救助金57.3万元，对1330名80周岁以上老人发放高龄津贴26.6万元。取消不符合条件的低保户51户197人，五保户9人。着力健全农村医疗保障服务，全年完成城乡居民医疗住院报销571宗，特殊门诊报销39宗。大力宣传城乡居民养老保险政策，协助5000多人完成城乡居民养老保险资格认证，为1730多人提供代缴养老保险服务，为178人申领养老保险待遇。不断完善退役军人服务设施，以创建全市退役军人服务中心（站）星级示范点为契机，高标准建设转水镇退役军人服务站和黄龙村退役军人服务站。

8月12日，全县退役军人服务中心（站）星级示范创建推进会在转水镇举行（周瑜城 摄）

【平安法治】 2020年，转水镇全面加强部门联动，开展信访突出问题和信访秩序专项治理工作，强化领导包案制度，积极化解一批疑难积案。全年共接待上访群众68批次，受理矛盾纠纷68宗，其中已成功调解52宗，调处成功率76.47%。全年共受理有效警情85起，立刑事案件51宗，破24宗，受理、查处各类治安案件84宗，抓获逃犯17人，逮捕犯罪嫌疑人18人。

【文教卫生】 2020年，转水镇新建青塘、新民、新丰3个足球场。协办“骑行状元之乡·畅享热矿神泥”、2020年五华县第五届超越百公里骑行活动。教育事业进一步发展，2020年转水镇参加中考的学生有78人达到第一批重点中学分数线，全县1200名小升初学生排名达到优秀的有25人，荣获全县“高考前5名初中生源镇”称号。成立转水教育发展基金，筹集教育基金约230万元。同时协助矮车村、黄龙村、新民村成立村级教育基金会，奖教奖学蔚然成风。转水镇团委积极开展爱心帮扶行动，共帮助小学生 5 名、中学生 50 名，筛查并医疗救助先天性心脏病儿童 10 名。

（房剑祥　周瑜城　李锦中）

6 月 29 日，转水镇举行教育发展基金理事会成立仪式（周瑜城 摄）

11 月 14 日，梅州五华首个村级教育基金会——转水镇新民村教育基金会成立，筹集 280 万元奖教奖学（来源南方+）

转水镇 2020 年度领导名录

党委书记：张　勇

党委副书记：古志宗
黎碧尧
戴俊浩（4 月任职）
林冠雄（12 月任职）

党委委员：邓文斌
林冠雄
程东雄
田润民
钟育钦
戴俊浩（任至 4 月）
朱连辉（任至 11 月）
魏明星
孔章城

人大主席：李月容（任至 12 月）
戴俊浩（12 月任职）

人大副主席：张晨辉（任至 4 月）
曾伟强（4 月任职）

镇　　长：古志宗

常务副镇长：林冠雄（任至 12 月）

副 镇 长：曾远洋
徐坤华
李冬婷（4 月任职）
邹尚锋（12 月任职）

纪委书记：邓文斌

华　城　镇

【简况】　华城镇地处五华县北部，是老县城所在地，全国重点镇之一，距县城 27 千米。全镇辖 34 个村和 3 个居委会，人口 13.8 万人，总面积 247.5 平方千米，其中耕地面积 2866.67 公顷、山地 1.6 万公顷。华城镇交通便利，广梅汕铁路、205 国道和梅河高速公路穿境而过，铁路、高速公路均设有上落站和出入口，梅龙高铁五华站也落户华城镇。五华河、乌陂河、潭下河、新桥河四河交汇于此。2020 年全镇一般公共预算总收入 2.4011 亿元，其中工商税收 1.0378 亿元，总支出 2.4312 亿元。

【疫情防控】　2020 年，华城镇严格落实中央要求和省、市、县疫情防控工作决策部署，始终把人民群众生命安全放在首位，科学精准做好疫情防控各项工作。一方面，抓好疫情防控措施。第一时间发布“六个从严”“九必做”要求，在主要路口设立24小时临时劝返点50余个，抓实疫情防控的“入口关”和“出口关”。同时，按照网格化包户责任制，充分做好外来人员排查管控、居家隔离措施、宣传引导、消杀防护等工作。另一方面，促进复工复产复课。在积极应对经济下行压力的情况下，坚持“两手都要硬，两战都要赢”的原则，全力做好“六稳”工作、落实“六保”任务，充分发挥好“联络员、协调员、宣讲员和监督员”角色，聚焦解决企业复工复产中遇到的问题，实现疫情防控和复工复产“双线作战”；同时，全力打好健康安全开学工作“组合拳”，做实做细排查监测、物资保障、日常管控等举措，为全镇师生返校复课保驾护航。

【扩容提质】 2020年，华城镇新乌陂桥、塔岗村中心路、金山公园、华城公用事业服务中心大楼等项目建成并投入使用，十字街老旧小区改造项目、华城镇水上乐园、205国道圩镇段升级改造项目、华城区域性敬老院以及沿江路（乌陂河—华城大桥）道路、亲水公园和社区综合文化活动中心等民生项目稳步推进，长寿山森林公园正在谋划启动；借助“四好农村路”政策优势，顺利完成约16千米建设任务，并加快打通状元路交通瓶颈，全镇交通道路体系不断完善。华城自来水厂正常运营，五华河沿河碧道建设、乌陂河河道整治提升以及新桥片区村村通自来水工程等项目进展顺利，有效补齐了全镇水利基础设施短板。2020年，华城镇成功入选广东省数字乡村试点镇和广东省城乡融合发展省级中心镇试点镇，发展后劲十足。

5月22日，五华县决胜攻坚“四好农村路”建设工作现场会在华城镇黄埔村举行（华城镇提供）

11月17日，五华县华城镇水上乐园项目奠基仪式在华城镇湖田村隆重举行（华城镇提供）

【梅龙高铁】 2020年，自梅龙铁路（华城段）征地拆迁项目启动以来，华城镇坚持党建引领，抓紧抓实“班子成员、村党组织书记”等关键少数，成立以驻村工作组、村“两委”干部为骨干力量的征拆队伍，全面落实包户责任制，充分发扬“5+2”“雨+晴”连续作战的工作作风，主动深入征拆一线，做实群众工作，真正做到解释到位、宣传到位、评估到位、签约到位、安置到位，征拆工作有序推进。截至年底，已全面完成建设红线内征地任务，需拆迁房屋169座，已签约165座，拆除94座，迁移坟地633座。

1月16日，副市长吴晓晖到华城镇调研梅龙高铁建设（华城镇提供）

6月30日，梅龙铁路全线开工建设动员会在华城镇塔岗村举行（华城镇提供）

6月30日，梅龙铁路全线开工建设动员会在华城镇塔岗村举行（华城镇提供）

【乡村振兴】 2020年，华城镇以农村人居环境整治为切入点，大力开展美丽小城镇、美丽乡村、美丽庭院“三美”创建活动，成功入选梅州市美丽小城镇示范镇；大力实施“八村联动”新农村示范建设项目，紧紧围绕风貌提升、绿化亮化、道路提升、三线整治、景观打造等项目进行全面改造提升，着力打造一条城乡融合、以城带乡、休闲娱乐、特色水乡、文化传承为一体的连片乡村农旅示范线路，其中黄埔村获得“广东十大美丽乡村”提名资格。同时，因地制宜全面推进农村污水处理、农村公厕、村标等基础设施建设，全年累计建成污水处理设施25个、公厕76座、村标18个；持续深入开展“三清三拆三整治”百日攻坚专项行动，全年累计清拆危旧房舍3693座。大力推进“一村一品、一镇一业”项目，天庄生态农业、葵富鹰嘴桃基地、茶树菇种植基地、蔬菜种植基地等农业项目已具备一定经济效益，中国联塑集团花卉种植项目、新桥腐竹厂建设项目进展顺利，全镇农业产业发展实力显著增强。

10月9日，全县乡村振兴现场会参会人员在华城镇齐乐村参观考察（华城镇提供）

【生态建设】 2020年，华城镇深入贯彻落实习近平生态文明思想，坚决保护好绿水青山。一方面，全面落实河长制工作要求，对五华河、潭下河、新桥河以及乌陂河开展“五清四乱”专项整治行动，全年共清理涉河“四乱”图斑点16个，镇村巡河次数超1000人次，荣获2020年梅州市河长制工作先进集体称号。另一方面，全面加强林业资源管护，严打野外违规用火现象，严查露天焚烧秸秆行为，全年共更换60岁以上护林员29名，查处非法毁坏林地行为10起，执罚违规用火行为5起，全镇未发生重大森林火灾。同时，以“绿满五华”大行动为抓手，在植树节期间组织镇村干部、志愿者植树1000余株，生态环境大大改善。

【综治维稳】 2020年，华城镇深化扫黑除恶专项斗争，深入推动以线索清仓、逃犯清零、案件清结、伞网清除、黑财清底、行业清源为主要内容的“六清”行动，镇扫黑办共受理办结线索1条，社会治安环境有效改善。华城派出所顺利创建“枫桥式示范派出所”。同时，坚决打击缠访、闹访等非正常上访行为，全年共受理各类矛盾纠纷案件182宗，已调处169宗，案件调处率达92.86%，并圆满完成全国两会、习近平总书记视察广东并出席深圳经济特区建立40周年庆祝大会和党的十九届五中全会等重要时期的维稳工作。严厉打击治理电信网络诈骗，举办电诈宣传“六进”活动20次，发放宣传资料3万多份，有效提高广大群众防诈骗意识。“平安乡村、平安万家”视频监控项目稳步推进。梅州市首个民法典主题公园在西区社区顺利开园并投入使用。

12月4日，五华县“12·4”国家宪法日集中宣传暨五华县民法典主题公园开园活动在华城镇滨江公园隆重举行（华城镇提供）

【安全生产】 2020年，华城镇坚持“安全第一、预防为主、积极应对”的工作原则，对辖区内的烟花爆竹零售经营点、非煤矿山企业、大型建筑工地和加油站等关键场所开展安全生产大检查、打非治违、隐患整治等专项行动，共排查隐患82宗，现场整改71宗，限期整改11宗，隐患整改率100%。同时，顺利举办全市基层应急管理“四个一”建设推进会暨五华县白石嶂尾矿库应急演练观摩现场会，西区社区创建全国综合减灾示范社区已通过省级初验并上报至应急管理部。全镇安全生产形势总体稳定，食品安全形势持续向好，消防、应急救灾等工作稳步推进。

【脱贫攻坚】 2020年，华城镇紧扣高质量完成脱贫攻坚目标任务，对照“两不愁、三保障、一相当”工作要求和“8+1”脱贫标准，全力做好贫困户户容户貌改造提升“回头看”工作。进一步强化帮扶措施，不断压实镇村干部的“五包”责任机制和党员结对帮扶机制，充分落实党组织书记遍访制，帮助贫困户解决生活生产问题。镇公益性岗位安置贫困户共计31人，发放教育补贴1004人，教育补助率达100%。全镇1586户4690人实现稳定脱贫，退出率100%；相对贫困村退出9个，退出率100%。

【文教卫生事业】 2020年，五华县职业技术学校办学成果显著，禾岭小学建设项目推进顺利，五华中学运动场基本完成征拆任务并进场施工，华城镇中心幼儿园以及相关教育项目征地拆迁有序推进，并成功举办华城镇第二届教育大会，发放奖教奖学金140余万元，全镇教育事业蓬勃发展。文明村镇创建工作全面推进，镇级新时代文明实践站被列为县级新时代文明实践示范站，城镇村荣获2018—2020年度广东省文明村称号。“广东省卫生镇”创建工作深入推进，顺利通过省市县三级考核评估。第七次全国人口普查工作有序推进，先后完成建筑物标绘、清查摸底、短表登记、长表登记等工作。

【公共服务】 2020年，华城镇顺利建设、修缮5个村（社区）党群服务中心，全面实行“一站式”集中审批服务，全镇“便民服务代办点”实现全覆盖。华城镇党群服务中心全年共受理业务约1.63万件，同比增长15.6%。华城镇社会工作服务站建成并投入使用，社区服务能力得到有效提升。同时，严格落实社会救助、社会福利等优抚政策，为全镇1186户低保户、346户特困家庭发放保障金1493万元，为2072名残疾人发放津贴752万元。

【行政体制改革】 2020年，华城镇全面深入推进行政管理体制改革工作，进一步理顺职责关系，科学设置党政机构，组建五大工作平台，并顺利举办了梅州市推进乡镇街道体制改革现场会。同时，积极与县级权限下放部门对接，开展业务培训，共下放县级事项761项。2020年全镇本级税收4123万元，非税收入1433万元，本级土地出让收入1.8亿元，全镇本级收入超过2.3亿元，改革成效显著。

12月17日，梅州市推进乡镇街道体制改革现场会在华城镇举行（华城镇提供）

【基层党建】 2020年，华城镇率先全面完成村党组织书记“三个一肩挑”工作，有力解决基层组织“两张皮”现象。2020年，共培养党组织书记37名、后备干部74名，吸收入党积极分子100多人，发展预备党员35名。顺利打造镇级党员阅览室以及升级改造镇级党校，获得了首批市级镇党校示范点称号。

（李诗琳）

华城镇2020年度负责人名录

党委书记： 张晓山（任至5月）
张少凡（7月任职）

党委副书记： 曾　宏（任至11月）
李俊标
池宇华（任至7月）
邹定芳（7月任职）

党委委员： 钟伟东
康　炜
曾庆青
温捷兴
黄伟权
李小娟

陈文顺（任至10月）
张治华
宋庆材
人大主席：吕中华
人大副主席：田永青
镇　　长：曾　宏（任至11月）
李俊标（12月任职）
副 镇 长：康　炜　　李　勇
李茂青　　曾振培
纪委书记：钟伟东

岐　岭　镇

【简况】 岐岭镇地处梅州市西部，五华县西北部，距县城49千米，总面积154.6平方千米，下辖25个村和2个居委会。2020年全镇有16886户77522人；全镇有山地面积10830.02公顷，耕地面积1783公顷，其中水田1515.93公顷、旱地267.07公顷。全年镇级财政总收入4805万元；财政总支出4805万元。

【农业发展】 2020年，岐岭镇擦亮农业产业品牌，培育乡村发展新动能。全力抓好特色农业发展，大力推广福悦农业发展有限公司南薯品牌，种植芭蕉芋23.33多公顷；着力抓好厂房设备、农业机械设备、滴灌建设等升级工作；撂荒水田复耕复种63.33多公顷；新增柚果种植面积约20公顷。

【乡镇企业】 2020年，岐岭镇擦亮酒类品牌文化，打造“一镇一业”新格局。积极引导长乐烧、客联酒业整合资源，进一步形成产业规模，开发酒文化旅游资源，发展产业旅游一体模式，形成品牌效应，该镇龙头酒企长乐烧酒业有限公司荣获“五华客家菜十大食材基地”称号，进一步扩大产品知名度，有效提升该镇酒类企业的品牌形象。

【重点项目】 2020年，岐岭镇聚焦梅龙高铁（岐岭段）项目征拆工作，举全镇之力推进项目征拆工作，工作成效显著。梅龙高铁（岐岭段）建设红线内共需征地面积约34.25公顷，截至年末已完成征地约31.03公顷、占总征地面积的90.61%；临时用地应征42.67公顷，已征地约32.2公顷，占临时用地应征总面积75.47%。登记评估房屋49座，签订49座房屋征收协议，全面完成房屋签约任务。

【新农村建设】 2020年，岐岭镇加快镇村两级生活垃圾和污水处理管网设施建设，全力推进大蒲村、龙寨村等新农村建设示范点建设。至年末，“三清三拆三整治”工作已基本完成，拆除破旧“三舍”470多座、4.38万平方米；EPC项目已完成51个，完成率95%；镇级污水处理厂和12个村级污水处理设施已投入使用；建成12个综合性文体设施。

【人居环境】 2020年，岐岭镇深入推进人居环境综合整治，结合“两美”行动，着力抓好“八整治、四提升、三规范”工作，全域推进农村人居环境综合整治，建立“户集村收，村运镇处理”的日产日清卫生处理模式，岐岭、双头圩镇实现无桶化管理，礤下村垃圾分类试点工作有序推进，进一步引导群众改变不良习惯，营造全民参与人居环境整治的良好氛围。深入推进厕所革命，全面完成厕所新建改造任务，完善公共卫生设施。深入推进实施污染防治攻坚三年行动计划，做好黑臭水体整治、蓝天保卫、农业农村污染治理等重点工作，着力抓好禁止露天焚烧杂草等工作。压实“河长制”责任，严厉打击涉河违建、倾倒垃圾、非法偷采砂等行为。

【文教卫生】 2020年，岐岭镇各项升学考试再创佳绩：高考方面，本科上线29人，高优投档线上线3人，连续3年超额完成县管目标，皇华中学喜获“高考优胜奖”；中考方面，皇华中学中考综合排名居全县第6名，位列乡镇中学第1名，连续3年达东山中学、曾宪梓中学分数线人数超过30名；“岐岭镇教育发展基金会成立暨2020年教师节表彰大会”取得圆满成功，岐岭镇教育发展基金会正式成立；至年末收到教育善款共计219.01万元，共发放15.04万元奖金进行奖教奖学。超额完成县下达的献血任务，献血人数达239人；超额完成县下达的“两癌”检查任务，检查人数达674人。

【生态建设】 2020年，岐岭镇完成樟坑古驿道实施设计方案，打造1.5千米的精品路线，积极配合县文广旅体局做好古驿道的清障、修复工作，统筹推进樟坑古驿道入口处景观工程，逐步恢复茶亭、驿站等景点。压实“林长制”责任，持续推动绿美岐岭三年行动工作，大力开展植树造林活动，加强森林防灭火基础设施建设，实施最严管控措施，全力保护岐岭森林资源。组织镇村干部及群众义务植树2万多株。

【精准扶贫】 2020年，岐岭镇着重抓好产业帮扶、农村“三变”、就业帮扶和“三保障”兜底帮扶工作；着重抓好“8+1”工作整改，紧盯未退出贫困户41户190人（其中未脱贫困户4户20人）的工作重点，严格按照“一户多策”“一人一法”的工作思路，压紧压实帮扶责任，帮助贫困户新建卫生厕所17户，解决无自来水及线路整改问题21户、无电视问题23户、无网络信号问题5户、家庭人居环境整治67户。全镇贫困户退出率和脱贫率均达到100%。

【民生保障】 2020年，岐岭镇培训各类劳动力1198人（次）以上，转移就业596人（次）以上。积极开展低保五保清理核查工作，2020年共清退不符合条件低保户84户、165人；低保合格率排全县前列，全面实现“应保尽保，应退尽退”动态管理目标。全镇共有在册低保户705户1899人，五保户191人，残疾人两项补贴对象1135人，发放补贴资金410多万元，发放医疗救助金86.9万元。完成4户农村危房改造。发动群众参加城乡居民医疗保险54494人；受理城乡居民医疗保险报销1145宗，城乡居民养老保险申领、注销业务466宗，核实、追回超领待遇61人，城乡养老人员征缴5012人，办理就业、失业登记11份。

【平安创建】 2020年，岐岭镇筑牢基层法治根基，构建乡村治理新体系。始终坚持以加强构建综治维稳体系、加强社会管理工作力度为抓手，立足乡村治理生态的新变化，着力推动乡村全面振兴。积极稳妥处置化解各类矛盾纠纷，充分发挥“中心+网格化+信息化”作用，网格活跃度均达到100%以上，上传网格事件611件，各领域风险的排查化解和监测预警得到加强，重大精神障碍患者排查管控工作扎实开展，有力推动综治信息系统建设。全年共受理信访案件151宗，办结146宗，其余5宗正在调处当中。

【社会治理】 2020年，岐岭镇突出打好扫黑除恶专项斗争三年攻坚战，完善社会治安防控体系，严厉打击盗抢等各类犯罪活动。深入推进扫黑除恶专项斗争重点整治工作。全年上报扫黑除恶专项斗争线索2条，接收县扫黑办移交线索2条，立刑事件22宗，治安处罚58人。开展打击制毒犯罪工作，深入开展禁毒宣传活动，排查出易制毒场所6处。开展“126”专项整治工作，严格落实安全生产责任制，成立工作专班，重点抓好非煤矿山、建筑施工、交通运输等行业领域安全隐患排查整治，做好地质灾害、森林火灾等自然灾害监测预警和应急处置，排查整改隐患45个；着力推进“两违”专项整治工作，全年共拆除违章建筑11处、1560平方米。

【民生实事】 2020年，岐岭镇始终坚持以民生实事为抓手，不断补齐民生短板。基本完成岐岭圩镇河堤和新农村（朝阳村、北源村）示范点建设；基本完成合水、朝阳、皇华中学水毁河堤总长约2千米的修复工程；基本完成岐岭、双头圩镇街道升级改造工程，着重做好线路改造、人行道街砖铺设、排水沟改造等工作；基本完成岐岭河生态清洁小流域治理工程，进一步提升防汛能力，其中罗经村、北源村岐岭河生态清洁小流域治理工程、河道建设、人行绿道、公园已基本完工，改善“一河两岸”的村容村貌；推进村村通自来水二期工程，截至年末，管道已铺设完毕，进一步保障岐岭片区群众饮用水安全。

（李浩铭）

岐岭镇2020年度领导名录

党委书记：严季岳
党委副书记：戴天平
刘志标
廖天华（5月任职）
党委委员：詹煌裕 钟奇云
张雄光 曾益锋
张小娟 张 想
何胡涛
人大主席：翁颖明
人大副主席：何 森
镇 长：戴天平
副镇长：钟录梅 张 燎
刘宝雄 林 振
纪委书记：詹煌裕

潭 下 镇

【简况】 潭下镇地处五华县西北部，距离县城35千米，因境内潭下河河道弯曲，形成许多河湾潭角且潭深而称潭下。镇域面积258平方千米，下辖20个村和1个居委会，全镇总人口63152人。自然资源丰富，山地面积20733.33公顷，约占全县山地面积的1/10；有耕地面积1498.2公顷，素有“五华粮仓”之美誉。潭下镇以“互联网+”为抓手，加快互联网与传统产业、特色产品融合发展，推广电商“招牌”，做强产业“品牌”，培育了一批特色农业产业，全力建设“电商强镇·富庶潭下”。2020年年末，全镇实现生产总值10.7亿元，同比增长1.5%；财政预算收入2875.46万元，支出2875.46万元，其中：地方预算税收收入共226.2万元，同比增长2.8%；农村居民人均收入12306.5元，同比增长2%。

【基层治理工作】 2020年，潭下镇始终以“稳定压倒一切”的思想贯穿综治维稳工作，严厉打击暴力恐怖活动组织，狠抓综治、维稳各项工作落实，确保镇域社会大局持续稳定。全力维护社会稳定，高度重视初信初访工作，编写《潭下镇人民调解十大典型案例汇编》作为培训教材，持续加强镇、村调解员业务培训。镇综治中心共受理群众信访案件30宗，已办结28宗。扎实推进全民禁毒工作，悬挂98条禁毒宣传标语，组织开展24次禁毒宣传“六进”活动，发放8600余份宣传单；对8名社区戒毒人员、10名社会面吸毒人员累计开展尿检51次，谈话51次。深入推进扫黑除恶专项斗争，通过宣传柏洋村涉黑涉恶案件，提高群众对专项斗争的认识，鼓励群众积极参与专项斗争。持续开展反诈骗宣传工作，加大宣传攻势，组织召开相关会议5次，利用镇政府微信公众号，高频率发布最新反诈信息，各村主要路口悬挂横幅标语25条，设置宣传展板33块，发放宣传资料1.3万余份，与群众签订不参与电信诈骗承诺书1300余份，不断提高群众防诈骗能力，全面筑牢反诈防线。

【产业发展】 2020年，潭下镇按照做精做强做优的目标，巩固传统支柱产业，因地制宜全面发展农业产业及养殖业。抓好撂荒田的复耕复种工作，出台以奖代补方案，提高农户参与撂荒田复耕复种的积极性，全年早稻实现复耕59公顷。大力培植主导产业，夯实产业发展基础，通过实施“一村一品”项目，引进企业在品畲村投资160万元建设薏米加工厂，为潭下稻谷提供出路的同时为薏米产业发展奠定坚实基础；积极引导、协助蛋鸭养殖企业走全产业链发展道路，鸭苗孵化厂、企业蛋品加工厂已投入使用，蛋品加工厂取得SC生产许可证，年可加工鸭蛋4000万枚，大大提振全镇养鸭户的信心。2020年全镇养殖蛋鸭50万羽。全力发展“电商+产业”模式，借助电商平台优势，推动线上线下高效融合；积极引导电商企业开展直播带货，拓宽销售新渠道，解决农产品滞销问题。

4月16日，省农科院动科所到潭下镇调研指导蛋鸭养殖产业（潭下镇提供）

7月6日，潭下镇举行“直播助农示范企业”暨第三届“十大新农人”颁奖仪式（潭下镇提供）

【新农村建设】 2020年，潭下镇按照“生产发展、生活宽裕、乡风文明、村容整洁、管理民生”新农村建设方针，全力推进乡村基础设施建设，不断美化人居环境。基础设施建设有序推进，完成农贸市场升级改造工程，完成圩镇文化广场升级改造为圩日临时摊档和临时停车点项目，整治乱摆乱卖、占道经营的乱象；圩镇雨污分流工程顺利完工，圩镇生活污水统一收集到镇污水处理厂处理；稳步推进村级污水处理设施和污水管网铺设工作，扎实推进“四好农村路”建设，柏洋村沿河路1.5千米已实现硬底化通车；背蓝线升级改造已基本完成。人居环境整治成效显著，持续推进“洁净庭院”创建，打造生活垃圾无桶化收集处理模式，推动民居外立面改造，大力开展移风易俗工作，树立文明乡风民风。在代表县接受省、市乡村振兴实绩考核中获得优秀的成绩。“126”专项整治持续推进，每月组织开展安全隐患大排查行动和安全生产月系列活动，全年共排查整改安全隐患142宗；加强用地报批手续办理工作，强行入轨规范农村私人建房，规范农村私人建房行为57宗；以“创卫”为契机，形成圩镇建管长效机制，每周五组织开展大扫除活动，圩镇面貌焕然一新。深入推进农村“厕所革命”，实现无害化卫生户厕普及率达100%，累计建成卫生公厕75座。生态文明建设不断深入，全面开展畜禽养殖

8月20日，韶关市130名农村电商“一村一品”带头人到潭下镇交流学习（潭下镇供稿）

12月21日，潭下镇与中国移动梅州分公司签订协议，吹响“5G+数字农业”号角（潭下镇提供）

5月14日，县妇联到潭下镇横石村举行市级“美丽家园示范村、示范户”授牌仪式（潭下镇提供）

11月17日，潭下镇2020年“四好农村路”建设项目全面竣工（潭下镇提供）

行业乱象整治行动；认真贯彻落实河长制工作，严厉打击非法开采河砂行为；落实最严厉的森林防火责任制，全镇未发生山火。

【精准扶贫】 2020年，潭下镇坚持精准扶贫精准脱贫基本方略，坚决打赢脱贫攻坚战。克服疫情影响，紧抓脱贫增收。通过全面排查掌握疫情对贫困户收入影响，落实应对措施，努力把疫情影响降到最低。强化问题整改，巩固脱贫成效。3月，围绕2019年市级考核和县脱贫攻坚第三方评估反馈问题开展全面入户核查；7月，组织镇驻点团队围绕“8+1”工作要求开展交叉检查，严格做好问题整改，补齐工作短板；11月，围绕2020年扶贫开发工作成效考核要求再完善，全面巩固提升脱贫成效。坚持目标导向，确保打赢脱贫攻坚战。该镇主要领导对2019年3户未脱贫户进行挂牌督战，多措并举增加贫困户收入，截至年底3户已实现脱贫；同时，紧盯相对贫困村十项退出指标，积极争取资金完成品畲村集中供水工程并通过验收，品畲村达到退出相对贫困村标准。截至年底，全镇贫困人口和相对贫困村实现100%退出。

【民生事业工作】 2020年，潭下镇始终把关注民生、改善民生作为各项工作的出发点和着力点，不断加大社会事业投入力度，提高广大群众的满足感、获得感、幸福感。一是教育事业有新成效。坚持教育优先，努力改善办学条件，2020年争取到社会各界捐出的70多万元教育基金，共发放奖教奖学金26.5万多元，推动新建中心幼儿园前期工作。二是社会保障工作有新突破。扎实做好城乡居民医疗保险参保工作，不折不扣落实社会救助制度，加强特殊人群核定工作，保障特殊人群基本生活。三是文化事业有新发展。积极开展文化下乡、送戏下乡活动，在每年春节期间发动各村（社区）举办联欢晚会，每年桃花盛开之时举办乡村旅游桃花节，不断丰富群众文化生活。同时，加强征兵、档案、妇女儿童、团委、应急、老年人、退役军人事务等工作，统筹协调社会各项事业全面发展。 （周韶钦　刘　莉）

6月12日，潭下镇举行敏捷希望小学奠基仪式（潭下镇提供）

潭下镇2020年度领导名录

党委书记：翁俊峰（7月任职）
党委副书记：杨　文（8月任职）
刘汉灵
吴恺平（11月任职）
党委委员：陈国平
李常青
邓丽琼
翁近明
张育柱
李广优
李志强
人大主席：温智坚
人大专职副主席：张文明
镇　　长：杨　文（8月任职）
副 镇 长：李常青　　刘新良
纪委书记：陈国平

长 布 镇

【简况】 长布镇地处五华县西北部，距离县城约65千米，总面积284.1平方千米，下辖25个村、276个村民小组和2个居委会。2020年，全镇有耕地面积2267.07公顷，其中水(旱)田1843.27公顷、旱地423.8公顷。全镇有13876户78163人，其中农业人口13237人。全镇农村经济总收入6.54亿元，同比增长5.5%；农村人均可支配收入10497元，同比增长5.5%。一般性公共预算收入0.323亿元，税收收入0.0033亿元。

【项目建设】 2020年，长布镇省定村新农村“EPC”项目方面：太平村完成94.6%的工程量建设、栋新村完成93.8%的工程量建设、大客村已完成92.3%的工程量建设、樟村村全面完成工程建设。面上村新农村建设方面:长安村新建1处300吨的污水处理池，正在调试，准备运行；积极推进“四好农村路”建设攻坚工作，完善农村公路网络，为群众打造“畅、洁、绿、美、安”的公路通行环境，助力乡村振兴发展提速；加快推进中国内地现代足球发源地长布·元坑打造工作，将发源地打造成集足球文化、健身休闲和旅游景点为一体的足球文化旅游胜地。

8月6日，县委书记吴晖（右四）到长布镇调研元坑足球文化公园建设（长布镇提供）

【新农村建设】 2020年，长布镇参照学习县模式，以工作现场会形式，并借力县“回乡联村工作队”力量，推促各村（社区）将党建元素融入新农村建设。加快推进村道巷道硬化、扩宽、植绿工程，大力推进太平、栋新、大客等6个村村级污水处理设施建设，建成14个村级污水处理终端，铺设管网约34千米，受惠群众1409户6110人。加快推进圩镇升级改造工程，河南大道圩镇升级改造已完成并通车，大田街道（含过境公路）完成80%。

【人居环境】 2020年，长布镇对“两违”整治全面推进。成立工作专班，常态化抓好专项行动整治，对辖区内用地农户和企业进行检查，全年共巡查60处建房用地地点，现场制止10宗，发出责令整改制止通知书10份，共拆除约3330平方米；对在道路和门店前乱摆乱放、乱停乱放、周边环境卫生差等不文明的现象和行为进行现场处理，定时联合多部门常态化巡查监管，全年共整治门店300多间，口头教育处理乱停乱放132宗，处理乱摆乱放62宗，处理周边环境卫生83处，处理乱堆放、乱摆卖38宗、整治车辆乱停乱放31宗。实行“网格化”管理，生活垃圾集中收集率达到100%。落实专人包区域每天负责开展卫生保洁巡查、文明劝导工作，加大文明交通劝导、文明习惯宣传等志愿服务常态化的力度。

【民生保障】 2020年，长布镇为深入贯彻落实中央、省、市和县关于疫情防控的各项部署和要求，成立新型冠状病毒肺炎工作领导小组，下设指挥部，加强应急值守，把疫情防控工作抓实抓细，做好风险地区返（来）华人员、车辆“精细化”摸排工作，1月25日至9月1日全镇范围累计排查县外疫区返（来）长布1522人、外市返（来）车辆350辆。严控聚集性群体活动，疫情以来全镇平安稳定，同时多措并举，积极推进企业学校有序复工复产复学，积极助力村民复耕复种。

长布镇设卡监测，做好抗疫工作

2月3日，长布镇发起“我为抗疫献爱心”募捐活动（长布镇提供）

3月24日，县委常委招业斌（居中）到长布镇开展脱贫攻坚挂牌督导工作（长布镇提供）

【精准扶贫】 2020年，长布镇紧密围绕“两不愁、三保障、一相当”目标，严格落实脱贫攻坚主体责任，狠抓“回头看”工作，积极通过特色产业发展带动中心、青岗、嶂下等周边几个村发展高山红薯、大田柿花和澳洲坚果产业，有效促进贫困户增收。严格扶贫资金监管，投入168万元完成9个村级微小型公益性项目，投入400万元建立1个精准扶贫固定资产收益项目。全镇共有贫困户1027户3517人，脱贫率100%；4个省定贫困村全部退出，退出率100%。

【平安建设】 2020年，长布镇稳步推进扫黑除恶专项斗争、平安提升工程、禁毒和反电诈等工作，持续巩固社会稳定、人民安居乐业的良好局面。全年共受理各类纠纷案件18宗，调处、办结成功18宗，调处、办结成功率100%；开展信访维稳、政治安全隐患大排查行动，摸排出3宗矛盾纠纷案件，并对相关重点人员落实“一人一策一专班”；组织开展各类宣传活动30多场次，反电诈入户宣传覆盖率达到70%以上。

【文教卫生】 2020年，长布镇积极推进2021年度城乡居民医疗保险和养老保险工作；全面营造尊师重教的良好氛围，牵头成立长布镇教育发展基金会，共收到捐款265.62万元；积极开展奖教教学活动，激励全镇教师勤教乐教，激励长布学子积极向上，2020年发放奖教奖学基金11.35万元。

继续做好“互联网+政务服务”，完善公共服务设施，提高公共服务水平。

（凌伟林　曾祥盛）

长布镇 2020 年度领导名录

党委书记：曾繁展

党委副书记：陈思德

张善初（任至 8 月）

李坤源

罗善文（9 月任职）

党委委员：赖伟国

黄小勤

万新文

张海军

人大主席：杨　文（任至 7 月）

张善初（8 月任职）

人大副主席：吕　鹏（4 月任职）

镇　　长：陈思德

副 镇 长：曾国军

周东雷（4 月任职）

万嘉奇（7 月任职）

纪委书记：赖伟国

周　江　镇

【简况】　周江镇位于五华县西南部，距离县城 38 千米，总面积 199.4 平方千米，其中山地面积 1726.67 公顷、耕地面积 1479.33 公顷。全镇下辖 22 个村委会和 2 个居委会，有 14191 户 64006 人，其中农业人口 57184 人、非农业人口 6822 人。2020 年，全镇农村经济总收入 5.48 亿元，同比增长 4.6%；镇级财政收入 2302 万元，同比增长 4.4%；农村居民年人均收入 9978 元，同比增长 7%。

【经济发展】　2020 年，周江镇落实新发展理念，不断扩大有效投资、增加有效供给，大力推动“经济运行稳健、特色产业培育壮大、民生福祉持续改善”的高质量发展。做强做大“增洞百香果”“新良鹰嘴桃”“联太有机茶叶”“红源优质茶叶”“利洋砂糖橘”“利河辣木”“龙洞高山茶油”等特色农业品牌，“一村一品、一镇一业”农业特色产品得到大力发展。全年新种植百香果 23.33 公顷、茶叶 16.67 公顷、辣木 28.67 公顷、高山油茶树 10 公顷，力争打造湾区“特色农场”。加快发展农产品加工、储藏、包装、运输、商品化处理等相关产业，延伸产业链，挖掘农业增收潜力；深入实施“互联网+现代农业”，大力发展农产品电子商务、订单农业、众筹农业等。传统农业品牌增洞、蓝坑百香果持续做大做强，红源、联太、兰鱼、龙洞、蓝坑、溪口、中兴优质茶叶，利洋砂糖橘，利河辣木，龙洞高山茶油，三河蔬菜大棚等产业不断发展，势头良好。

【项目建设】　2020 年，周江镇全面推进“四好农村路”建设，完成第一、第二批 29 条合计 30.7 千米道路建设，其中成功打通周江敬老院门前 1.1 千米和“联太上寨—甘茶龙虎门”1.6 千米道路；逐步补齐农村公路在基础设施上的短板，助推产业更强、乡村更美、农民更富，为实施乡村振兴、打赢脱贫攻坚战提供有力支撑。除险加固狮潭村庚山桥，拆除重建良头村象形桥，新建桥田大桥。周江河圩镇段综合治理工程进入收尾阶段；稳步推进县人民政府旧址红色主题公园建设，开展污水处理设施工程，黄华村、兰鱼村已经顺利完工。有序推进焦坑塘、腥塘水库除险加固工程，完成“村村通”自来水项目设施建设。完成拆旧复垦2.79公顷，垦造水田2.27公顷，复耕复种（早造7.69公顷、晚造8.45公顷）。

【精准扶贫】 2020年，周江镇围绕“两不愁、三保障、一相当”目标，压紧压实脱贫攻坚责任，全面实行产业、资产收益、基建和就业等扶贫措施，落实教育补助、住房改造、医疗保险及低保五保补助政策，提高贫困群众自我发展能力，4个省定贫困村共投入近800万元用于资产收益项目。加快4个省定贫困村新农村示范村建设，统筹推进EPC提升项目建设，投入300多万元用于支持面上村实施微小型项目。全镇836户2913人达到相对贫困人口退出标准，全部纳入相对贫困人口退出行列，退出率达100%。

【生态环境】 2020年，周江镇圩镇升级项目改造全面完工，争创“广东省卫生城镇”，已通过省级委托市级技术评估考核。完成S238线圩镇至冰坎路段、联太路段绿化亮化提升工程、S238线周江圩镇段线路整改工程。全面加强圩镇街道管理，投入14余万元聘请专业公司开展圩镇病媒生物防治工作。立足梅州生态发展区定位，坚持生态优先，筑牢粤北生态屏障。投入10万多元购置镇村两级护林防火设施装备，维护管养好23个消防水池，制定《周江镇打击森林违法用火行为专项行动工作方案》，严厉打击森林违法用火行为。制止涉林违规建坟10起，执罚野外违规用火行为12宗。坚持重大节日前党政主要领导带队开展安全生产检查，不定期开展突击夜查行动，排查整改安全生产隐患点28处。制止违法占用耕地建设15宗，拆除违章建筑200多平方米，累计拆除破旧“三舍”132座，建筑面积达5560平方米，整治“六乱”现象112宗。

【民生保障】 2020年，周江镇全力稳就业保民生，鼓励镇域范围内留守劳动力参加“粤菜（客家菜）师傅”“广东技工”“南粤家政”技能培训学习。全力以赴做好疫情防控各项工作。按照“三人工作小组”机制，做到管控及时，逐户逐人摸底排查、建立工作台账。全年共摸查登记湖北到周江镇人员127人、外县到周江镇人员944人，做好健康状况追踪、筛查和监测。同时，铺天盖地进行疫情宣传，不断增强群众防疫意识。全面提高服务中心办事服务质量，规范镇、村公共服务中心（站）运行，方便群众办事，全年共受理各类事项783件,已办结783件，按时办结率为100%，群众满意率100%，实现全年零投诉。扎实推进人口普查、削坡建房整治、泥砖危房改造、殡改等工作，落实优抚安置政策，加强救灾扶助、民兵兵役、“三防”、应急、工青妇等工作，促进社会各项事业协调发展。

【文教卫生】 2020年，周江镇文教卫体工作成效稳步提升。党员阅览室、农家书屋、文化活动广场等镇村两级文化阵地建设得到巩固扩展，定期举办各类群众喜闻乐见的文化展演活动；大力弘扬红色文化、老苏区精神，认真讲好五华县优秀共产党员、“梅州好人”李东海敬业奉献的故事。扎实推进文明镇街、文明村居创建和文明实践所（站）建设，积极举办各种文明实践活动；完成镇级图书馆建设并投入使用。办学条件进一步改善，扎实做好镇级教育基金成立工作，筹集教育基金349.5万元，认捐资金超过550

多万元。积极组织参加乡镇足球联赛，展现周江风采。强化周江、中兴卫生院软硬件建设，全面提升医疗服务水平；进一步提升农村卫生站服务能力，更好地为广大农村群众提供医疗保障、基本公共卫生服务等，“看病远、看病难、看病贵”问题得到有效解决。

（赖梓涛）

周江镇 2020 年度领导名录

党委书记：温全瑞

党委副书记：刘翠玉
李力文
李伟生（4 月任职）

党委委员：古惠雄
翁强民
缪翠兰
汤燕雄
沈叶翠（任至 12 月）

人大主席：曾志雄

人大副主席：李国平（任至 9 月）
邹汉森

镇　　长：刘翠玉

副 镇 长：李伟生（任至 4 月）
薛　威
周炎君（9 月任职）

纪委书记：古惠雄

横 陂 镇

【简况】 横陂镇位于五华县城西南 8 千米，总面积 236 平方千米，下辖 35 个村委会和 3 个居委会。2020 年，全镇有耕地面积 3248.07 公顷，其中水田 2291.67 公顷、旱地 925.67 公顷、水浇地 30.73 公顷。2020 年，全镇农村经济总收入为 12.7864 亿元，人均收入为 11527 元。全镇一般公共预算总收入 5170.84 万元，政府性基金预算财政拨款收入 5305.13 万元，税务收入 3100 万元。

【重点项目建设】 2020 年，横陂镇全力推进足球特色小镇、远恒佳教育创新特色小镇、琴江新城、谷城民营医院、球王广场、小都中学和横陂第三小学、国道 355 线横陂马汕段改造、横陂新城等重点项目征拆工作。足球小镇一期在完成原征地基础上，完成相关道路、安置区的征地拆迁工作，足球小镇二期稳步推进；远恒佳教育城完成征地 64 公顷，基础配套设施建设稳步推进；谷城三级民营医院、球王广场、小都中学和横陂第三小学、国道 355 线横陂马汕段改造、横陂新城等重点项目的征地拆迁取得重大突破。投入 1260 万元对原横陂人民体育场进行升级改造。完善圩镇建设，筹资 600 多万元完成横陂圩镇首期规范化建设。持续改善农村交通条件和出行环境，深入推进“四好农村路”建设，全年共完成“四好农村路”16 条 11.12 千米；完成向阳桥、图南桥、赞和桥等桥梁建设，全面解决群众出行难的问题。

【特色产业】 2020 年，横陂镇紧抓机遇，优化营商环境，加强与企业对接服务，发展特色产业。大力发展乡村旅游，充分挖掘文化资源、旅游资源。以特色小镇建设为契机，充分挖掘球王故居、都督府、千年古寨西门寨等宝贵文化遗产的魅力，全面提升球王故里的知名度。打造现代农业发展模式。立足生态资源，持续完善双龙山旅游景区建设，认真谋划推进东方红水库城寨公园农旅项目、广东宝泰园林有限公司在崇文村的宝晟田园综合体项目、新联石金钱龟养殖、杨恩南药种植等，积极推动农业增效、农民增收。

【脱贫攻坚】 2020年，横陂镇持续巩固脱贫攻坚成果。积极探索发展村级产业，健全利益联结机制，推广“龙头企业（农民合作社）+基地+贫困户”发展模式。统筹各类扶贫资金约3342万元，推进光伏发电、水果种植、灵芝种植、蜜蜂养殖、石金钱龟养殖等产业发展。助力消费扶贫，213名镇村干部开通“消费扶贫爱心卡”，扎实推进消费扶贫工作。坚持在就业扶贫上下功夫，积极开发护林员、卫生保洁员等公益性就业岗位，全年共安置贫困户33人到公益性岗位。2020年，全镇1667户4953人实现脱贫，退出贫困户序列，退出率达100%，8个省定贫困村实现退出相对贫困村序列。

【社会保障】 2020年，横陂镇坚持尽力而为、量力而行，把各项惠民政策落实落细。一是落实最低生活保障政策，全年发放低保五保金合计1421万元，覆盖全镇城镇低保8户12人，农村低保1023户2700人和五保分散供养253人、集中供养28人，做到应保尽保。开展农村低保专项治理工作，追缴低保金25541元。二是城乡居民医疗保险工作实现全覆盖，农村养老保险工作深入开展，覆盖面不断扩大。三是强化培训就业服务工作，以创业带动就业，积极开展劳动力技能培训。四是全力推进撂荒地复耕复种工作，扩大早、晚稻种植面积，全年新增早稻种植面积129.86公顷，新增晚稻种植面积88.67公顷。

【民生服务】 2020年，横陂镇各项民生服务工作蓬勃发展。一是坚持疫情防控常态化，始终紧绷疫情防控这根弦毫不懈怠。认真落实“六稳”“六保”工作，统筹推进疫情防控和经济社会发展。坚持抓好重点地区返来人员、重点场所、重点领域的排查、管控。2020年，镇村两级累计筹集防疫资金300多万元、口罩4万多只及其他防疫物资一大批。二是完成“两癌”筛查856人，发动无偿献血368人，超额完成上级下达的工作任务。三是深入推进教育现代化进程，积极发动社会各界力量参与教育事业发展，累计成立助学基金会以及协会14个，筹集1900余万元用于奖教奖学和助学活动。四是进一步抓好镇域9个宗教场所“四进”活动，对全镇书店、网吧、音像店等各类场所进行排查，共发现问题5宗，整改5宗。五是抓好武装、退役军人事务等相关工作。全年圆满完成县征兵办下达的征兵任务；慰问退役军人，接收安置退役军人，欢送新入伍的现役军人；严格执行退役军人应急救助资金的使用管理规定，投入资金完善退役军人服务站建设。六是坚持科学普查、依法普查，精准、严密地做好第七次全国人口普查工作。七是以横陂村、坑口村为示范点，全域推进农村集体产权制度改革，探索农村集体经济新的运行机制和实现形式，保障农民合法权益，增加农民财产性收入。

【美丽乡村建设】 2020年，横陂镇紧紧围绕乡村振兴战略的总目标和总要求，因地制宜，准确定位，全镇美丽乡村建设取得一定的成效。一是人居环境全面提升，发挥党支部义工团先锋作用，每周五定期开展人居环境整治行动，累计完成“三清理”5650处197200平方米、“三拆除”4214处304380

平方米、“三整治”3978处278020平方米；以“126”专项整治为抓手，共整治“六乱”现象2285处45700平方米。湖塘村、石下村、田布村、崇文村4个镇级垃圾中转站建成正常运营，村庄保洁覆盖面和垃圾处理率达到100%。二是“厕所革命”全面展开，完成剩余26户农户的卫生户厕新建改造任务，农村无害化户厕普及率达到100%，全年新建改造卫生公厕18座。三是污水处理设施加速推进，8个省定贫困村规划污水处理终端设施29座，已完成29座污水处理设施建设并投入运营，9个面上村已开建污水处理设施；通过铺设雨污分流管网、暗渠化收集等方式已完成107个自然村生活污水收集，污水收集率达到86.3%；通过建设村级污水处理设施、污水资源化利用等方式已完成82个自然村生活污水治理，污水治理率达到66.1%。

【自然资源】 2020年，横陂镇压实工作责任，全力做好土地资源和农村建房管理工作。一是从严打击违法建设和违法用地，结合“126”专项整治工作要求，集中整合全镇力量，上下联动、联合执法，坚决打击新增违法用地和违法建设，全年共制止违章建筑80宗，开展拆违行动13场次，拆除违章建筑面积约2680平方米。二是扎实做好农村乱占耕地建房问题整治工作，对2013年以来占耕建房进行全面摸排，全镇已全面完成4352个图斑的摸排以及台账建立工作。三是全面做好农村宅基地用地需求调查，组织人员对2021年、2022年、2023年计划建房的户数和新增宅基地用地面积总需求进行摸底调查。

【生态环境】 2020年，横陂镇坚持以习近平生态文明思想为指导，坚定不移推进生态文明建设，全镇生态环境持续改善。一是生态保护屏障持续筑牢。严格落实森林防火巡查制度，在全镇范围内打击森林违法用火行为，积极做好植树造林护育工作，2020年植树节组织镇村干部职工，在田布村森林防火带植树造林0.67公顷，义务植树3000多株。二是持续开展污染防治攻坚战，依法拆除污染环境养殖场、屠宰场各1户共300多平方米。重点做好琴江河（横陂段）、小都河、罗陂河等中小河流治理，全镇开展河湖“五清”行动，总长22千米，清理水浮莲、垃圾等30余吨，取得“河畅、水清、堤固、岸绿、景美”阶段性成效。深入推进蓝天保卫战，查处露天焚烧秸秆行为30多宗。

【社会治理】 2020年，横陂镇以最广大人民利益为根本，创新社会治理体制，改进社会治理方式，构建全民共建共享的社会治理格局，维护和谐稳定的社会环境。一是时刻严抓安全生产工作。牢固树立以人民为中心的发展理念，抓紧抓实安全生产工作，对辖区内的各类企业、加油站、燃气供应站、烟花爆竹零售点、三合一经营场所等企业门店进行安全生产检查。全年共开展安全生产大检查6次，出动检查人次160余人，发现各类隐患共300多处，立即整改240处，限期整改60处；竖立安全生产宣传牌80多块，悬挂宣传横幅350多条，印发宣传资料1万多份。二是全力做好信访维稳工作。横陂镇高度重视初信初访工作，领导干部坚持开门接访，主动约访，切实做到将矛盾化解在基层，将问题解决在萌芽状态。全年共办结上级交办案件156宗，指导协助各村调处矛盾纠纷174宗，办结省委巡视组交办的信访案件21件，化解群众关心关注的重点突出信访案件31宗。三是强化社会治理各项工作。深入开展扫黑除恶专项斗争，以对黑恶零容忍的态度，持续做好法治宣传、特殊人群教育管控、线索摸排等各项工作，进一步建立健全扫黑除恶专项斗争长效机制。扎实开展防电信诈骗宣传，充分发挥微信公众号作用，每周发布防诈骗宣传信息，拓展防诈骗宣传覆盖面。全面推进禁毒工作，广泛深入地开展各种宣传教育活动，打好禁毒人民战争。全年共悬挂各类宣传横幅500多条，发放宣传手册1.6万多份，建设2个禁毒教育园地、2个禁毒文化走廊、1个禁毒主题公园，共开展50多次宣传活动。

【作风建设】 2020年，横陂镇以作风建设为抓手，政府效能不断提升。一是坚持廉洁从政。全面贯彻从严治党要求，营造风清气正的良好政治生态。扎实推进“不忘初心、牢记使命”主题教育常态化、制度化，坚持不懈整治“四风”，严控“三公”经费，从严监管涉农领域资金和农村“三资”。二是坚持便民施政。严格执行“限时办结制”，建立健全政府部门公开承诺制，提高办事效率。持续推进“一门式一网式”政务服务，规范便民服务管理，简化审批手续，提高服务办事效率，着力打通群众办事“最后一米”。三是坚持依法行政。准确把握新时代政府工作的新要求，积极运用法治思维和法治方式深化改革、推动发展、化解矛盾、维护稳定。加强法治政府建设，做好民法典宣传教育工作，引导干部群众知法守法用法。自觉接受镇人大的法律监督和社会舆论监督，办理好人大议案建议，全面推进政务公开。（魏伟峰　李钊辉　范国新）

横陂镇2020年度领导名录

党委书记：李国昌
党委副书记：卓伟强
饶　科
张恕根
党委委员：宋柏强
陈少波
李明新
陈展芳
李展培
周伟城
戴荣忠
魏国斌
陈威宏
人大主席：刘梅英
人大副主席：周新辉
镇　　长：卓伟强
副 镇 长：李茂浩
邹干友
曾志辉
周梦丽（10月任职）
纪委书记：宋柏强

郭　田　镇

【简况】 郭田镇位于五华县东南部，距离县城25千米，与丰顺县、兴宁市相邻，是五华县三个革命老区镇之一，也是古大存入党介绍人、五华县第一个中国共产党党员黄国梁的故乡。2020年，郭田镇通过创建“广东省卫生镇”市级技术评估。辖区总面积142平方千米，下辖12个村委会、1个居委会和250个村民小组，共有6126户46085人，其中农业人口38993人、非农业人口7092人。全镇耕地面积1177.07公顷，其中水田887

公顷、旱地 290.07 公顷，山地面积 1.09 万公顷。

【基层党建】 2020 年，郭田镇依托党校阵地，通过主要领导带头讲、挂村领导送课下乡的方式，组织全镇 900 多名党员干部学习贯彻习近平新时代中国特色社会主义思想，党的十九届历次全会精神，习近平总书记出席深圳经济特区建立 40 周年庆祝大会和视察广东重要讲话、重要指示精神；发挥党组织战斗堡垒作用，推动全镇 13 个村居成立疫情防控党员先锋队，带头落实防控宣传、值守查验、入户登记、测量体温等疫情防控措施，让党旗在疫情防控一线高高飘扬；大力推进“头雁工程”，全年调整 2 名村书记；推进村书记、主任“一肩挑”，6 月底全面完成 13 个村（社区）书记、主任“一肩挑”；严格做好村（社区）“两委”换届工作，全面加强村“两委”班子建设，组织相关部门对推荐的 168 名“两委”候选人进行初审，村（社区）党组织换届共推选出 62 名委员，村委委员 69 人；优化基层党组织设置，指导辖区内 6 个基层党支部升格为党总支，并成功设立下设党支部 15 个，推进非公有制企业党组织建设工作，新成立 1 个非公有制企业党组织；落实省级巡视、村级巡察整改工作，着重抓好 5 大方面 18 项工作，督促 7 个村（社区）积极落实县级巡察 6 大方面 26 项整改工作，整改效果良好。

【重点项目】 2020 年，五华县通过招商引资与景田公司达成协议，在郭田镇双光村、坪上村相关区域建设景田矿泉水厂，项目估算总投资为 4388.84 万元。全年完成景田项目进厂道路、观景台、厂区用地等项目用地 19.8 公顷征地拆迁任务，协调解决涉水源、坟地等矛盾纠纷 50 多宗，完成清表、进厂便道建设和观景台板房设施的征收拆除工作，共发放征地拆迁款 1800 多万元。

【农业农村】 2020 年，郭田镇碇南村、横塘村相继成立专业合作社，与种植户签订红薯、玉米收购协议，保障农户利益，为种植户提供优良红薯苗和培育技术培训，大大提升农户种植积极性，增加农民经济收入。

【新农村建设】 2020 年，郭田镇推进农村人居环境整治，结合“美丽梅州·美好家园”城乡环境大提升行动，完成省道沿线美化绿化提升工程，开展房前屋后、沿街沿路清理整顿，三坑村、蕉州村较好地完成乡村振兴迎检任务。大力推进“创卫”工作，建立镇干部包店制度，全面落实圩镇环境网格化管理责任，深入开展爱卫运动，常态化整治圩镇“六乱”，全力维护圩镇良好卫生环境和市场秩序。利用林业站旧址建设郭田镇农贸市场，规范流动摊贩管理，“创卫”工作已完成市级技术评估。

【基础设施建设】 2020 年，郭田镇强力推进镇域路桥网络升级改造，自筹资金 200 多万元完成 S226 线坪上圩段 200 米道路的升级改造项目，高标准完成 600 米圩镇道路沥青路面提升工程；高质量完成 6.25 千米的“四好农村路”攻坚任务，完善农村路网，方便群众出行。

【生态建设】 2020 年，郭田镇继续巩固广东省森林小镇创建成果，严格落实森林防火“网格化”责任，重点打击野外违规用火行为，最大限度降低森林火灾风险，积极开展植树造林活动，送苗下乡5000多株；深入实施绿美古树乡村、红色乡村项目，选取龙潭村、郭田村、双光村作为首批打造点；压实“河长制”责任，严厉整治乱占、乱采、乱堆、乱建等“四乱”突出问题；开展清理非法入河排污口、清理水面漂浮物、清理底泥污染物、清理河湖障碍物、清理涉河湖违建等“五清”行动；加大对非法电鱼、网鱼、毒鱼、炸鱼等行为的打击力度，常态化做好河长巡河及蕉州河二级备用水源保护工作。

【科教文卫】 2020年，郭田镇大力发展教育事业，成立镇级教育发展基金会，已筹集资金470多万元，并成功举办第一届郭田镇教育发展大会和奖教奖学基金发放仪式，郭田镇被五华县评为“尊师重教先进镇”“高考前5名生源镇”；投资15万元，统筹480万元修缮黄国梁故居，夯实红色文旅基础；同时把郭田卫生院迁建工作提上议事议程，加快推进郭田卫生院迁建征地工作。

【安全生产】 2020年，郭田镇全面落实安全生产责任，深入开展建筑工地、交通道路、“三小”场所等安全生产专项检查；扎实推进基层应急管理机制落实，全力抓好“大应急”防控体系建设，在疫情防控期间郭田镇应急办共开展12次安全专项检查行动，重点检查企业安全生产和疫情防控工作。结合“126”专项行动，共排查研判各类大小安全隐患60多宗，均已完成整改。严格落实重大事故隐患挂牌督办制度，强化重大事故隐患整改与督办，做到研办一批、督查一批、整改一批、销号一批，上报的安全隐患均顺利完成整改。

【民生保障】 2020年，郭田镇牢固树立以人民为中心的发展理念，深入开展低保、五保核查，扎实开展五保户社会救助、医疗救助；积极开展“全国助残日”活动，全年享受残疾人重度护理补贴638人；根据“双百计划”扎实开展农村“三留守”摸查登记工作，做好328名困境儿童的基本生活保障工作，织密扎牢民生保障“安全网”。投资打造三级退役军人事务站，丰富服务供给，让退役军人群体办事更方便。大力弘扬志愿服务精神，全年新增注册志愿者40多人，开展志愿活动30余次。认真做好妇女“两癌”免费筛查工作，协助群众缴交合作医疗费用；第七次全国人口普查工作全面完成。

【精准扶贫】 2020年，郭田镇大力发展产业扶贫和就业扶贫，贫困户的工资性收入和生产经营性收入占比上升，转移性收入占比逐年下降，贫困户“两不愁三保障”和“八有”目标全部达标。完成全镇472户1496人的贫困户脱贫工作，脱贫率达到100%；省定贫困村全部退出，退出率达到100%。坚持巩固和加强农业基础地位，结合复耕复种工作，充分利用撂荒田地，集约66.67多公顷土地进行水稻、玉米、红薯轮耕种植。

【社会治安】 2020年，郭田镇认真开展扫黑除恶专项斗争“六清”行动，自办和转办线索均已办结，无新增或积存未办结线索；积极调处化解信访矛盾纠纷，全年共受理各类矛盾纠纷案件147宗，其中群众来访自办案件85宗、信访业务管理系统交办案件62宗，均已办结；落实精神障碍患者管理服务工作，全镇登记在册的204名精障患者全部纳入管理服务范畴，督促监护人落实监护责任，全年未发生精障人员肇事肇祸事件；持续推进全民禁毒工程，继续做好社戒社康人员管控、易制毒场所巡查、物流寄递行业、禁种铲毒、宣传教育“六进”活动等工作；深入开展打击治理电信网络诈骗专项工作，结合实际案例强化反电诈宣传教育，落实重点人员分类管控措施。

（江林樾　张凌峰）

郭田镇 2020 年度领导名录

党委书记：刘伟炎
党委副书记：魏耿华（11 月任职）
黄育辉（任至 10 月）
张美茹（11 月任职）
李冬强（10 月任职）
党委委员：张浪宏（10 月任职）
李冬强（任至 9 月）
李宏栋（任至 10 月）
朱志雄
黄文华
黄运辉
陈汉森
人大主席：黄育辉（11 月任职）
人大副主席：陈汉森
镇　　长：魏耿华（11 月任职）
副 镇 长：李冬强（任至 9 月）
李宏栋（11 月任职）
陈标坤　　江　育
纪委书记：张浪宏（10 月任职）

双 华 镇

【简况】 双华镇位于五华县东南部，距县城 28 千米，总面积 141 平方千米，下辖 16 个行政村和 1 个居委会。2020 年，全镇共有 6601 户 43701 人，其中城镇人口 1735 户 8812 人、农村人口 4866 户 34889 人。全镇有耕地面积 1346.67 公顷，其中水田 900 公顷、旱地 446.67 公顷、林地面积 12466.67 公顷。2020 年，全镇农村经济总收入 4.84 亿元，同比增长 5.5%；村居民年人均收入 11304 元，同比增长 5.36%；2020 年镇级财政总收入为 2784.16 万元，总支出为 2784.16 万元，收支平衡。

【疫情防控】 2020 年，双华镇落实常态化疫情防控各项措施，全面动员、全面部署、全力以赴，坚决贯彻落实县疫情防控指挥部的各项工作部署和要求，做到工作部署、组织发动、群防群控、排查防控、多重把关、传播阻断、监督保障等“七到位”。双华镇坚持落实“外防输入、内防反弹”的总体防控策略，时刻紧绷疫情防控这根弦，做好疫情防控常态化工作。

2 月 16 日，县委常委、组织部部长钟光振（右五）到双华镇督查防疫工作（双华镇提供）

【农业】 2020 年，双华镇坚持走特色产业发展道路，发展有特色有前景的产业，通过党组织引领和党员带动，深入打造“七村连片”三华李和“五村连片”板栗产业园（其中虎石村、竹山村、福全村、矮畲村、华南村入选广东省首批省级“一村一品、一镇一业”专业村），成功举办2020年“球王故里·美丽五华”红色乡村自驾游活动，带动销售各类优质农副产品达30万元；打造乡村振兴示范点——黄径村金银花产业基地，不断拓宽村集体和群众增收渠道。同时，该镇持续加强乡风民风治理，深化村民自治实践，发挥农民主体作用，一批村民理事会陆续成立，一批具有法治化、务实化、特色化属性的新型村规民约相继亮相，村风民风持续向好，激发群众参与乡村振兴、创文等各项工作的热情，农村的依法自治水平和农民的文明素养得到全面提高。

【乡村振兴】 2020年，双华镇扎实推进乡村振兴工作，严格落实“两不愁三保障”等各项扶贫政策，落实教育扶贫生活补贴501人，落实危房改造实现住房安全100%；有效利用公益岗位，有力动员企业吸纳贫困群众就近就业，建有光伏发电项目4个，激发“自主造血”动能；积极落实镇村书记遍访工作，为贫困户解决问题24个；完善扶贫资金管理长效机制，深入开展脱贫攻坚“回头看”工作及边缘户防返贫工作，至年底，全镇建档立卡贫困户643户2288人全部完成脱贫退出程序，贫困户平均年收入达14836.57元。在新农村建设方面，该镇全域推进“三清三拆三整治”工作，全镇共完成“三清理”156处7821平方米、“三拆除”112处7208平方米、“三整治”83处5937平方米。主动谋划，扎实推进4个省定贫困村新农村建设，投入资金2500多万元，采用“EPC”“以奖代补”方式，实施一批自然村道硬底化、污水处理设施等项目建设；“厕所革命”有成效，完成47座乡村标准公厕建设，实现全镇行政村乡村公厕全覆盖；基本完成全镇9座污水处理终端设施及配套管网建设，实现全镇行政村污水处理站建设全覆盖。

【文教卫生】 2020年，双华镇积极实施良好村风民风孕育工程，有1户获评县级“文明家庭”，2人获评县“好媳妇”，1人获评“梅州市客都好乡贤”。大力开展送竹马舞、锣花舞、采茶戏、木偶戏、电影等各类群众喜闻乐见的文体活动下乡，进一步丰富群众精神文化生活。教育质量稳步提升，在2020年双华中学中考中，考入市、县重点中学人数169人，其中东山中学、市曾宪梓中学入围最低控制分数线29人；获评县“最美校园”，连续7年获评县“先进学校”。同时，该镇大力推进城乡医保普通门诊“镇村一体化”试点工作，着力解决群众看病难问题。持续深化卫健优质服务，完成431名妇女免费“两癌”筛查，发动174名育龄妇女免费孕前优生健康检查，发动171人参加无偿献血，累计献血40690毫升。扎实做好重大传染性疾病的预防控制，加强检验检疫，及时防止重大疫情发生。大力推进人居环境整治，成功创建“广东省卫生镇”。

【民生服务】 2020年，双华镇积极谋划一批民生实事，大力推进圩镇升级改造项目，高山寨环山公路、跌马硿桥至下楼桥沿河道路建成通行，打造镇标公园、分龙坳红色交通站旧址、利塘径大捷纪念园等一批观景休闲景点，完成“四好农村路”建设13千米，8个面上村均已完成污水处理选址工作并在建设中，1个地质灾害隐患点得到治理。在社会保障方面，完成2021年度34332人医保费用收缴，完成率100%，完成511件医疗保险报销；严格落实城镇居民低保政策，全面核查在册低保对象、严把低保出入口，做到“应保尽保、应退尽退”，全年帮助困难群众申请临时救助73户290人，救助金额共28.6万元；协助困难群众126户申请医疗救助，救助金额共58.1万元，完成镇村退役军人服务站星级化建设。

【生态建设】 2020年，双华镇有序推进森林督查专项整治，严厉打击2起非法占林毁林行为，立案1宗，复绿1.67公顷；全面加强野外火源管控，坚决遏制森林火灾发生，处罚15人，刑拘1人；“创建广东省森林小镇”工作通过省考核组现场核验，军营村、冰塘村被认定为广东省首批国家森林乡村，苏区村、军营村“绿美古树乡村”和冰塘村“绿美红色乡村”工程有序推进。河长制责任落实到位,取缔非法堆放经营河砂点3处，整治排污口9处，整治禽畜养殖场6间。持续做好大气污染防治、土壤污染防治工作。

【平安创建】 2020年，双华镇严格落实社会治安综合治理网格化管理规定，各类社会不稳定因素和矛盾纠纷化解有力。全年共受理信访案件及矛盾纠纷46宗，调处46宗，案件调处率100%。扫黑除恶专项斗争工作纵深推进，全方位、深层次排查涉黑涉恶问题线索，全年共处理上级交办案件3宗，均已办结。常态化开展普法工作，对严重精神障碍患者进行大排查、管控工作扎实开展，禁毒工作责任落实到位；深入开展打击治理电信网络诈骗专项工作，结合实际案例强化反电诈宣传教育，落实重点人员分类管控措施，社会大局保持和谐稳定。同时，该镇始终坚守安全生产红线，严格贯彻落实安全生产、消防安全、食品药品安全目标责任制。通过发放宣传资料、悬挂横幅、设置宣传栏等形式进一步加大安全宣传力度，签订安全生产责任书、消防安全承诺书300多份，组织消防演练1次，大大提高群众安全意识。全面开展安全生产、消防、危化品、地质灾害和食品药品等重点领域安全隐患排查治理，结合“126”专项行动，共排查研判各类大小安全隐患60多宗，均已完成整改。该镇全面规范城乡建设秩序，严格落实私人建房审批制度，结合实际出台《双华镇规范农村建房管理实施细则》，坚决遏止未报先建等违法违章建设行为；大力开展“两违”专项整治，全年共拆除违章建筑11宗，拆除面积596平方米；大力推进农村占耕建房问题摸排工作，该镇1550个图斑均完成数据采集录入及公开、公示工作。加强国土资源巡查监管，全镇未发生非法开采矿产资源行为。

（刘　波　李俊芸　李会敏　刘俊峰）

双华镇2020年度领导名录

党委书记： 张祝平（任至10月）
张小玲（11月任职）

党委副书记： 张志军
魏伟雄
陈少才（11月任职）

党委委员： 杨想青
钟　亮
邓玉芳
汤宇雄
孔治南

镇　　长： 张志军

副 镇 长： 张玉良

杨丽娟（10 月任副镇长人选）

人大主席：陈宏忠（12 月任人大主席人选）

人大副主席：温楚辉（7 月任职）

安 流 镇

【简况】 安流镇地处五华县东南部，琴江河上游，距县城 32 千米。东北与双华镇交界，东南与棉洋镇接壤，西北与周江镇相邻，西南与梅林镇为界，北与横陂镇、河东镇相连，区域总面积 238 平方千米，下辖 42 个行政村和 4 个居委会，是五华县南部大镇，总人口 18 万多人。全镇有耕地面积 3800 公顷，其中水（旱）田 2667 公顷、旱地 1133 公顷；林区面积 14667 公顷。2020 年，全镇农村经济总收入 9300 万元，财政收入 7141 万元，其中镇可支配财力 983 万元。

【农村经济发展】 2020 年，安流镇大力推进撂荒水田复耕复种，其中复耕复种早造 38.7 公顷、晚造 49.5 公顷。全镇 18 个烟区烟草种植面积 126.7 公顷，收购烟叶约 27.5 万公斤。安流镇大力推进种养产业化发展，已形成丝苗米、烤烟、木耳、红薯、灵芝、柚子、油茶、蔬菜等种植基地和蛋鸭、黑凤鸡、三黄鸡、黑山羊、淡水鱼、小龙虾等养殖基地，并在安流镇沿江公园举办赴圩节。坚持产业绿色发展道路，致力脱贫攻坚，让良好的生态成为乡村振兴的支撑点，在巩固传统产业发展的基础上，结合实际，全力推进“一村一品”发展，使每个区域都拥有一个发展水平较高、特色优势较明显的农业主导产业或特色产品，进一步补齐补强短板，不断提升富民产业带动能力，助力乡村振兴。

【基础设施建设】 2020 年，安流镇推进五华县循环经济产业园建设，产业园总体规划预计征用土地 66.7 公顷，已完成首期征地 26.7 公顷，整体工程进度完成 90%，建筑工程进度完成 95%，设备采购及安装进度完成 90%。进园大道已完成路基工程建设，准备进行硬底化路面施工。园区于 2020 年 12 月 23 日点火运行。推进已入库项目的工程进度，在优先解决村道硬底化、集中供水、污水处理、垃圾处理、公共厕所建设等的原则上，因地制宜，优化建设项目。全镇 11 个省定贫困村共完成村巷道硬底化 18 千米、铺设 27.4 千米供水管网、运营 12 座污水处理池、铺设 7.2 千米污水管网、建成 19 座卫生公厕、9 个公共综合设施。2020 年累计完成 8008.22 万元的工程项目，占总进度的 61%。面上村如万塘村 2 个污水池投入使用，半径、福岭、吉程、湫溪、楼江、东礼、万塘、长江、五联、里江 10 个村共 13 个污水处理设施已进场施工。

12 月 23 日，梅州市委书记、市人大常委会主任陈敏（左四）一行出席梅州五华循环经济产业园生活垃圾焚烧发电项目点火运行活动

【民生保障】 2020 年，安流镇做好特困人员供养工作，完成敬老院公建民营改革，实行低保五保动态管理。全镇共有五保户 433 户，其中，新增调整 5 人，死亡 22 人，敬

老院集中供养19人；低保户1133户3285人，新增低保51户129人，取消低保户51户170人，医疗救助49人。收集核查80周岁以上老人资料，实现养老金社会化发放。至年底80周岁以上老人有3313人,其中100周岁以上老人有16人。落实残疾人两项补贴待遇，已办理二代残疾证的一、二级残疾人2284人，三、四级残疾人836人，享受残疾人两项补贴待遇的人数有2334人。加强殡葬改革政策宣传，落实定期巡查制度，全力达成死亡火化率100%。严肃处理违规建坟（含荫亭），共查处违规建坟（含荫亭）4座。开展就业培训，提高就业技能，解决就业问题。做好城乡居民社会养老保险和城乡居民医疗保险工作，全年办理城乡居民基本养老保险530人，办理城乡养老一次性趸缴缴费业务的人数6000多人次，报销人数累计730人次。落实农村部分家庭奖励及城镇独生子女奖励金和农村纯生二女结扎户即扎即奖及参加意外伤残保险等各项优惠政策，组织安流镇农村妇女进行"两癌"免费检查，截至年底已完成上级安排全年任务的167%，全县排名第二；义务献血工作完成上级安排任务的100%。安流按照创建星级示范服务站"五星级"标准打造退役军人事务站，营造"退役军人之家"。开展"八一"建军节座谈会和慰问军人亲属、烈属活动，做好2020年度退役军人返乡报到工作，并为返乡退役军人举行欢迎仪式。帮助困难退役军人申请广东省退役军人应急救助资金3人，五华县优抚对象临时困难救助4人。安流镇46个村（社区）陆续挂牌成立退役军人服务站，发放并悬挂光荣牌，为重点优抚对象购买城乡居民医疗保险，慰问退役军人和其他优抚对象，并提供"一站式"医疗救助。动员广大妇女投身疫情防控，开展入户走访排查，核信息、摸底数，发放告知书。开展家风家教、民法典等宣教活动。鼓励巾帼创业就业，"南粤家政"工程促进就业，组织育婴、妇婴护理、美容等职业技能培训，为广大贫困妇女、下岗失业女工、农民工提升就业水平，有力地促进安流镇妇女群众的创业就业工作。加大妇女儿童维权和关爱帮扶，深入实施"关爱女童护苗成长"保护女童人身权益三年行动。

【文教卫生】 2020年，安流镇文化站坚持工作日每天免费开放8小时，星期六、日错时开放，每周开放时间达50小时以上。全镇46个村（社区）建有"一村一文化广场"，村（社区）综合性文化服务中心全覆盖。举办群众参与程度高、喜闻乐见、丰富多彩的文体活动。加强卫生健康服务。大力抓好公建民营卫生站建设，全镇38个村已完成卫生站建设任务。抓好孕前优生健康检查，做好育龄妇女"两癌"筛查工作。

【平安创建】 2020年，安流镇抓好社会矛盾纠纷排查调处，排查涉黑恶势力线索，加强严重精神障碍患者管理，落实综治网格化建设，突出反邪教及国家安全宣传教育，推进防控体系建设，发挥中心平台作用，狠抓平安创建，营造祥和安定的社会氛围，为安流镇发展提供良好的治安环境。2020年，安流镇中心平台受理信访案件142宗,办结118宗。加大涉黑恶势力线索排查，指导村（社区）扫黑除恶专项斗争工作领导小组开展扫黑除恶专项斗争工作。全年共接上级移交线索10宗，办结10宗。严格按照安全生产"一岗双责”“管行业必须管安全”的原则，组织各职能部门对非煤矿山、危险化学品、在建工地、交通运输、消防、食品等行业进行安全生产大检查，全年出动执法检查人员1800多人次，发现各类安全隐患371项，已整改362项，限时整改9项。

（张　强）

安流镇2020年度领导名录

党委副书记：李　权

汤　华

李巧文

党委委员：古爱常

宋锦棠

林建辉

陈志坚

陈伟华

黄志平

张伟鹏

黄胜才

人大主席：陈展略

镇　　长：李　权

副 镇 长：李自雄

张宏南

李小琴

纪委书记：古爱常

棉　洋　镇

【简况】 棉洋镇位于五华县最南端，毗邻揭西县，距离县城45千米，辖区总面积254平方千米，下辖26个村和2个居委会。2020年全镇有耕地面积2911.8公顷，其中水（旱）田2333.5公顷、旱地645公顷；总人口有26767户115085人，其中农业人口102883人、非农业人口12202人。2020年全镇经济总产值实现9.8亿元、同比增长2%，农村居民人均收入10693元、同比增长8%，全年财政收支约3868万元。

【农业】 2020年，棉洋镇全力推进特色茶产业发展。以茶叶为主导产业，围绕茶叶基地标准化创建、品牌创建、制茶工艺、茶文化培育四大工程，加快建设茶旅小镇。全力推进松岗嶂、华顺农林、万福春高山云雾茶等重点农业产业项目，加快推进茶园升级改造，完善茶园基础配套设施，新购置生产加工设备和建设加工厂房等。2020年“端午安康”全国硒水鉴茶大赛上，松岗嶂茶园选送的白叶单丛（单丛）、白叶单丛（红茶）分获特等奖、银奖。棉洋镇茶叶协会于10月2日至3日在石马公园举办“醉美茶乡·和谐棉洋”茶叶品鉴会，大力弘扬棉洋茶文化，擦亮“醉美茶乡·和谐棉洋”名牌。采取“四个到位”的有效措施，全力抓好撂荒水田复耕复种工作，加大政策宣传力度，鼓励农户自行复耕复种撂荒水田，协助种养大户调配农用机械做好备耕工作。2020年全镇共新增撂荒水田复耕复种面积达116.32公顷，其中水稻新增种植86.99公顷、旱粮作物29.33公顷，完成3个100亩以上示范点建设。

10月2日，棉洋茶叶品鉴会在石马公园举行（棉洋镇提供）

【文教卫生】 2020年，棉洋镇大力推进新时代教育事业发展，成立梅州市五华县棉洋教育发展基金会，接收捐款（含认捐）400多万元。2020年中招考试中，全镇700分以上的有24人，其中桥江中学一名考生成绩排名全县第12名，系南片学校第1名；达东中、宪梓线的有66人。2020年高考中达本科线有72人，重本线有20人，其中棉洋中学本科上线63人，上线率达23%，重本线2人，同比增长7.4%；大专100%上线。在2020年市县教师节表彰中，获得教师类个人荣誉称号的有32人次，联西村荣获“高考前20名”村荣誉称号；棉洋中学荣获“高考优胜奖学校”荣誉称号；棉洋镇荣获“高考前5名初中生源镇”荣誉称号。同时，棉洋中学还获评广东省书香校园。大力提升计生服务水平，完成全镇24个村级卫生站建设，发动妇女参加“两癌”检查350人。完成献血任务194人。全面做好重大传染性疾病的预防控制，确保无重大疫情发生。

【基础设施建设】 2020年，棉洋镇持续完善圩镇配套设施，坚持以管理为抓手，建立健全整治圩镇“六乱”行为和卫生保洁长效机制。编制完善圩镇规范化建设三年实施方案，统筹推进府前文化广场、棉洋圩镇升级改造、桥江圩镇升级改造、圩镇农贸市场升级改造工程等等。其中，棉洋中学门口3家店铺已成功拆除并铺设硬底化，“断头路”问题得以解决。桥江圩镇升级改造工程，已完成设计、可研、概算；积极与上级沟通协调，有序推进圩镇农贸市场升级改造；强化圩镇道路等基础设施日常管护，结合“126”专项整治，对圩镇“六乱”进行全覆盖巡查整治，自行动开展以来，累计整治门店1000多家，清理乱堆放600多处、乱摆卖500多处，拆除乱搭建1处，实现圩镇常态化、全方位动态巡察管理，有效缓解圩镇交通拥堵状况，不断提升圩镇整体文明形象。全面完成华陆高速（棉洋段）11.5千米征地拆迁工作，扎实推进双璜高速出口景观建设。坚决打好“四好农村路”建设攻坚战，加快推进省级产业园道路和乡村道路等基础设施建设。完成桥中桥改建、平中桥项目征地拆迁、立项等手续，积极协助县交通运输局推进G238线升级改造工程。

8月24日，棉洋中学门口3家门店顺利拆除，“断头路”问题得到解决（棉洋镇提供）

【人居环境】 2020年，棉洋镇积极开展志愿活动助力人居环境提升，牵头举办“洁净家园，爱我棉洋”“拆除危旧房，美化我棉洋”“美丽庭院，我爱我家”等志愿服务活动，发动镇域广大农户、中小学师生、镇村干部职工等群体参与到人居环境整治中来，有1.1万多人次参加活动，清理生活垃圾5000多处；清理建筑垃圾1200多处；清理标语、横幅、“牛皮癣”600多处；共清理垃圾300多车。全年累计拆除危旧房约490座5.5581万平方米，镇域环境得到大幅度提升。同时，在2020年国庆前完成平安村、葵岭村生活垃圾中转站建设，至此，全镇4个生活垃圾中转站均建成投入运营，全镇三个片的生活垃圾收集转运问题得到彻底解决。

【新农村建设】 2020年，棉洋镇4个贫困村建立“必须+必要”项目建设清单47个，截至年末已基本完成必须建设项目，必要项目也处于收尾阶段。其中，荣华村完成5.5千米道路硬底化（含1.6千米沿河道路），建成运行20吨污水处理设施1座，铺设雨污分流管网1.3千米，建成公共卫生、文化设施各1个；平安村完成4.9千米道路硬底化，建成运行40吨污水处理设施2座，公共卫生、文化设施各1个、景观绿道1处。绿水村完成5千米道路硬底化，东升自然村40吨生活污水处理池主体1个，铺设雨污分流管网330米，沿河两岸绿道1千米，建成公共卫生、文化设施各3个，池塘美化2个，集中供水管网6.8千米；竹坑村完成约2千米道路硬底化，1.5千米全村道路护栏建设，1300多米沟渠护坡建设，建有30吨污水处理设施1座，铺设雨污分流管网约500米，建有公共文化设施1处。

【污染防治工作】 2020年，棉洋镇4个省定贫困村5个生活污水处理设施已全部建成投入使用；严格落实环保部门关于自然村水质监测的规定，落实三类水以上自然村生活污水项目设施建设；按照二类水以下的自然村不上污水处理设施的规定，做细做实全镇面上村污水处理的规划建设；已建成镇级、平安村、绿水村、琴江村、桥江村等15个生活污水处理项目，在建双璜四河、双璜树下、水湖3个生活污水项目；以点带面打造新农村建设示范点，打造琴江河东片区集篮球场、娱乐台、停车场、长廊、烈士纪念碑于一体的沿河休闲广场，配套建有污水处理设施、公共厕所及拦河坝等；打造桥江村河背段人民桥至城新桥约900米沿河亲水休闲驿道，完成绿化亮化工程、污水处理设施、公共厕所、拦河坝等项目建设，有效提升周边人居环境，提高群众幸福感、获得感；打造竹坑总长1.89千米村沿河道路，已完成840米路面基础建设及1060米石墙砌筑，该项目的建成将有效缓解长期困扰村民的交通拥堵问题。

【林业生态】 2020年，棉洋镇牢固树立和践行“绿水青山就是金山银山”的发展理念，筑牢生态屏障，充分发挥生态优势，抓好绿化造林和资源保护等基础性工作，森林覆盖率不断提高。坚决打击挖山取土、毁林建坟以及挖山建房和野外违规用火行为，强化宣传教育、巡查监管和执法力度。2020年，该镇已初步完成造林备耕133.33多公顷，森林防火宣传逐步深入，野外用火执罚2宗，处理违规用地2宗，更换护林员8人，逐步筑牢生态保护屏障。

【生态环保】 2020年，棉洋镇认真落实上级有关全面推行河长制工作安排部署，1月至9月共制止非法采砂行为36宗，制止占河违建12处，责令整改8处，拆除溜砂村文化广场违法占河建设1处0.072公顷。扎实推进畜禽养殖污染专项整治、禁止露天焚烧秸秆，持续保持优良大气环境质量；抓好非煤矿山、黏土类砖厂、固体废弃物非法处置整治等工作。

【公共服务】 2020年，棉洋镇致力优化“马上办”和“一门式一网式”政务服务，充分发挥镇、村公共服务平台作用，积极开展村级服务群众代办业务，足额配备镇级专职工作人员，实行村级干部坐班制度，打造全方位、优质高效、便民利民服务。2020 年，镇村两级服务平台分别受理群众办事 18287 件（项）和 1325 件（项），为群众到县代办业务共 9376 件（项），办结率 100%，镇村两级业务咨询共 30486 人（次）。狠抓政务信息平台建设，完善自媒体平台建设，及时发布和更新信息，打造权威信息发布平台，配合县级相关部门完善网上办事平台建设。

【社会综合治理】 2020 年，棉洋镇继续坚持对违法用地和违法建设“零容忍”的态度，依法打击违法占耕建房及推填土的行为，全年开展土地动态巡查 200 余次，制止占用耕地违法建设及推填土 78 宗 17106 平方米，拆除违法建设 8 宗 760 平方米。组织相关部门对辖区内的 15 栋“类小产权”房违法建筑一律停止供电供水、停止建设。全面完成全镇 26 个村 5368 个图斑的占耕建房摸排填报工作。严格按照“党政同责、一岗双责、齐抓共管”和网格化管理职责要求，突出重点行业领域，抓住关键环节，压紧压实责任，持续开展安全生产专项整治，防范化解安全生产重大风险，实现安全生产事故“零发生”，切实筑牢安全生产防线，加强安全演练、人员培训、安全知识宣传和安全隐患整治等，提高干部群众安全应急应对能力。2020 年，全镇共开展 8 次专项行动共出动 260 人次；检查企业、商铺 435 家，发现问题 66 宗，现场整改 60 宗，发出限期整改通知书 6 份，完成整改 60 宗，100%完成。同时，严格落实隐患排查制度，共排查限期整改 6 宗，已全部整改销号。大力开展信访维稳矛盾纠纷排查调处工作，加强源头治理，强化重点人员稳控，重视历史积案和初信初访的调处化解，全年未发生进京到省上访行为。2020 年，全镇共受理各类矛盾纠纷案件 224 宗，其中，上级交办转来 65 宗，来镇上访以及村级移交矛盾纠纷案件 146 宗。镇级回复当事人 215 宗，调解成功案件 53 宗，办结率 95.98%。全面开展禁毒和禁种铲毒工作，每月对辖区 28 个易制毒场所排查两次以上，每月开展至少两次超过 30 人的宣传活动，并设立禁毒长廊、禁毒宣传栏、有奖举报宣传牌。对全镇 3 名社区戒毒人员组织开展心理辅导、生活救助、技能培训等援助，让社区戒毒、社区康复人员困有所帮、病有所医、有业可就，彻底摆脱生理和心理对毒品的依赖，禁毒长效机制初步建立。全力开展打击治理电信网络新型违法犯罪工作，精心组织部署，强化宣传发动，严排严打严惩，全力将各项打击和防范电信网络诈骗工作措施落到实处。全年共入户签订《反诈承诺书》6608 份，开展反诈、禁毒工作“六进”活动 21 场次，发放宣传单 1.2 万多份。作为扫黑除恶专项斗争的重点整治镇之一，棉洋镇将扫黑除恶专项斗争作为首要政治任务，强化工作措施，明确责任，层层抓好落实，推动扫黑除恶专项斗争不断向纵深发展。全年摸排核查处理线索 4 条、侦破故意伤害案 7 宗、殴打他人案件 8 宗、开设赌场 1 宗、赌博 1 宗、损坏财物 3 宗、拆除违规建房 7 宗。

（胡海标 魏文锋）

棉洋镇 2020 年度领导名录

党委书记：古菊开

党委副书记：张志远

廖赛增
李清华（4 月任职）
党委委员：黄　东
李汉文
谢宁华
古晋怀
廖远枢
陈捷灵
丘翠娇
李保中
人大主席：吴国华
人大副主席：杨帆豪
镇　　长：张志远
副 镇 长：张广秋
谢乃溪
周益恒
纪委书记：黄　东

梅　林　镇

【简况】　梅林镇位于县城西南部 51 千米，是革命家古大存的故乡。全镇总面积 128.4 平方千米，下辖 18 个村和 1 个居委会。2020 年全镇有耕地总面积 1821.53 公顷，其中水田 1485.4 公顷、旱地 331.68 公顷、其他耕地 4.45 公顷。全镇户籍人口有 15664 户 62387 人，其中城镇人口 19079 人、乡村人口 43308 人。2020 年实现财政收入 2608 万元；地方生产总值 5.051 亿元，同比增长 5.9%；农村人均收入 11562 元，同比增长 8%。

【农业】　2020 年，梅林镇巩固发展壮大具有梅林特色的尖山稻蛙基地、凯億达油茶基地、琴江园油茶基地、梅东蔬菜基地，不断扩大规模，加强管理和经营，形成一批辐射带动能力强的示范基地。鼓励和引导企业突出特色，提高农产品的竞争力和影响力，充分利用农产品电子商务平台，助推农业产业化经营。依托“一镇一业、一村一品”总体布局，大力发展特色产业，一是结合“三变”政策，通过贫困户“资金变股金”的模式建立 9 个村级光伏发电站，带动 465 户贫困户 1457 人获取稳定收益。二是采取“公司+基地+合作社+农户”的模式建设琴江园油茶、金坑金柚、福塘百香果、尖山蛋鸡等特色基地 15 个，辐射带动 644 户贫困户脱贫增收。三是积极推动镇村电商平台、大型超市等市场主体与扶贫特色产业基地建立长期稳定的产销关系，五年来累计实现产业扶贫收益 1542 万元，培养全镇脱贫致富带头人 65 人，带动 459 户有劳动能力贫困户实现年均增收 2350 元，为实现稳定脱贫打下坚实基础。

【人居环境】　2020 年，梅林镇全力抓好卫生保洁工作，推行“流动收集+清扫保洁+突击清理”机制，结合创建“广东省卫生镇”工作，进一步做好背街小巷和街道卫生死角清理，全年共组织 324 人次清理各类垃圾 32 吨。着重整治兴华高速梅林收费站至南沣山养生养老生态园沿线周边环境，通过规范店铺经营、健全保洁机制、清拆废旧危房、打造景观节点等方式，建设小公园 2 个，建设花带景观 600 米，定点投放分类回收垃圾桶 282 个，出动 562 人次清理各类垃圾 121 吨，以点带面促进全镇人居环境稳步提升。积极引领群众“关注小环境，共享大健康”，紧抓卫生、助力防疫，动员全镇干部群众广泛参与，多次组织镇创卫办、村建办、人居办、应急办、城监办等部门开展联合整治行动，全年累计出动农用车 17 辆、环卫车 18 辆、铲车6辆，重点整治圩镇乱堆乱放、乱拉乱挂等“六乱”行为250处，集中清理生活垃圾和各类杂物共52吨，整治违规经营店铺82家，现场纠正占道经营行为115宗，进一步提高圩镇环境卫生水平，为深入推进新时期爱国卫生运动打下坚实基础。梅林镇严格按照要求，加大管理力度，巩固圩镇整洁面貌，2020年10月23日成功通过创建“广东省卫生镇”技术评估。

5月13日，县委书记吴晖（左二）率队到梅林镇调研圩镇“六乱”整治工作和红色旅游相关工作（梅林镇提供）

6月11日，市爱卫办主任谢坤清（居中）率队到梅林镇督导“广东省卫生镇”创建工作（梅林镇提供）

【基础设施建设】 2020年，梅林镇注重抓统筹，城镇建设有序推进。一是圩镇X003线道路升级改造工程已于2020年10月底完成验收，铺设3.1千米柏油路面，并在沿线规划200多个小车停车位及85个摩托车停车位；全线路面已加宽，人行道铺设及绿化、亮化、美化工程均已完成，项目的建成极大改善圩镇环境，缓解交通压力。二是扎实推进G355线（原省道120线）升级改造工程，镇域内实现水泥硬底化约4千米，为梅林镇打造旅游特色小镇打下坚实的外围交通基础。三是稳步推进“四好农村路”建设，全镇共完成行政村村道硬底化30千米，进一步改善各村的交通条件。四是深入推进村级公建民营卫生站规范化建设，18个村均顺利进驻，医疗卫生服务条件得到显著改善。五是规范化管理圩镇道路，做好高速路口经古大存故居沿线公路至县委党校的升级改造工作。六是迁移原有菜肉市场，改变原有

升级改造后的X003线道路

优河至县委党校旅游大道

的零散市场格局，以成功创建“广东省卫生镇”为契机，坚持以管理为抓手，建立健全卫生保洁长效机制，实现圩镇常态化、全方位动态巡查管理。截至年底，农贸市场已建成投入使用，面积约 1500 平方米，内设熟食区、农副产品区、三鸟区、干货区、海鲜冻品区、商铺区等各类功能区。

建成投入使用后的梅林农贸市场

【新农村建设】 2020 年，梅林镇全力加快推进污水处理设施建设，全镇已完成 3 座垃圾中转站和 10 座污水处理设施的建设，并实现投产使用，1 座垃圾中转站和 3 座污水处理设施正在加紧建设中。村村通自来水建设方面，上磜片和圩镇片（白叶塘水库）已完成建设和工程验收，已实现通水；梅东片已完成建设，正处于试水阶段，等待验收；梅南片正在加紧建设中。

5 月 26 日，2020 年全市农村工作暨实施乡村振兴战略和决战决胜脱贫攻坚现场推进会在梅林镇举行（梅林镇提供）

【公共服务】 2020 年，梅林镇严格遵循“为民、务实、清廉”的服务宗旨，强化服务水平，提高服务意识，形成务实、高效的政务环境，进一步提升镇村两级公共服务平台服务效能，镇公共服务中心全年共受（办）理业务 4991 件，为城乡居民养老保险人员办理认证 1800 多人，新增医保参保对象 945 人，共受理办结群众反映投诉问题 110 件。村（社区）在梅州市统一申办平台共办理业务 756 件，打通联系服务群众的“最后一公里”，群众满意度、认可度显著提高。

【社会综合治理】 2020 年，梅林镇不断规范国土管理工作。坚持源头监管、主动发现，要求村（社区）每周上报新建违规建房情况，对顶风乱建违建做到发现一起、查处一起，严厉追究，绝不姑息。全年共发现 36 宗违建，发出制止条 45 份，拆除违建 10 宗，拆除占地面积 1063.7 平方米，拆除建筑面积 1849.7 平方米。落实安全生产“一岗双责”。成立安全生产大检查领导小组，全年共开展部门联合安全生产大排查 10 次，检查辖区内企事业单位、生产经营单位50家，查处一般隐患35处，完成整改35处；开展每周安全生产执法检查52次，排查隐患42起，完成整改42起。

【扫黑除恶专项斗争、禁毒、反电诈工作】2020年，梅林镇以“稳定压倒一切”为总基调，将扫黑除恶专项斗争与反腐败、基层“拍蝇”、打击“保护伞”结合起来，加强与派出所协调配合，加大线索摸排、核查力度，按期上报确保每条线索有落实。加大对辖区内有吸毒史人员的管控力度，坚持按规定进行尿检和谈心谈话，每月至少2次组织人员对辖区内易制毒场所进行巡查，并开展不少于2次的扫黑除恶专项斗争、禁毒宣传活动和不少于2次的反电诈宣传活动，全年发放宣传单2万余份，提高群众对扫黑除恶专项斗争、毒品危害、电信诈骗的知晓率，增强群众识别和防范能力，促进辖区内治安稳定。

【疫情防控工作】 2020年，梅林镇持续开展高风险地区到梅州人员健康情况摸底排查，做好防输入和宣传工作，累计派发《冬春季谨防新型冠状病毒感染宣传资料》75724张，LED滚动刊播防控疫情公益宣传

6月24日，县委副书记、政法委书记傅国强主持召开梅林镇严厉打击偷采河砂违法行为专项整治专题工作会议（梅林镇提供）

片、宣传画、宣传标语1871张（次），并通过镇微信公众号、融媒体、短信、粤政易工作群等加强相关科普、防疫、法律知识的宣传，确保常态化疫情防控工作得到有序开展。全面协调疫情防控三人小组工作，牵头落实上级下发的涉疫情人员落地核查，全面掌握全镇范围内涉疫人员的实时动态，确保在疫情面前掌握主动权。

【生态保护工作】 2020年，梅林镇打好碧水攻坚战，全面落实河长制，压实河长工作责任，重拳出击，严厉整治偷采河砂违法行为，与涉河的琴口、新塘、尖山、优河、梅林、梅东、三乐7个村签订河砂整治责任书；成立26人24小时全天候巡逻队伍，加大打击力度，整治下河采砂路37处约4.35千米，清理河砂堆放点14处约500平方米，清除道路沿线、村道两旁偷采河砂痕迹共12处，发放“限期拆除通知书”50份，查扣手推车、斗车、卷扬机、抽砂机等工具一批，有效打击“蚂蚁搬家”式偷采河砂行为。打好养殖防疫战。严格开展动物产地检疫工作，规范产地检疫申报制度，监督屠宰场每天进行消毒；切实开展违禁品和饲料添加剂抽样检查行动，杜绝病死或死因不明的畜类进入屠宰场和市场。打好森林防火战。全年进村入户发放《森林防火责任书》《致广大农户公开信》5000多份；悬挂标语200多条，张贴标语200多张、张贴《五华县人民政府森林高火险期禁火令》65张；“村村通喇叭”累计宣传1000多次；组建一支45人应急扑火队伍和3支快速反应队伍，全部配备矿灯、迷彩服和扑火工具，分批次做好护林防火业务培训和设备实操演练，提高科学扑救能力水平。

【党建】 2020年，梅林镇持续深入推进“不忘初心、牢记使命”主题教育常态化、制度化，加强对习近平新时代中国特色社会主义思想、党章党规、党的十九届五中全会、习近平视察广东重要讲话重要指示精神等内容的培训学习，全镇全年共培训党员干部1600多人次，组织全镇70个党组织到古大存故居、五华县委诞生旧址参观学习；积极推广“广东党建云”小程序，全镇1503名党员、63名党务工作者全部登录激活“广东党建云”小程序。进一步完善机关干部管理的各项制度，包括考核、出勤、请假、驻村等，全镇的会风、作风有明显好转；认真落实村干部坐班值班制度，成立由组织办、纪委办干部组成的督查组，不定期到村（社区）督查。组织党组织书记参加发展党员业务培训会2次，对每一名发展对象严格把关，至年底已顺利发展19名党员。为抗击新冠肺炎疫情，梅林镇370名党员加入“抗疫先锋队”，坚持日夜轮值，921名党员共捐款11.55万元用于抗疫工作。加大对混岗混编问题的整改力度，免去跨服务中心任职的人员2人；补签事业编人员劳动合同36人。

（古小奇）

五华县梅林镇人民政府2020年度领导名录

党委书记： 邓清华（11月任职）
党委副书记： 刘剑锋（12月任职）
廖旭辉
陈活祥
党委委员： 李华中
刘发胜
温肖华
张秀华
宋振团
廖许新
人大副主席： 廖仲权
镇　长： 刘剑锋（12月任职）
副镇长： 吴志平
宋大声（12月任职）

华　阳　镇

【简况】 华阳镇位于县城西南部，距离县城62千米，东邻梅林镇，南邻龙村镇，北连周江镇、长布镇，西与河源市紫金县接壤，下辖13个村委会和1个居委会，共405个村民小组，有12013户65513人；基层党组织27个，其中“两新”组织2个，党员共1198名。2020年，有镇干部、职工114人，村（社区）“两委”干部87人。华阳镇总面积153.5平方千米，其中山地面积1.2万公顷、耕地面积1466.67公顷。境内主要有花岗石、大理石、稀土矿和水晶石等矿产资源。2020年，全镇工农业生产总值7.39亿元，同比增长6.1%；工业生产总值2.69亿元，同比增长5.2%；农业总产值3.58亿元，同比增长4.8%。

【基础设施】 2020年，华阳镇全力推进省道120线升级国道355线建设。华阳段全长约16千米，已完成约13千米长的改造任务。圩镇段全长约3.5千米，正有序推进改造；积极主动向县政府申报圩镇公路扩容提质工程，圩镇段市政工程全长约2.65千米，项目包括圩镇道路两边建设人行道、安装路灯、种植绿化树、高压线落地等项目。项目投资概算约2205万元，其中争取县财政统筹解决1500万元。2020年上半年完成工程预算、设计和招投标工作，管线迁移、管沟建设等正与355国道同步推进中；向上级争取700多万元资金对华阳大桥进行重建，至年末大桥已基本建成；争取县支持300多万元，建成滨河公园，实现从脏乱差到美丽乡村公园的蝶变；扎实做好坪田水生态清洁小流域治理工程建设，该项目总投资2869.89万元，途经华南、华阳、华新3个村，截至年末河道清淤、边坡治理、公园节点打造、绿道建设已基本完成，生态经果林建设正在有序推进，生态治理成效初显。

3月25日，县委书记吴晖（左二）到华阳镇调研圩镇升级改造建设工程（华阳镇提供）

10月9日，华阳龙头嘴滨河公园乡村振兴现场会（华阳镇提供）

【农业发展】 2020年，华阳镇在依托“创新技术专业镇（蔬菜）”的基础优势上，通过镇村干部积极入户宣传发放8000余份病虫防治资料，进行植保技术培训，开展农药市场专项整治及与农机驾驶员签订安全生产责任书等方式，引导发展特色化、现代化、规模化农业产业。2020年全镇早晚两造水稻种植面积共2341.18公顷，同比增长5%，其中早稻新增种植面积达54.1公顷，超额完成县级下达新增早造水稻面积任务；巩固改造种植李果288.33公顷，种植油茶106.67公顷，种植烤烟20公顷，其他名贵树木33.33公顷。全镇撂荒水田复耕复种面积达138.44公顷，其中撂荒水田种植水稻面积110.29公顷、种植旱粮作物面积28.15公顷。

【人居环境】 2020年，华阳镇全力推进“三清三拆三整治”工作，全年拆除危旧房、废旧“三舍”等共计19处5490平方米，群众反映环境卫生问题37宗，均已完成整改。加快推进污水处理设施建设，省定贫困村3个污水处理设施建设项目稳步推进。同时积极争取县财政支持1300多万元，在太坪、红洞、小拔、陂坑、华阳、大拔6个村进行污水处理设施或雨污分流管网建设。面上村红洞村和大拔村污水处理设施项目已建成并正式投入使用；太坪和陂坑村的污水处理设施项目已建成，后续工作正在完善；华阳村污水管网已铺设完成，收集华阳村阳春围片约150户农户的生活污水并引至镇级污水处理厂。持续推进“厕所革命”。全镇户厕改造已基本完成，公厕建设（改造）已完成70余座，基本可满足群众需求。

【脱贫攻坚】 2020年，华阳镇根据《广东省相对贫困人口相对贫困村退出机制实施方案》文件精神，对照“两不愁三保障”要求及“八有”指标，全镇建档立卡贫困户661户2379人已实现全面退出。扎实做好脱贫攻坚中央专项巡视“回头看”整改工作，认真开展“两不愁三保障”大排查。积极做好就业扶贫工作，通过采取线下和网络在线培训结合的方式，对所有建档立卡贫困户劳动力人员进行技能培训，提升自主脱贫能力，合计培训 873 人次。扎实开展消费扶贫工作，设立五华县华阳镇电子商务服务中心，共建有电商服务网点（扶贫产品流通服务网点）12 个（其中镇级 1 个、村级 11 个），搭建“互联网+消费扶贫”平台，进一步扩大电商服务覆盖面。

【生态保护】 2020 年，华阳镇制定《华阳镇关于进一步明确森林防火工作责任追究办法》，成立镇村两级的护林员和扑火队伍，划分包干责任区域，加强巡查，做到“见烟就查，见火就罚”。全年共查处 3 起野外违规用火，拘留 1 人。进一步规范林木采伐办理程序，对非法占用林地的违法行为“发现一宗、查处一宗”；查处违法林业案件 3 宗，确保森林资源的永续增长。为提高生态功能等级，充分发挥林业生态效益，全镇全年共抚育林地 166.67 公顷。营造速生丰产林 266.67 公顷。坚持河道巡查监管，规范河道管理秩序，严厉打击非法采砂行为，发现一宗打击一宗。全年镇村两级河长开展巡河活动共 860 多人次，发现问题 55 个，整改 55 个。同时，利用人工、挖机等方式摧毁人工下河道路 38 处，现场销毁非法采砂卷扬机 21 部，缴获人工非法采砂铲车 3 辆、农用车 3 辆、挖掘机 3 部、手推车 26 部、锄头 120 把、铁锹 130 把、铁耙 3 部、木板 61 块。

【科教文体】 2020 年，华阳镇深入贯彻落实党的十九届四中、五中全会精神，坚持教育优先发展的理念，以办人民满意的教育为目标，加大教育投入，努力改善办学条件，优化教育资源配置，加强师资队伍建设，全镇教育事业呈现良好发展态势。2020 年，华阳中学中招考试考取东山中学、曾宪梓中学入围线以上 16 人，水寨中学入围线以上 29 人，县重点中学入围线以上 108 人。太坪学校达到东山中学、宪梓中学入围线以上 14 人，水寨中学入围线以上 25 人，县重点中学入围线以上 72 人。积极筹建华阳镇教育发展基金会，截至年末社会各界认捐金额达 249 万元，已到账 187 万元。进一步完善全镇教育激励、资助体系，提高学生的学习热情，激发教育工作者的教学激情，提升整体教学水平，促进教育加快实现新发展。积极组织村文艺队伍参加梅州五华“茶博汇杯”广场舞大赛、五华县 2020 年“我和我的祖国”——球王故里 · 激情飞扬全县广场舞大赛和县、镇举办的足球比赛等活动，不断满足人民群众的精神需求。

【疫情防控】 2020 年，华阳镇充分发挥基层网格员在疫情防控工作中的作用，通过张贴宣传海报、拉横幅、流动广播宣传等方式向居民开展面对面宣传，提醒居民出门戴口罩，减少到人流密集场所。村（社区）网格员积极配合镇防疫指挥部排查回（来）华人员，落实“一人一户一车一档”管理制度，利用综治信息系统及时报送人员聚集、环境卫生、网络言论等涉及疫情防控的网格事件，落实网格化排查包干责任。2020 年，华阳镇网格化上报事件共 666 件，网格登录活跃度排在全县前列。

2月9日，县委常委、常务副县长宋学希（左二）到华阳镇检查指导疫情防控工作（华阳镇提供）

【社会保障】 2020年，华阳镇本着“应保尽保，应保必保，动态管理”的原则，最大限度保障困难群众基本生活。全年共取消清退不符合享受低保3户，新增6户，调增5户，调减4户；加强复退军人服务保障工作，持续做好复退军人信息采集工作，建立“一人一档”，并做好优抚安置、慰问等工作；大力实施华阳镇“客家菜师傅”人才培养工程，成立五华县餐饮协会华阳分会，对全镇60多家有资质的餐馆进行专业的规划和培训，推动华阳客家菜特色化、品牌化、产业化。

【扫黑除恶专项斗争】 2020年，华阳镇以“偷采河砂、寻衅滋事、侵占国有（集体）土地、占道经营、干部违纪违规”为重点打击对象，严格压实工作责任、精准摸排、重拳打击，以坚决、掷地有声的工作态度，通过组织保障有力、强化舆论宣传、突出分类指导、强化线索排查、加强组织建设等切实可行的工作措施，形成上下合力、齐抓共管的良好局面。2020年顺利通过上级扫黑除恶专项斗争重点整治镇的考核验收。

【安全生产】 2020年，华阳镇积极开展安全生产隐患大排查、大检查活动和村（社区）属地管辖巡查监管工作。重点对烟花爆竹专项整治、非煤矿山专项整治、特种设备专项整治、打非治违专项整治等工作进行检查，对检查发现的隐患问题坚持“零容忍”的态度，坚持“严”字当头、敢抓敢管，切实做到不留死角、不留盲区、不走过场。全年共排查出安全隐患42宗，上报县安委办6宗，经复查，安全隐患整改率达到100%。严格落实行业监管部门安全监管责任和企业安全生产主体责任。明确行业监管部门的行业领域安全生产直接监管责任，推动各有关行业监管部门将安全生产职责纳入“三定”规定。督促企业依法履行安全生产主体责任，严格落实企业主要责任人的第一责任，切实做好安全生产工作。

【自然资源管理】 2020年，华阳镇切实抓好违法用地和违法建设专项整治工作，成立“两违”专项整治工作领导小组，对全镇违法用地和违法建设专项整治行动进行统一指挥和部署，逐步分类整治历史存量违法建设，建立健全长效管控机制，全面规范私人建设行为，优化城乡发展环境，有效遏制了占用耕地、林地、河道、道路等和违反规划许可私人建房等新增违法用地和违法建设行为，全镇全年共出动120多人次，对14个村（社区）进行日常巡查监管，共发出制止通知书32份，其中依法拆除5处违法建筑。

【行政效能建设】 2020年，华阳镇认真贯彻落实习近平新时代中国特色社会主义思想，依法履职尽责，自觉接受人大、社会和舆论监督。以建设服务型政府为目标，进一步转变政府职能，逐步实现从管理型政府向服务型政府的转变。按照“压缩项目、规范程序、提高效率、强化服务”的要求，改革管理体制，减少行政审批事项，积极推行行政审批制度改革，确保行政管理工作逐步向规范、快捷、便民、廉洁的方向运行。严格落实中央八项规定实施细则精神和省、市、县实施办法，扎实开展“以案促改”，坚决纠正“四风”，始终保持反腐败高压态势，坚决全面彻底肃清李嘉、万庆良恶劣影响，深刻吸取曾志权、李华楠案教训，用好巡察利剑，纠正各种不正之风，营造风清气正的政治生态。

（谢世杰）

华阳镇2020年度领导名录

党委书记：邹总根
党委副书记：张建城
李来泉
宋红扬（12月任职）
党委委员：李苑红　古玉轩
刘伟枢　严汉云
李汉高
人大主席：邹焕模
镇　　长：张建城
副 镇 长：古达院
何汉英
黄益宁（12月任职）
纪委书记：李苑红
综合行政执法队队长：
古景清（12月任职）

龙村镇

【简况】　龙村镇地处五华县最南端，距离县城65千米，距离汕湛高速华阳出口8千米，毗邻揭阳市揭西县上砂镇，河源市紫金县龙窝镇、水墩镇、南岭镇，汕尾市陆河县螺溪镇，区域面积349.1平方千米，是梅州市第二大乡镇，下辖38个村和3个居委会。梅州市“一号工程”——梅州（五华）抽水蓄能电站项目及龙狮殿风电场项目落户该镇黄狮村。全镇有山地面积2.8万公顷，耕地面积3666.1公顷。2020年末，全镇人口有22702户111546人，其中非农业人口13191人、农业人口98355人。全年镇级财政总收入4464.24万元，同比减少11.88%。

【组织机构】　2020年，龙村镇内设10个综合性办公室、4个服务中心、1个服务站。全镇核定编制175人，实有146人。公务员编制64人，实有公务员47人；机关工勤编制9人，实有9人；事业干部编制102人，实有90人。

【疫情防控工作】　2020年，龙村镇认真贯彻落实中央、省、市、县的工作部署，按照“外防输入、内防扩散”的工作思路，成立新冠肺炎疫情防控工作领导小组，制定新冠肺炎疫情防控工作方案。积极统筹人力、物力、财力在主要道路设立检查站，对进出龙村镇的人员和车辆进行逐一检查、登记造册；摸查到龙村镇人员，严格落实“一人一户一车一档”责任制，执行日报告制度；结合“人居环境综合整治”和“爱国卫生运动”，认真组织村（社区）每天对农贸市场、活禽屠宰场、垃圾收集点等进行清理与消毒，同时对海鲜批发、冷链配送点进行不定时检查；对全镇5家野生动物驯养场所实施风控管理，全面禁止非法野生动物交易，革除滥食野生动物陋习；积极做好新冠疫苗接种摸底登记工作，优先对重点人群进行疫苗接种。通过微信公众号、融媒管理系统、喇叭

2月3日，县委副书记傅国强（右一）、县人大常委会副主任温志清（右二）到龙村镇督导疫情防控工作（钟友清　摄）

2月14日，五华县第五人民医院发热门诊大楼捐建仪式（蓝炎明　摄）

6月24日，五华县第五人民医院ICU大楼捐建仪式（温腾辉　摄）

村村响、宣传车及印发宣传资料等方式，营造浓厚的疫情防控宣传氛围；积极发动热心乡贤和社会各界人士为龙村镇疫情防控工作捐资捐物。乡贤温兆华、龙耿明等人心系家乡，先后捐资新建五华县第五人民医院发热门诊大楼和ICU大楼。

【重点项目建设】 2020年，龙村镇持续推进梅蓄电站项目建设，积极协调解决征地拆迁遗留问题以及施工引发的各种问题，切实维护群众合法权益。截至年底，涉及项目建设所需用地约600公顷已全面征收完毕，292栋房屋已全部拆除完毕。两个移民安置区共计完成521户2318人的交付入住工作。统筹各方资源力量，分类分步推进中心镇“六个一”项目。截至年底完成硝芳文化广场主体和外墙装修，完善相关配套设施，硝芳片区管理服务中心已迁入办公；完成登畲圩镇街道升级改造工程的立项，完成登畲圩镇的主街道、门店招牌、排污、排水管网等规划设计；成功举办敏捷集团助力五华县塘湖学校阳光运动场援建项目启动仪式，并建成敏捷阳光运动场。

12月10日，县长朱少辉（前排左三）到龙村镇调研梅蓄项目建设情况（黄远强　摄）

【基础设施建设】 2020年，龙村镇积极推进X960线接宫前凹上经连塘、樟华至梧溪黄田岗衔接X003线的西外环过境公路征地拆迁工作，全面确保道路无障碍施工；积极推进“四好农村路”建设，完成“四好农村路”42 段共 31.984 千米建设；积极推进琴江塘湖段沿江公路建设，截至年末已经完成勘测、规划、设计，并向上申报入库。2020 年 6 月召开龙村大桥危桥改造工程方案设计专家评审会议，听取多方意见，确立龙村大桥拆建方案。配合实施新一轮农村电网改造升级工程，完成了硝河寨电站升级改造工程；完成龙村站高祥线和古潭线网架完善工程；完成硝芳站新出三龙线、水南线、硝芳圩线转接龙村站硝芳线负荷供电工程。

9 月 12 日，县委书记吴晖（右四）到龙村镇调研球王金柚节活动开展情况（蓝炎明 摄）

【乡村产业发展】　2020 年，龙村镇积极实施“一村一品、一镇一业”工程，立足打造“万亩茶叶、万亩油茶、万亩三红柚”的目标，鼓励引导本地经营大户扩大传统农业产业的种植规模，加快推进生态农业产业发展；加大招商引资力度，大力引进企业开发现代农业，进一步壮大发展农业产业。2020 年引进五华永鹰农业与梅州宝嘉农业联合打造美丽农场，发展绿色生态养猪产业；引进梅州市汇农贸易有限公司在潭溪村的高标准农田发展丝苗米种植产业；留畲村、先河村引进牛大力、益肾子种植产业；樟华村、宫前村引进小龙虾养殖产业；南口村、湖中村引进扶贫车间等。2020 年 9 月，举办 2020“球王故里 · 美丽五华”龙村球王金柚节，对拓宽农特产品销售渠道、保增收、塑造品牌形象具有推动作用。

【科教文卫】　2020 年，龙村镇完成五华县第五人民医院发热门诊大楼和 ICU 大楼建设；邀请五华县妇幼保健院为全镇 35—64 周岁的妇女开展免费“两癌”检查；为全镇 13885 位 60 周岁以上的老人免费购买老年人意外保险；组织干部群众参加无偿献血活动。举办庆祝第 36 个教师节暨表彰大会，对教书育人优秀教师、优秀教育工作者、优秀班主任、教学工作先进教师、学校安全管理工作先进个人进行表彰；成立梅州市五华县龙村教育发展基金会。完成五华县第一个农民协会旧址——“祥裕楼”修复工程。

5 月 24 日，梅州市五华县龙村教育基金会成立大会（温腾辉 摄）

【民生保障】　2020 年，龙村镇不断完善社会保障体系，充分发挥社会保障的职能作用，不断推进城乡居民养老保险、医疗保险等工作。全年共办理 484 人的待遇申领工作、1500 余人的城乡养老缴费、169 人的城乡居民基本养老保险一次性待遇申领，接收城乡居民医疗保险资料 1400 余份，为 128 人办理城乡居民基本医疗保险门诊特定病种待遇资格申请，为1.1万余人认证城乡居民养老资格，基本完成县政府下达的2020年度社会保险扩面征缴任务。严格落实“应保尽保、应退尽退”的低保、五保救助政策，加大对五保、低保救助对象的核查力度，实行动态管理。按照广东省最低生活保障实施办法，完成全镇1000多户低保、五保核查核实工作，新增72户低保户，取消71户低保户，新增10户五保户，取消18户五保户，应急救助113户，救助金额达29.65万元。完成全镇1996户建档立卡贫困户住房安全排查工作。完成全镇各村（社区）退役军人服务站挂牌，协助做好退役军人就业创业、优抚帮扶、权益保障、数据信息采集等工作。全镇贫困户1996户7845人已全面实现脱贫，全镇有劳动能力贫困户年人均可支配收入15517.13元,10个省定贫困村已全部脱贫退出；同时通过对贫困户“8+1”指标进行回头查看脱贫成效、对存在问题建立台账并进行逐一整改、实施防止返贫监测和帮扶机制等方式，确保全镇高质量、高标准完成脱贫攻坚工作任务。

【社会综合治理】 2020年，龙村镇坚持把信访维稳工作作为维护社会稳定大局的重中之重，坚持“排查一批、梳理一批、解决一批”的要求，梳理全镇信访问题，进一步完善并落实班子领导“包案”制度，依法依规处理信访事项。全年共接待上访群众98批次154人（含法律咨询），受理矛盾纠纷64宗，调解64宗，完成信访业务系统交办事项49宗，调解49宗，受理扫黑信访件4宗，核查4宗，完成省委巡视组交办信访案件10宗。扎实排查涉电信诈骗三类重点人员，加强对全镇疑似电信诈骗人员日常管控，坚持每月至少开展2次“反电信诈骗”宣传活动，全年发放宣传册10万多份，悬挂横幅300多条，与群众签订反电信诈骗承诺书1.7万多份，关注“终结诈骗”注册护身符1万多人，协助公安部门破获电信诈骗案件11宗。在全镇村干部职工共同努力下，群众反电信诈骗识别能力明显提高，电信诈骗犯罪率有所下降。强势推进扫黑除恶专项斗争与禁毒工作。严格落实网格化责任，滚动摸查涉枪、涉赌、涉毒人员，认真排查登记废弃厂房、水库管养房、荒废养殖场、县域交界处等制毒隐患点，严防发生涉枪、涉毒、涉赌等违法犯罪行为。广泛发动群众积极参与，通过发放宣传单，悬挂横幅，政府网站、微信公众号转载，播放喇叭村村响等方式加大扫黑除恶专项斗争、禁毒铲毒宣传力度，巩固工作成效。

【新农村建设】 2020年，龙村镇按照《关于全域推进农村人居环境整治建设生态宜居美丽乡村的实施方案》要求，坚持以“三清三拆三整治”为工作目标，采取强力措施推进人居环境综合整治。2020年2月，开展龙村镇塘湖片（湖中、塘湖、三湖）三村联动人居环境大整治行动，以点带面，层层推

6月14日，县长朱少辉（左二）到大梧村督导新农村建设工作（钟友清 摄）

进，全面改变了龙村镇“脏乱差”的局面。在推进完成“三清三拆三整治”的基础上，认真组织实施新农村建设“以奖代补”项目，积极推进EPC项目加快实施，全力保障新农村建设取得新成效。召开敏捷集团扶持龙村打造“四村联动”新农村建设规划设计方案评审会，完善“四村联动”美丽乡村建设设计方案并加快建设实施；完成留畲人民公园建设；推动登畲森林公园建设和硝芳森林公园建设。大力弘扬社会主义核心价值观，注重孕育良好的村风民风，在主干道沿线树立体现时代性、正能量的宣传牌和标语；组织开展新时代精神文明实践活动，充分利用“一村一文化广场”组织民间演艺团演出；组织“优秀团干”“优秀团员”“好媳妇”“好家庭”“好少年”“五华好人”评选活动，通过选树典型先进人物，广泛宣扬向上向善的村风民风，推动村风民风进一步转变；圆满完成龙村镇志愿者协会第二届换届选举大会；成功举行硝芳志愿者服务队揭牌仪式。

8月3日，县委书记吴晖（前排左三）到龙村镇调研四村联动美丽乡村建设（钟友清 摄）

【基层党建】 2020年，积极实施“头雁”工程和村级后备干部“123”工程。开展党支部书记全员轮训，培养支部书记、村“两委”干部后备人选共159名。2020年确定入党积极分子108名和发展对象20名。统筹筹划2021年村（社区）“两委”换届。根据未实现“一肩挑”的19个村（社区）实际情况，制定“一村一策”方案，完成15个村（社区）“三个一肩挑”工作。同时开展村（社区）换届专项调研工作。对软弱涣散党组织、上届换届工作中较难、任务较重的党组织进行摸底调查，并组织班子成员带头研读和村（社区）“两委”干部学习新修订的《广东省村（社区）“两委”干部人选条件审查办法》。在“七一”庆祝中国共产党成立99周年系列活动中，龙村镇26名党员领导干部、21名基层党组织书记到基层党组织讲党课，走访慰问党员人数367人，发放慰问金11.08万元，53个党支部组织党员干部1202人观看红色影片、开展廉政警示教育。2020年6月20日，龙村镇湖中、留畲等7个村党支部与敏捷集团党总支部进行村企党建结对共建，助力脱贫攻坚，合力将党建扶贫工作做出实效。深入开展基层党建品牌“1+3+N”活动。结合“基层党建全面进步全面过硬”目标，认真总结推广2019年打造的龙村、登畲、硝芳三个片区党建示范点先进典型经验，充分发挥示范带动作用，辐射带动各村（社区）树立基层党建品牌。龙村片依托湖中村示范作用，带动三湖、塘湖打造“三村联动”；登畲片依托大梧村示范作用，带动先河、翻新、榕溪打造“四村联动”；硝芳片依托南口村示范作用，带动水口、水南、硝芳打造“四村联动”等联片示范村。2020年6月，组织村（社区）召开“党风廉政建设”专题会议，推动党风廉政建设向村级延伸，全力打通“最后一公里”。积极开展常态监督检查，在清明、“五一”、端午等重点节假日期间采取不打招呼的形式突击检查20多个村（社区），针对检查发现问题，及时下发提醒函40份，要求各村（社区）对照存在问题及时整改。

7月14日，梅州市司法局局长叶仁基（左一）到大梧村走访慰问（钟友清 摄）

（钟友清　黄远强　温腾辉　蓝炎明）

龙村镇2020年度领导名录

党委书记：曾映贤

党委副书记：李世忠

龙夏辉

刘锡贤

邹伟鹏（挂任至6月）

党委委员：蓝坚华

温跃胜（任至4月）

刘晓宇

田细文

宋红扬（任至12月）

李嘉彬

甘永锋

黄锡冠

人大主席：黄赐奎

人大副主席：魏碧珍

镇　　长：李世忠

副 镇 长：温跃胜（任至4月）

黄伟雄

廖天华（任至5月）

钟友清

邓科威（4月任副镇长人选，9月任副镇长）

廖剑龙（9月任）

纪委书记：蓝坚华

名　录

2020 年度五华县先进单位一览表

单位名称	授予单位	荣誉称号	授予时间
五华县财政局团支部	共青团广东省委员会	2019—2020 年度“广东省五四红旗团支部”	2020 年 5 月
五华县财政局	梅州市财政局	2019 年度部门决算工作优秀单位	2020 年 12 月
五华县工商业联合会	广东省工商业联合会	五华县电子商务协会评为“四好”商会	2020 年 12 月 8 日
国家税务总局安流税务分局	中共国家税务总局广东省税务局委员会、团省委	2018—2019 年度广东省青年文明号	2020 年 11 月 19 日
国家税务总局五华县税务局	中共广东省委、广东省人民政府	广东省文明单位	2020 年 12 月 9 日
五华县自然资源局	梅州市精神文明建设委员会	梅州市精神文明建设先进集体	2021 年 1 月 14 日
广东五华农村商业银行股份有限公司	广东省总工会	2015—2019 年工会女职工工作先进集体	2020 年 11 月
广东五华农村商业银行股份有限公司	中国人民银行广州分行	2020 年移动支付示范镇建设工作先进单位	2020 年 11 月
五华县疾病预防控制中心	梅州市委、市政府	梅州市抗击新冠肺炎疫情先进集体	2020 年 12 月
五华县水寨镇卫生院	梅州市委、市政府	梅州市抗击新冠肺炎疫情先进集体	2020 年 12 月

续表

单位名称	授予单位	荣誉称号	授予时间
五华县梅林镇卫生院	梅州市委、市政府	梅州市抗击新冠肺炎疫情先进集体	2020年12月
县疾控中心党支部	梅州市委、市政府	梅州市先进基层党组织	2020年12月
水寨镇卫生院党支部	梅州市委、市政府	梅州市先进基层党组织	2020年12月
五华县政务服务数据管理局	梅州市精神文明建设委员会	2019—2020年度梅州市文明单位	2021年1月
五华县司法局公证处	梅州市司法局	梅州市2019年度优秀公证机构	2020年3月
五华县司法局	中华全国人民调解员协会	组织宣传人民调解工作先进集体	2020年12月
五华县司法局公证处	广东省公证协会	先进公证处	2020年12月
五华县食品公司	广东省肉类协会	2020年度先进单位	2021年1月
五华县	国家信访局	信访工作“三无”县	2020年4月
五华县信访局	中共梅州市委、市政府	安保维稳工作先进集体	2020年7月
河东镇	中央文明办	全国文明镇	2020年11月20日
国家税务总局五华县税务局	中共广东省委、广东省人民政府	广东省文明单位	2020年12月9日
五华县市政公用事业服务中心	中共广东省委、广东省人民政府	广东省文明单位	2020年12月9日
华城镇城镇村	中共广东省委、广东省人民政府	广东省文明村	2020年12月9日
五华县医疗保障局	梅州市精神文明建设委员会	2019—2020年度梅州市文明单位	2021年1月
中共五华县委组织部	梅州市扫黑除恶专项斗争领导小组	2019年度全市扫黑除恶专项斗争先进单位	2020.05.22
五华县水务局	梅州市文明办	梅州市文明单位	2021年1月
五华县残疾人联合会	梅州市精神文明建设委员会	2019—2020年度梅州市文明单位	2021年1月

续表

单位名称	授予单位	荣誉称号	授予时间
五华县人民检察院	最高人民检察院	全国先进基层检察院	2020 年 10 月
五华县教育局	中共梅州市委	梅州市先进基层党组织	2020 年 12 月
五华县教育局	中共梅州市委、梅州市人民政府	梅州市抗击新冠肺炎疫情先进集体	2020 年 12 月
五华县教育局	中共梅州市委、梅州市人民政府	2019 年梅州市创建全国文明城市平安建设工作先进集体	2020 年 7 月
五华县文化广电旅游体育局	梅州市精神文明建设委员会	2019—2020 年度梅州市文明单位	2021 年 1 月
五华县水寨镇卫生院党支部	中共梅州市委	梅州市先进基层党组织	2020 年 12 月
五华县水寨镇卫生院	中共梅州市委梅州市人民政府	梅州市抗击新冠肺炎疫情先进集体	2020 年 12 月
五华县水寨镇退役军人服务站	广东省退役军人事务厅	五星级服务站	2020 年 12 月
河东镇人民政府	梅州市统计局	梅州市第四次全国经济普查优秀集体	2020 年
河东镇人民政府	农业农村部	全国农业产业强镇	2020 年
河东镇人民政府	中央文明办	全国文明镇	2020 年
转水镇	广东省文化和旅游厅	广东省旅游风情小镇	2020 年 12 月
转水镇黄龙村	省司法厅、省民政厅	2020 年广东省“民主法治示范村”	2020 年 12 月
华城镇人民政府	梅州市第四次全国经济普查市级优秀集体	梅州市第四次全国经济普查领导小组 梅州市统计局	2020 年 3 月
华城镇城镇村	省妇联、省文明办	第六批广东省家庭文明建设示范点	2020 年 7 月
华城镇人民政府	省委网信办、省农业农村厅、省发展改革委、省工业和信息化厅	广东省数字乡村发展试点镇	2020 年 8 月

续表

单位名称	授予单位	荣誉称号	授予时间
华城镇党校	中共梅州市委组织部	梅州市首批市级镇街党校示范点	2020 年 11 月
华城镇人民政府	广东省人民政府	广东省城乡融合发展省级中心镇试点	2020 年 11 月
华城镇人民政府	中共梅州市委、梅州市人民政府	梅州市全面推行河长制湖长制先进集体	2020 年 12 月
城镇村	中共广东省委、广东省人民政府	2018—2020 年度广东省文明村镇	2020 年 12 月 9 日
长布镇人民政府	梅州市精神文明建设委员会	市文明镇	2021 年 1 月
源潭村委会	梅州市精神文明建设委员会	市文明村	2021 年 1 月
樟村村委会	梅州市精神文明建设委员会	市文明村	2021 年 1 月
周江镇人民政府	梅州市缉毒委员会	全民禁毒工程先进集体	2020 年 7 月
双华镇人民政府	梅州市精神文明建设委员会	2019—2020 年度梅州市文明镇	2021 年 1 月 15 日
双华镇人民政府	广东省爱国卫生运动委员会	广东省卫生镇	2021 年 1 月
广东省梅州市五华县棉洋镇荣华村	广东省梅州市精神文明建设委员会	2020 年度文明村	2020 年 12 月
梅州市松岗嶂绿色生态茶园有限公司	广东省市场监督管理局	广东省茶叶种植标准化示范区创建单位	2020 年 3 月
华阳镇坪南村	广东省农业农村厅	首批省级“一村一品、一镇一业”专业村	2020 年 8 月
华阳镇高塘村	广东省农业农村厅	首批省级“一村一品、一镇一业”专业村	2020 年 8 月
龙村镇留畲村	梅州市精神文明建设委员会	梅州市文明村	2021 年 1 月

说明：本表只填报国家、国家部委，省委、省政府，梅州市委、市政府授予荣誉称号的先进单位

2020 年度五华县先进个人一览表

姓名	单位及职务	授予单位	荣誉称号	授予时间
梁伟强	五华县税务局党委书记、局长	中共国家税务总局广东省税务局委员会	广东省税务系统优秀共产党员	2020 年 4 月 7 日
薛远泉	五华县人民医院重症医学科（ICU）副主任	省委、省政府	广东省抗击新冠肺炎疫情先进个人	2020 年 10 月
曾志芬	五华县人民医院感染管理科副主任、护师	梅州市委、市政府	梅州市抗击新冠肺炎疫情先进个人	2020 年 12 月
沈超华	五华县疾病预防控制中心副主任、主任医师	梅州市委、市政府	梅州市抗击新冠肺炎疫情先进个人	2020 年 12 月
刘泉汉	五华县水寨镇卫生院院长、西医师	梅州市委、市政府	梅州市抗击新冠肺炎疫情先进个人	2020 年 12 月
彭焕玉	五华县疾病预防控制中心检验科检验师	梅州市委、市政府	梅州市抗击新冠肺炎疫情先进个人	2020 年 12 月
张伟群	五华县人民医院传染科主任、副主任医师	梅州市委、市政府	梅州市抗击新冠肺炎疫情先进个人	2020 年 12 月
戴永红	五华县华城镇中心卫生院急诊科护士	梅州市委、市政府	梅州市抗击新冠肺炎疫情先进个人	2020 年 12 月
李钦鉴	五华县人民医院检验科主任、临床检验专业副主任技师	梅州市委、市政府	梅州市抗击新冠肺炎疫情先进个人	2020 年 12 月
张少忠	五华县疾病预防控制中心检验科主任、主任技师	梅州市委、市政府	梅州市抗击新冠肺炎疫情先进个人	2020 年 12 月

续表

姓名	单位及职务	授予单位	荣誉称号	授予时间
罗新明	五华县司法局公证处主任	中华人民共和国司法部	全国公共法律服务工作先进个人	2020年1月
罗新明	五华县司法局公证处主任	广东省公证协会	执业三十周荣誉证书	2020年12月
张振标	五华县安流司法所所长	中华人民共和国司法部	全国模范人民调解员	2020年12月
刘志华	五华县植检站站长	广东省农业农村厅	2020年耕地十佳最美农技员	2020年9月10日
李永平	五华县市场监督管理局大坝市场监督管理所三级主任科员	梅州市委 市政府	梅州市抗击新冠肺炎疫情先进个人	2020年12月17日
吴志怀	五华县林业局 站长	国家林业和草原局森林和草原病虫害防治总站 森林和草原有害生物灾害监测预报预警中心	2020年度国家级林业有害生物中心测报点优秀测报员	2020年12月
张菊红	五华县妇女儿童活动中心副主任	全国妇联	中国妇女社会地位调查优秀个人奖	2020年12月
陈兰婷	五华县妇女联合会副主席	梅州市妇联	梅州市“我心中的三八红旗手”	2021年3月
张炳锋	中共五华县委宣传部副部长、县互联网信息办主任	中共梅州市委 梅州市人民政府	梅州市抗击新冠肺炎疫情先进个人	2020年12月17日
张景山	中共五华县委宣传部常务副部长、县文明办主任	梅州市精神文明建设委员会	2019—2020年度梅州市精神文明建设先进工作者	2021年1月
黄永响	县人社局党组书记、局长	梅州市委、市政府	2019年度梅州市安保维稳工作先进个人	2020年7月

续表

姓名	单位及职务	授予单位	荣誉称号	授予时间
曾祥锋	县就业服务中心副主任	梅州市委、市政府	梅州市抗击新冠肺炎疫情先进个人	2020 年 12 月
陈　威	五华县融媒体中心总编室主任	梅州市委、市政府	梅州市抗击新冠肺炎疫情先进个人	2020 年 12 月
古杜峰	五华县水务局水政监察大队	梅州市文明办	梅州好人	2020 年 8 月
龙谨平	政法委常务副书记、政法系统党工委书记	中共梅州市委、梅州市人民政府	2019 年梅州市创建全国文明城市平安建设工作先进个人	2020 年 7 月
彭思鹏	政法委副书记	中共梅州市委、梅州市人民政府	梅州市维稳安保工作先进个人	2020 年 7 月
田荣辉	政法委基层社会治理室主任	中共梅州市委、梅州市人民政府	梅州市抗击新冠肺炎疫情先进个人	2020 年 12 月
何伟雄	五华县交通运输局、局长	梅州市精神文明建设委员会	2019—2020 年度梅州市精神文明建设先进工作者	2021 年 1 月
曹友莲	五华县教育局	中共梅州市委/梅州市人民政府	梅州市抗击新冠肺炎疫情先进个人	2020 年 12 月
钟志聪	五华县文化广电旅游体育局执法股股长	梅州市委、市政府	梅州市抗击新冠肺炎疫情先进个人	2020 年 12 月
张汉彬	五华县博物馆馆长	广东省文化和旅游厅	广东省基层先进文化工作者称号	2020 年 6 月
杨清华	县委办机关服务中心主任	梅州市委员会梅州市人民政府	梅州市抗击新冠肺炎疫情先进个人	2020 年 12 月
李永平	水寨镇综合执法队队员	梅州市人民政府	梅州市抗击新冠肺炎疫情先进个人	2020 年 12 月
曾祥楠	原西河居委书记主任	梅州市人民政府	梅州市抗击新冠肺炎疫情先进个人	2020 年 12 月
李文峰	大岭村干部	梅州市精神文明委员会	梅州市最美志愿者	2020 年 12 月

续表

姓名	单位及职务	授予单位	荣誉称号	授予时间
刘泉汉	水寨卫生院院长	梅州市人民政府	梅州市抗击新冠肺炎疫情先进个人	2020 年 12 月
刘泉汉	水寨卫生院院长	中共梅州市委	梅州市优秀共产党员	2020 年 12 月
刘泉汉	水寨卫生院院长	梅州市人民政府	梅州市抗击新冠肺炎疫情先进个人	2020 年 12 月
张文斌	转水镇人民政府干部	共青团梅州市委员会	梅州市优秀共青团员	2020 年 5 月
黄佰添	转水镇新丰村支部书记	梅州市委、市政府	梅州市劳动模范	2020 年 12 月
卓豪	华城镇人民政府统计部门负责人	梅州市第四次全国经济普查领导小组梅州市统计局	梅州市第四次全国经济普查市级优秀工作者	2020 年 3 月
李东海	周江镇联太村委干部	中共梅州市委、梅州市人民政府	梅州市抗击新冠肺炎疫情先进个人	2020 年 12 月
张锡复	中山市东成家具有限公司董事长	市委宣传部、市文明办、市委农办	梅州市第二届“客都好乡贤”	2020 年 4 月 26 日
张小玲	双华镇党委书记	梅州市妇联	梅州市“我心中的三八红旗手”	2021 年 3 月

五华县国家地理标志保护产品一览表

时间截至 2020 年 12 月 31 日

产品名称	授予单位	授予时间
长乐烧酒	国家市场监督管理总局	2016 年 11 月
大田柿花	国家市场监督管理总局	2018 年 1 月
七畲径茶	国家市场监督管理总局	2018 年 1 月

五华县非物质文化遗产项目代表性传承人一览表

时间截至2020年12月31日

国家级代表性传承人1人；省级代表性传承人6人；市级代表性传承人7人；县级代表性传承人55人。

序号	项目名称	级别	类别	传承人
1	木偶戏（五华提线木偶）	国家级	传统戏剧	李新贤
2	五华石雕	省级	民间美术	朱镜文
3	采茶戏	省级	传统戏剧	魏远芳
4	竹马舞	省级	传统舞蹈	罗爱青（女）
5	锣花舞	省级	传统舞蹈	黄永红
6	采茶戏	省级	传统戏剧	陈翠媚（女）
7	蒸馏酒酿造技艺（长乐烧酒制作工艺）	省级	传统技艺	詹汉林
8	竹马舞	市级	传统舞蹈	吴小雄
9	七盏灯	市级	民俗	彭炽宏
10	蒸馏酒酿造技艺（长乐烧酒制作工艺）	市级	传统技艺	黄名扬
11	下坝迎灯	市级	民俗	周林叨
12	梅石宫醮会	市级	民俗	宋杏文
13	五华金木雕工艺	市级	民间美术	陈汉标
14	采茶戏	县级	传统戏剧	邓苑雄
15	采茶戏	县级	传统戏剧	李展锋
16	五华石雕	县级	民间美术	李思焕
17	客家床画	县级	民间美术	曾华金
18	泥塑	县级	民间美术	范松先
19	五华酿豆腐	县级	传统技艺	曾梅迁（女）
20	五华酿豆腐	县级	传统技艺	詹阿文

续表

序号	项目名称	级别	类别	传承人
21	木偶戏（五华提线木偶）	县级	传统戏剧	钟远香（女）
22	七盏灯	县级	民俗	彭让先
23	客家山歌	县级	曲艺	彭强
24	竹马舞	县级	传统舞蹈	钟远泉
25	五华石雕	县级	民间美术	曾柏强
26	五华石雕	县级	民间美术	赖伟军
27	五华石雕	县级	民间美术	赖汉杰
28	尖山草席	县级	传统技艺	黄国方
29	毛糕制作工艺	县级	传统技艺	黄雄涛
30	水草席制作工艺	县级	传统技艺	陈献中
31	水草席制作工艺	县级	传统技艺	陈景荣
32	竹马舞	县级	传统舞蹈	卓尚基
33	竹马舞	县级	传统舞蹈	魏伟霞（女）
34	春牛舞	县级	传统舞蹈	邹灵祥
35	青塘舞龙	县级	传统舞蹈	吴展洪
36	下坝迎灯	县级	民俗	周玉胜
37	长布山歌	县级	曲艺	曾国香（女）
38	五华石雕	县级	民间美术	李国雄
39	五华石雕	县级	民间美术	赖会龙
40	水草席制作工艺	县级	传统技艺	孔远良
41	洛阳围庙会	县级	民俗	曾培方
42	五华酿豆腐	县级	传统技艺	周宝光
43	酒饼制作技艺	县级	传统技艺	廖新禄
44	泥塑	县级	民间美术	范国辉
45	花灯版画	县级	民间美术	温治邦
46	邹公宫庙会	县级	民俗	彭伟华

续表

序号	项目名称	级别	类别	传承人
47	下坝迎灯	县级	民俗	周利泉
48	木偶戏（五华提线木偶）	县级	传统戏剧	魏明华
49	木偶戏（五华提线木偶）	县级	传统戏剧	钟广新
50	木偶戏（五华提线木偶）	县级	传统戏剧	李广云
51	采茶戏	县级	传统戏剧	罗美青（女）
52	五华石雕	县级	民间美术	杨育林
53	锣花舞	县级	传统舞蹈	黄焕君
54	五华金木雕工艺	县级	传统技艺	陈杰
55	五华酿豆腐	县级	传统技艺	张志雄
56	义学客家老酒制作工艺	县级	传统技艺	陈文锋
57	七盏灯	县级	民俗	何国辉
58	毛糕制作工艺	县级	传统技艺	黄文峰
59	长布山歌	县级	曲艺	张惠红
60	五华酿豆腐	县级	传统技艺	钟远妹
61	五华酿豆腐	县级	传统技艺	曾成汉
62	客家土陶工艺	县级	传统技艺	汤可珍
63	炭画	县级	传统美术	宋柏棠
64	炭画	县级	传统美术	甘晓南
65	采茶戏	县级	传统戏剧	郑越顺
66	采茶戏	县级	传统戏剧	李鹏辉
67	采茶戏	县级	传统戏剧	彭桂顺
68	采茶戏	县级	传统戏剧	刘清丽
69	采茶戏	县级	传统戏剧	李小媛
70	木偶戏（五华提线木偶）	县级	传统戏剧	周鹏润
71	大布七月七药粄制作技艺	县级	传统技艺	李庆泉
72	五华足球	县级	传统体育	钟金玉

五华县文物保护单位一览表

时间截至2020年12月31日

国家级文物保护单位1个，省级文物保护单位7个，市级文物保护单位11个，县级文物保护单位68个。

序号	名称	级别	年代	类别	所在地
1	狮雄山遗址	国家级	秦汉	古遗址	华城镇塔岗村
2	长乐学宫	省级	明代	古建筑	华城镇十字街
3	狮雄山塔	省级	明代	古建筑	华城镇塔岗村
4	英烈庙	省级	明代	古建筑	双华镇大陂村
5	李惠堂旧居	省级	清代	古建筑	横陂镇老楼村
6	李威光故居	省级	清代	古建筑	华城镇黄埔村
7	荣槐楼	省级	清代	古建筑	转水镇三源村
8	兰芳楼	省级	清代	古建筑	安流镇楼江村
9	水寨大桥	市级	现代	现代重要史迹及代表性建筑	河东镇居委会
10	古氏宗祠	市级	清代	古建筑	华阳镇华新村
11	潜斋邹公祠	市级	清代	古建筑	龙村镇宫前村
12	魏大斌故居	市级	清代	古建筑	横陂镇夏阜村
13	古大存故居	市级	民国	近现代重要史迹及代表性建筑	梅林镇优河村
14	东征军政治部旧址（宗圣祠）	市级	清代	古建筑	华城镇城镇村
15	皇恩宠锡	市级	明代	古建筑	棉洋镇联西村
16	坑口刘氏宗祠	市级	明代	古建筑	棉洋镇棉洋村
17	元坑足球旧址	市级	清代	古遗址	长布镇元坑村
18	新一戴氏宗祠（桂园围）	市级	清代	古建筑	华城镇新一村
19	刘氏二世祖墓	市级	清代	古墓葬	棉洋镇罗城村
20	联珠塔	县级	清代	古建筑	水寨镇坝心村

续表

序号	名称	级别	年代	类别	所在地
21	布美红军标语	县级	1929 年	革命文物	郭田镇布美村
22	烈士纪念碑	县级	1958 年	纪念建筑	水寨镇祖狮岭
23	风围水口碑	县级	明代	石刻	双华镇军营村
24	喜雨宫	县级	清代	古建筑	棉洋镇罗城村
25	矮车塔	县级	清代	古建筑	转水镇矮车村
26	培风塔	县级	清代	古建筑	岐岭镇联安村
27	董源桥	县级	明代	古建筑	华城镇董源村
28	龙门第牌坊	县级	明代	古建筑	水寨镇七都村
29	李江墓	县级	清代	古墓葬	安流镇低坑村
30	五华县农民自卫军训练旧址	县级	清代	古建筑	梅林镇梅中内
31	缪培南故居	县级	民国	近现代重要史迹及代表性建筑	周江镇早成村
32	五华县人民政府旧址	县级	民国	近现代重要史迹及代表性建筑	周江镇冰坎村
33	钟天心故居	县级	民国	近现代重要史迹及代表性建筑	周江镇冰坎村
34	百安烈士纪念碑	县级	1970 年	近现代重要史迹及代表性建筑	潭下镇百安村
35	五华县农军指挥部旧址	县级	清代	古建筑	潭下镇百安村
36	李尧用夫妇墓	县级	清代	古墓葬	潭下镇南华村
37	转水光德楼	县级	清代	古建筑	转水镇流洞村
38	新月桥	县级	明清	古建筑	横陂镇双联村
39	李南馨墓	县级	清代	古墓葬	横陂镇罗陂村
40	儒林第	县级	清代	古建筑	横陂镇近江村
41	中共五华县委旧址	县级	1928 年	近现代重要史迹及代表性建筑	梅林镇琴口村

续表

序号	名称	级别	年代	类别	所在地
42	黄国梁故居	县级	民国	近现代建筑	郭田镇龙潭村
43	湖华村战壕遗址	县级	1927 年	遗址	郭田镇湖华村
44	薛云端夫妇合葬墓	县级	明代	古墓葬	水寨镇岗阳村
45	五云楼	县级	清末	古建筑	水寨镇良美村
46	五华革命烈士纪念碑	县级	2006 年	近现代重要史迹及代表性建筑	水寨镇七都村
47	李敏公石墓	县级	明代	古墓葬	水寨镇协和村
48	平安寺	县级	明代	古建筑	水寨镇大沙村
49	李槐千长仁爷纪念亭	县级	明代	古建筑	水寨镇协和村
50	张慎故居	县级	明代	古建筑	长布镇大客村
51	基督教堂	县级	清代	古建筑	长布镇樟村村
52	张洪恩墓	县级	明代	古墓葬	长布镇大客村
53	峰公祠	县级	明代	古建筑	长布镇栋岭村
54	曾国华故居	县级	民国	近现代重要史迹及代表性建筑	岐岭镇凤凰村
55	岐岭大夫第	县级	清代	古建筑	岐岭镇凤凰村
56	鳌背乡农民协会旧址	县级	民国	近现代重要史迹及代表性建筑	龙村镇大梧村
57	石铺古驿道遗址	县级	清代	古遗址	龙村镇塘湖村
58	徐良宽墓	县级	民国	近现代重要史迹及代表性建筑	安流镇楼江村
59	秋前湖义冢	县级	清代	古墓葬	安流镇三江村
60	白云庵	县级	明代	古建筑	双华镇军营村
61	三僧库冢	县级	清代	古墓葬	双华镇军营村
62	凤凰台摩崖石刻	县级	明代	石刻	华城镇城东村
63	新民楼	县级	1902 年	近现代重要史迹及代表性建筑	华城镇西林村
64	上新屋	县级	清代	古建筑	华城镇河亭村

续表

序号	名称	级别	年代	类别	所在地
65	观音宫	县级	清代	古建筑	棉洋镇溜砂村
66	福寿宫	县级	清代	古建筑	棉洋镇绿水村
67	曾国士墓	县级	清代	古墓葬	棉洋镇洛阳村
68	水寨门楼	县级	明代	古建筑	河东镇寨顶巷
69	熊德楼	县级	明代	古建筑	河东镇高榕村
70	亢公祠	县级	明代	古建筑	河东镇下二村
71	城皇庙	县级	明代	古建筑	华城镇城镇村
72	瓛公祠	县级	明代	古建筑	水寨镇坝美村
73	罗城张氏宗祠	县级	明代	古建筑	棉洋镇罗城村
74	碗窑坪窑址	县级	明代	古建筑	梅林镇梅南村
75	魏言兴墓	县级	明代	古墓葬	横陂镇杨恩村
76	张慎墓	县级	明代	古墓葬	长布镇大客村
77	张氏宗祠	县级	清代	古建筑	棉洋镇罗城村
78	保太楼	县级	清代	古建筑	双华镇虎石村
79	健德楼	县级	清代	古建筑	横陂镇崇文村
80	县农会、苏维埃政府旧址（东灵寺）	县级	1926 年	近现代重要史迹及代表性建筑	安流镇福岗村
81	弹 亭	县级	1939 年	近现代重要史迹及代表性建筑	横陂镇崇文村
82	诏诒楼	县级	民国	近现代重要史迹及代表性建筑	周江镇良头村
83	李法宠公祠	县级	明代	古建筑	横陂镇石下村
84	李大超故居（光华楼）	县级	民国	近现代重要史迹及代表性建筑	横陂镇湖塘村
85	戴恩赛·孙婉故居（国士端芳）	县级	清代	古建筑	河东镇澄塘村
86	大夫第（新屋嘴）	县级	清代	古建筑	转水镇黄龙村
87	黄氏景昇公祠	县级	宋代	古建筑	龙村镇梧溪村

文献选编

中共五华县委
关于追授李东海同志“五华县优秀共产党员”的决定

华委发〔2020〕3号

（2020年2月15日）

为深入学习贯彻落实习近平总书记关于做好疫情防控工作的重要指示批示精神和有关关心关爱医务人员和党员干部的重要讲话精神，以及国家、省、市有关疫情防控工作要求，大力表彰宣传信念坚定、对党忠诚、担当作为、干事创业的新时代典型，激励和引导广大党员干部进一步把思想和行动统一到党中央的决策部署上来，进一步不忘初心、牢记使命，冲在一线、干在实处、英勇奋斗，坚决打赢疫情防控的人民战争、总体战、阻击战，县委决定，追授李东海同志为“五华县优秀共产党员”。

李东海，男，汉族，1973年1月出生，周江镇联太村人，2017年起担任周江镇联太村村委委员，2018年10月加入中国共产党。李东海同志在2020年2月13日从早上6点开始参加联太村疫情防控检查点工作，自动放弃午休连续工作，于20时左右感觉身体不适，但仍然坚持在岗执勤，21时30分左右其感觉身体不适症状加重，岗位志愿者劝他返回家中休息，他交接完手头工作返回家中后，突发脑溢血，经抢救无效，于当天22时左右去世。

李东海同志参加工作以来，一直奋战在乡镇基层第一线，他以共产党人强烈的责任感、使命感，全心全意为党工作，为群众服务，认真贯彻落实党对基层农村的各项方针政策，扎实推进乡村振兴等各项工作。特别是开展新型冠状病毒肺炎疫情防控工作以来，李东海同志主动承担疫情防控宣传、重点人员摸排、村庄封闭管理、民俗活动劝停、外市返回（来）五华人员“一人一户一车一档”等多项重点工作任务，示范带动确保了联太村湖北省返乡10户23人、外市返乡7户34人全部纳入监测，均无出现异常；创新发动护林员全领域无死角宣传疫情防控知识，打通疫情防控宣传“最后一公里”；积极发动广大乡贤群众进行疫情防控捐款，每天完成善款统计和微信群公告等任务；自制疫情防控检查点指示牌等保障用品，在防控检查工作中，他总是抢在其他同志的前面，详细询问来往群众及车辆的情况，做到“入村必查、回村必检”，全力做好疫情防控工作，时时刻刻用实际行动践行初心和使命，让党旗在防控疫情斗争第一线高高飘扬。

李东海同志担任村干部以来，时刻以共产党员的标准严格要求自己，严格遵守党和国家的法律法规，认真贯彻执行党的 路线方针政策，始终把为群众办实事、谋福利作为自己的职责，为人处世公平公正，服务群众尽心尽力，对待工作尽心尽责，充分发挥共产党员先锋模范作用。

在这场没有硝烟的战斗中，李东海同志以最本能的善良、以最朴实的责任，成为坚守一线的逆行者。李东海同志是全县在坚决打赢疫情防控阻击战涌现出来的先进典型，也是全县广大共产党员的学习楷模。他是习近平新时代中国特色社会主义思想的忠实践行者，是用生命践行入党誓言、用奋斗书写时代篇章的光辉榜样，他的一生无愧于一个共产党员的光荣称号。他用生命和行动诠释了对党忠诚、对群众热爱、对事业执着，得到各级领导的充分肯定和广大干部群众的一致称赞。

县委号召，全县广大党员、干部要以李东海同志为榜样，学习他信念坚定、对党忠诚的政治品格，自觉用习近平新时代中国特色社会主义思想武装头脑、指导实践、推动工作，树牢“四个意识”，坚定“四个自信”，坚决做到“两个维护”；学习他忠于职守、忘我工作的敬业精神，牢记“全心全意为人民服务”的宗旨；学习他无私奉献、鞠躬尽瘁的高贵品质，把理想信念时时处处体现为行动的力量；学习他克己奉公、清廉自守的道德情操，始终保持共产党人的政治本色，自觉践行共产党人价值观。

全县各级党组织要把学习李东海同志先进事迹与深入学习贯彻习近平新时代中国特色社会主义思想结合起来，与当前打赢疫情防控的人民战争、总体战、阻击战结合起来，引导广大党员、干部坚定理想信念、践行为民宗旨，众志成城、不懈奋斗，主动承担党组织分配的工作任务，关键时刻冲在一线，自觉接受党性锻炼和实践考验，以最严措施、最严作风、最严纪律做好疫情防控工作，在抗击疫情中叩问初心、践行使命，让党旗在防控疫情斗争第一线高高飘扬，为建设“工匠之乡·宜居五华”作出新的更大贡献！

中共五华县委　五华县人民政府
关于印发《五华县对接融入广州市推动“四个出新出彩”的若干措施》的通知

华委发〔2020〕4号

各镇党委、人民政府，县委各部门，县直和中央、省、市属驻五华各单位：

现将《五华县对接融入广州市推动“四个出新出彩”的若干措施》印发给你们，请结合实际认真贯彻落实。

中共五华县委

五华县人民政府

2020年3月26日

五华县对接融入广州市“四个出新出彩”的若干措施

一、总体要求

以习近平新时代中国特色社会主义思想为指导，全面贯彻党的十九大和十九届二中、三中、四中全会精神，深入贯彻习近平总书记对广东重要讲话和重要指示批示精神，落实省、市的部署要求，完善广州（番禺）全面对口帮扶机制，发挥比较优势，在产业、交通、民生、营商环境、生态环境、人文资源、文化体育等方面紧密对接广州，更好融入广州经济圈、交通圈、人文圈、生活圈，打造“三宜城市”福地，助力广州推动“四个出新出彩”实现老城市新活力，助推五华老区苏区振兴发展。

二、重点举措

（一）提升区域合作平台

1.推进共建产业园提质增效。以广州番禺（五华）产业转移工业园为依托，精心挑选符合产业布局的项目，落实县领导“一对一”对接联系责任，承接好广州产业梯度转移。紧抓对口帮扶机遇，以产城联动促进园区建设，进一步加大园区征地拆迁、土地平整和安置区建设力度，完善园区道路、供水供电、污水处理、绿化亮化、生活配套等基础设施。加强园区管理，深入开展闲置用地、厂房和低效能企业清理整治，通过“腾笼换鸟”方式引进优质项目，发展五金机电、食品饮料、医药制造等传统主导产业和培育芯片制造、数据存储、网游、智慧设备、网络通信等新兴产业，促进园区提质增效。

2.打造共建产业孵化基地。持续加强广东五华科技孵化产业园软硬环境建设，争取被认定为国家级科技企业孵化园；加强与广州高校、科研院所的合作，共建校企地、产学研合作模式，运用广州先进的孵化经验，加大对国家高新技术企业、科技型中小企业的培育力度。积极创造条件，引导更多企业加强自身建设，申报高新技术企业、省市工程技术研究中心和科技型中小企业，大力协助企业解决在申报过程中遇到的困难和问题，营造良好的创新创业氛围。

3.完善共建后勤保障基地。依托国家级粮食主产区、广东省产粮大县的优势，精心培育发展特色农业产业，在粤港澳大湾区“菜篮子”产品梅州配送中心项目推进建设中抢得先机。加强省级农业产业园建设，大力支持 4 个省级“菜篮子”基地、4 个粤港澳大湾区“菜篮子”基地建设，全面对标粤港澳大湾区农产品质量标准体系，实行农产品质量全流程管控。大力发展农副产品精深加工，支持五华企业在广州建立优质农产品销售推广点，形成从“田间到舌尖”优质健康食品产业链，不断丰富广州推动“四个出新出彩”行动的“菜篮子”“果盘子”“米袋子”“茶罐子”“水缸子”。在实施“客家菜师傅”培训工程中，与广州联合培养粤菜（客家菜）人才。

（二）推动产业协同发展

深化产业共建，促进产业链跨区域布局，推动一批总部和研发在广州、生产加工环节在外地的企业将其生产加工环节转移到五华，探索推广“广州总部+五华基地”“广州研发+五华生产”“广州孵化+五华产业化”等产业共建新模式，培育打造绿色低碳制造业集群，构建“5311”绿色产业体系，增强五华发展内生动力。

4.推动生物医药产业协同发展。支持广州壮大生物医药产业、打造粤港澳大湾区中医药高地，共同推动中医药产业高质量发展。推行智慧中医试点工作，加强与广药集团、香雪制药等重点医药企业合作，争取更多药品生产项目落户五华，带动中药材深加工、交易等中医药全产业链发展。积极创建国家中医药综合改革试验区，依托五华丰富的南药资源，打造五华中医药产业特色品牌。

5.推动五金机电制造产业协同发展。加强与工信部电子五所、广东工业大学、广州大学等科研院所和高校合作，依托广州轻工三角牌、万宝电器和齐备的五金加工产业体系，发展壮大电烤箱、发电机、冷柜及五金制品加工产业。

6.推动现代农业产业发展。积极对接广州先进农业科技、金融资本、龙头企业、销售平台，加强与省农科院广州花卉研究中心的合作，推进花卉产业建设。积极主动参与梅州柚果优势产业园的建设，进一步提升金柚、茶叶、百香果、柿花、红薯、板栗、稻米等农产品的产量和品质，在建设好省级现代茶叶产业园的同时，争取建设更多的国家级、省级现代农业产业园，打造特色农业品牌，为广州等粤港澳大湾区城市提供优质绿色生态产品。

（三）推动基础设施互联互通和物流协同发展

7.构建融入广州1.5小时经济生活圈的交通物流网络。对接广州国际综合交通枢纽建设，加大征地拆迁力度，强化用地保障，加快推进梅龙高铁和丰华高速、华陆高速五华段建设，确保项目如期建成通车。积极做好五华至惠东段高速公路谋划申报工作，争取列入省高速公路网中远期规划。谋划梅河高速华城出口至高铁站快速连接线和梅华公路至兴宁高铁站场连接快线。全力创建“绿色交通示范县”，加快“四好农村路”建设，推进16个续建和9个新建国省道、县乡道路升级改造，推动与高速出口、景区景点、产业园区的互联互通，加快农村公交一体化和县汽车站迁建。

8.构建紧密型电商物流产业发展体系。充分发挥我县特色农产品和特色旅游资源丰富的优势，加强与广州物流电商产业的沟通对接，利用广州庞大完善的电商物流产业体系，加大销售网络的布点力度，推动城市商品下行和镇、村农产品上行交互融合、双向高效流通。加快推进“电子商务进农村综合示范工作”，建成16个镇级电子商务服务中心、300个村级电商服务站，完善农村电商人才培养机制，形成县、镇、村三级电商服务体系。鼓励广州物流龙头企业在五华布局网点、拓展业务，与我县粤东农批冷链配送中心、汉光超顺农产品加工冷链仓储物流园区，双向互动，打造原材料、工业制成品和农副产品的快速互补基地。

9.推动信息基础设施互联互通。争取与梅州市共享连接广州的大容量光纤宽带专线，打造五华“入珠融湾”的“信息高速公路”。积极借鉴广州5G网络建设经验，加快5G网络规模部署和商用步伐，支持企业通过“上云”开展5G应用，提高效益。新建100个5G基站、50个4G基站，基本覆盖县城及中心镇圩镇区域，同步实现全县100%以上的行政村、98%以上的自然村的4G网络覆盖。新建1万个光端口，让全县绝大部分家庭都能享受4G、5G带来的极速无线上网服务。

（四）加强民生服务领域交流合作

10.扩大教育交流合作。坚持“走出去”和“引进来”人才培养模式，加强与广州番禺职业技术学院的沟通合作，根据广州企业和五华本地企业用工需求，坚持产教融合，产学研一体，“订单式”培养技术人才，解决企业用工需求和学校毕业生就业问题，助力五华县技工学校、五华县职业学校提升办学水平。加大五华教师发展中心建设力度，选派优秀教师到广州跟班学习，引进广州优秀教师到五华讲课讲学，推动两地中小学校结对共建，提升五华教育教学水平。

11.深化医疗资源合作共享。积极对接广州市高水平医院和医学院校，推动跨区域医联体建设，扩大医疗结对帮扶模式，推动中山大学附属医院、广州医科大学附属第一医院等医院与五华组建更多紧密型医联体，开展临床教学、会诊、学术讲座、送医送药下乡等交流活动。吸引和鼓励广州医疗卫生专家及高校毕业生到五华从事医疗工作，组织我县医疗队伍到广州的医院进行交流学习培训，助推五华医疗、管理水平提升。

12.推动文旅康养融合发展。着力打造粤港澳大湾区最美后花园、最佳康养地、最优体验场，鼓励广州市民到五华旅游休闲、接受红色教育、康养度假。建成开放元坑足球旧址公园、热矿泥温泉山庄、南洋山养生养老生态园，加快龙狮旅游区、苏区革命历史博物馆、现代足球博物馆、游客服务中心等旅游项目建设，加快修缮黄国梁故居、曾国华故居等文物保护单位，启动天堂山旅游景区建设，全力支持五华奥体中心、热矿泥温泉山庄、南洋山养生养老生态园创建AAAA级旅游景区，新丰寨、双龙山创建AAA级旅游景区，加快发展乡村旅游，建设一批民宿，创建一批星级农家乐，与周边文化旅游景区和红色景点串珠成链，打造精品旅游线路，让游客在文旅康养的同时，接受革命传统教育。

13.推动足球产业发展。加强与广州市体育局和广州足球俱乐部的沟通合作，加快足球小镇的建设和运营，在足球赛事、足球产品、足球文化等领域寻求更多交流合作。大力支持“一超一甲”和沙滩足球队建设，精心筹备2020年梅州客家杯国际邀请赛、中甲、女超主场赛事和“球王杯”、校园四级足球联赛等大型足球赛事，营造浓厚的足球运动氛围。创新发展足球人才培养体系，实施足球人才培养“走出去”和“引进来”政策，加强青训队伍建设，提升五华足球培训、竞技水平。

14.加强家政服务合作。对接广州市家政服务综合平台，积极实施“南粤家政”工程，鼓励五华县技工学校和五华县职业学校建设家政服务特色专业，深入开展以母婴、居家、养老、医护服务为重点的家政培训，打造“五华大嫂”家政服务品牌，建设“五华家政服务超市”，促进转移就业，为广州市民提供优质家政服务。

三、保障措施

依托对接融入粤港澳大湾区建设工作领导小组和相关专责领导小组，统筹做好对接融入广州市推动“四个出新出彩”各项工作。充分发挥广州（番禺）对口帮扶党政联席会议机制作用，推动各类平台资源共享，加强各项重点工作对接协调和督促落实，形成工作合力。

中共五华县委 五华县人民政府
关于印发《五华县对接融入深圳建设中国特色社会主义先行示范区的行动方案》的通知

华委发〔2020〕5号

各镇党委、人民政府，县委各部门，县直和中央、省、市属驻五华各单位：

现将《五华县对接融入深圳建设中国特色社会主义先行示范区的行动方案》印发给你们，请结合实际认真贯彻落实。

中共五华县委

五华县人民政府

2020年3月26日

五华县对接融入深圳建设中国特色社会主义先行示范区行动方案

为全面贯彻落实党中央、国务院《关于支持深圳建设中国特色社会主义先行示范区的意见》和省委、省政府《关于支持深圳建设中国特色社会主义先行示范区的若干重大措施》精神，积极贯彻落实市委、市政府关于《梅州市支持深圳建设中国特色社会主义先行示范区的行动方案》精神，结合五华实际，主动对接融入深圳建设中国特色社会主义先行示范区，特制定本行动方案。

一、总体要求

以习近平新时代中国特色社会主义思想为指导，全面贯彻党的十九大和十九届二中、三中、四中全会精神以及省、市工作部署，深入贯彻习近平总书记对广东重要讲话和重要指示批示精神，对照中央赋予深圳建设中国特色社会主义先行示范区“五大战略定位”和“五个率先”重任，结合市推进“六争六补”和“123456”工作举措，立足我县生态发展区功能定位，按“深圳所需”，尽“五华所能”，积极对接融入深圳建设中国特色社会主义先行示范区，推动五华高质量发展，加快建设“工匠之乡·宜居五华”。

二、主要任务

（一）加快交通互联互通

1.加快交通路网建设。解决要素制约，全力服务保障梅龙高铁五华站建设，确保丰华高速、华陆高速五华段于2020年底建成。积极申报五华至惠东连接珠三角和深圳的高速公路，争取纳入省高速公路网中远期规划。谋划梅河高速华城出口至高铁站快速连接线和梅华公路至兴宁高铁站场连接快线，对国道G238线双璜至猫塘坳、省道S120长布至大田、省道S226线油田至坪上等一批项目实施路面改造工程，提升国省干线的通行能力，推动与高速出口、景区景点、产业园区的互联互通。加快“四好农村路”建设，全力创建“绿色交通示范县”，加快农村公交一体化和县汽车站迁建。

（二）推动产业互补发展

2.加强先进制造业合作。围绕五金机电、装备制造、制酒制药等主导产业，深化产业发展、市场拓展、创新创业等领域与深圳的对接，鼓励支持“总部在五华，研发、营销在深圳”产业发展模式，引进一批“总部、研发、营销在深圳，基地、制造、配套在五华”的产业项目，加强技术、资本等方面与深圳企业的合作，提高产品技术含量和市场竞争力。探索推广“深圳总部+五华基地”“深圳研发+五华生产”“深圳孵化+五华产业化”等产业共建新模式，鼓励深圳企业在五华设立科技研发、金融服务、产品生产等分支机构，带动我县制造业转型升级，优化布局。

3.提供优质农产品供给。深入实施农业供给侧结构性改革，大力发展“一村一品、一镇一业”。加强与深圳大学生物医学工程学院、龙华生物产业创新研究院等高校和科研院所的合作，做强茶叶、金柚、水稻、板栗、李子、柿花、高山红薯、南药、畜禽等特色产业。加快现代农业产业园建设，在抓好现代茶叶产业园建设的同时，大力建设丝苗米产业园、省级蔬菜产业园。加快推进粤港澳大湾区“菜篮子”产品梅州配送中心建设，加强与怡亚通“供应链+”合作，全面与深圳消费市场对接，让五华特色农产品更快更多进入深圳市民餐桌，成为深圳名副其实的“菜篮子”“果盘子”“米袋子”“茶罐子”“水缸子”。

4.加强大健康产业合作。利用我县南药资源丰富的优势，加强与深圳市中医院、深圳大学医学部的合作，引进中药种植、加工、药品研发为一体的优质产业项目，打造五华中医药产业特色品牌，助推国家中医药综合改革试验区创建工作。

5.实施定向招商引资。主动承接深圳产业，深入实施“乡贤回乡投资兴业”工程，加强与深圳市琴江文化研究会的沟通联系，争取更多乡贤回乡投资兴业。围绕我县五金机电、制酒制药等传统主导产业和芯片制造、数据存储、网游、智慧设备、网络通信等新兴产业，积极组织开展项目推介活动，精准开展产业链招商，实现产业招商、以商引商。办好世界客商大会五华系列活动，着力引进一批有实力、有品牌、有团队的大项目、好项目落户。

（三）推动资源要素共享

6.加强科技交流合作。充分利用深圳科技力量雄厚、创新创业资源丰富的优势，加强与深圳企业和科研院所的校企地、产学研合作，加大国家高新技术企业、科技型中小企业培育力度。加强业务指导，引导符合条件的企业积极申报高新技术企业、省市工程技术研究中心和科技型中小企业，提高科技研发水平。

7.推动人才往来互通。坚持“引进来”和“走出去”战略，认真落实梅州市《关于加快人才发展的意见》和五华县“加快人才发展12条实施意见”，加大深圳企业经营、创业创新、科教文卫、家政电商等优秀人才引进力度。同时，采取干部提升学历培养党政人才、党员学习提升素质、校企办学培养专业技能人才等举措，与深圳联合办班或把五华优秀人才送出去跟班学习，不断提升人才队伍数量质量。

8.促进资本对接流通。加强与深圳金融机构的合作，结合五华实际，开发适销对路的金融产品，有效解决五华中小微企业“融资难、融资贵”问题。引导证券公司不断加大资本市场服务力度，在企业上市、并购重组、市场创新等方面积极开展培育辅导、政策咨询、窗口指导和教育培训工作，努力提高服务各类市场主体的水平，进一步促进我县经济结构优化。

（四）推动法治城市共建

9.对标示范区优化营商环境。对标深圳优化营商环境的经验做法，纵深推进“放管服”改革、“证照分离”和“照后减证”。做好法治政府建设示范县创建工作，推动营造法治化营商环境，保护民营企业健康有序发展。持续深化商事制度改革，提升开办企业便利度，重点破解“准入”“准营”和“退出”机制障碍。全面落实减税降费政策，建立健全公共信用信息服务平台，完善守信联合激励和失信联合惩戒机制。进一步加强市场监管执法，加大力度依法打击假冒伪劣、虚假广告等群众反映强烈的违法行为，切实维护公平有序的竞争秩序，吸引越来越多的深圳企业到五华投资兴业。

10.借鉴示范区经验加强社会治理。学习借鉴深圳创建全国市域社会治理现代化试点示范城市做法，总结我县在平安五华和社会治理等方面的经验，精准实施基层社会治理、规范城乡建管秩序、社会管理服务提升工程三项工作，提升城乡治理水平。深入开展“扫黑除恶”专项斗争，持续深化禁毒整治，不断加强“平安村（社区）”创建。加强法治城市建设经验交流，提升五华依法治县水平。

（五）推动文化相融共进

11.推动城市文明互学互鉴。充分借鉴深圳在构建高水平公共文化服务体系的先进经验，巩固提升“创国卫”工作成果，加快创建“全国县级文明城市”。认真学习借鉴“新时代深圳精神”，提升“五华苏区精神”，凝聚建设“工匠之乡·宜居五华”的磅礴力量。充分利用五华奥体中心惠堂体育场举办大型体育品牌赛事多的优势，加强与深圳的体育交流探讨，完善公共体育服务设施，促进体育产业发展。

12.推动文旅深度融合发展。借助深圳优质的游客资源和五华丰富的文旅体资源，打造深圳文化旅游康养的后花园。加快建设苏区革命历史博物馆、现代足球博物馆，建成开放元坑足球旧址公园、热矿泥温泉山庄。扎实推进客天下文化旅游产业园、县游客服务中心等旅游项目建设，龙狮旅游区实现挂牌和南沣山养生养老生态园开业并创建AAAA级旅游景区、新丰寨和双龙山创建AAA级旅游景区，加快修缮黄国梁故居、曾国华故居等文物保护单位，大力举办大型足球赛事，加快发展乡村旅游，建设一批民宿，创建一批星级农家乐，与周边文化旅游景区和红色景点串珠成链，打造精品旅游线路，让游客在文旅康养的同时，接受革命传统教育。

（六）推动民生领域合作

13.扩大教育交流合作。引导五华县技工学校、五华县职业学校加强与深圳市职业技术学院的交流合作，根据企业用工需求“订单式”培养技术人才，提升职业办学水平。探索中小学教学双向交流机制，选派五华优秀校长、骨干教师到深圳中小学跟班学习，引进深圳优秀中小学教师到五华讲课讲学，推动两地中小学校结对共建，提升五华教育教学水平。

14.推动医疗融合。围绕建设紧密型医联体，加强与深圳国家级临床医学研究中心、深圳市人民医院、北京大学深圳医院、深圳市中医院和深圳大学医学部的合作，推动深圳大型三甲医院与我县县人民医院、县中医医院、县妇幼保健院等医疗机构开展专科帮扶、临床教学、会诊、学术讲座和送医下乡等交流活动，鼓励深圳大学医学部的毕业生到五华从事医疗工作，组织我县医疗队伍到深圳的医院、医学院进行学习培训，助推五华医疗、管理水平提升。

15.加强家政服务合作。利用五华丰富的人力资源和深圳广阔的市场空间，加强家政服务的沟通对接，积极实施“南粤家政”工程，鼓励五华县技工学校和五华县职业学校建设家政服务特色专业，深入开展以母婴、居家、养老、保健养生、医护服务为重点的家政培训，建设“五华家政服务超市”，打造家政服务品牌，促进转移就业。

（七）携手扩大对外开放

16.积极参与“一带一路”建设。利用五华足球文化底蕴深厚的优势，继续承办“一带一路”国际足球邀请赛，办好梅州客家杯国际邀请赛、中甲、女超主场赛事，进一步加强五华深圳两地足球活动交流；加强青少年足球工作、青训体系、人才引进和培养等多方面工作的沟通交流，建立更加紧密的互助关系，发挥各自优势、实现经验共享，为共同参与“一带一路”建设创造条件。

17.合作共建对外开放平台。搭建政府间的交流合作平台，定期开展互访交流，加强招商引资、服务企业、改善营商环境等方面的交流合作。积极组织企业参与深圳地区举办的展销展览会、经贸洽谈会等各类交易会，寻求合作机遇，共同开拓国内外市场。引导两地有比较优势的企业，以并购、参股、合资等方式相互合作，提升企业综合实力。

三、组织保障

依托对接融入粤港澳大湾区建设工作领导小组和相关专责领导小组，统筹做好对接融入深圳建设先行示范区的各项工作。建立与深圳多层次的沟通交流机制，主动走出去、请进来，对标先进、为我所用，加快自身发展。

中共五华县委关于印发《中共五华县委贯彻落实〈中共广东省委贯彻落实《中共中央关于坚持和完善中国特色社会主义制度、推进国家治理体系和治理能力现代化若干重大问题的决定》的实施意见〉的工作方案》的通知

华委发〔2020〕7号

各镇党委、县委各部门，县直和中央、省、市属驻五华各单位党组（党委）：

现将《中共五华县委贯彻落实〈中共广东省委贯彻落实《中共中央关于坚持和完善中国特色社会主义制度、推进国家治理体系和治理能力现代化若干重大问题的决定》的实施意见〉的工作方案》印发给你们，请结合实际认真贯彻落实。

中共五华县委

2020年3月31日

中共五华县委贯彻落实《中共广东省委贯彻落实〈中共中央关于坚持和完善中国特色社会主义制度、推进国家治理体系和治理能力现代化若干重大问题的决定〉的实施意见》的工作方案

为深入贯彻党的十九届四中全会精神，全面贯彻落实省委十二届八次全会审议通过的《中共广东省委贯彻落实〈中共中央关于坚持和完善中国特色社会主义制度、推进国家治理体系和治理能力现代化若干重大问题的决定〉的实施意见》，在新时代五华改革发展稳定实践中坚持和完善中国特色社会主义制度、推进治理体系和治理能力现代化，更好地把制度优势转化为治理效能，以新担当新作为开创五华苏区振兴发展新局面，特制定本工作方案。

一、总体要求

以习近平新时代中国特色社会主义思想为指导，增强“四个意识”、坚定“四个自信”、做到“两个维护”，坚持党的领导、人民当家作主、依法治国有机统一，坚持解放思想、实事求是，坚持改革创新，着力固根基、扬优势、补短板、强弱项，加强系统治理、依法治理、综合治理、源头治理，把中国特色社会主义制度优势更好转化为治理效能，立足长远，注重总结提炼近年来五华在基层社会治理和规范城乡建管秩序专项整治实践所形成的经验性成果、制度性成果，持续推进基层社会治理、规范城乡建管秩序，启动社会管理服务提升工程，为建设“工匠之乡·宜居五华”提供强有力保障，助推梅州建设“三宜”城市范例和广东实现“四个走在全国前列”、当好“两个重要窗口”。

二、贯彻落实中央和省委、市委部署要求的主要任务

（一）坚持和完善党的领导制度体系。贯彻落实健全“不忘初心、牢记使命”制度、维护党中央权威和集中统一领导各项制度、党的全面领导制度、为人民执政靠人民执政各项制度、提高党的执政能力和领导水平制度、全面从严治党制度的要求，坚持和完善党的领导制度体系，把坚持和完善党的领导放在首要位置、落实到治理实践的各领域各方面各环节，确保党始终总揽全局、协调各方。

1.坚决落实“不忘初心、牢记使命”制度，全面落实习近平新时代中国特色社会主义思想第一议题制度，健全“大学习、深调研、真落实”常态化机制。

2.完善落实“两个维护”各项制度，坚持把习近平总书记重要指示批示作为党内政治要件，健全贯彻党中央重大决策部署的闭环落实机制。

3.认真贯彻党中央对重大工作的领导体制，优化党委议事协调机构，执行向上级党委请示报告制度。

4.健全党委常委会定期听取人大常委会党组、政府党组、政协党组、法院党组、检察院党组工作汇报制度，落实党委（党组）制度。

5.完善新任领导干部担任信访督查专员、重点项目督查专员制度，完善乡镇领导干部驻点普遍直接联系群众制度。

6.完善常委会向全体会议定期报告工作并接受监督制度，完善落实中央八项规定精神、纠治“四风”长效机制。

（二）坚持和完善人民当家作主制度体系。贯彻落实健全人民代表大会制度、多党合作和政治协商制度、巩固和发展爱国统一战线、基层群众自治制度的要求，坚定不移走中国特色社会主义政治发展道路，确保人民依法通过各种途径和形式管理国家事务，管理经济文化事业，管理社会事务。

7.支持和保证人大及其常委会依法行使职权，健全人大对“一府一委两院”监督制度，健全人大代表联络机制及代表述职、代表履职监督制度，规范代表联系站建设。

8.发挥人民政协作为政治组织和民主形式的效能，统筹推进政党协商、人大协商、政府协商、政协协商、人民团体协商、基层协商及社会组织协商，完善协商于决策之前和决策实施之中的落实机制。

9.健全统一战线领导工作机制，提高宗教工作法治化水平，改革新的社会阶层人士组织管理制度，完善港澳台侨和海外统战工作机制。

10.健全基层党组织领导的基层群众自治机制，加强基层群众性自治组织规范化建设，全面落实“四议两公开”制度。

（三）健全和落实中国特色社会主义法治体系。贯彻落实保证宪法全面实施、严格规范文明执法、确保司法公正高效权威、加强对法律实施监督的要求，坚定不移走中国特色社会主义法治道路，完善党领导法治建设的体制机制，把依法行政贯彻推动县域改革法治全过程，不断提升领导干部运用法治思维和法治方式破解发展难题的能力水平，全力建设法治五华。

11.健全保障宪法法律实施机制，全面推行行政规范性文件合法性审核，坚持实施宪法宣誓制度，落实国家宪法日制度，深入推进宪法宣传教育。

12.全面推行行政执法公示制度、执法全过程记录制度、重大执法决定法制审核制度，健全行政执法信息公示平台和行政执法监督网络平台；严格规范行政执法人员管理，推进行政执法能力建设；加大食品药品、环境保护、医疗卫生、安全生产、劳动保障等关系群众切身利益的重点领域执法力度。

13.推进司法体制综合配套改革，全面落实司法责任制，深化以审判为中心的刑事诉讼制度改革。

14.落实行政执法责任制，推进行政复议体制机制改革，落实防止领导干部干预司法活动、司法机关内部人员过问案件制度，大力推行公益诉讼，加大全民普法力度。

（四）构建职责明确、依法行政的政府治理体系。贯彻落实优化政府职责体系、优化政府组织结构、完善行政执行体制、优化政府权责关系、推进“数字政府”改革建设、深化事业单位改革的要求，以推进机构职能优化协同高效为着力点，不断提升行政效能，加快建设服务型政府。

15.实行政府权责清单制度，深入推进“放管服”改革，深化投融资体制改革、商事制度改革，深化工程建设项目审批制度改革，完善预算制度。

16.健全机构编制动态调整和管理评估机制，创新跨地区跨部门跨层级跨种类统筹编制资源机制，深化乡镇管理体制改革。

17.健全部门间相互支持、密切配合、信息共享的联动机制，深化行政执法体制改革，推进乡镇一支队伍管执法。

18.强化决策政策执行、执法监管等职责，增强乡镇综合行政执法、公共服务等职责；健全与垂直管理机构的协作配合机制，科学合理划分县级与镇级事权责任。

19.健全运用现代技术手段进行行政管理的制度规则，优化审批服务流程，拓展“粤省事”“粤商通”功能应用。

20.推进公益类事业单位改革，完善事业单位现代治理机制，健全决策议事、民主管理和监督机制。

（五）坚持和完善社会主义基本经济制度。贯彻落实坚持两个“毫不动摇”、深化收入分配制度改革、加快完善社会主义市场经济体制、推进要素市场制度建设、完善科技创新体制机制、完善农村基本经营制度的要求，加快构建高质量发展体制机制。

21.完善国有企业法人治理结构和市场化经营机制，健全支持中小企业发展制度，强化民营企业合法权益保护。

22.健全工资决定和正常增长机制，强化工资收入支付保障制度，完善最低工资标准调整机制，健全绩效工资分配机制。23.改革生产许可制度，推进产品准入改革，改革企业注销制度，健全破产制度体系，完善产权保护制度。

24.深化土地制度改革，健全现代金融体系，完善信贷风险补偿和分担机制，健全实体经济和数字经济融合发展机制。

25.深入实施创新驱动发展战略，发挥华创汇、电商平台、科技孵化中心等创新创业平台作用，建立以企业为主体、市场为导向、产学研深度融合的技术创新体系，完善科研院所科技成果转移转化服务体系，优化科研项目评审管理。

26.推进农村承包地“三权分置”制度，实施集体经营性建设用地入市制度，完善土地征收制度，稳步推进宅基地制度改革，深化农村集体产权制度改革，健全农村产权流转管理服务平台。

（六）完善对接融入粤港澳大湾区、深圳先行示范区建设机制。贯彻落实举全省之力建设粤港澳大湾区、支持深圳建设先行示范区的要求，找准融入“双区”建设的突破点，深度对接“湾区所向”“深圳所需”，深入挖掘“五华所长”，积极贡献“五华所能”。

27.健全基础设施共谋共建共享机制，完善以高铁、高速公路和机场建设为重点的综合交通运输体系。

28.健全产业协同发展，立足主导产业，精准对接引进大湾区先进龙头企业，打造服务大湾区的最美后花园、生态康养地、特色体验场、后方大农场。

29.健全推动民生领域合作机制，立足民生所需所求，在教育、医疗、公共服务等方面促成合作联结，健全与大湾区教育医疗人才双向交流培训机制。

30.健全营商环境对标对表机制，复制推广先进制度经验。

（七）建立对接融入广州推动“四个出新出彩”机制。贯彻落实以支持深圳建设先行示范区同等力度支持广州推动“四个出新出彩”的要求，借力对口帮扶，在产业共建、农产品输出、民生交流等发展持续发力，发挥“五华所长”，积极贡献“五华所能”。

31.完善提升合作平台，把产业转移园作为推动产业合作共建的重要平台，加快推进产业园提质增效。

32.用好招商推介平台，重点发展生物医药、装备制造、五金机电、现代农业等产业。

33.深入推进与广州的知名学校、医院交流合作模式，提升民生保障水平。

34.健全对口帮扶党政联席会议机制，助推苏区振兴发展规划落实。

（八）健全加快苏区振兴政策转化运用机制。贯彻落实中央和省推动老区苏区振兴发展的要求，研究吃透促进革命老区发展条例等推动苏区振兴发展的政策文件精神，把政策优势转化为发展优势，举全县之力推动苏区振兴发展。

35.健全项目对接机制，按照国家《赣闽粤原中央苏区振兴发展规划》和省《进一步推动老区苏区振兴发展的意见》《广东省促进革命老区发展条例》，建立基础设施、基本民生、产业发展、红色资源保护利用项目库。

36.完善资金对接机制，争取产业类和创新类发展专项资金、老区苏区发展专项奖补资金、省级财政均衡性转移支付、生态保护补偿等支持。

37.完善协调对接机制，及时掌握政策动态，争取更多的政策资金项目支持。

（九）建立完善生态发展区建设制度体系。贯彻落实实行最严格的生态环境保护制度、全面建立资源高效利用制度、健全生态保护和修复制度、严明生态环境保护责任制度的要求，坚持生态优先、推动绿色发展。

38.健全国土空间规划和用途统筹协调管控制度，构建固定污染源监管制度体系，加强跨流域污染联防联治，推进农村人居环境整治。

39.完善自然资源监管体制，实行资源总量管理和全面节约制度，健全资源节约集约循环利用政策，实行垃圾分类和资源化利用，建设“无废城市”。

40.健全山水林田湖草一体化保护和修复综合治理机制，全面落实河（湖）长制和森林防灭火责任制。

41.建立生态文明建设目标评价考核制度，构建全过程生态环境监管执法制度体系，健全生态环境监测评价和预警应急制度，落实自然资源资产离任审计制度。

（十）坚持和完善繁荣发展社会主义先进文化的制度。贯彻落实坚持马克思主义在意识形态领域指导地位的根本制度、坚持以社会主义核心价值观引领文化建设制度、健全人民文化权益保障制度、完善坚持正确导向的舆论引导工作机制、建立健全把社会效益放在首位、社会效益和经济效益相统一的文化创作生产体制机制的要求，牢牢把握社会主义先进文化前进方向，坚定文化自信，不断丰富人民精神文化生活新期待。

42.健全用党的创新理论武装全党、教育人民的工作体系，完善党委（党组）理论学习中心组等各层级学习制度，全面推进新时代文明实践中心建设，完善学校思想政治工作机制，落实党委（党组）意识形态工作责任制。

43.推动理想信念教育常态化、制度化，加强党史、新中国史、改革开放史教育，加强爱国主义、集体主义、社会主义教育，加强客家文化、红色文化传承创新，实施公民道德建设工程，完善青少年理想信念教育齐抓共管机制，强化村规民约、行业规章规范的价值导向，强化县、镇、村“三级文明”创建，健全志愿服务体系。

44.实施文艺精品创作工程，优化城乡文化资源配置，统筹公共文化服务设施网络建设，健全支持开展群众性文化活动机制。

45.完善舆论监督制度，健全重大舆情和突发事件舆论引导机制，推进融媒体中心建设。

46.完善国有文化资产管理机制，创新文化生产经管机制，健全引导新型文化业态健康发展机制。

（十一）完善统筹城乡的民生保障体系。贯彻落实健全有利于更充分更高质量就业的促进机制、构建服务全民终身学习的教育体系、完善覆盖全民的社会保障体系、强化提高人民健康水平的制度保障、鼓励社会力量兴办民生公益事业、建立解决相对贫困的长效机制的要求，完善基本公共服务制度体系，使改革发展成果更多更公平惠及五华百姓。

47.健全多渠道灵活就业机制，优化全链条创业扶持机制，完善职业技能培训制度，推进“客家菜师傅”“南粤家政”“广东技工”工程。

48.巩固“县管校聘”成果，扩大公益性普惠性学前教育资源供给，健全特殊教育、普及高中阶段教育等保障机制，深化职业教育产教融合、校企合作，鼓励、支持省内外知名民营学校落户办学。

49.健全社会保险统筹机制，健全重特大疾病医疗保险和救助制度，完善社保转移接续、异地就医结算制度，健全农村留守儿童、困境儿童保障体系和妇女、老年人关爱体系，健全残疾人帮扶制度和智障人群管护制度。

50.深化医药卫生体制改革，加强医联体建设，推进分级诊疗制度，推进国家中医药综合改革试验区建设。

51.健全政府购买社会服务机制，依法规范培育发展各类社会组织，健全监督机制和资产财务管理制度。

52.完善扶贫开发体制机制，健全兜底社会保障机制，建立防范和化解因病致贫返贫的长效机制。

（十二）坚持和完善党和国家监督体系。贯彻落实健全权力监督制度、完善权力配置和运行制约机制、构建一体推进不敢腐、不能腐、不想腐体制机制的要求，健全监督体系和权力运行机制。

53.完善党内监督体系，实施党内谈话制度，落实一把手约谈、述责述廉、教育提醒等措施；强化政治监督，严格落实巡视巡察整改、督察落实情况报告制度；一体推进纪律检查体制改革、监察体制改革和纪检监察机构改革。

54.完善党务、政务、司法和各领域办事公开制度，完善权力运行过程的留痕、查询、追溯机制，完善发现问题、纠正偏差、精准问责有效机制。

55.深化基层正风反腐行动，推进扶贫领域腐败和作风专项治理，深挖涉黑涉恶腐败和“保护伞”，推动审批监管、执法司法、工程建设、资源开发等重点领域监督机制改革和制度建设；开展违纪违法案件剖析警示，注重廉政文化建设。

（十三）坚持和落实党对人民军队的绝对领导制度、“一国两制”方针、独立自主的和平外交政策。贯彻落实大力支持国防和军队建设、全面准确贯彻“一国两制”方针、扎实做好地方外事工作的要求，服务大局，做好相关工作。

56.坚持党管武装原则，落实党委议军等制度，完善国防动员体制，健全军地需求对接、联络沟通机制，强化全民国防教育，完善双拥工作和军民共建机制。

57.落实中央支持香港、澳门融入国家发展大局、同内地优势互补、协同发展机制，深入开展与港澳人文交流特别是青少年交流，落实国家促进两岸交流合作、深化两岸融合发展、保障台湾同胞福祉的制度安排和政策措施。

58.落实中央重大对外战略和全方位外交布局，坚决完成好外事任务，健全对外开放安全保障体系。

三、立足治理实情，精准实施基层社会治理、规范城乡建管秩序、社会管理服务提升工程三项重点工作

贯彻落实完善正确处理新形势下人民内部矛盾有效机制、完善社会治安防控体系、健全公共安全体制机制、构建基层社会治理新格局、加快社会信用体系建设、完善国家安全体系的要求，立足县情，聚焦治理难点痛点堵点，持续推进、精准实施基层社会治理、规范城乡建管秩序、社会管理服务提升工程三项重点工作，加快构建共建共治共享的社会治理格局。

（一）精准实施基层社会治理专项行动。围绕全面提升基层治理水平的目标，以问题为导向，坚持重点突破、循序渐进，精准聚焦农村基层突出问题，落实镇、村和职能部门治理责任，建立目标明确、靶向准确、制度健全、执行有力的工作机制，逐步提升农村有人做事、有钱办事、按章理事的工作水平，建立完善乡村治理体系，推进基层治理体系和治理能力现代化，促进乡村振兴发展、城乡协调发展，为打造“工匠之乡·宜居五华”奠定良好的基层基础。

1.强化基层党组织战斗力执行力专项行动。以规范组织生活为重点，抓好“三会一课”，严肃党内政治生活。深入实施“头雁”工程，全面推行村党组织书记通过法定程序担任村委会主任和村级集体经济组织、合作经济组织负责人，建立基层党组织书记培训体系，制定基层党组织书记年度考核办法。细化实施“党员人才回乡工程”。大力实施党员先锋工程。抓好省定贫困村、软弱涣散村、集体经济薄弱村等村党组织第一书记管理，举办省定贫困村党员干部专题培训班。加强专职党务干部队伍建设，建立健全经费保障制度。动态排查整顿软弱涣散党组织。持续开展县直机关干部回乡联村活动，完善基层党组织领导下政治、自治、法治、德治、智治相结合的城乡治理体系。积极推动国有企业、机关（事业）单位、“两新”组织等管理人员担任党组织班子成员，增强中小学校党组织政治功能。

2.推进基层“党支部+村民小组+村民理事会+X（龙头企业、合作社、家庭农场、种养大户）”治理专项行动。进一步巩固村党组织的领导核心地位，健全和创新村党组织领导的充满活力的村民自治机制。加大集体经济组织、村民理事会等自治组织的建设力度。积极稳妥推进在村民小组（自然村）、专业合作社等设立党小组，逐步推行村民小组长由种（养）植能手、大户、科技致富带头人中的党员兼任。落实承包地“三权”分置制度，推动农村土地有序流转。全面推广实施“一村一品、一镇一业”，大力推广“龙头企业+基地+农户”“合作社+基地+农户”模式，积极发展“互联网+农业”。

3.城乡文明“三级联创”孕育家风村风民风专项行动。全面推进县城、镇、村（社区）文明创建“三级联创”，深入开展交通秩序、市容市貌、环境卫生、集贸市场、食品安全、社会治安、文化环境等专项整治行动，绿化美化亮化环境。全面开展文明镇村（社区）、文明单位、星级文明户等群众性精神文明创建活动，广泛开展道德模范、“最美人物”“好媳妇好婆婆”“最美家庭”“新乡贤”“移风易俗光荣户”“五华好人”等各类典型的选树活动。积极推动志愿服务制度化常态化。强化全县农村精神文明建设，建立健全村民议事会等群众性自治组织，修订完善村规民约，倡导“喜事新办”“丧事简办”“厚养薄葬”。大力推进基层综合性公共文化设施建设，通过干部“下基层”“农村课堂”、新时代文明实践中心（所、站）、道德讲堂等形式，弘扬社会主义核心价值观。

4.基层宗教活动场所和民间信仰点规范管理专项行动。按照“控制规模总量、活动有序、规范管理、确保和谐稳定”的总体要求，将我县宗教和民间信仰场所纳入规范化管理轨道，促进宗教和民间信仰活动与社会主义社会相适应。严把全县宗教和民间信仰场所的基本建设关，制止乱建滥建现象。加强宗教和民间信仰活动监督管理，推进宗教和民间信仰场所管理组织建设，建立健全各项管理制度。落实宗教和民间信仰场所的安全工作责任，强化安全防范措施。

5.乡村交通安全和治安秩序整治专项行动。坚持“打防结合、预防为主”的工作原则，大力开展基层矛盾纠纷排查化解和治安要素管理管控、治安突出问题整治。完善国家安全风险研判、防控协同、防范化解机制，健全重点领域国家安全工作协调机制，加强人民防线建设。加强社会面治安防控网建设，完善问题联治、工作联动、平安联创的工作机制，加强网络综合治理，健全扫黑除恶专项斗争长效工作机制。借鉴新时代“枫桥经验”，完善非诉讼纠纷解决机制，完善人民调解、行政调解、司法调解联动工作体系，健全社会矛盾纠纷多元预防调处、化解综合机制。推进全面依法治县工作，做好法治政府建设示范县创建工作，提升我县依法治理水平。扎实开展乡村地区道路交通安全综合治理，使我县农村道路交通守法氛围有明显提升、农村道路交通事故得到有效遏制。严厉打击黑恶势力及涉黄赌违法犯罪活动，扎实开展行业场所整治，加强外来人口和出租房屋管理，强化涉危爆单位安全生产监管，使重点违法行为明显减少、突出治安问题得到有效整治、社会治安更加平安稳定，全面助推“平安五华”建设迈向高水平。

6.民生领域侵害群众利益突出问题整治专项行动。聚焦群众反映强烈的问题、最不满意的地方，真刀真枪解决问题，不断厚实党执政的政治基础和群众基础。重点是对全县惠农财政补贴资金“一卡通”使用管理情况开展自查抽查，继续对各镇开展集体资产清查核资工作，加强农村土地流转管理等平台资源整合，积极推行农村产权流转管理服务平台建设；深入开展农村危房改造户“回头看”，严查基层因弄虚作假、优亲厚友等原因造成应改造未改造以及虚报骗取危房改造资金问题。落实安全生产责任和管理制度，建立公共安全隐患排查预防和食品药品安全监管机制，健全应急管理体制。

7.干部作风整治专项行动。紧盯作风纪律，加强监督执纪问责。围绕解决干部队伍中存在违反政治纪律、“四个意识”不强、慢作为不作为乱作为不善为、庸懒散慢虚以及“四风”隐形变异等重点问题，开展干部作风问题整治专项行动，通过监督检查、明察暗访、严肃查处、典型案例通报、教育培训等方式，推动干部作风进一步转变。

（二）精准实施规范城乡建管秩序专项整治。聚焦城乡规范化建设、精细化管理，突出问题导向，强化系统治理、源头治理、综合治理、依法治理，全力规范城乡建房秩序，抓好校园食品安全、污染防治、生态文明建设和环境提升，推动城乡建设管理更加规范、科学，切实增强群众的幸福感、获得感和安全感。

1.规范城乡私人建房专项整治。坚持属地管理、部门联动、疏堵结合，重点整顿清理全县在建或已建成的私人建房项目中违法占用耕地、林地、河道、道路和违反规划许可等建房行为，确保农村乱搭乱建现象得到全面有效清理，私人新建房屋违法建设“零增长”。全面建立乡村规划和用地审批管理机制，逐步规范城乡住房建设管理，确保私人建房有规划必依、有制度可循、有队伍严管、有违建必查。

2.出租屋管理专项整治。全面采集辖区内租赁房屋信息，摸清流动人口底数，对房屋租赁行为当事人的现实表现、租赁房屋设施配备和治安、消防状况，实行分类管理，形成全县租赁房屋综合管理合力，推动房屋租赁环境秩序明显好转、群众安全感和满意度明显增强。

3.临时建筑（铁皮瓦）专项整治。按照因地制宜、分类指导的原则，采取限期拆除和升级改造相结合的方式，全面排查整治辖区范围临时建筑（铁皮瓦）。对违反城乡规划法、土地管理法等法律规定的，坚决给予拆除；对经各镇和住房城乡建设部门依法审批，可用树脂瓦替换的，引导消除安全隐患并进行升级改造。

4.废品经营管理专项整治。全面摸查整治废旧品收购站（点），不定期开展突击检查行动，对全县范围内的废旧品收购站（点）进行整治。把废旧品收购站（点）列为企业和个体工商户信用分类监管重点，逐一建立监管档案，对有违法记录的，要纳入“黑名单”，实行重点监控，确保不发生任何安全事故。

5.校园食品安全专项整治。坚持标本兼治、重在治本、多管齐下、综合施策，加强全县校园食品安全管理，严厉打击违法违规行为。进一步压实学校（含幼儿园）食品安全主体责任，建立健全校园食品安全监管长效机制，切实维护广大师生的健康权益。

6.建筑工地、矿山及石场施工作业污染专项整治。强化矿山、建筑施工企业环境监督，建立健全联防联控、群防群控工作机制，形成“源头严防、过程严管、分类监管、综合防治”的工作格局，进一步督促企业做好废水、废气、固体废物和噪声等污染物的防治工作，加强建筑施工工地扬尘污染防治和运输车辆物料遗撒监管。

7.野外火源管理专项整治。按照野外火源管理分级负责、属地管理、预防为主、综合治理的原则，建立和完善长效机制，开展森林特别防护期杜绝野外违规用火行为专项整治，强化全县森林火灾刑事、治安、行政案件侦破查处力度。

8.圩镇“六乱”专项整治。集中整治圩镇乱搭建、乱摆卖、乱堆倒、乱拉挂、乱停放、乱贴画等违法违规行为，全力加强圩镇空间管理、经营秩序管理、环境卫生管理、市容秩序管理，确保圩镇范围内违法建设零增长，摆卖经营规范有序，清扫保洁到位，逐步实现城镇规划科学化、街道管理标准化、农贸市场规范化。

9.违规建坟专项整治。落实属地管理和部门监管责任，全面开展违规建坟清理整治，重点对“三道两区”（国道、省道、铁道及城市周边区域、风景名胜区）、高速公路两侧范围内违规建造的坟墓，分清建造的时段分类采取平毁迁移、植树复绿或拆除等措施，依法打击违规建坟行为，进一步完善殡葬管理体系，切实保护土地资源和森林资源。

10.交通干线沿线环境专项整治。以创建“绿色交通示范县”为契机，全面整治全县交通干线（含国、省、县、乡道和村主干道）沿线影响环境的“脏乱差”问题，清理沿路违法设施、路面扬尘撒漏污染，加强路面保洁和边坡、排水系统、绿化建设，全面提升我县交通干线的通行效率与综合服务水平，建立健全公路路域长效监管机制，努力创建交通干线“畅、安、舒、美”的路域环境。

（三）精准实施社会管理服务提升工程。围绕打造人民满意的服务型政府，加强社会管理创新，聚焦社会保障、医疗教育等民生领域薄弱环节精准发力，着力梳理解决一批社会管理服务中的难点和痛点问题，不断完善政府社会管理和公共服务职能，加快建立完善党委领导、政府负责、社会协同、公众参与、法治保障的社会管理服务格局，实现政府管理和基层治理、群众自治良性互动，促进社会事业蓬勃发展。

1.加强严重精神障碍患者救治救助和服务管理提升工程。大力推进严重精神障碍患者救治救助全覆盖，建立健全严重患者基础摸排、风险分级、动态管控、预防处置的一体化、信息化监控体系，全面做好分类收治、落实全程康复、完善监护机制，实现应治尽治、应训尽训、应护尽护。全面落实严重精神障碍患者救治救助政策保障，加大医疗保障力度，强化严重患者救治监护财政经费保障。加快推进精神卫生专业机构建设，推进肇事肇祸患者强制医疗场所建设，大力培养精神卫生人才。建立健全严重精神障碍患者救治救助齐抓共管机制。

2.“平安五华”提升工程。深入开展平安市场、平安校园、平安文明社区、平安医院、平安乡村等一系列“平安五华”创建提升活动，着力解决影响社会和谐稳定的基础性问题。

健全城乡基层组织，整合基层资源，巩固提升“平安细胞工程”创建活动，全面营造人人共创平安、人人共享平安的浓厚社会氛围。

3.县直机关干部“回乡联村”提升工程。持续选派县直机关干部到原籍村（出生地）或原籍镇挂钩联系，促使“人往基层走、钱往基层投、政策往基层倾斜”。以化解农村基层矛盾、办好各类民生实事为载体，进一步延伸领导干部驻点普遍直接联系群众的服务层面，努力打造从机关到基层、从部门到基层上下联动的工作局面。

4.留守儿童关心关爱教育管理提升工程。落实各镇人民政府和村（居）民委员会职责，建立健全强制报告、应急处置、评估帮扶、监护干预的救助保护机制。加大农村留守儿童关爱保护活动场所和必要关爱设施建设。大力宣传未成年人保护法律法规和政策措施，加强农村留守儿童司法权益保障，加大对留守儿童及其家庭法律援助和法律服务力度，依法惩处各类分割农村留守儿童权益的犯罪。完善中小学人防、物防、技防措施，加强校园安全管理。加大对校园周边环境的综合整治力度，规范管控好校园周边网吧、游戏厅、台球室等娱乐场所经营，严厉整治校车超载、无证驾驶等违法行为。发挥妇联、工会、共青团、残联、关工委等群团组织关爱服务优势，大力引导社会工作服务机构、公益慈善类社会组织、志愿服务组织积极参与关爱保护工作。

5.农村教育资源优化配置提升工程。开展乡村教育管理改革工作，集约配置教育资源，推进信息化教学，缩小区域、城乡、学校之间的教育差距。推进完全小学达标建设和寄宿制学校建设，配齐配足教育教学各项设施设备及生活卫生设施。通过流动走教、跨校任教、城乡轮岗、支教等方式，实行教师统一调配管理，着力解决农村小学和教学点教师派不去、留不住的问题。撤销乡镇中心小学建制，降低教育行政成本，突出“联合学校”办学主体地位，提高教育行政管理效率。

6.民办幼儿园、校外培训机构规范管理提升工程。深入开展校外培训机构和无证幼儿园的清理整治，不断规范民办教育机构办证程序。依法审批登记民办教育机构，按照“谁审批谁监管、谁主管谁监管”的原则，建立健全民办教育机构长效监管机制，引导其规范办学行为，促进教育机构的理念更新和水平提升，切实保障受教育者的合法权益，促进民办教育健康发展。

7.托养机构（敬老院、救助中心、儿童福利院、养老院、残疾人服务中心、精神病院）规范管理提升工程。稳步推进公办养老机构经营体制改革，强化政府规范服务标准监管责任，探索推进托养机构社会化托管运营。分类实施托养机构整治提升，加强托养机构安全管理，完善托养服务设施建设，全面提升托养服务质量和水平。

8.财政资金规范化管理提升工程。开展财政资金规范管理专项整治行动，全面开展医疗卫生单位财务治理、涉农资金绩效评价、镇村会计信息质量、重点项目资金拨付程序等规范工作，不断完善财政监管手段和方法，优化财政资金管理模式，构筑贯穿于事前、事中、事后的全程监管体系，建立长效机制，规范财政资金审批拨付程序，保证财政资金安全、规范运行，提高财政资金的经济社会效益，更好地服务全县经济社会发展。

9.“数字乡村”建设提升工程。探索基层治理与融媒体建设新模式，实施“五华县数字乡村技术支撑体系”（一期）项目建设，进一步充实“五华乡村振兴影像大数据平台”内容建设。开展全县视频监控资源调研，加快推进平安视频建设。用好平安视频、“喇叭村村响”、广东党员远程教育平台和“粤省事”“粤商通”移动政务服务平台，传播好党的路线方针政策，推进审批服务便民化。实施“为村”试点推广运营，培养一批与“数字乡村”发展要求相适应的数字乡村助教。

10.社区戒毒康复服务管理提升工程。深入贯彻落实习近平总书记对禁毒工作的重要批示指示精神，认真贯彻省、市全民禁毒工程推进会暨重点整治工作会议精神，以最积极的态度、最迅速的行动、最有力的措施，推动我县全民禁毒工程和毒品问题重点关注地区整治工作。广泛开展禁毒宣传进学校、进家庭、进社区、进厂企、进场所、进农村“六进”活动。落实社区戒毒康复人员和社会面吸毒人员网格化分类分级管控措施，加强禁毒社工组织扶持和政府购买服务，对社区戒毒康复人员执行率、吸毒人员分类定级率和已分类人员管控措施落实率均达到100%。大力推进社区戒毒社区康复“8·31”工程，依托社区戒毒社区康复工作站、戒毒康复人员就业培训中心，扎实做好禁毒社会服务化工作，开展戒毒康复人员就业培训，认真落实戒毒人员就业帮扶和救助服务。强化重点行业领域、重点地区检查员、信息员、专管员力量配置，发挥派出所、护林员的作用，对偏远山区、林区和养殖场、果木场及废弃厂房、农房等易成为制毒窝点场所开展拉网式排查。加强易制毒化学品、麻醉药品和精神药品管控，完善相关生产经营企业的安全监管制度，推动物流寄递行业落实实名登记、开箱验视、技防安检、持证经营、从业经营“5个100%”，坚决堵塞管理漏洞。

四、组织保障

（一）全面对标对表。各级各部门和广大党员领导干部要深入学习习近平总书记重要讲话精神，吃透领会中央和省委、市委政策文件精神，形成一体推动、一体落实的有效工作机制，在制订工作方案、制定政策措施、部署工作举措上全面对标对表，抓紧制定治理体系和治理能力现代化急需的制度、满足人民对美好生活新期待必备的制度，确保取得扎实成效。

（二）强化制度执行。要切实强化制度意识，带头维护制度权威，做制度执行的表率，确保党和国家重大决策部署、重大工作安排按照制度要求落到实处。广大党员干部要严格按照制度履行职责、行使权力、开展工作，带动全社会自觉尊崇制度、严格执行制度、坚决维护制度。要健全制度执行机制，构建全覆盖的制度执行监督机制，坚决杜绝制度执行上做选择、搞变通、打折扣的现象，确保制度执行的刚性约束。

（三）加强宣传教育。组织开展中国特色社会主义制度宣传教育，引导全县上下充分认识中国特色社会主义制度的本质特征和优越性，把制度自信教育贯穿宣传教育全过程。充分利用各类宣传推介活动，大力宣传习近平新时代中国特色社会主义思想，讲好中国故事，不断增强国家制度和国家治理体系的说服力和感召力。

（四）提高治理能力。把提高治理能力作为新时代干部队伍建设的重大任务，加强专业素质、专业能力培训，引导推动干部到重点项目、重点工作、重大斗争第一线、服务群众最前沿经受思想淬炼、政治历练、实践锻炼、专业训练，提高广大党员干部运用制度干事创业能力。坚持党管干部原则，落实好干部标准，树立重实干重实绩的用人导向，把制度执行力和治理能力作为干部选拔任用、考核评价的重要依据。加快建立完善激励广大干部在新时代改革开放中新担当新作为制度机制，认真落实“三个区分开来”，建立健全容错纠错机制，健全关心关爱干部各项制度。加快人才制度和政策创新，实行更加积极、开放、有效的人才引进政策，集聚优秀人才，为推进治理体系和治理能力现代化贡献智慧和力量。

（五）凝聚落实合力。加强组织领导，强化责任落实，加强制度研究和工作落实，加快形成符合自身实际的贯彻落实任务书、路线图、时间表，一件一件抓好落实。要鼓励基层大胆探索创新，对基层行之有效的治理理念、治理方式、治理手段进行总结和提炼，不断推动各方面制度完善和发展。

各级各部门和广大党员干部要紧密团结在以习近平同志为核心的党中央周围，切实增强政治责任感和历史使命感，坚定信心、锐意进取，把贯彻落实中央和省委、市委的工作与全面深化改革工作结合起来，着力解决制约改革发展的体制机制问题，建立健全有利于五华苏区振兴发展、绿色发展的制度体系和执行机制，切实把制度优势转化为治理效能，推动五华苏区振兴发展。

附件：1. 五华县 2020 年基层社会治理专项行动目录表

2. 五华县 2020 年规范城乡建管秩序专项整治工作目录表

3. 五华县 2020 年社会管理服务提升工程目录表

附件 1

五华县 2020 年基层社会治理专项行动目录表

序号	工作任务	牵头单位	备注
1	强化基层党组织战斗力执行力专项行动	县委组织部	
2	推进基层“党支部+村民小组+村民理事会+X（龙头企业、合作社、家庭农场、种养大户）”治理专项行动	县农业农村局	
3	城乡文明“三级联创”孕育家风村风民风专项行动	县委宣传部	
4	基层宗教活动场所和民间信仰点规范管理专项行动	县委统战部	
5	乡村交通安全和治安秩序整治专项行动	县公安局	
6	民生领域侵害群众利益突出问题整治专项行动	县纪委监委	
7	干部作风整治专项行动	县纪委监委	

附件 2

五华县 2020 年规范城乡建管秩序专项整治工作目录表

序号	工作任务	牵头单位	配合单位	备注
1	规范城乡私人建房专项整治	县自然资源局	县住房城乡建设局、县农业农村局、县林业局、县水务局、县交通运输局、市生态环境局五华分局、县公路事务中心、县园区办、县琴江新城发展中心、五华供电局，各镇人民政府等。	
2	出租屋管理专项整治	县公安局	县住房城乡建设局、县应急管理局、县水务局、五华供电局、县消防救援大队，各镇人民政府等。	
3	临时建筑（铁皮瓦）专项整治	县住房城乡建设局	县自然资源局、县公安局、县农业农村局，各镇人民政府等。	
4	废品经营管理专项整治	县科工商务局	县住房城乡建设局、县市场监管局、县消防救援大队，各镇人民政府等。	
5	校园食品安全专项整治	县市场监管局	县教育局、县人力资源社会保障局，各镇人民政府等。	
6	建筑工地、矿山及石场施工作业污染专项整治	市生态环境局五华分局	县住房城乡建设局、县水务局、县自然资源局、县园区办、县琴江新城发展中心、县交通运输局、县公安局、县市政公用事业服务中心、县公路事务中心，各镇人民政府等。	
7	野外火源管理专项整治	县林业局	县公安局、市生态环境局五华分局、县农业农村局，各镇人民政府等。	
8	圩镇“六乱”专项整治	县住房城乡建设局	县委宣传部、县科工商务局、县自然资源局、县市场监管局、县公安局、县交通运输局、县农业农村局、县公路事务中心、五华供电局、县交警大队、联通公司、移动公司、电信公司，各镇人民政府等。	
9	违规建坟专项整治	县民政局	县林业局、县自然资源局、县交通运输局、县公路事务中心、县公安局，各镇人民政府等。	
10	交通干线沿线环境专项整治	县交通运输局	县公路事务中心、县住房城乡建设局、县自然资源局、县水务局、县公安局、县市场监管局、县交警大队，各镇人民政府等。	

附件 3

五华县 2020 年社会管理服务提升工程目录表

序号	工作任务	牵头单位	备注
1	加强严重精神障碍患者救治救助和服务管理提升工程	县委政法委	
2	“平安五华”提升工程	县委政法委	
3	县直机关干部“回乡联村”提升工程	县委组织部	
4	留守儿童关心关爱教育管理提升工程	县教育局	
5	农村教育资源优化配置提升工程	县教育局	
6	民办幼儿园、校外培训机构规范管理提升工程	县教育局	
7	托养机构（敬老院、救助中心、儿童福利院、养老院、残疾人服务中心、精神病院）规范管理提升工程	县民政局	
8	财政资金规范化管理提升工程	县财政局	
9	“数字乡村”建设提升工程	县政务服务数据管理局	
10	社区戒毒康复服务管理水平提升工程	县公安局	

中共五华县委关于对荣获“全国先进基层检察院”的先进集体五华县人民检察院进行通报表彰的决定

华委发〔2020〕11号

近年来，五华县人民检察院坚持以习近平新时代中国特色社会主义思想为指导，全面贯彻落实党的十九大和十九届二中、三中、四中、五中全会精神，认真贯彻落实习近平总书记出席深圳经济特区建立40周年庆祝大会和视察广东重要讲话、重要指示精神，紧紧围绕“讲政治、顾大局、谋发展、重自强”新时代检察工作总要求，坚持党建引领，不断探索创新理论学习形式，积极开展形式多样的党日活动，创建了一系列主题鲜明、措施具体、载体丰富的特色学习品牌，全力打造“忠诚型、学习型、创新型、服务型、智慧型”的五型检察院。坚持把检察工作置于县委工作大局中谋划和推进，以优质检察履职，深入推进扫黑除恶专项斗争，主动服务保障三大攻坚战、做好“六稳”工作、落实“六保”任务，为决胜全面建成小康社会、决战脱贫攻坚提供强有力的保障。坚持加强民生司法保障，聚焦“四大检察”均衡发展，积极推进公益诉讼，发挥司法监督效能。扎实推进队伍正规化、专业化、职业化建设，落细落实全面从严治党、全面从严治检的责任，锻造了一支“四个铁一般”的过硬检察队伍，检察业绩突出，干警素质过硬，2020年10月14日，在全国基层检察院建设工作会议暨第七届全国先进基层检察院表彰大会上，被授予“全国先进基层检察院”荣誉称号。

为表彰先进、弘扬正气，充分发挥先进典型示范带动作用，进一步激励全县各级各部门不忘初心、牢记使命，破难攻坚、奋勇争先，县委决定，对五华县人民检察院进行通报表彰。希望五华县人民检察院珍惜荣誉、戒骄戒躁，发扬成绩、再接再厉，为营造和谐稳定的法治环境再立新功。各镇各单位要以先进为榜样，进一步增强“四个意识”、坚定“四个自信”、做到“两个维护”，自觉对标先进、学习先进、争当先进，为推动五华苏区高质量发展，加快建设“工匠之乡·宜居五华”而不懈奋斗！

（2020年12月28日）

主题索引

☆☆☆☆☆☆☆☆☆☆☆☆☆☆☆☆☆☆☆☆☆☆☆☆☆☆☆☆☆☆☆☆☆☆☆☆☆☆☆

索引说明：

一、本索引采用主题分析方法，款目按汉语拼音字母（同音字按声调）顺序排列。

二、文中的类目题、分目题用黑体排版，其余用宋体排版。表格在其款目后注明“表”。

三、索引款目后的数字表示内容所在的页码，数字后面的拉丁字母（a、b）表示栏别（即版面的左右栏）。

四、同一主题的内容在文中多次出现的，在其款目后用不同的页码标明。

五、本索引对“大事记”“名录”“文献选编”等篇不做内容主题分析。

☆☆☆☆☆☆☆☆☆☆☆☆☆☆☆☆☆☆☆☆☆☆☆☆☆☆☆☆☆☆☆☆☆☆☆☆☆☆☆

A

B

C

D

E

F

G

H

J

K

L

M

N

P

Q

R

S

T

W

X

Y

Z